제5 논설집

교양인을 위한
언어 · 문학 · 문화, 그리고 교육 이야기

박 갑 수

역락

저자 근영

◀ 산수 축하 모임에서의 저자
  (호암교수회관, 2013. 12. 26)

▼ 백두산 천지에서의 저자
  (중국 연변 교육학원 특강을 마치고, 2006. 8. 25)

　사람들은 연이어진 사물을 분절(分節)한다. 그리고 이에 의미를 부여하고, 이를 통해 새로운 삶의 계기를 마련하기도 한다. 인생도 소년, 청년, 장년, 노년으로 마디를 짓는다. 그리하여 그때그때 어울리는 인생을 경영한다.

　지학(志學)을 한 지 어제 같은데, 어느 사이 고희(古稀)도 지나고, 희수(喜壽)도 넘겼다. 그동안 나는 국어학 그 가운데도 문체론과 한국어교육을 전공하였고, 응용학문으로 국어순화에 많은 관심을 기울였다. 그래서 그간 60여 종의 책을 내었다. 교양과 연구 서적이 40여 종이고, 중고교 교재가 열 댓 종 된다. 논문도 200여 편에 이른다. 스스로도 적잖이 작업을 했다고 생각된다. 그래서인지 금년에 분외(分外)의 세종문화상(世宗文化賞) 학술상(學術賞)을 수상하기도 하였다. 이런 작업을 할 수 있게 보살펴 주신 하나님께 감사를 드린다.

　작업을 하다보면 낙수(落穗)도 적잖다. 그 결과 그간 4권의 논설집(論說集)을 내기도 하였다. 그리고 한 50년 작업을 하다 보니 손을 댄 영역도 넓어졌다. 언어(言語), 문학(文學), 문화(文化), 교육(敎育) 등에 이른다. 이에 질수(耋壽)를 맞아서는 이들 낙수를 모아 '제5 논설집'을 내어야 하겠다고 생각하게 되었다.

　본서 '교양인을 위한 언어·문학·문화, 그리고 교육 이야기'는 1999년 정년 이후 지지(紙誌)에 발표한 글과 여기저기서 강연한 원고들이다.

이들 글은 다소 전문적인 것도 혹 있으나, 대체로 교양인이 알아 두었으면 좋겠다고 생각되는 비전문적인 언어·문학·문화·교육에 관한, 비교적 가벼운 논설이다. 그래서 책 제목에 '교양인을 위한'이란 관형어를 머리에 얹었고, 끝에는 '논설' 아닌 '이야기'라 명명(命名)하여 쉬운 글임을 밝혔다. 따라서 이 책의 독자들은 언어와 문학, 그리고 문화와 교육에 대한 필요한 교양과 정보를 어렵잖게 취득할 수 있을 것이다. 그리고 여기에는 그동안 들어보지 못한 새로운 사실도 적잖이 담겨 있어 발견의 기쁨도 맛볼 수 있을 것이다.

이 책은 4부로 이루어졌다. 제1부 '우리 언어 문화의 기층 산책'은 1장에서 이런저런 언어의 특성을 밝혀 이에 대한 이해를 넓혔고, 2장에서는 우리의 말과 글의 특성을 밝혔다. 이 글들을 통해 독자들은 언어 일반, 혹은 우리의 말과 글에 대해 미처 몰랐던 새로운 세계를 접하는 기쁨도 맛볼 것이다. 제2부 '우리 문학의 둘레길 산책'은 1장에서 고전의 익살과 풍자적 표현을 감상하며 재미를 흠뻑 맛보게 될 것이고, 2장에서는 미처 생각지 못했던 작품의 세계를 새로이 접하게 될 것이다.

제3부 '우리 문화의 내면 산책'은 우리 문화, 특히 언어문화의 새로운 정보를 제공하는 것이다. 1장은 우리의 생활 문화와 언어문화의 특성을 외국문화와 비교하며 밝힌 것이다. 따라서 그 특성이 보다 잘 드러날 것이다. 2장은 문자 그대로 언어문화, 특히 어휘문화의 특성을 밝

힌 것이다. 이는 흥미롭게 읽는 가운데 우리 어휘문화의 특성을 파악하게 할 것이다. 3장은 우리만의 특수한 언어문화를 밝힌 것이다. 이는 언어에 반영된, 미처 생각지도 못했던 우리 문화의 해명이요, 나아가 그 말의 근원적 어원(語源)의 해명이 될 것이다. 이는 우리말에 대한 신천지를 독자 여러분에게 펼쳐 보임으로 놀라움을 맛보게 하지 않을까 한다. 제4부 '우리 언어문화 교육, 미래로의 산책'은 국어와 외국어로서의 한국어의 교육에 대한 이야기를 한 것이다. 1장은 우리말의 실상을 살피고, 주로 이의 순화 개선의 방법을 다룬 것이다. 인생의 원칙은 협동에 있고, 이는 언어에 의해 이루어지는 것이기 때문이다. 2장은 외국어로서의 한국어교육과 언어문화의 교류를 살핀 것이다. 오늘날은 국제화, 세계화의 시대다. 언어문화의 교류를 하지 않고는 개인이고 나라고 하루도 살 수 없다. 따라서 이 장에서는 우리 언어문화의 교육 방법과 국제교류의 바람직한 방향을 집중적으로 살폈다.

부록으로 '저자의 논저 목록'을 붙였다. 이는 서두에서 언급한 분절의 의미를 다지기 위한 것이다. 그리고 본서에 관심을 가지신 분은 곧, 저자의 연구에도 관심을 가질 것이기 때문에 참고 문헌으로 논저 목록을 제시하고자 한 것이다. 많은 활용 있으시기 바란다.

끝으로 다시 강조할 것은 광의의 언어문화 교육은 국제화, 세계화하는 오늘날 상호 이해하고 친구가 되게 하는 데 그 목적이 있다는 것이다. 따라서 이를 위해서는 우선 우리가 우리 언어문화를 바로 알고, 상대방의 언어문화를 이해하며, 상호 교류하는 가운데 친숙해지는 것이다. 지구촌의 전 인류가 친구가 되고 형제가 되는, 언어문화의 교육과 국제 교류가 제대로 이루어지게 되기를 바라 마지않는다.

2015년 10월 20일
沙坪書室에서 南川

차 례

제2부 우리 문학의 둘레길 산책 _ 125

Ⅰ. 고전 속의 해학과 풍자 • 127

III. 언어에 반영된 우리 문화 • 371

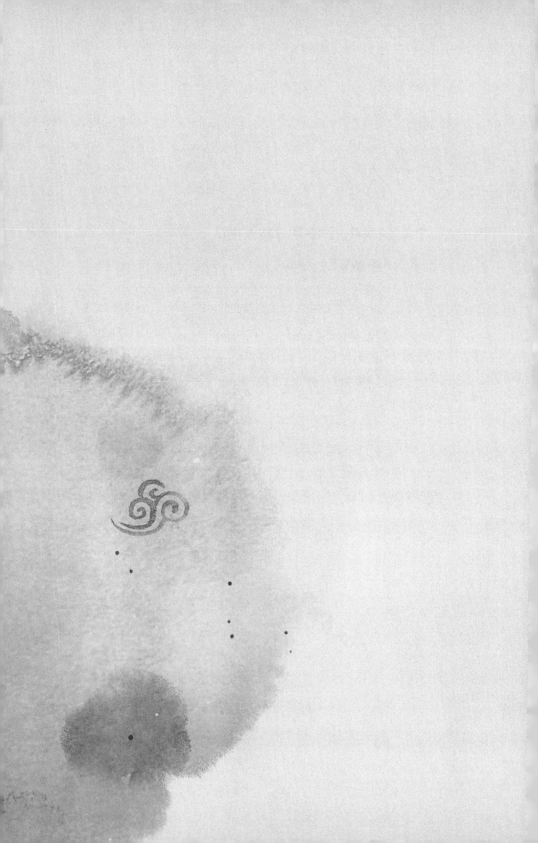

제1부

우리 언어 · 문화의 기층 산책

I. 전달의 매체, 말의 세계

언어의 마술

> "이름 좋다는 작명가 없고, 집 좋다는 점쟁이 없다. 그런 줄 알면
> 서도 한 마디 들은 이상 꺼림칙해서 그냥 있지 못하는 것이 주부의
> 약점이다."

C일보에 연재되는 '중년(中年) 여성'의 한 구절이다. 좋다거나 나쁘다
는 말에 신경을 쓰는 것이 어찌 주부들뿐이랴? 말을 아는 사람이면 누
구나 그 의미에 신경을 쓴다. 그것은 언어와 사실이 일치하는 것으로
보기 때문이다. 말을 바꾸면 언어기호와 그것이 지칭하는 사물 사이에
는 필연적인 관계가 있는 것으로 보는 것이다.

> "나쁜 놈!"
> "병신!"

이런 말을 들으면 점잖은 사람이라도 흔히 "뭐 나쁜 놈이라고?", "병
신이라니, 내가 왜 병신이냐?"하며, 성을 내기 마련이다. 이것도 언어의
세계와 비언어의 세계인 사물의 세계를 동일시한 것이다. 누가 "나쁜
놈!", 또는 "병신!"이라 매도했다 하여 내가 "나쁜 놈", 또는 "병신"의

등식(等式)이 성립되는 것은 아니다. 다만 상대방이 감정을 그렇게 토로한 것에 불과하다. 그러기에 좀 자제력이 있는 사람이면 이렇게 말하게 된다.

"그래 좋다. 네 마음대로 욕을 해라. 나만 그렇지 않으면 그만이지……."

이러한 언어와 사물의 동일시(同一視)는 원시민족이나, 어린이들의 세계에서 흔히 엿볼 수 있다.

이름을 부르면 혼이 나간다하여 절대 이름을 부르지 않는 민족이나, 또 이름을 땅에 쓰고 이것을 흙으로 덮으면 죽는다고 생각하는 민족의 언어관(言語觀)이 그 대표적인 예다.

이러한 미개 민족을 우리는 웃을는지도 모른다. 그러나 우리도 오십보(五十步)로 소백보(笑百步)다. 성현이나 어른의 성함을 함부로 부르는 것이 아니라는 가르침은 같은 발상에서 나온 것이기 때문이다. 그들의 성함은 곧 그들 자신이며, 그들의 성함을 감히 입에 올린다는 것은 그들을 모독하는 것이라 생각한 것이다. 성현이나 어른의 경우가 아니라도 마찬가지다. 비근한 예로 화장실에서 휴지를 사용할 때 거기에 자기의 이름이 쓰여 있다고 하면 그것을 그대로 사용하겠는가? 아니다. 아마도 대부분의 사람은 그 이름이 쓰인 부분을 찢어내고 나머지 부분을 사용할 것이다. 거기 쓰인 이름과 자신을 동일시(同一視)하는 것이다.

언어와 사물의 동일시는 사물을 외면하고, 이름에만 쏠려 반응하는 바람직하지 못한 행동양식을 빚어낸다. "전과자"라는 이름 때문에 장발장이 일생 고생을 한 것은 그 대표적인 예다. "현모양처"란 이름 때문에 자기를 희생한 여인의 삶도 마찬가지다. 선과 악이란 극단적인 분류 때문에 사고와 행동이 수렁에 빠지는 것도 같은 경우다.

숱한 "개정(改正)"이란 말에 부딪치거니와 그 많은 "개정" 가운데는 "개악(改惡)"도 분명히 있었을 것이다. "선처(善處)"란 이름 아래 "가해(加害)", "자진(自進)" 이름 아래 "강제(强制)"는 또 없었는지……. 많은 외국어 외래어에 의한 상품명, 영어나 불어로 된 양품점·양장점 등의 상호도 이러한 언어의 마술을 노린 것이다.

우리 속담에 "처녀면 다 확실한가?", "이름 좋은 하눌타리"란 것이 있다. 명칭과 사실이 일치하지 않는 것이 있음을 알려 주는 좋은 속담이다.

사물과 명칭의 관계는 필연적인 것이 아닌 자의적(恣意的)인 것으로, 명칭은 사물의 내용이나 속성이 아니요, 그것을 대신 나타내는 기호일 뿐이다. 감옥소나 형무소가 교도소(矯導所)가 되고, 후진국을 개발도상국이라고 이르는 것은 그 단적인 예다.

언어와 사물을 동일시하는 소아적(小兒的) 언어관은 사물의 올바른 이해를 제대로 하지 못하게 하며, 지식의 증진을 꾀할 수 없게 한다. 바른 언어생활을 위해서는 언어와 외재적(外在的) 세계를 구분해 보는 지혜를 가져야 한다.

(월간조선, 1983년 5월호)

담바구 타령

"대객초인사(對客初人事)"라고 손님을 맞는 첫 인사가 담배를 권하는 것이나, 이러한 풍습은 그리 오래된 것이 아니다.

담배는 본래 남미(南美)가 원산지이며, 문명인이 이를 이용하기 시작한 것은 1518년경으로 스페인 선교사인 로만 페인(Roman Pane)이 산토도밍고 섬에서 담배씨를 가지고 돌아와 카를로스 5세에게 바친 것이 처음이라 한다. 담배가 우리나라에 처음 들어온 것은 광해군 때인 것으로 보인다. 이수광(李晬光)의 "지봉유설(芝峰類說)"에 의하면 "담바고 풀이름, 또한 남령초라고도 한다. 근세에 왜국에서 처음 들어왔다(談婆姑 草名亦號 南靈草 近世始出倭國)"라 하여 근세에 처음 들어왔음을 알 수 있다. 따라서 이 책이 편찬된 것이 광해군 6년(1614)이니, 담배는 1610년대 초에 일본서 들어온 것이 아닌가 한다. 담배는 지봉유설에 보이듯, 처음에 담바고(談婆姑), 또는 남령초(南靈草)라 하였다.

"담배"란 하이더 어(語) tabaco가 스페인, 포르투갈, 일본을 거쳐 우리나라에 들어온 말이다. "담바고"란 물론 '다바꼬(tabaco)'를 음차(音借)한 말이다. "다바꼬"를 "담바고"로 표기한 것은 유성음을 표기하기 위한 것이라 한다. 유성음이 없는 우리말에 유성음 'ㅂ'을 나타내기 위해

'ㅁ' 받침을 첨가한 것이라는 설명이다. 그러나 이는 잘못된 해석으로 보인다. 그것은 어엿이 유성음이 있는 중국이나 일본에서도 이와 같은 표기를 보여 주고 있기 때문이다. 일본의 "화한삼재도회(和漢三才圖會)"(1712)의 "談婆姑"나, "홍모잡화(紅毛雜話)"(1787)의 "談婆姑" 등이 그 예다. 이뿐만이 아니다. "화한삼재도회"에는 "煙草"의 주음(注音)을 "タンバコ"(단바고)라 달고 있기까지 하다. 일본의 경우는 "談婆姑"와 같은 음차표기로, "談把姑, 談芭菰, 擔不歸"와 같은 것도 있다. 중국의 경우도 "談婆姑", "談巴菰"가 씌었음을 보여 준다.

이렇게 볼 때 우리는 '담배'를 뜻하는 말을 처음에 차용할 때 그것이 중국인지 아니면 일본인지는 분명치 않으나, '다바꼬'가 아닌, '담바고'란 말로 받아들였음을 알 수 있다. 이 "談婆姑"는 민요 "담바구 타령"에 보이듯 "담바구", 또는 "담바귀", "담방구", "담방귀"라고도 하였고, 이들 말이 바뀌어 오늘의 "담배"가 되었다.

"담배"는 지봉유설에 보이듯, "남령초(南靈草)"라고도 한다. "남방에서 들어온 신령스러운 풀"이란 말이다.

"담배는 실의에 빠져 있을 때의 위로, 일을 하거나 놀거나 즐거운 친구, 잠 안 오는 밤을 위한 진정제"란 H 부릉의 노래는 담배의 이런 신령스러운 일면을 노래한 것이다. 우리의 "담바귀 타령"에서도 이런 신령스러움을 노래하고 있다.

　　　　한 모금 풋고 나니/ 만고풍상 떠난 듯고
　　　　두 모금 풋고 나니/ 휘초부터 서는 듯고
　　　　세 모금 풋고 나니/ 검은 구름 희는 듯다.

"남초(南草)"란 남령초와 같이 담배가 들어온 곳을 일러 주는 이름이다. "엽궐련(葉卷煙)"을 의미하는 말에 "여송연(呂宋煙)"이란 것이 있다. 이 "여송(呂宋)"이란 필리핀 북부의 "루손도(島)"를 가리키는 말이다. 중국에는 명대(明代)에 이 "여송(呂宋)", 곧 "루손"에서 담배가 전래되었다. 우리의 "남초"도 "루손"과 같은 남방의 풀임을 의미하는 것이다. 이밖에 담배를 이르는 대표적인 명칭 "연초(煙草)"란 "흡연하는 풀"을 의미함은 말할 것도 없다.

언어란 "담배"를 이르는 말과 같이 문화를 반영하며, 근원적으로 유연성(有緣性)을 지니는 것으로 보인다.

이러한 명칭과 개념간의 유연성은 세월이 흘러 가며 잊힌다. 그러나 우리말의 이러한 유연성이 좀 많이 밝혀졌으면 싶다. 그래야 변변한 어원사전(語源辭典) 하나 없는 이 나라에 사전이 하나 마련될 것이 아닌가?

(월간조선, 1983년 6월호)

버들버들 우물우물 꼿꼿

가면극 대사를 보면 "나왔다"를 "출생했다", "쓰다(着帽)"를 "빚을 쓰다(借金)"와 같이 동음어나 유음어에 의해 말장난을 하는 것을 볼 수 있다.

이러한 말장난은 가면극뿐만 아니라, 우리 민요나 문학작품에도 많이 보인다. 그뿐 아니라 우리 일상생활에도 즐겨 쓰이는 것을 볼 수 있다. 한 장사꾼에게 "옷이오, 잣이오, 갓이오"라고 말하게 함으로, 거저 잣을 먹고 갔다는 나그네의 이야기는 그 대표적인 예이다.

말놀이는 통달적(通達的) 기능과 함께 그 이상의 즐거움도 안겨준다. 이러한 직선적, 단층적인 것이 아닌, 다층성이 말놀이를 즐기게 하는 이유다.

사람은 놀이와 노동, 이상과 현실, 유한과 무한 사이에서 방황하는 존재다. 따라서 이러한 방황을 하지 않기 위해서는 이상주의자(理想主義者)가 되거나, 현실주의자가 되어야 한다. 그리고 또 하나의 방법은 중간자로서의 현실을 인정하는 것이다. 이러한 자세는 이상과 현실의 틈에 끼여 괴로워하는 현실주의자가 되거나, 이러한 틈을 관대하게 보는 골계주의자(滑稽主義者)가 되는 것이다. 말놀이는 이러한 골계주의자가 향유하는 영역이다. 유머는 인간이 복층성(複層性)을 향유하는 것이다.

이는 유한과 무한 사이에서 갈려지는 존재의 불만을 웃음에 의해 즐거움으로 역전시켜 준다.

말놀이의 대표적인 방법은 대입(代入)과 연쇄(連鎖)이다. 동음어나 다의어 활용은 대입의 대표적인 방법이다. 앞에서 본 "나오다/ 쓰다"나, "옷이오/ 갓이오"는 모두 여기에 속하는 예다. 그러면 다음에 대입의 예를 한두 개 보기로 한다.

> 나리 중의 개나린
> 봄 동산에 피었는데
> 순사나리 궁둥이엔
> 개가 왕왕 짖누나.

이 "나리요(謠)"는 "나리(나으리·進賜)"와 "나리(참나리·百合)", "개나리" 연교(連翹)와 "개(犬)-나리(나으리)"가 그 소리가 같은 데서 이를 동일시하여 노래한 것이다. 그리하여 이 노래는 노오란 개나리꽃을 예찬하고, 순사 나으리, 곧 순경을 조롱하고 있다. 이제 이 노래의 뜻을 새겨 보면 다음과 같다.

> 나리 가운데 노랗게 피는 개나리꽃은 봄 동산에 아름답게 피었는데, 같은 '나리'인 순사 나으리는 개 같은 나으리여서, 개가 멍멍 짖으며 그 궁둥이를 쫓아가누나.

이 노래는 일제(日帝) 때 우리 민족을 못 살게 굴던 순사(巡査)를 풍자적으로 조롱함으로써 이 겨레의 울분을 다소나마 풀어 보려던 노래라 하겠다.

봉산(鳳山)탈춤의 "유유정정화화"도 같은 예이다. 이는 노장 스님이 돌아가신 것을 이렇게 돌려 표현한 것이다. "유유정정화화"란 "유유정정화화(柳柳井井花花)"로, 이를 새기면 "버들버들 우물우물 꼿꼿"이 된다. 그러나 이는 문자 그대로의 뜻이 아니요, 사람이 죽어갈 때 버들거리고 꾸물꾸물하다가 마침내 꼿꼿하게 굳는 것을 이렇게 돌려서 익살스럽게 표현한 것이다.

연쇄에 의한 어희(語戲)의 대표적 방법은 꼬리따기다. "원숭이 똥구멍은 빨개. 빨가면 사과, 사과는 맛있어…"와 같이 이어지는 것이 그 예다. 다음 상주(尙州) 지방의 꼬리따기 노래도 이런 것이다.

저게 저 영감 나무 하러 가세/ 등 굽어 못 갈세/ 등 굽으면 길마 가지/ 길마 가지는 굵이 넷이지/ 굵이 넷이면 동시루지/ 동시루는 검지/ 검으면 까마귀지/ 까마귀는 물지/ 물면 벼룩이지/ 벼룩이는 붉지/ 붉으면 대추지/ 대추는 달지/ 달면 엿이지/ 엿은 붙지/ 붙으면 첩

인생은 각박하다. 각박한 인생을 익살스러운 어희(語戲)로 극복하는 것도 삶의 한 슬기로운 방법이 될 수 있을 것이다.

(월간조선, 1983년 7월호)

향기로운 말소리

만해 한용운(韓龍雲)은 그의 "님의 침묵(沈默)"에서 이렇게 노래하고 있다.

　나는 향기로운 님의 말소리에 귀먹고 꽃다운 님의 얼굴에 눈멀었
　습니다.

　"향기로운 님의 말소리…" 말소리가 꽃다운 향기를 풍기는 사향도
아니고 보면 어찌 향기로울 수 있을까? 그러나 이렇게 따지고 보면 모
순이 있는 말이지만, 사실 이는 조금도 어색하게 느껴지지 않는 표현이
다. 그것은 무엇 때문일까?

　말이 사물에 1 대 1로 대응되면 가장 이상적일 것이라 생각된다. 그
러나 삼라만상에 이를 지칭하는 낱말이 하나하나 따로 있다고 하면 우
리는 그 낱말을 배우고 외느라 인생을 제대로 살아갈 수 없을 것이다.
그러기에 낱말은 다의성(多義性)을 지니며, 비유에 의한 표현을 하고, 단
어를 두세 개씩 묶어서 어떤 개념을 나타낸다.

　"향기로운 말소리"란 비유적 표현이다. 이는 후각어를 청각에 전이
(轉移)시켜 표현한 은유다. 이러한 감각간의 전이를 공감각(共感覺)이라
한다.

공감각적 표현은 일찍이 고대부터 있었던 것이며, 낭만주의 시대에 꽃을 피운 것이다. 우리나라에서는 시인이요 소설가였던 박종화(朴鍾和)가 그의 시에 즐겨 쓴 것이다.

공감각적 표현은 S. Ullman에 의하면 체계적 분포를 보이며, 우위(優位)의 시발점(始發點)은 촉각(觸覺)이요, 우위의 목적점(目的点)은 청각이라 한다. 그러나 우리의 표현은 이와 유사하기는 하나 이와 일치하지는 않는다.

울만은 공감각적 표현이란 분화되지 않은 하등감각(下等感覺)에서 고등감각으로 상승하는 경향을 보인다고 한다. 이를 그는 '체계적 분포'라 하였다. 우리의 경우는 이와는 상황이 좀 다르다. 우리의 공공각적 표현은 상승적이라기보다 하강적 경향을 많이 보인다. 촉각－미각－후각－청각－시각의 순으로 고등감각이 되는데, 우리의 공감각적 표현은 시각적 표현으로 청각을 나타내는 것이 두드러진다. 이는 시각어가 다양하게 분화된 데 말미암는 것으로 보인다.

"아름다운 가락/ 은은한 풍경/ 화사한 노래/ 커다란 울음소리/ 가는 선율/ 청청한 목소리/ 찬란한 외침" 등이 이러한 예다.

우위의 시발점은 우리의 경우 촉각 아닌, 시각으로 나타난다. 그 다음이 촉각이다. 시각을 시발점으로 한 예는 앞에서 본 바와 같다. 촉각을 시발점으로 하는 것은 다음과 같은 것이 보인다.

"부드러운 목소리/ 차가운 말/ 따스한 향훈/ 날카로운 비명/ 침통한 목소리/ 매끄러운 이야기/ 육중한 음률/ 간지러운 말"

목적점이 촉각이란 것은 울만의 지적과 일치하는 경향이다. 이들의 예는 "깊은 아픔/ 부푸는 체중/ 말간 열기/ 어머니 말씀처럼 은은하고 따스한/ 푸르게 열해 오른"이 그 예다.

이러한 특징적 경향의 것 외에 일반적인 것을 몇 개 보면 다음과 같다.

달콤한 향기/ 쯥쯜한 해소(海嘯)/ 맛있는 말/ 피비린 얘기/ 향기로
운 눈빛/ 담담한 향기/ 높은 향기

공감각적 표현과 비슷한 것에 정서적 표현이 있다. 이는 감각간의
전이는 아니나, 감각적 대상이 아닌 것에 감각어(感覺語)를 비유적으로
사용하는 것이다. "뜨거운 우정/ 부드러운 성격/ 두터운 사랑/ 시어터진
사람/ 넓은 도량/ 짭짤한 재미"와 같은 것이 그것이다.

언어는 이와 같이 기술적(記述的) 표현만을 하는 것이 아니요, 사실은
이렇게 비유적 표현으로 가득 차 있는 것이다. 감각어에 의한 비유 외
에 실제적 유사에 의한 은유, 그리고 제유(提喩), 환유(換喩)까지 생각하
면 언어는 비유의 세계라 할 만하다.

(월간조선, 1983년 8월호)

말장난과 수수께끼

수수께끼란 어떤 사물에 대해 바로 말하지 아니하고, 빗대어 말함으로 그 사물의 뜻이나, 이름을 알아맞히게 하는 놀이다. 이는 기지(機智)의 놀이이며, 사건의 해결을 추구하는 문제이다. 따라서 수수께끼란 생각하고 궁리하는 훈련의 방편이 된다.

그러나 요사이의 수수께끼는 진지한 응답자의 허를 찔러 실소를 하게 하거나, 익살스러운 유행어로 답을 해 어희(語戲)로 시종하는 것이 많다.

"나폴레옹이 알프스를 넘을 때 왜 한 손에 칼을 들고, 한 손으로 바지를 잡았겠느냐?"
"허리띠가 없어서."

"이 세상에 해가 없다면?"
"못 말려."

이러한 수수께끼가 그 예다. 이러한 수수께끼는 생각하고 궁리하는 것과는 거리가 있다.

그러나 종래의 수수께끼는 그렇지 않다. 거기에는 기지가 깃들여 있고, 문제를 진지하게 해결하려는 것이 많다. 이는 언어유희(言語遊戲)로서의 곁말인 경우도 마찬가지다.

이런 곁말의 수수께끼는 풍자와 익살의 즐거움을 안겨줄 뿐 아니라, 국어에 대한 지식을 증대하고, 언어사용의 기법을 깨우쳐 준다.

곁말로서의 수수께끼는 전음(全音)이 같은 동음어와 어말음(語末音)이 같은 동음어에 의한 것이 주종을 이룬다. 전체 음이 같은 동음어에 의한 수수께끼란 "끓여도 차다고 하는 것은?" "차(茶)"라고 하는 것이 그 예다. 이는 "차다(冷)"의 "차"를 "차(茶)"에 빗대어 말장난을 한 것이다. 이러한 예를 한두 개 더 들어보면 다음과 같은 것이 있다.

> * "값을 묻지 않고 사는 나라는?"
> "아라사(俄羅斯)"

> * "남은 놓았다 해도 나는 들고 있는 것은?"
> "총(銃)"

이들은 "알아(知) 사(買)"와 "아라사(Russia)", "놓았다(發射)"와 "놓았다(放置)"가 동음인 데서 재미있는 어희의 수수께끼가 되게 한 것이다.

어말음이 같은 것을 활용한 수수께끼란 "하늘에 개 세 마리 있는 것이 무엇이냐?"에 대해 "무지개, 안개, 번개"라 답하는 것이 그 예다. "무지개, 안개, 번개"의 어말음이 다 같이 "개"로 되어 있어 세 마리 "개"라 한 것이다. 이러한 예를 한두 개 더 들어보면 다음과 같다.

> * "간에 짝이 무엇이냐?"
> "뒷간에 볼기짝"

 * "내가 게를 지고 과를 따니, 감이 서라 서라 하는 것이 무엇이냐?"
  "사내가 지게를 지고 사과를 따니 영감이 서라 서라 하는 것."

 이밖에 같은 어두음(語頭音)을 활용한 "밤에는 닷 냥, 낮에는 열 냥이 무엇이냐?" 같은 것도 있다. 이의 해답은 "대문"으로, 여기에서는 "닫(閉)"에 "닷(五)"을, "열(開)"에 "열(十)"을 빗대어 수수께끼를 한 것이다.

 그러나 무엇보다 복잡하고 재미있는 것은 의미와 어형(語形)이 아울러 고려된 곁말의 수수께끼다. 이러한 것으로는 "달 셋의 길이는 얼마나 되는가?"와 같은 것이 있다. 이의 해답은 "무한(無限)"이다. 그것은 달이 셋이면 "세(三) 월(月)"이 되고, 이것이 동음어 "세월(歲月)"에 빗대어 "무한"이 되기 때문이다.

 "돈 서 돈으로 일백 예순 두 가지 사는 것이 무엇이냐?"도 같은 것이다. "열 무 한 돈, 쉰 두부 한 돈, 백 가지 한 돈"이 이 수수께끼의 답이다. "10-무, 52-부, 100-가지"로 재해석되기 때문이다.

 말은 참 묘미가 있는 것이다. 더구나 수수께끼는 더욱 그러하다. 위트가 있고, 사고력을 길러 주는 수수께끼가 깊이 생각하기를 싫어하는 현대인에게 사랑을 받을 수 있게 되었으면 한다.

(월간조선, 1983년 9월호)

언어생활의 윤리

아메리카 인디언과 접촉을 가졌던 백인의 기록에 다음과 같은 이야기가 전한다.

> 한 백인이 토인을 데리고 산엘 갔는데 어떤 물건을 하나 가지고 오는 것을 잊었다. 그래서 "아차, 야단났구나!"하며, 종이쪽지에 몇자 적어 토인에게 주며 그의 부인에게 가 그것을 가져오게 하였다. 영문을 모르는 토인은 종이쪽지를 가지고 가 부인에게 건네었다. 그러자 부인은 잊어버린 물건을 찾아 "이것을 가지고 가라." 하였다. 토인은 하도 이상하여 백인에게 "당신은 마법을 쓰십니다."라고 하였다.

문자가 인디언에게 마법으로 보인 것이다. 그러나 문자만이 아니요, 사실은 말이 마법과 같은 것이다.

고대에는 언어를 주술적(呪術的)인 신비한 힘을 가진 것으로 보았다. 삼국유사에 전하는 향가(鄕歌)가 "대개 시송(詩頌)의 부류에 속하는 것으로, 왕왕 능히 천지 귀신을 감동시키는 것이 한둘이 아니다(蓋詩頌之類歟 故往往能感動天地鬼神者 非一)."라 한 것은 이러한 언어관을 보여 주는 것이다.

이것은 향가가 주술적 힘을 가지고 있었음을 나타낸 것이다. 그리고 우리는 실제로 이러한 예를 구체적으로 확인할 수 있다. 월명사(月明師)의 도솔가(兜率歌)는 하늘에 나타난 두 개의 해 가운데 하나를 없이 한 노래요, 융천사(融天師)의 혜성가(彗星歌)는 흉조인 살별을 없앤 노래다. 신충(信忠)의 원수가(怨樹歌)는 나무를 감동시킨 노래이고, 처용의 처용가(處容歌)는 열병신(熱病神)을 감동시킨 노래다. 이렇게 향가는 삼국유사의 기사대로 천지와 귀신을 감동시켰다.

고대의 언어는 이렇게 주력(呪力)을 지닌 것으로 보아 신성시하였다. 그리하여 언어는 원시종교와 밀착되었고, 제정일치(祭政一致)의 군왕의 탄생을 보게 하였다. 그것은 왕의 호칭인 자충(慈充), 또는 차차웅(次次雄)이 본래 무당을 뜻하는 말이며, 무당이 귀신을 섬기고 받들었기 때문에 존장자(尊長者)를 이르게 되고, 나아가 임금을 이르게 된 것을 보면 저간의 사정을 알 수 있다.

이렇게 주술적 힘을 가진 언어는 따라서 사물과 동일시되었다. 사물과 명칭 사이의 관계가 자의성(恣意性)을 지니는 것이 아니라, 필연성을 지니는 것으로 본 것이다. 삼국유사나 삼국사기의 "인하여 이름하였다(因名).", "인하여 써 이름이 되었다(因以爲名).", "고로 인하여 그 말로 … 라 하였다(故因其言以… 名之).", "인하여 그 말로 일렀다(因其言稱之)."와 같은 표현이 그것이다. 삼국유사의 "구름이 걷히고, 안개가 흩어져 인하여 개운포라 이름하였다(開雲散霧 因名開雲浦)."란 이러한 명명의 구체적인 예다. 이러한 예가 아니더라도 언어와 사물을 동일시하는 언어관은 "호랑이도 제 말을 하면 온다.", "촌놈 제 말을 하면 온다.", "귀신 듣는 데 떡 소리 못한다." 따위 속담에서 볼 수 있다. 존장자의 이름을 기피하는 것이나, 금기어나 완곡어를 사용하는 것도 이러한 언어관에서 말미암은 것이다.

오늘날 우리는 언어를 하나의 기호, 상징으로 본다. 이것은 언어가
사물과 필연적인 관계를 갖는 것이 아니라는 말이다. 명칭과 개념은 자
의적으로 연합되며, 지시물은 개념을 통해 명칭과 간접적인 관계를 가
질 뿐이다. 따라서 언어의 주술성이나 신성성은 생각할 수 없는 문제
다. 그러기에 우리의 일상생활에는 사실세계와 거리가 먼 무책임한 발
언이 횡행하는지 모른다.

그러나, 기호란 어떤 것을 대신하여 나타내는 것이고 보면 그것이
나타내는 사실세계의 지도(地圖)가 되어야 한다.

오늘날 우리는 언어의 주술성이나, 기호와 사물의 필연적 연합을 인
정하려 하지 않는다. 그러나 수행된 언어가 외재세계에 부합되고, 책임
이 따라야 한다는 것은 마땅히 지켜야 할 언어생활의 윤리라 할 것이다.

(월간조선, 1983년 10월호)

어원 연구의 처녀림

고대의 언어는 주술적 힘을 가진 것으로 신성시되었고, 이를 행사하는 사람은 주술사(呪術師)로서 존경을 받았다. 신라시대에 차차웅(次次雄) 또는 자충(慈充)이 무당으로서 공경을 받아 존장자 및 군왕을 이르게 된 것은 그 단적인 예다.

마법·매력을 의미하는 글래머(glamour)는 문법을 뜻하는 그래머(grammar)와 어원을 같이 하는 말이다. 그래머는 희랍어 grammatik이 그 어원으로, 이는 "문자를 읽고 쓰는 기술"을 뜻하는 말이었다.

그런데 근세 초기에 영국에서는 '그래머'라면 라틴 문법을 의미했다. 이때는 별로 교육이 보급되지 못해 문법에 통달한 사람이 수적으로 적었다. 따라서 그들은 존경을 받았고, 마법을 지닌 것으로 믿었다. 그리하여 그래머가 마술의 뜻을 지니게 되었으며, 이는 glamour로 철자가 바뀌어 19세기 초 전국에 일반화하였다. 이는 그 뒤 매력이란 의미가 짙어졌고, 미국에서는 특히 "성적 매력"을 뜻하게 되었다. 그러니 이는 육체미가 풍부한 여성에게만 쓰이고, 매력이 있다 해도 남성에게는 쓰이지 않는 말임은 말할 것도 없다.

글래머는 고대 아닌 근세에 언어의 마력(魔力)이 인정되어 새로운 의미의 단어가 형성된 예이다.

스튜어디스는 젊은 여인의 동경의 대상이 되는 직종의 하나다. 그러나 이 말의 어원은 매력 있는 여성과는 꽤 거리가 있다. 스튜어디스(stewardess)는 스튜(stew)-워드(ward)-에스(ess)로 분석되는 말이다. 스튜(stew)란 작은 돼지집이며, 워드(ward)는 지키는 사람, 에스(ess)는 여성을 나타내는 접미사다. 따라서 "스튜어디스"란 "작은 돼지집 지기 여인"이 본래의 뜻이다.

고대 서구 사회에서는 가축이란 귀중한 재산이었다. 따라서 이들 짐승을 도적이나 다른 짐승들로부터 지키는 것은 중요한 일이었다. 그러나 중세의 봉건사회(封建社會)에 접어들면서 "돼지집 지기"는 별 볼일 없는 존재가 되고 말았다. 그래서 스튜어디스는 오늘날의 여급(女給)·접대원의 뜻으로 바뀌었다. 직업에는 귀천이 없다고 하나, 돼지집 지기가 여객기나 기선(汽船)의 접대원이 된 것은 아무래도 그 의미가 향상된 것이라 하겠다.

여자·부인을 뜻하는 우먼(women)은 몇 가지 어원속해(語源俗解)도 보여 주는 재미있는 말이다. 우먼의 어원은 위먼(woeman)이라는 설이 있다. "위(woe)"는 고뇌(苦惱), 먼(man)은 사람, 따라서 위먼은 "남자를 괴롭히는 사람"으로 해석되는 말이다.

다른 설은 움먼(womb-man)이 그 어원이라는 설이다. 움(womb)은 자궁, 따라서 움먼은 "자궁을 지닌 사람"이란 뜻이 된다. 그러나 이러한 해석은 호사가들이 견강부회한 통속어원으로 보인다.

우먼의 어원은 이와는 달리 고대영어 wifmann으로 추정된다. 여기서 wif란 오늘날의 영어 wife의 본디말로 여성을 의미하는 말이다. 만(mann)은 오늘의 맨(man)으로 사람을 뜻하는 말이다. 따라서 wif-mann이란 문자 그대로 여자, 여인이란 뜻이 된다.

이상 몇 개 외래어의 어원을 살펴보았다. 이와 같이 어원을 탐구한다는 것은 재미있는 작업이다. 더구나 언어는 사회 문화를 반영하기 때문에 어원 연구는 단순한 언어연구 이상의 문화사적(文化史的) 탐구가 되기도 한다.

그러나 서구의 어원 연구와는 달리 우리 국어의 어원 연구는 거의 전인미답의 처녀림이나 다름없는 실정이다. 우리 사전에도 본원적(本源的)인 어원 연구까지는 소급하지 못하더라도 사전에 언어의 변화가 기술되는 여건이 빨리 형성되었으면 한다.

(월간조선, 1983년 11월호)

파자(破字)의 실체

1970년대 후반에 이상한 파자(破字) 수수께끼, 곧 글자 수수께끼가 유행한 바 있다.

"우물 정(井)자 가운데 점찍은 것이 무슨 자냐?", "수풀 림(林) 안에 사내 남(男), 계집 녀(女) 한 자가 무슨 자냐?"라고 하는 따위가 그것이다. 이들에 대한 해답은 각각 "퐁당 퐁(井)자", "뻔할 뻔(木男女木)자"란 것이었다. 우물에 돌을 던지면 "퐁당" 소리가 날 것이고, 수풀 속에 남녀가 함께 있으면 거기서 벌어질 일은 "뻔하다"는 말이다.

파자(破字)란 이렇게 가공적인 글자를 만들어 가지고 말놀이를 하는 것이 아니다. 이는 오히려 한자(漢字)의 자획을 분합(分合)하여 맞추는 수수께끼와 파자점(破字占)을 의미한다. "흥부전"에도 보면 다음과 같이 성자(姓字)를 가지고 파자하는 것이 보인다.

"또 저 친구는 뉘라 하시오?"
"예, 내 성은 목두기에 갓 씌운 성이오."
군평이 하는 말이,
"갓머리(宀) 안에 나무 목(木)을 하였으니 댁이 송(宋) 서방이시오."
"또 저분은 뉘라 하시오?"

　　"예, 내 성은 쪠수나무란 목(木)자 아래 만승천자(萬乘天子)란 아들
자(子)를 바친 성이오."
　　군평이 대답하되,
　　"그러면 알겠소. 댁이 이(李) 서방이시오."(下略)

　이러한 성씨에 대한 파자는 신재효(申在孝)의 "심청가"에도 보인다.
　우리 수수께끼에는 이러한 파자가 상당히 많이 쓰이고 있다. 이들은
그 표현 형식에 따라 두어 가지로 나누어 볼 수 있다. 그것은 글자의
분합(分合)을 객관적·기술적(記述的)으로 제시하는 것과 비유·상징적으
로 제시하는 것이 그것이다.
　기술적으로 제시하는 것은 앞에서 예로 든 성자(姓字)의 파자나, "그
릇 기(器)"자를 "개의 입이 넷 있는 글자"라고 하는 것과 같은 것이다.
이러한 예를 한두 개 더 들어 보면 다음과 같다.

　　"나무 위에 서서 보는 글자가 무슨 자냐?"
　　"어버이 친(親)자"
　　"비 맞고 있는 입 셋 가진 무당이 무슨 글자냐?"
　　"신령 령(靈)자"

　비유적으로 제시하는 것은 "깍지란 글자가 무슨 자냐?"에 대해 "큰 대
(大)"라 하는 것이 그 예다. 이는 "콩 태(太)"자의 아래에 있는 점을 "콩
알"로 보아, "큰 대(大)"자를 이 "콩알"이 떨어진 "콩깍지"라 본 것이다.
　이러한 비유와 상징의 파자는 기지(機智)가 있고, 익살스러워 재미있
는 어희(語戱)가 된다. "곰배팔이가 사람 치는 것이 무슨 자냐?"에 대해
"써 이(以)자"라 답하는 것도 이러한 예다.
　이는 글자의 시각적 형상에서 비유한 것이다. 곧 "以"자의 왼쪽 "ㄴ"

자 같은 부분을 곰배팔이로, 오른 쪽 부분을 사람 인(人)자로 보고, 가운데 점을 사람을 치는 것으로 익살스럽게 비유한 것이다.

이에 대해 "나무 위에서 나팔 부는 글자가 무슨 자냐?"란 질문에 "뽕나무 상(桑)자"라 대답하는 것은 새김의 소리를 활용한 좀 더 익살스러운 파자다. 나무 목(木) 위의 "또 우(又)"자 셋을 "또-또-또-" 이렇게 나팔 부는 소리로 본 것이다.

"돌 위의 문장 명필이 무슨 자냐?"에 "푸를 벽(碧)자"라 답하는 것은 매우 지적인 파자다. 여기서는 돌 석(石) 위의 "임금 왕(王)"자를 왕희지(王羲之), "흰 백(白)"자를 이백(李白)으로 보아 문장 명필에 비유한 것이다.

요사이는 사건이 터져도 큰 사건만 터진다. 뭣한 것에는 모두 불감증이 걸리고 말았다. 수수께끼만 하여도 황당무계한 것이 인기를 끌고 유행한다. 우리의 종래의 파자처럼 현실에 바탕을 두고 위트와 유머를 즐길 수 있는 세상살이가 되었으면 하고 기대를 걸어본다.

(월간조선, 1983년 12월호)

무지갯빛 꿈

　"무지개는 몇 가지 빛깔이냐?"
　"7색"

　이러한 질문과 대답은 초등학교 교실에서나 있을 법한 것이다. 만약에 어떤 어른이 다른 어른에게 이런 질문을 하였다면, 아마도 질문을 받은 사람은 혹시 이 사람 돈 것이 아닌가 의심할는지도 모른다.

　우리는 무지개의 빛깔을 당연히 이렇게 7색이라고 생각한다. 그러기에 초등학교 아동은 "빨 주 노 초 파 남 보"라고 외기까지 한다. 그러나 정말 그럴까?

　여름날 비가 갠 뒤 하늘에 아름답게 서는 무지개의 빛깔은 7색으로 나뉘어 있는 것이 아니다. 빛깔은 연속되어 있다. 가령 빨강과 주황만 하더라도 이들 사이에 경계가 있어 분명히 나뉘는 것이 아니다. 다만 연속된 사물의 세계를 우리가 편의상 일곱 가지 색으로 나누어 나타낼 뿐이다. 영어권에서는 우리와는 달리 여섯 가지 색으로 보기도한다. '빨강 오렌지 노랑 초록 파랑 보라'가 그것이다. 우리가 파랑과 남색으로 나누는 것을 저들은 파랑 하나로 본다. 남색(indigo)을 빼는 것이다.

이와 달리 쇼나(Shona)어에서는 세 가지 색, 바사(Bassa)어에서는 두 가지 색이라 보기도 한다.

　색채(色彩)는 이렇게 민족에 따라 분류 방법이 다르다. 미국의 인디언들도 서로 다른 체계를 보여 준다. 이러한 무지개 빛깔은 대체로 셋 내지 여덟 개의 색채어로 표현되는 것으로 알려진다. 따라서 우리가 무지개 빛깔을 7색이라 하는 것은 어떤 필연성이 있거나, 당연한 것이 아니다. 문화의 차이가 빚어낸 현상이다.

　무지개 빛깔을 우리가 오늘날 7색으로 구분하나, 우리 민족도 본래 이렇게 구분하지는 아니했을 것이다. 그것은 우리말에 색채를 구분하는 형용사가 다섯 가지밖에 없기 때문이다. 청(靑), 홍(紅), 흑(黑), 백(白), 황(黃)이란 5색을 나타내는 형용사가 그것이다. 그러나 이들 가운데 흑, 백은 명암(明暗)에 관한 것이니, 진정한 의미의 색채어(色彩語)는 청, 홍, 황이란 원색뿐이다. 따라서 우리도 옛날에는 무지개 빛깔을 3색이라 했을 것이다. 영어에서도 Isac Newton 이전에는 5색뿐이었다. 남색과 보라색이 없었다.

　무지개 빛깔은 연속된 것으로, 각 민족어는 이를 분할하여 표현한다고 하였다. 이렇게 연속된 사물의 세계를 분할하여 표현하는 것은 언어 기호의 한 특성이다. 이러한 분할 표현의 예를 우리는 쉽게 신체어(身體語)에서도 볼 수 있다. "가슴"과 "배"가 그것이다. 가슴과 배는 연속된 신체 부위로 이들 사이에 분명한 경계가 있는 것이 아니다. 그럼에도 언어는 이를 구분하여 나타낸다. 그렇게 함으로써 사실세계는 새로운 의미를 지니게 된다.

　이제 계해년(癸亥年)도 저물고, 새해 갑자년(甲子年)이 다가왔다. 계해년이나 갑자년은 연속된 시간의 흐름이며, 계해년의 그믐이나 갑자년의 원단(元旦)이 다른 날이 아니다. 어제와 오늘이 다름없는 하루이듯, 주기적으로 바뀌는 하루하루일 뿐이다. 그런데 우리는 이 연속된 날을 분할하여 계해년이다, 갑자년이다 명명하고, 그믐이니 설이니 하여 새로운 명칭을 부여함으로 이들 날들로 하여금 새로운 의미를 지니게 하였다. 언어는 사물의 세계를 분할하여 나타내는 특질을 지니거니와, 인간은 또한 이러한 분절(分節)을 할 줄 아는 능력을 지닌 것이다. 그리고 이러한 분절을 통해 새로운 계기를 마련하고 역사를 창조한다.

　갑자년의 새해가 밝아온다. 무지개 빛깔처럼 이 날은 연속된 사물의 세계를 분할하여 새로운 의미를 부여한 날이다. 송구영신(送舊迎新)이란 말도 있듯, 지나온 날에 대해 종지부를 찍고, 무지갯빛 꿈을 꾸며, 새로운 삶을 다짐해 보자는 날이다. 갑자년의 새해를 맞아 지난날을 돌이켜 보고, 도약의 발걸음을 힘차게 내디뎌 보자. 이는 인간만이 할 수 있는 특권이다. 갑자년 새해에는 무지갯빛 꿈이 여러분 앞에 소담하게 피어나길 기원한다.

(월간조선, 1984년 1월호)

필요 없는 유의어(類義語)

1, 2월에는 눈이 많이 내린다. 그리하여 설해(雪害)를 방지하기 위해 도로 주변에는 모래를 쌓아 놓은 것을 볼 수 있다. 그런데 이 쌓아놓은 모래에 붙여진 이름이 한결같지 않다. 그 이름이 한 20가지는 되는 것 같다.

언어와 사물의 관계는 필연적인 것이 아니다. 따라서 사물을 이르는 이름은 여러 가지로 달리 나타낼 수 있다. 이것이 언어의 자의성(恣意性)이란 것이며, 이것 때문에 이 세상에는 약 3,000개의 언어가 존재하는 것이다.

그러나 언어의 기능이 근본적으로 의사소통에 있다면 적어도 하나의 언어체계에 있어 하나의 사물은 하나의 단어로 나타내는 것이 바람직하다. 그러나 물론 여기에도 문제가 있다. 무수한 사물에 일 대 일로 단어의 대응을 시킨다면 사람들은 이 무수한 단어들을 기억하여 사용하지 않으면 안 되는 어려움이 따르기 때문이다. 이에 다의어(多義語)가 나타나게 된다. "쇠"란 말 하나로 "열쇠, 자물쇠, 자석, 방아쇠, 돈" 등을 의미하는 것이 그것이다. 일 대 일의 대응에서 어긋나는 것에는 또 동의어(同義語)·유의어(類義語)가 있다. 같거나 비슷한 사물을 다른 단어로 나타내는 것이다. 우리는 이에 의해 표현의 다양화를 꾀할 수 있다.

설해 방지용 모래함의 경우는 그 명칭을 여러 가지로 일러 다양한 표현을 할 필요가 없는 말이다. 그러면 혼란만 빚어진다. 이는 오히려 문체론적(文體論的) 효과를 드러내기보다는 지시적(指示的) 기능이 강조되어야 할 말이다. 따라서 모래함은 "설해-방지용-모래함"이란 "용도-내용물-용기"를 나타내는 표현이 가장 바람직할 것으로 생각된다. 이를 줄여 "설해방지용 모래"라는 용기를 나타내는 말을 줄일 수도 있다. 경우에 따라서는 "함" 아닌 "부대"이거나, 아니면 용기 없이 "무덤"으로 되어 있을 수도 있기 때문이다. 또한 "모래함"이라고 용도를 나타내는 말을 줄일 수도 있을 것이다. 그것은 도로변의 "적사함"이나, "적사장"의 모래의 용도는 누구나 다 아는 사실이기 때문이다.

"모해함"의 명명에는 현실적으로 이러한 의식이 작용하고 있다. 다만 여기에는 필요 없는 유의어(類義語)가 많이 씌어 크게 혼란을 빚고 있을 뿐이다. 이제 이들 명명의 경향을 보면 다음과 같다.

  * "용도-내용물-용기류"의 명명
    빙방사-적사-장/ 설해방지용-모래-함/ 설해방지-모래-함/ 빙설방지-모래-함/ 제설용-모래-함
  * "용도-내용물"의 명명
    방활(防滑)-사(砂)/ 빙방-사/ 설해방지용-모래
  * "내용물-용기"의 명명
    적사(積砂)-장(場)/ 적사-함/ 모래-적치장/ 모래-함/ 모래-비축함/ 모래-적사장/ 모래-주머니

이들이 앞에서 제시한 세 가지 유형에 속하는 것이거니와, 이밖에 상태나 형태를 나타내는 말을 추가한 것도 있다. "영구-사리-적치장/

빙설방지용-모래-적사/ 예비-모래-무덤"이 그것이다. 이밖에 "설해방
지용"이란 용도만을 나타내는 예도 있다.

언어는 사회·문화의 색인이라 한다. "모래함" 이름의 혼란은 그것
이 바로 우리 사회의 혼란을 그대로 반영하는 것이라 할 수 있다. 더구
나 그 "모래함"은 사사로이 만들어 놓은 것이 아니고, 행정기구의 지시
에 따른 것이다. 기술이나 경제적인 면에서 중진국을 자랑하는 것도 좋
다. 그러나 민족문화를 대표하는 국어의 통일은 고사하고, 행정용어 하
나 제대로 통일을 하지 못하고 선진 조국을 운운한다는 것은 부끄러운
일이 아닐 수 없다. 민족문화(民族文化)를 확립하고, 국민총화를 다지기
위해서도 하루 속히 우리말의 질서를 바로잡아야 하겠다.

(월간조선, 1984년 2월호)

표어(標語)의 사회성

"술은 우리의 원수, 마셔서 없애자."

　무교동 길을 걷다가 본 어느 가게 앞 간판의 표어(標語)다. 이는 사람
의 허(虛)를 찔러 익살스러운 맛을 드러내는, 그래서 술을 마시게 하려
는 표어라 할 수 있다. 술이 원수라면 마땅히 애주(愛酒) 아닌, 금주(禁酒)
를 해야 할 것으로 생각된다. 그러나 여기서는 이와 달리 마셔 없애자
고 하고 있다. 이른바 금종(擒縱)의 허실법(虛實法)을 산 것이다.

　표어란 모토와 슬로건에 해당되는 말이다. 모토(motto)란 서양의 무사
(武士)가 방패나 문장(紋章)에 적은 제명(題銘)을 이르던 말이다. 그러나 지
금은 그 의미가 바뀌어 신조나 좌우명 같은 것을 간편하게 표현하는
짧은 어구를 가리키게 되었다. 이에 대해 슬로건(slogan)은 본래 스코틀
랜드 고지 사람들의 함성을 이르던 말로, 오늘날 흔히 강령의 뜻으로
쓰이는 말이다. 우리의 표어는 이들 가운데 슬로건에 더 기우는 말이
다. 표방하여 내세우는 강령이다.

　우리 주변의 표어는 때로 고압적이라느니, 끔찍하다느니, 불신풍조
와 황금주의가 깔려 있다느니 한다. 확실히 그런 면이 있는 것 같다.

그러나 그것이 전부는 아니다. 더구나 그런 것이 우리 표어의 특징이라고는 생각하지 않는다.

표어란 어떤 이념이나, 목표를 수행하고자 하는 강령이다. 따라서 어떤 표어를 내건다는 것은 그 개인이나 집단의 여건이 그렇지 못하다는 것을 의미한다. 예를 들어 "서울시민은 깨끗하다."란 표어는 서울시민이 깨끗하지 못하다는 말이다. 그리고 "우리 위한 교통법규 서로 지켜 사고 막자."는 우리 사회에 교통법규를 어기는 사람이 많이 있음을 의미한다. 따라서 표어를 되새겨 보면 그 사회의 현실을 파악할 수 있다.

우리 표어가 고압적이라는 것은 관주도(官主導)의 계도적인 표어의 일단을 지적한 것이다. 끔찍하다는 것은 교통관계 표어에 극단적인 표현이 쓰이고 있음을 비판한 것이다. "5분 먼저 저승 먼저", "신호등 보고 걷자, 차바퀴 사정없다."와 같은 것이 그 예다. 불신풍조와 황금주의는 "사랑으로 가르치고, 믿음으로 배우자.", "간첩 잡아 애국하고, 신고하여 상금 타자."를 꼬집은 것이다. 그러나 이러한 것은 많지가 않다. 오히려 대부분의 표어는 이와는 달리 부드럽고 건설적인 것으로 되어 있다. "슬그머니 버린 휴지, 슬그머니 버린 양심", "살펴보는 국민 되고, 신고하는 국민 되자."가 그 예다.

우리의 표어는 그 내용면에서 볼 때 교통안전, 질서 확립, 정신개혁, 간첩 신고 등이 주종을 이루고 있다. 이는 우리 사회가 안고 있는 사회적인 문제를 대변해 주고 있는 것이라 하겠다.

그리고 표어의 형식상의 특질은 4음보(音步), 4구(句)가 주종을 이룬다. "철통 같은 경계태세 나라 안정 이룩된다."가 그 예다. 따라서 "선, 선 차선을 지키자." 같은 것은 예외가 된다. 그리고 대구(對句)를 이루는 것이 많다는 것이 또 하나의 특징이다. 그러나 무엇보다 커다란 특징은 표현상의 특징이다. 표어가 강령이라고는 하나, 청유법(請誘法) "-자"로 끝맺는 것이 너무 많다. 명령형보다는 낫지만 이런 직설적인 표현은 그리 바람직한 것이 못 된다.

"국어를 사랑하자!"보다는 "국어 사랑, 나라 사랑"이 좋다. 따라서 청유형 다음으로 "-ㄴ/는다"는 서술종결형으로 끝맺는 것이 많다는 것은 반가운 현상이다. 이는 기술적인 듯하면서 사실은 지령적(指令的) 표현이기 때문이다.

표어는 행동강령이다. 따라서 때로는 과격하고 직설적인 표현도 필요하다. 그것이 딱딱한 명령이 되면 흔히 설득력을 상실하는 법이다. 위에서 예를 든 어느 술집의 표어처럼 가슴으로 와 부딪치는 맛이 있어야 한다.

(월간조선, 1984년 3월호)

표준어와 공통어

우리는 1936년 일제하에 표준어(標準語)를 사정하였고, "큰 사전"을 편찬하여 우리말의 통일을 꾀하였다. 이는 1945년 광복 이후 열매를 맺았다. 따라서 음성언어(音聲言語)는 그렇지 못하나, 문자언어(文字言語)는 대체로 통일되었다고 할 수 있다.

그러나 이러한 외면적 통일과는 달리 그 내면에는 많은 문제점이 가로놓여 있는 것이 사실이다. 이상적인 표준어와 일반적으로 통용되는 공통어(共通語) 사이에 많은 괴리가 있는 것이 그 한 예다. 더구나 표준어의 사정(査定)이 제대로 되지 않아, 어떤 낱말은 사전마다 표준어가 달리 책정되어 있어 일반 언중을 당황하게 하고 있는 것은 심각한 문제라 할 것이다(이러한 현실은 1988년 표준어를 재사정하여 대부분 개선되었다).

그러면 표준어와 공통어 사이에 어떤 차이가 있어 바른 언어생활을 해치는가?

"가는 손님 뒤꼭지가 예쁘다."란 속담의 "뒤꼭지"는 공통어이나, 방언이다. "꼭뒤에 부은 물이 발꿈치로 내린다."는 속담의 "꼭뒤"가 표준어이다. 백구(白狗)도 "흰개" 아닌 "센개"가 표준어이다. 그러기에 빛이 흰 강아지도 "흰둥이" 아닌 "센둥이"가 표준어가 된다. 따라서

"센둥이가 검둥이고, 검둥이가 센둥이다."란 속담의 "센둥이"가 바른 용례다.

"흉한 느낌이 나다"란 뜻을 나타내는 말은 "흉업다"나 "숭업다"가 아닌 "흉헙다"가 표준어다. "한때 여러 가지 일을 겸하여 하는 모양"을 나타내는 말은 "겸사겸사" 아닌 "겸두겸두"가 바른 말이다. 손가락 끝에 생기는 종기는 "생손" 아닌 "생인손"이라 한다. 솥의 뚜껑은 "솥뚜껑" 아닌 "소댕"이 표준어이다. "자라 보고 놀란 놈 솥뚜껑 보고 놀란다."는 속담도 따라서 바른 표현이 아니다. 이들 표준어는 거의 쓰이지 않아 사어(死語) 내지 희어(稀語)가 된 것들이다.

이러한 극단적인 예는 아니라도 방언이 큰 세력을 지녀 표준어에 육박하는 것도 많이 있다. 다음의 예들이 이러한 것들이다.

> 강냉이 : 옥수수/ 겨을 : 겨울/ 고이다 : 괴다/ 곰팽이 : 곰팡이/ 꺼끄럽다 : 껄끄럽다/ 꼬깔 : 고깔/ 닝쿨 : 덩굴/ 바른쪽 : 오른쪽/ 상추 : 상치/ 소낙비 : 소나기/ 수집다 : 수줍다/ 쌍까풀 : 쌍꺼풀/ 영글다 : 여물다/ 여닐굽 : 예닐곱/ 으시대다 : 으스대다/ 이쁘다 : 예쁘다/ 줏다 : 줍다/ 칼치 : 갈치

이들은 전자가 방언이요, 후자가 표준어에 속하는 것이다. 그러나 낱말에 따라서는 방언에 바람직한 것이 있는가 하면, 복수 표준어제를 채택함이 바람직할 것도 많다.

앞에서 언급한 바와 같이 사전마다 표준어가 달리 제시되고 있는 것이 더욱 문제다. "손목시계 : 팔목시계 : 팔뚝시계/ 가릿국 : 갈빗국 : 갈비탕"과 같은 것이 이들 예다.

이러한 표준어의 문제는 1930년대에 사정된 뒤 반세기가 지났으나,

본격적인 검토가 없었고, 부분적인 개정만이 알게 모르게 행해졌기 때문에 빚어지고 있는 현상이다. 우리 표준어는 편협적이요, 배타적으로 제정되었다. 공통어를 보다 많이 수용하는 아량을 가지도록 할 일이다.

(월간조선, 1984년 4월호)

교과서의 시(詩)

학습 자료에는 중핵적(中核的) 자료와 보충자료의 두 가지가 있다. 교과서란 이 가운데 문교부의 교육과정(敎育課程)을 충실히 반영한 중핵적 자료다. 따라서 이의 내용이나 표현은 바람직하며, 규범적인 것으로 구성하게 마련이다.

그런데 우리의 중·고등학교 국어 교과서의 시는 이와는 달리 그 표현에 있어 바람직하지 않은 것이 많이 눈에 띈다. 방언이 구사되거나, 어법에 맞지 않는 비문(非文)이 많다. 이러한 바람직하지 않은 표현의 시는 중·고 교과서의 70여 편(번역시 제외)의 시 가운데 3분의 2에 이른다.

먼저 방언이 구사된 시 한 편을 보면 다음과 같다.

산 너머 남촌에는/ 누가 살길래
해마다 봄바람이/ 남으로 오네.

이 시에는 원인이나 이유를 나타내는 연결어미 "…기에" 대신 방언 "…길래"가 쓰이고 있다. 시에는 방언이 활용될 수 있다. 그것은 시가 언어의 정서적 기능을 드러내는 대표적 문장이기 때문이다. 그래서 표준어로 나타낼 수 없는 환정적(喚情的) 의미를 방언이 나타낼 수 있을 때 이를 즐겨 구사하게 된다. 그리고 이는 그 작품의 문학적 가치를 높여 준다. 따라서 방언의 사용은 일방적으로 비난받을 것은 아니다.

그러나 방언이 구사된 작품이 교과서에 실릴 때는 문제가 달라진다. 그것은 시의 문학적 가치와 함께 교육적 가치가 고려되어야 하겠기 때문이다. 교과서의 글은 앞에서 언급한 바와 같이 규범적인 것이다. 이것은 바르고 모범적인 것이며, 또 그렇게 수용되는 것이다. 따라서 교과서에 쓰인 방언은 표준어로 오인되어 교육적 역기능을 드러내기 십상이다. 그러니 교재에는 방언의 구사를 삼가는 것이 바람직하다. 그리고 만약 이러한 시를 수록하는 경우에는 각주를 달아 그것이 방언임을 밝혀 주어야 한다. 현행 교과서에도 일부 방언에 대해 주를 단 것이 있다. 그러나 그것은 흔히 주석이요, 방언임을 밝힌 것이 아니다.

우리의 시 작품에는 이러한 바람직하지 않은 표현이 많이 쓰이고 있다. 따라서 교과서의 오류는 이의 일부가 노정된 것이라 하겠다. 우리는 문학작품의 내용이나 사상을 중시하는 나머지 표현을 등한히 하는 경향이 있는 것 같다. 그러나 표현을 통하지 않고는 아무리 훌륭한 내용이나, 사상이라도 외형을 드러내지 못한다. 이런 점을 고려할 때 작가나 교재 편찬자는 표현의 면에 좀 더 관심을 기울여야 하겠다.

중·고교의 국어 교과서는 현재 개편되는 과정에 있다. 개편되는 교과서에는 바람직하지 않은 시가 많이 정리되었으면 한다. 그리하여 문학적 가치와 교육적 가치를 아울러 만끽할 수 있게 되길 바라 마지않는다.

(월간조선, 1983년 5월호)

방송언어의 역기능

방송은 보도, 오락, 교육의 기능을 지닌다. 그러기에 오늘날 방송은 우리 생활과 불가분의 관계에 놓여 있으며, 그 영향 또한 엄청난 것으로 알려진다.

한 외국의 조사보고에 의하면 TV가 사회적, 문화적으로 영향을 가장 많이 끼치는 곳은 언어·풍속 면이라 한다. 그런데 그 영향을 보면 언어나 풍속을 세련시킨다기보다 혼란시킨다는 반응이 우세하다. 이런 것은 방송의 역기능(逆機能)이라 하겠다.

우리도 방송언어의 역기능이 항상 문제가 되고 있다. 이때의 주범은 유행어, 방언, 외래어가 된다.

유행어(流行語)는 근자에는 인기를 끌기 위해 연예인이 방송매체를 통해 많이 생산해 내는 것을 볼 수 있다. 이러한 것은 대부분 시청자의 마음을 끌기 위해 말소리나 어형(語形)·어법(語法), 또는 의미를 정상 언어와는 달리 바꾸어 쓰는 것이다. 따라서 유행어가 일반적으로 단명(短命)하다고는 하나 언어의 체계를 혼란시키고, 저속하게 만드는 것이고 보면 이의 사용을 삼가야겠다.

이러한 의도적인 것과는 달리 비의도적인 것이라 하더라도 그것이

일반화하여 문제가 되는 것도 많다. "와!"하는 감탄사는 그중의 하나다. 이는 우리말 아닌, 일본어 감탄사의 차용이다. 일어(日語) "와(わ)!"나, "와아(わあ)!"는 "뜻밖의 경우나 놀랐을 때 내는 말"이다. 우리의 젊은 세대가 쓰는 것도 마찬가지다. 이는 근자에 일본의 만화가 수입되며, 의성어에는 주의를 기울이지 않고 그대로 수용한 데 연유하는 것으로 보인다. 그러니 우리말에 없는 것이면 몰라도 종래에 버젓이 "야!"라고 써 오던 것이고 보면 우리말로 탄성(歎聲)을 지르도록 해야 한다. "와, 신난다."가 아닌, "야, 신난다."라 해야 한다. 느껴 부르짖는 감탄사까지 남의 말로 바꾸어 해서야 되겠는가?

방언(方言)도 근자에 사용 빈도가 꽤 높아졌다. 현장감과 극적 효과를 위해서라는 것이 사용의 이유다. 방송의 오용은 바른 것으로 받아들여지는 경향이 있다. 따라서 방언은 표준어로 오인, 수용될 위험성을 지닌다. 그러니 방송에서의 방언의 사용은 가급적 삼가는 것이 바람직하다. 보도(報道)의 경우는 말할 것도 없고, 방송극에서도 개성 아닌, 유형화에 그치는 것이라면 구태여 방언을 구사하게 할 필요가 없다. 더구나 방송에서의 방언의 사용이 저항감을 갖게 하는 것으로 지적됨에랴?

외래어(外來語)도 근자에 그 사용빈도가 높아지고 있는 것이다. 외래어는 이중언어(二重言語) 사용자에 의해 쓰이고, 일반 서민의 상류지향적(上流指向的) 심리 때문에 확산되는 것이다. 따라서 외래어의 순화는 무엇보다 지식인의 반성이 전제되어야 한다. 방송에서의 외래어 사용은 교양 프로와 운동경기의 중계방송에서 가장 문제가 되는데, 특히 운동경기의 중계방송에서의 자성이 요망된다.

(월간조선, 1984년 6월호)

조선공사삼일

　우리나라 속담에 "고려공사삼일"이란 것이 있다. 이 속담은 우리나라 사람이 정령(政令)을 조령모개(朝令暮改)함을 비꼬는 말이다. 그러나 이 속담은 본래 이런 뜻의 말이 아니었던 것 같다.

　세종실록 제73권, 곧 세종18년(1436) 윤6월의 기사에는 다음과 같은 것이 보인다.

　　22일 평안도 도절제사에게 전지하기를 "연대(烟臺)를 설비하는 것은 높은 데에 올라 관망하며 변경을 사찰하여 유사시엔 각(角)을 불고, 포(砲)를 놓아 이를 사방 인근에 알리고는, 혹은 싸우기도 하고 혹은 수비하는 등, 만전을 기하는 이기인 까닭에, 여연(閭延), 자성(慈城), 강계(江界), 이산(理山) 등 각 고을에 일찍이 화통교습관(火㷁敎習官)을 보내어 연대를 설치할 만한 곳을 심정(審定)한 바 있다. 그러나 신진인 이 무리들의 본 것이 혹시 대사를 그르치지 않을까 염려되었으므로 즉시 시행하지 못했던 것이니 경은 친히 가서 두루 관찰하고 그 가부를 상량한 연후에 기지를 정하여 축조하도록 하라. 대저 처음에는 근면하다가도 종말에 태만해지는 것이 사람의 성정이며, 더욱이 우리 동인의 고질이다. 그러므로 속담에 말하기를 '고려공사삼일(高麗公事三日)'이라 하지만, 이 말이 정녕 참된 말이 아니다."

이렇게 "고려공사삼일"이란 "처음에 근면하다가 종말에 태만해지는 것"이란 "인지상정"과 관련된 말이었다. 따라서 이는 우리나라 사람이 공사를 한 사흘은 부지런히 하다가 그 뒤에는 게을리하는 것을 이르는 것이라 하겠다. 그러니 오늘날의 "조령모개"란 뜻은 그 의미가 바뀐 것이다.

조령모개라는 뜻을 나타내는 속담에는 "고려공사삼일"이 아닌, "조선공사삼일"이란 것이 따로 있었다. 이는 선조 때 유몽인이 지은 "어우야담(於于野談)"에 보인다. 이의 용례를 보면 다음과 같다.

> 서애(西厓) 유(柳) 상국 성룡(成龍)이 도체찰사가 되어 열읍(列邑)에 이문(移文)을 하는 일이 있어 글이 이미 이루어지매 역리(驛吏)에게 맡겼다. 3일이 지난 뒤 다시 그 문서를 거두어 장차 고치려 하니 역리가 문서를 가지고 있거늘 상국이 힐문하여 가로되,
> "네 어찌하여 문서 가져간 지 3일에 오히려 열읍에 보내지 아니하였느뇨?"
> 대답해 가로되,
> "속담에 조선공사삼일(朝鮮公事三日)이라 하니 3일 후에 찾을 줄 소인이 아는 고로 오늘까지 있삽나이다."

이렇게 "조선공사삼일"이 조령모개를 꼬집는 말이었다. "고려공사삼일"은 그래도 인지상정(人之常情)이라 하니 참을 수 있는 말이나, "조선공사삼일"은 "코리안 타임"과 마찬가지로 부끄러운 속담이요, 숙어라 하겠다. 오늘도 우리 주변에는 "조선공사삼일"이 자행되고 있지 않은지 반성에, 반성을 기하여야 하겠다.

(월간조선, 1984년 7월호)

II. 우리말과 글 주변

자랑스러운 우리말과 우리 글/ 훈민정음의 창제와 그 주변 이야기/
바른 언어생활과 문화민족/ 청각문화의 보고, 우리말/ 사회 방언의 이해/
문법도 실용의 규범이다/ 방송언어의 공공성 향상에 대하여/
일제(日製) 한자어에 대한 무지와 우리말 순화/ 영어 공용어론에 반대한다

자랑스러운 우리말과 우리 글

언어와 문자

> 송알송알 싸리 잎에 은구슬
> 조롱조롱 거미줄에 옥구슬
> 대롱대롱 풀잎마다 총총
> 방긋 웃는 꽃잎마다 송송송

권오순 시인이 지은 "구슬비"란 시의 동요다. 여기에는 싸리 잎, 거미줄, 풀잎, 꽃잎에 맺혀 있는 빗방울이 예쁘게 그려져 있다. 우리가 미처 아름다움을 느끼지 못하고 무심히 지나쳤던 자연의 아름다움이다.

그러면 어찌하여 우리는 전에 자연을 통해 실감하지 못했던 빗방울의 아름다운 세계를 이 시를 통해 새삼 느끼게 되는 것일까? 그것은 이 동요의 가사가 비 내린 뒤에 풀잎과 거미줄, 그리고 꽃잎에 아롱진 빗방울의 아름다움을 감각적으로 보여 주기 때문이다. 자연에서 발견하지 못한 아름다움을 이 시에 쓰인 말, 곧 시어(詩語)가 전해 주는 것이다.

자기의 생각이나 느낌을 전하기 위해 사람들은 말을 한다. 말은 말소리와 그것이 나타내는 뜻으로 이루어진다. 예를 들어 위의 동요 가운데 쓰인 "구슬"이란 말은 "구슬"이라는 말소리와 함께, 이 말소리가 보석이나 진주 같은 작고 둥근 알을 나타낸다. 그래서 말, 언어를 음성기호(音聲記號)라 한다. 이러한 음성기호에 대해 시각적 기호인 글자는 문자기호(文字記號)라 한다. 음성언어는 기본이 되는 말이므로 1차 언어라 하고, 이에 대해 문자언어는 음성언어에 딸린 것이므로 2차 언어라 한다. 따라서 우리의 음성언어인 한국어는 1차 언어요, 우리나라의 글자, 한글은 2차 언어가 된다.

자랑스러운 우리말

이 세상에는 약 3,000개의 언어가 있다. 이들 언어는 그 계통과 형태에 따라 여러 종류로 나뉜다. 사람과 마찬가지로 언어는 어떤 조상으로부터 갈려나와 친족관계(親族關係)를 지니는 것으로 본다. 언어의 이러한 친족관계를 따지는 분류를 계통에 따른 분류라 한다. 오늘날 세계의 언어는 크게 열 개쯤의 친족어(親族語)로 분류되는데 인도-유럽어족(語族), 우랄어족(語族), 알타이어족(語族), 중국어족(語族) 등이 그것이다. 우리말은 확실히 증명된 것은 아니나 대체로 알타이어족에 속하는 것으로 본다. 형태(形態)에 따른 분류는 그 말의 문법적 관계를 형태의 위치에 의해 나타내는 것, 형태의 변화에 의해 나타내는 것, 문법적 관계를 나타내는 말을 더하는 것 등으로 나눈다. 우리말은 어떤 형태의 말을 덧붙여 문법적 관계를 나타내는 형식의 언어이기 때문에 부착어(附着語)라 한다.

"운동장에서 학생들이 논다."
"나는 학교에 간다."

위의 보기에서 "-에서, -이"와 "-는, -에" 같은 말이, 문법적 관계를 나타내기 위해 덧붙은 것이다.

그러면 계통적으로 알타이어에 속하고, 형태적으로 부착어에 속하는 우리말은 어떤 특성을 지니는가? 우리말의 자랑스러운 특성을 몇 가지 살펴보기로 한다. 그런데 여기서 주의할 것이 하나 있다. 언어학자들은 사실은 어떤 언어가 더 우수하고, 다른 언어가 그렇지 않다는 것을 회의에서 말하지 않기로 정했다는 것이다. 그것은 어떤 언어이든지 그 자체로서 의사전달을 하기에 충분한 체계를 지니는 것으로 보기 때문이다. 따라서 흔히 듣게 되는 우리말이 세계에서 제일 훌륭한 언어라는 식의 말은 하지 않는다. 다만 어떤 특정한 면을 비교하여 그 면에서 상대적으로 어느 말이 좀 더 바람직하다고 할 뿐이다. 다음에 살펴볼 자랑스러운 우리말의 특성도 이러한 것이다.

그러면 먼저 말소리부터 보기로 한다.
첫째, 말소리가 다양하고 풍부하다.
우리말의 말소리는 "ㄱ, ㄴ, ㄷ"과 같은 자음(子音)이 19개이고, "ㅏ, ㅓ, ㅗ"와 같은 모음(반모음 포함)이 12개다. 여기에 받침소리가 있다. 가히 이 세상의 모든 소리를 다 나타낼 수 있을 정도다. 그래서 우리말은 이러한 풍부한 말소리에 의해 다양한 뜻과 어감(語感)을 자유롭게 드러낸다. 이러한 사실을 웃음소리를 통해 살펴보기로 하자. 우리의 웃음소리는 "하하, 히히, 호호"와 같이 다양하다. "하하"는 기뻐서 크게 웃는 소리고, "히히"는 남을 놀리듯 꺼불거리며 웃는 소리다. "호호"는 여자들이 간드러지게 웃는 소리다. 이러한 웃음소리는 무수하다. 이들을 조금 정리해 보면 다음과 같다.

> 하하, 해해, 허허, 헤헤, 호호, 후후, 히히, 아하하, 어허허, 오호호, 우후후, 이히히, 와하하, 애해해, 에헤헤, 으하하, 으허허, 으흐흐, 깔깔, 껄껄, 깰깰, 낄낄, 킬킬, 킥, 킥킥, 키드득, 키득키득, 키드득키드득, 키들키들

이들은 사전에 표준어로 올라 있는 말들이다. 그러나 언어 현실에서는 이밖에 "하하하, 해해해, 허허허, 헤헤헤, 호호호, 히히히, 애해해해, 에헤헤헤, 오호호호, 와하하하, 으하하하, 으흐흐흐, 이히히히"와 같이 "하하, 허허, 호호" 등의 웃음소리가 두 번이 아닌, 세 번 반복되는 경향도 보여 웃음소리가 더욱 다양하게 나타난다. 이렇게 풍부한 말소리는 우리말의 큰 장점이다.

둘째, 말소리를 바꾸어 어감의 차이를 드러낸다.

우리말에는 "ㄱ, ㄷ, ㅂ, ㅈ" 소리와 같은 터짐소리(破裂音)가 있다. 그런데 이 터짐소리는 예사소리, 된소리, 거센소리와 같이 세 가지 소리가 짝을 이루며, 서로 대립한다. 예를 들면 "ㄱ-ㄲ-ㅋ"형의 대립 "깜깜하다-캄캄하다", "ㄷ-ㄸ-ㅌ"의 대립 "단단하다-딴딴하다-탄탄하다", "ㅂ-ㅃ-ㅍ"형의 대립 "빙빙-삥삥-핑핑", "ㅈ-ㅉ-ㅊ"의 대립 "졸랑졸랑-쫄랑쫄랑-촐랑촐랑"이 그것이다. 그리고 갈리는 소리(摩擦音) "ㅅ"은 "생긋생긋-쌩끗쌩끗", "서늘하다-써늘하다"와 같이 예사소리와 된소리가 대립된다. 예사소리보다 된소리가, 된소리보다 거센소리가 어감이 센 것을 나타낸다. 된소리와 거센소리는 표현효과를 높이는 수

단이 된다. 그래서 언어 현실에서는 강한 느낌을 주기 위해 힘이 "세다" 아닌 "쎄다"를, 마루를 "닦다" 대신 "딲다"를 쓰기까지 한다.

이러한 어감의 강화 현상은 자음에만 보이는 것이 아니다. 모음에 의해서도 나타내진다. "ㅏ, ㅗ"와 같은 밝은 모음은 작고, 밝고, 가벼운 것을 나타내며, "ㅓ, ㅜ, ㅡ"와 같은 어두운 모음은 크고, 어둡고, 무거운 것을 나타낸다. "아기가 방글방글 웃는다─벙글벙글 웃는다"는 "ㅏ─ㅓ"의 대립, "살이 통통하게 쪘다─ 살이 퉁퉁하게 쪘다"는 "ㅗ─ㅜ"가 대립되어 어감의 차이를 나타내고 있는 것이다. 최남선 선생의 최초의 근대시 "해에게서 소년에게"에서 "철썩 철썩 척 튜르릉 꽉"이라고 파도소리를 묘사한 것이 보이는데, 이는 잔잔하게 "찰싹찰싹" 파도치는 것이 아니라, 커다란 파도가 밀려오는 것을 의미한다. 우리말은 이렇게 말소리를 바꿈에 의해 그 의미와 어감을 다양하게 표현할 수 있는 매력을 지니고 있다.

다음에는 어휘(語彙)를 보자.

첫째, 한자어와 고유어가 조화를 이룬다.

우리말에는 외래어라 할 한자어가 많이 들어와 쓰인다. 이는 마치 영어 속에 불어 단어가 많이 들어와 있는 것과 같다. 한자어는 사색적인 개념을 나타내는 말이 많고, 고유어는 정서적 표현을 하는 말이 많다. 이러한 현상은 학술어에 한자어가 많고, 감각어나 상징어의 대부분이 고유어인 것에서 쉽게 알 수 있다. 정서적인 고유어와 아름다운 우리말을 몇 개 보면 다음과 같다.

- 나슬나슬하다, 동글반반하다, 몰랑몰랑하다, 새들새들하다, 알근달근하다, 오롱조롱하다, 한들한들하다

- 고즈넉이, 깝신깝신, 사부랑삽작, 아등바등, 얼렁뚱땅, 함초롬히, 홍글항글

- 나비물, 눈비음, 마중물, 볼가심, 빨래말미, 입씻이, 젖꽃판, 집알이

"나비물"은 쫙 퍼지게 끼얹는 물이고, "눈비음"은 눈에 보기 좋게 꾸미는 것이며, "볼가심"은 겨우 볼을 가실 정도로 조금 먹는 음식을 말한다. "빨래말미"는 장마 때 날이 잠깐 개어 옷을 빨아 말릴 만한 겨를을, "입씻이"는 말을 하지 말라고 주는 금품을 가리킨다. "젖꽃판"은 젖꼭지 둘레에 꽃같이 생긴 거무스름한 부분이고, "집알이"는 집들이의 짝이 되는 말로, 이사 간 집을 인사로 찾아보는 일을 나타낸다.

우리말에 한자어와 고유어가 함께 쓰이는 것은 우리말을 조화롭게 하는 좋은 언어현상이라 할 것이다.

둘째, 상징어(象徵語)가 발달되었다.

상징어란 "멍멍, 꾀꼴꾀꼴"과 같이 소리를 흉내 낸 의성어와 "싱글싱글, 흐느적흐느적"과 같이 모양이나 행동의 모습을 흉내 낸 의태어를 말한다. 앞에서 본 동요 "구슬비"에는 "송알송알, 조롱조롱, 대롱대롱, 방긋방긋"과 같이 여러 의태어가 쓰이고 있었다. 우리말에는 이렇게 상징어가 매우 발달되어 있다. 토끼타령에서 "두 귀는 쫑긋, 두 눈은 도리도리, 꽁지는 오똑, 앞발은 짤룩, 뒷발은 껑충"도 토끼의 모습을 상징어에 의해 잘 묘사한 것이다. 상징어는 구체적이고 감각적인 표현을 하게 한다. 우리말은 말소리를 바꾸어 어감의 차이를 나타내는 특성

이 있다고 하였다. 이러한 어감의 차이를 나타내는 대표적인 말이 상징어다. "깽깽-낑낑, 남실남실-넘실넘실, 달싹달싹-들썩들썩, 담방담방-탐방탐방, 물렁물렁-물컹물컹, 반들반들-번들번들, 빙그르르-핑그르르, 뱅뱅-뺑뺑-팽팽, 싱긋빙긋-싱끗빙끗-씽끗삥끗, 졸졸-쫄쫄, 찰랑찰랑-철렁철렁, 콩닥콩닥-쿵덕쿵덕, 타달타달-터덜터덜, 통통-퉁퉁, 팔랑팔랑-펄렁펄렁, 홀짝홀짝-훌쩍훌쩍" 같은 것이 그 예다. 다음에 걸음걸이에 대한 의태어를 몇 개 더 보기로 한다. 이는 우리말 상징어의 풍부함에 놀라게 할 것이다.

> 가뿐가뿐, 느릿느릿, 발밤발밤, 비뚝비뚝, 비척비척, 비틀비틀, 사뿐사뿐, 살살, 살금살금, 성큼성큼, 슬금슬금, 슬슬, 아슬랑아슬랑, 아장아장, 앙금앙금, 어슬렁어슬렁, 어정어정, 엉금엉금, 자춤자춤, 저축저축, 절뚝절뚝, 타닥타닥, 타박타박, 터덕터덕, 터벅터벅, 터벌터벌, 할딱할딱, 허겁지겁, 허둥지둥, 허우적허우적, 허위허위, 헐떡헐떡, 헐레벌떡, 휘적휘적

셋째, 감각어가 매우 발달되어 있다.

시각, 청각과 같은 다섯 가지 감각기관에 의한 느낌을 나타내는 말이 풍부하다. 특히 시각어, 미각어, 촉각어가 발달되었다. 예를 들면 색채어 (色彩語) 가운데 빨강색을 나타내는 말은 적어도 60여 개에 이르며, 노란색도 약 30개나 된다. 파란색을 나타내는 형용사는 "푸르다" 계통의 말만 하더라도 열댓 개 되고, "파랗다", "퍼렇다" 계통의 말까지 합하면 30여 개에 이른다. 영어나 중국어, 일어의 경우 파란색을 나타내는 색채어가 몇 안 되는 것에 비할 때 우리말의 색채어는 풍부하다 못해 그 수가 너무 많다고 느껴질 정도다. 이들 예를 구체적으로 보면 다음과 같다.

푸르다-푸르께하다-푸르누렇다-푸르데데하다-푸르뎅뎅하다-푸
르디푸르다-푸르무레하다-푸르스레하다-푸르스름하다-푸르싱싱하
다-푸르죽죽하다-푸르퉁퉁하다-푸름푸름하다-푸릇하다-푸릇푸릇
하다-시푸르다-시푸르뎅뎅하다-시푸르죽죽하다

파랗다-파르께하다-파르대대하다-파르뎅댕하다-파르랗다-파르
무레하다-파르스레하다-파르스름하다-파르족족하다-파릇하다-파
릇파릇하다-새파랗다-새파르족족하다

퍼렇다-퍼르무레하다-퍼르스레하다-시퍼렇다

넷째, 높임법이 발달되었다.

우리말에는 문장의 주체와 말을 듣는 상대방, 그리고 객체(客體)를 높이거나 낮추는 법이 있다. 이를 높임법(待遇法)이라 한다. 높임법은 인간이 평등하다는 면에서 보면 바람직하지 않은 현상이라고도 하겠으나, 어른을 공경한다는 윤리 도덕면에서 보면 아름다운 언어예절이라 할 것이다. 이러한 높임법은 격식을 차리는 말의 경우 종결어미에 의해 "합쇼"체라는 아주높임, "하오"체라는 예사높임, "하게"체라는 예사 낮춤, "해라"체라는 아주낮춤의 네 단계로 나타난다. "어서 오십시오", "어서 오시오", "어서 오게", "어서 와"가 그 예다. 격식을 차리지 않는 경우는 "해"체와 "해요"체로 나뉜다. 또 높임법은 상대방을 높이기 위해 "-시-"를 붙여 주체를 높이거나, "-삽-, -옵-, -잡-" 등을 붙여 "잘 하옵소서", "편지를 받자왔습니다"와 같이 자기를 낮추는 공손한 표현을 하기도 한다. 이밖에 어떤 낱말은 그 단어 자체가 높임말로 쓰인다. "밥"에 대한 "진지", "술"에 대한 "약주"나, "있다"에 대한 "계시다", "자다"에 대한 "주무시다" 같은 말이 그것이다. 이러한 높임법은 확실히 예의 갖추는 나라의 문화를 반영하는 아름다운 말이라 하겠다.

다섯째, 조사와 어미가 발달되었다.

우리말은 형태적으로 부착어에 속한다고 하였다. 따라서 조사와 어미가 매우 발달되었다. 조사는 다른 말과의 관계를 나타내기 위해 쓰이는 말이다. 이는 앞에 오는 말에 어떤 자격을 주기 위해, 혹은 두 말을 이어 주기 위해, 또는 어떤 의미를 더하기 위해 쓰인다. 특히 주어, 서술어, 부사어의 자격을 주기 위한 조사(格助詞)와 앞에 오는 말에 뜻을 더하기 위한 조사(補助詞)는 매우 다채롭게 발달되었다. 한 예로 부사의 자격을 갖게 하는 조사를 보면 "-에, -에서, -에게, -께, -으로, -으로서, -으로써, -같이, -라고" 등 다양하고 풍부하다.

어미(語尾)는 문장을 끝맺거나, 연결하거나, 다른 성분으로 쓰이게 하기 위해 활용되는 것이다. 동사나 형용사 같은 말(用言)은 서술하거나, 의문을 나타내거나, 명령하거나 하기 위해 다양한 어미가 발달되었다. 특히 연결어미의 경우는 복잡한 접속관계를 나타내기 위해 "-니, -나, -도록, -러, -려고, -면"과 같은 말이 쓰인다. 이와 같이 다양하고 풍부한 조사와 어미의 발달은 논리적이고, 조리 있는 표현을 하게하는가 하면, 특정한 의미를 드러내어 커다란 표현효과를 나타낸다. 이는 문법적 관계를 위치에 의해 나타내는 중국어 같은 언어와 비교할 때 의미를 분명히 하고, 표현효과를 크게 드러낸다는 것을 실감할 수 있다.

다음에는 문장을 보기로 한다.

우리말은 고맥락의 문화(高脈絡文化)에 속하는 언어다. 고맥락 문화는 상황에 많이 의존한다. 언어 상황을 중시해 언어 아닌, 다른 행동을 많이 하고, 언어 행동은 꼭 필요한, 한정된 표현만 하는 경향을 지닌다. 이는 저맥락의 문화(低脈絡文化)의 언어가 상황에 의존하지 아니하고 언어로 명확히 표현하는 것을 중시하여, 전달내용을 대부분 말로 표현하는 것과 대조된다. 따라서 맥락에 많이 의존하는 고맥락 언어에서는 그 맥락에서 이미 알려졌거나, 알 수 있는 것은 구태여 표현하려 하지 않는다. 그래서 말수가 적고, 생략을 많이 하게 된다.

"어디 가세요?"
"학교"

이 대화에는 주어, 또는 서술어가 생략되었다. 상황을 통해 알 수 있는 것이어 줄인 것이다. 경제적이다. 고맥락 언어는 군더더기가 없다. 이런 것이 우리말의 매력이다. 그리고 중요한 것은 이 생략된 것으로 보이는 부분을 찾아 넣으면 오히려 말이 어색해진다. "선생님은 어디 가세요?", "나는 학교에 간다"라고 하게 되면 자연스럽지 않고, 교과서에서나 나올 법한 말이 된다. 또 놀라운 것은 이는 말을 줄였음에도 말을 거는 사람의 신분까지 알려 준다. 어리거나 사회적으로 지위가 낮은 사람이라는 것이다. 거짓 주어(假主語)까지 내세우는 영어의 표현과 대조적이다. 이는 놀라운 우리말의 매력이다.

자랑스러운 우리 글자

이 세상에는 약 400개의 문자가 있다. 따라서 약 3,000개의 언어 가운데 75퍼센트는 문자가 없는 셈이다. 우리는 민족 문자를 가진 문화 민족이다. 우리의 "한글"은 세종대왕께서 친히 지으시어 1446년, 세계 문화유산으로 지정된 "훈민정음"을 통해 반포한 것이다.

한글이 창제되기 전에 우리는 한자를 빌려 문자생활을 하였다. 향찰 (鄕札)·이두(吏讀)·구결(口訣)이 그것이다. 향찰은 향가를 적던 표기 수 단이고, 이두는 주로 공용문에 쓰인 것이며, 구결은 주로 한문에 조사 로 쓰인 것이다. 그런데 한자를 빌려 우리말을 적는다는 것은 매우 어 렵고 불편하였다. 이에 직접 한문을 쓰는 문자생활이 주류를 이루었다. 이렇게 되고 보니 우리의 언어생활은 말과 글이 다른 이중의 것이 되 었다. 이러한 가운데 창제된 것이 "한글"이다.

한글이 처음 만들어졌을 때는 그 이름을 "훈민정음"이라 하였다. 이 는 "백성을 가르치는 바른 소리"라는 뜻으로, "백성", 곧 민중을 위해 여 창제된 글이란 말이다. "훈민정자" 아닌 "훈민정음"이라 한 것은 뜻 을 나타내는 글자가 아닌, 소리를 적는 글자(記號)이기 때문에 이렇게 명명한 것이다. 한글의 창제 정신은 "훈민정음" 해례본 서문에 나타나 있는 바와 같이 세 가지로 요약할 수 있다.

첫째, 나라의 체면상 문자가 있어야 하겠다.

둘째, 어리석은 백성으로 하여금 문자생활을 하게 해야겠다.

셋째, 쉽게 배워 편히 사용하게 해야겠다.

문자를 제정하며 이렇게 분명한 명분을 내걸고 만든 문자는 한글을 놔두고 세계에 그 유례를 찾을 수 없다. 이러한 민족문자를 가졌다는 것은 큰 자랑이 아닐 수 없다.

우리 "한글"은 자랑스러운 민족문자다. 이는 빈말이 아니다. 이러한 주장에는 다음과 같은 몇 가지 근거를 들 수 있다.

첫째, 민중의 문자다. 창제 정신에도 보이듯 이는 일부 상류계층을 위해 만든 것이 아니다. "어리석은 백성"을 위해 만든 것이다. 서민 대중이 쉽게 문자생활을 할 수 있게, 그것도 세종 임금이 친히 만드신 것이다. 따라서 자랑스러운 것이 아닐 수 없다.

둘째, 과학적으로 만들어졌다. 이는 발음기관을 본떠 만든 것으로, 오늘날의 언어학에서도 지지를 받는 것이다. 자음의 경우는 오음(五音)이 있다. 어금닛소리(牙音)는 혀뿌리가 목구멍을 막는 모양(ㄱ)을, 혓소리(舌音)는 혀끝이 윗잇몸에 붙는 모양(ㄴ)을 기본으로 하여 글자를 만들었다. 입술소리(脣音)는 입의 모양(ㅁ)을, 잇소리(齒音)는 이의 모양(ㅅ)을, 목구멍소리(喉音)는 목구멍의 모양(ㅇ)을 기본으로 하여 만들었다. 그리고 소리가 세어짐에 따라 획을 더하였다. 모음의 경우도 혀의 오므리는 정도에 따라 "ㆍ, ㅡ, ㅣ" 석 자를 만들고, 이를 기본으로 하여 나머지 글자를 조합하여 만들었다. 이와 같은 과학적인 원리는 오늘날 컴퓨터나 휴대전화의 문자 보내기에서 잘 이용되고 있다.

셋째, 독창적인 문자다. "한글"은 남의 글자를 이어받거나, 빌려 만든 것이 아니다. 앞의 설명에서 이미 드러났듯, 발음기관을 본떠 독창적으로 만든 것이다.

넷째, 배우기 쉽고 쓰기 쉽다. "훈민정음" 해례본에서 "지혜로운 사람은 아침이 다 하기 전에 깨치고, 어리석은 사람이라도 열흘이면 배울 수 있다"고 하였듯, 배우기가 쉽다. 그리고 획수가 적어 쓰기 쉽다. 이는 한자를 머리에 떠올릴 때 쉽게 이해된다.

다섯째, 음성 표기의 폭이 넓다. "훈민정음" 해례본에서 "비록 바람소리, 학의 울음소리, 닭의 울음, 개의 짖음까지 다 쓸 수 있다"고 하였듯, 다양한 소리를 적을 수 있다. 그리하여 오늘날 "한글"은 문자가 없는 언어의 표기 수단으로까지 활용되고 있다.

"한글"은 이와 같이 다른 문자에서 볼 수 없는 많은 장점을 지닌다.

따라서 음성언어의 경우와는 달리 우리 문자는 얼마든지 우수하고 훌륭한 문자라 자랑하여도 좋다.

그러나 한글이 창제된 이후 어리석은 우리 국민은 한글의 진가를 모르고 천대하였다. 계속 한문이 주류를 이루었다. "한글"은 갑오경장 이후에야 국자(國字)의 대접을 받게 되었고, 국문 또는 국한문이 공문서에 채택되었다. 그러나 개화기의 문자언어는 한문에 우리말로 토를 단 정도의 것이었다. 이로 말미암아 우리말에는 한자어가 많이 스며들게 되었다. 오늘날과 같이 한글이 주류를 이루는 문자생활을 하게 된 것은 겨우 20세기 후반에 들어와서다. 그러나 오늘날은 다문화사회요, 중국의 국제적 부상으로 한자 내지 중국어의 수요가 커지게 되었다. 거기에다 우리말 어휘의 과반수가 한자어이어 어느 정도의 한자교육은 필요하다고 본다. 한자는 표음문자에 의한 표현의 불확실성에 대해 의미 구분을 해 주는 면이 있어(有緣性) 문장 해독에 이바지하기 때문이다. 더구나 한자가 한족(漢族) 아닌 동이족(東夷族)이 만든 문자이고 보면 굳이 남의 문자라고 배척할 이유도 없다. 우리는 대표적인 표의문자인 한자와 대표적인 표음문자인 한글을 공유하고 있다. 효과적인 언어생활을 하기 위해서는 이를 슬기롭게 활용함이 바람직할 것이다.

언어 · 문자에 대한 사명

우리는 앞에서 우리말과 글에 대해 살펴보았다. 이들은 빛나는 우리 민족문화를 발전시킨 동력이다. 우리말은 부착어의 장점과 함께 독자적인 여러 장점을 지녔다. 다양한 말소리와 상징어 · 감각어, 및 조사와

어미의 발달 등이 이러한 것이다. 그리고 우리의 국자, 한글은 전세계
가 인정하는 과학적이고 독창적이며 배우기 쉬운 글이다. 이러한 문화
유산을 우리가 물려받아 언어·문자생활을 한다는 것은 행복하고 자랑
스럽기 그지없는 일이다. 따라서 우리는 자부심을 가지고 더욱 민족문화
를 발전시키고, 우리의 자랑스러운 문화유산을 좀 더 갈고 닦아 후대에
넘겨주도록 해야 하겠다. 이것이 우리에게 주어진 사명이라 하겠다.

(21세기 가정교육의 길잡이, 2008.12.)

훈민정음의 창제와 그 주변 이야기

한글 반포 565주년을 맞아 (사)한국문화국제교류운동본부에서 영릉(英陵)을 참배하게 되었다. 이에 세계적인 문자 한글을 창제해 주신, 민족의 성군(聖君) 세종대왕께 감사하며, 영릉을 찾는 김에 자랑스러운 훈민정음의 창제와 이에 관련된 이야기를 하게 되었다. 다음은 훈민정음 창제와 그 주변 이야기를 몇 가지 살펴본 것이다.

한글 창제의 동기

이 세상에는 약 400개의 문자가 있다. 따라서 약 3,000개의 언어 가운데 75퍼센트가 문자가 없는 셈이다. 우리는 이런 귀한 고유의 문자를 가지고 있다. 그것도 차용한 것이 아닌, 독창적으로 만든 문자다. 이는 세종대왕께서 친히 창제하셔 1446년, 세계문화유산으로 지정된 "훈민정음"을 통해 반포된 것이다.

한글이 창제되기 전에 우리는 한자를 빌려 우리말을 적는 문자생활을 하였다. 향찰(鄕札)·이두(吏讀)·구결(口訣)이 그것이다. 향찰은 향가를 적던 표기 수단이고, 이두는 주로 공용문서에 쓰인 것이며, 구결은 주로 한문에 조사(助詞)로 쓰인 것이다. 그런데 한자를 빌려 우리말을 적는다는 것은 매우 어렵고 불편한 일이었다. 이에 똑똑한 우리 민족은 한자를 배워 직접 한문을 쓰는 문자생활을 택하게 되었다. 이는 오늘날에도 음훈법(音訓法)을 계속 사용하고 있는 일본(日本)과 다른 점이다. 이렇게 직접 한문을 쓰게 되고 보니 우리는 말과 글이 일치하지 않는, 언문불일치(言文不一致)의 불편한 생활을 하게 되었다. 이러한 가운데 "한글"이 창제되었다.

한글의 창제(創製)는 보수 상류층의 반대와 명(明)나라를 의식한 나머지, 공개적인 국가사업이 아닌 궁중의 사업으로 은밀히 진행되었다. 이는 세종실록(世宗實錄)에 거의 기록이 보이지 않는다는 것과 최만리(崔萬理) 등의 한글 창제 반대상소문을 통해서도 그 일단을 엿볼 수 있다. 훈민정음(訓民正音)은 창제 당시에는 자음 17자, 모음 11자였다. 오늘날은 이 가운데 "ㆁ, ㆆ, ㅿ, ·"의 4자가 안 쓰이게 되어 자음 14자, 모음 10자가 쓰이고 있다. 글자의 이름은 "훈민정음(訓民正音)"이라 하였다. 이는 "백성을 가르치는 바른 소리"라는 뜻으로, "백성", 곧 민중의 문자라는 말이다. 한글 창제의 동기(動機)는 "훈민정음(訓民正音)" 해례본(解例本)의 서문에 잘 나타나 있다. 그것은 다음과 같은 세 가지다.

첫째, 나라의 체면상 문자가 있어야 하겠다.
둘째, 어리석은 백성(愚民)으로 하여금 문자생활을 하게 해야 하겠다.
셋째, 쉽게 배워 일용(日用)에 편하게 해야 하겠다.

이렇게 훈민정음은 민족(자주)정신, 애민정신, 실용정신에 바탕을 두고 창제되었다. 요(遼)의 거란문자, 금(金)의 여진문자, 몽고(蒙古)의 파스

파문자의 제정도 민족의식을 저변에 깔고 있는 것이긴 하나, 애민정신, 실용정신까지 반영된 것은 못 된다. 훈민정음은 이렇게 고상하고 분명한 창제의 동기를 지닌 문자다.

자랑스러운 우리 문자, 한글

"한글"은 자타가 인정하는 훌륭한 문자다. 이는 빈말이 아니다. 자랑스러운, 훌륭한 문자이라는 근거로는 다음과 같은 몇 가지를 들 수 있다.

첫째, 제작자, 제작 연대, 제작 원리가 분명한 문자다. 대부분의 문자는 거의 그 기원을 알 수 없거나, 차용(借用)한 문자다.

둘째, 민중의 문자다. 이는 "훈민정음"의 서문에 밝히고 있듯, 상류계층 아닌, "어리석은 백성(愚民)"을 위해 만든 것이다. 서민 대중이 쉽게 문자생활을 할 수 있게 하고자 하여 만든 것이다. 이는 뒤에 언해(諺解) 사업으로 그 의도가 분명히 드러난다.

셋째, 과학적인 문자다. 이는 발음기관(發音器官)을 본떠 만든 것으로, 오늘날의 언어학에서도 인정하는 것이다. 자음은 아설순치후(牙舌脣齒喉)의 오음(五音)으로 이루어졌다. 어금닛소리(牙音)는 혀뿌리가 목구멍을 막는 모양(ㄱ)을, 혓소리(舌音)는 혀끝이 위 잇몸에 붙는 모양(ㄴ)을 기본으로 하여 글자를 만든 것이다. 입술소리(脣音)는 입의 모양(ㅁ)을, 잇소리(齒音)는 이의 모양(ㅅ)을, 목구멍소리(喉音)는 목구멍의 모양(ㅇ)을 기본으로 하여 만들었다. 그리고 소리가 강해짐에 따라 획을 더하였다. 'ㅋ, ㅌ, ㅍ, ㆆ, ㅎ'이 그것이다. 모음의 경우도 혀를 오므리는 정도에 따라

"·, ㅡ, ㅣ" 삼재(三才) 석 자를 만들고, 이를 기본으로 하여 나머지 글자는 조합하여 만들었다. 이러한 과학적 제자(製字) 원리는 오늘날 휴대전화의 문자 보내기에서 잘 활용되고 있다.

넷째, 독창적인 문자다. "한글"은 남의 글자를 이어받거나, 빌려 만든 것이 아니다. 앞에서 설명하였듯, 발음기관을 본떠 독창적으로 만든 것이다.

다섯째, 배우기 쉽고 쓰기 쉬운 문자다. "훈민정음" 해례본에서 "지혜로운 사람은 아침이 다 하기 전에 깨치고, 어리석은 사람이라도 열흘이면 배울 수 있다"고 했듯, 배우기가 매우 쉽다. 그리고 획수가 적어 쓰기 또한 쉽다. 이는 한자를 머리에 떠올릴 때 쉽게 이해된다.

여섯째, 음성 표기의 폭이 넓은 문자다. "훈민정음" 해례본에서 "비록 바람소리, 학의 울음소리, 닭의 울음소리, 개의 짖는 소리까지 다 쓸 수 있다"고 하였듯, 다양한 소리를 적을 수 있다. 그리하여 "한글"은 오늘날 문자가 없는 언어의 표기 수단으로까지 원용된다. 인도의 찌아찌아족, 남미(南美) 볼리비아의 아이마라족의 경우가 그 예다.

일곱째, 최고의 표음문자요, 단음문자(單音文字)다. 표음문자라면 일자(一字) 일음(一音)에 충실해야 한다. 그런데 대부분의 표음문자는 일자 일음에 충실하지 못하다. 영어의 알파벳만 하더라도 그러하다. 예를 들면 "a"의 발음만 하여도 "아, 애, 에이, 오" 등 여러 가지다. 그런데 한글은 일자일음의 단음문자다. 따라서 발음에 혼란이 일어나지 않는다.

여덟째, 자음과 모음을 구별하여 제정한 문자다. 한자는 표의문자(表意文字)라 아예 자모음(子母音)의 구별이 없고, 발음도 성운(聲韻)으로 구별할 뿐이다. 알파벳은 기본적으로 자음만을 나타내는 구조였다. 아랍문자의 주체도 역시 자음이다. 이렇게 모음은 자모로서의 독립성과 단위성이 희박했다. 영어의 'Vowel'이나 'Consonant'란 단어는 14세기에 들어와 문헌에 나타난다. 언어학에 음소론(音素論)이 등장하는 것은 20세기에 들어와서다. 그런데 훈민정음에서는 자음과 모음을 초성(初聲)과 중성(中聲)이라 하여 일찍이 이들을 음소문자(音素文字)로 제자하였다. 받침은 "종성부용초성(終聲復用初聲)"이라 하여 초성을 다시 쓴다. 그리고 이들 음소문자(音素文字)는 음절문자(音節文字)로 운용하는 묘를 살렸다.

"한글"은 이와 같이 다른 문자에서 볼 수 없는 많은 독창성과 장점을 지닌 훌륭한 표음문자(表音文字)다. 따라서 음성언어의 경우와는 달리 우리 한글은 얼마든지 우수하고 훌륭한 문자라 자랑하여도 지나칠 것이 없다.

한글 창제의 배경

한글 창제의 두드러진 동기의 하나는 민족 문자를 만들어야겠다는 민족적 자주정신(自主精神)이다. 이는 한자문화권(漢字文化圈)에서 벗어나 문화적으로 독립을 해야겠다는 자주정신이 발로된 것이다. 한자문화권에 속해 있던 몇몇 민족은 이미 이 문화권에서 벗어나고자 민족문자를 만든 바 있다. 요(遼)나라를 세운 거란(契丹)은 한자에 대항하여 920년 대소(大小) 거란문자를 만들었고, 금(金)나라를 세운 여진(女眞)은 1119년 대소 여진문자를 만들었다. 그리고 원(元)나라를 세운 몽고(蒙古)는 1269년 티베트의 고승(高僧) 파스파로 하여금 파스파문자를 제정·반포하였다. 그러나 이들은 모두 성공하지 못하고 사라졌다. 한글 창제도 이러한 일련의 탈한문화(脫漢文化)의 과정에서 이루어진 것이다.

집현전 부제학 최만리(崔萬理) 등의 정음창제(正音創製) 반대상소(反對上疏)는 이 탈한문화에 반기를 든 것이다. 최만리 등은 세종 26년 언문(諺文)을 제작한 것이 지극히 신묘하여 만물을 창조하고, 지혜를 운전함이 지극히 뛰어나나, 좁은 소견에 의심되는 것이 있다며 6개조를 들어 장문의 언문 반대상소를 올렸다. 그 6개조는 다음과 같다.

첫째, 중국과 동문동궤(同文同軌)의 때를 당하여 언문을 창제함으로 저들이 비난하면 사대모화(事大慕華)의 도리에 부끄러운 일이다.

둘째, 중국 본토에서는 지방에 따라 따로 문자를 만든 것이 없는데, 몽고, 서하(西夏), 여진, 일본이 문자를 만든 것은 모두 이적(夷狄)의 일이다.

셋째, 언문의 사용은 학문을 돌보지 않게 하고, 사리 판단을 못하게 할 것이니, 학문에 손해를 끼치고 정치에 이로운 것이 없는 언문의 제정은 옳지 않다.

넷째, 언문을 사용하게 되면 형옥(刑獄)에 공평을 기할 수 있다 하나, 형옥의 잘잘못은 초사(招辭)에 달린 것이 아니라, 옥리(獄吏)의 태도에 달린 것이다.

다섯째, 일은 서두르지 말고, 공론을 거쳐 해야 하는데, 급할 것이 없는 언문 제작을 행재(行在)에서까지 급급하게 하여 성궁(聖躬)을 조섭하는 때 번거롭게 하는 것은 옳지 않다.

여섯째, 동궁(東宮)이 성학(聖學)에 잠심하여 이를 더욱 궁구하여야 하는데, 언문 제작에 날이 맞도록 때를 보내니 이는 학문을 닦는 데 손실이 된다.

이상과 같은 것이다. 흔히 사람들은 최만리를 무슨 대역죄인(大逆罪人)이나 되는 것처럼 생각한다. 그러나 상소의 내용은 위에 보인 바와 같이 당시 기득권층인 사대부(士大夫)의 보수적인 생각을 대변한 것뿐이다.

그리고 여기 덧붙일 것은 한글 창제자(創製者)에 대한 이야기다. 흔히
는 최항, 박팽년, 신숙주, 성삼문 등 집현전 학사들이 한글 창제에 참여
하고, 세종을 보필한 것으로 일러진다. 그러나 이는 사실과 다른 것으
로 보인다. 집현전 학사들은 한글 창제에 직접 참여한 것이 아니고, 오
히려 세종대왕을 비롯한 동궁(東宮)과 진양대군(세조), 안평대군 등 왕자
들이 참여하여 왕가사업(王家事業)으로 은밀히 진행되었다. 그러기에 세
종실록(世宗實錄)에 한글 창제에 관한 기사가 거의 보이지 않는다. 세종
25년(1443) 12월 30일조에 "是月上親制諺文二十八字… 是謂訓民正音"이
란 기록이 보일 뿐이다. 이렇게 정음 창제가 은밀히 진행된 것은 최만
리 등의 반대상소에 보이는 바와 같이 당시 수구파 문인들의 반발이
거세고, 명(明)나라와의 유대관계가 불편해지는 것을 염려한 때문일 것
으로 추정된다. 집현전 학사들은 창제에 직접 참여한 것이 아니라, 간
접적으로 관여한 것으로 보인다. 이들은 오히려 정음을 반포한 정음과
같은 이름의 책 "訓民正音" 해례본 제작에 참여하였다. 세종실록에 세
종 28년(1446) 음력 9월 29일조에 "훈민정음성(訓民正音成)"이라 보이는
것이 이것이다. 이 책의 말미에 실린 정인지 서문에는 연기(年紀)가 "正
統十一年 九月上澣"으로 되어 있다. 오늘날 한글날을 10월 9일로 정한
것은 이 정인지의 서문에 따라 9월 10일을 양력으로 환산한 것이다.

우리 국자의 이름

한글의 본래의 이름은 다 아는 바와 같이 "훈민정음(訓民正音)"이다.
이는 줄여 "정음(正音)"이라고도 한다. 글자를 창제하고 그 이름을 "글

자 자(字)"자가 아닌, "소리 음(音)"자를 붙인 것은 다소 의아스러울 것이다. 이는 새로 만든 글자가 뜻을 나타내는 글자가 아닌, 소리를 적는 기호(記號), 곧 음성 기호라 보아 이러한 이름을 붙인 것이라 할 것이다.

우리의 문자는 훈민정음, 정음 외에 "언문(諺文), 반절(反切), 국문(國文), 한글, 아침글, 가갸글, 암글, 중글" 등 여러 가지로 일러진다. "언문"이란 한자를 "진서(眞書)"라 하는데 대해, "상말(常言)"을 적는 글자라는 뜻으로 속되게 부르는 이름이다. 이는 최만리 상소문 외에 조선왕조실록(朝鮮王朝實錄)에도 도처에 보인다. "반절(反切)"은 본래 한자의 음을 나타내는 방법으로, 한자 두 자의 음을 반씩 따서 합쳐 한자의 발음을 나타내는 방법이다. 예를 들어 "동(東)"자의 발음을 "덕홍절(德紅切)"이라 하여 덕(德)자와 홍(紅)자의 성운(聲韻)을 합쳐 "동"을 나타내는 것과 같은 것이다. 이러한 "반절"로 한글도 가리켰다. 이는 한글의 단음문자가 결합하여 음절문자를 이루는 것이 한자의 반절법과 비슷하기 때문에 한글의 별칭으로 전용된 것이다. "국문(國文)"은 한 나라의 공식 문자라는 말이다. 한글은 창제 후 약 450년만인 고종(高宗) 때에 와서 비로소 국자가 되었다. "국문"이란 말이 처음 쓰인 한 예는 다음과 같은 고종의 칙령에서다.

"勅令第一號 朕裁可公文式制使之頒布...第十四條 法令勅令 總以國文爲本, 漢文附譯或混用國漢文" <고종실록 권 32, 31년 갑오, 11월 21일>

"한글"이란 말은 우리 국자를 이르는 대표적인 말이다. 이는 개화기에 주시경(周時經)에 의해 처음 명명된 것으로 보이는 말로, 본래 한민족(韓民族)의 문자를 뜻하는 말이다. "한글"의 "한"은 "한(韓), 한족(韓族)"을 의미하는 말이며, "하늘(天), 하다(大), 하나(一)"에 이어진다. 따라서 "한글"이란 한족의 글, 큰 글, 유일한 글이란 의미라 본다. 그런데 근자에는 이 "한글"이 우리말, 곧 "한국말"을 종종 지칭하기도 하는데, 이는 말뜻을 잘 모르고 쓰는 것이다. "국어학자"를 "한글학자"라 하는 것은 그 대표적인 오용의 사례다.

　"아침글, 가갸글, 암글, 중글" 따위는 한글을 비유적으로 속되게 이르는 말이다. "아침글"은 훈민정음 해례본의 "지혜로운 사람은 아침이 다하기 전에 깨친다"고 한 말에 연유한 이름이다. 쉬운 글이란 말이다. "가갸글"은 음절표에서 한글의 배열이 "가갸거겨"로 시작되기 때문에 붙여진 이름이다. "한글날"의 최초의 이름으로 1926년 "가갸날"이라 쓰이기도 하였다. "암글"은 남성들이 한자를 주로 사용하는 데 대해, 부녀자들이 한글을 많이 쓴다 하여 한글에 붙여진 이름이다. 부녀자들은 남성들이 한글을 돌보지 않고, 버려둔 동안 내간(內簡), 고소설 읽기 등을 통해 한글을 지키고 발전시켜 왔다. 이러한 현상은 일본의 남성들이 등용(登用)되기 위해 한문에 전념하였고, 여성들이 초서풍의 한자 자형을 간략히 익혀 히라가나를 발전시킨 것과 맥락을 같이 한다. 일본의 히라가나는 만요 가나(萬葉假名), 구사가나(草假名), 온나데(女手)로 발전하였다. 온나데는 헤이안시대(平安時代)에 공식문자로 채용되고 "고금집(古今集)" 찬진(撰進)에 채용되기에 이르렀다. 여성들이 히라가나를 지키고 발전시켜 왔기 때문에 이를 일본에서는 "온나데(女手), 온나모지(女文字)"라 한 것이다. 우리의 "암글"이란 말과 명명의 배경이 같다. 이는 두 나라의 문자 발전의 역사가 비슷하다는 것을 보여 주는 문화사적 단면이다. "중글"은 불경(佛經)을 언해(諺解)하는 등 중들이 한글을 많이 쓴다 하여 붙여진 이름이다. 우리 국자는 이러한 여러 가지 이름이 있는 가운데 정부에서 공식적으로 인정하여 부르는 이름은 "훈민정음, 국문, 한글"의 세 가지다.

한글 창제와 그 주변의 이야기를 몇 가지 더듬어 보았다. 그간 우리는 세계적 문화유산이요, 국보라 할 우리 국자(國字)의 진가를 모르고 너무 홀대해 왔다. 세종대왕(世宗大王)께서 "저런 어리석은 것들이 있나?"라고, 문자 그대로 오늘의 "어리석은 백성(愚民)"을 가엾이 여기실 것을 생각하니 송구스럽기 그지없다.

언어(言語)의 유무가 동물과 인간을 구별한다면, 문자(文字)의 유무는 문명과 야만을 구별 짓는다. 인류의 문명은 문자에 의해 계승·발전된다. 우리는 앞으로 자랑스러운 우리의 국자를 사랑하고 발전시킴으로 문화를 더욱 발전시키고, 한국문화의 세계화를 위해 노력해야 하겠다.

(한국문화국제교류운동본부 강연, 영릉, 2011.10.1.)

바른 언어생활과 문화민족

1.

우리말에 '모로 가도 서울만 가면 된다.'는 것이 있다. 어떤 방법을 쓰더라도 처음의 목적을 이루기만 하면 된다는 속담이다. 목적을 달성한다는 의미에서는 바로 가거나 모로 가거나 같을지는 모른다. 그러나 바로 가는 것과 모로 가는 것은 엄청나게 다르다. 바로 가지 아니하고 모로 갈 때에는 시간적으로, 경제적으로, 그리고 육체적으로 많은 부담을 떠안아야 한다. 이는 커다란 손실이다.

언어생활에 대해서도 비슷한 말을 하는 것을 들을 수 있다. 말을 좀 잘 하지 그랬느냐는 핀잔이라도 듣게 되면 "말이야 뜻만 통하면 되지, 잘 하고 말고가 어디 있느냐?"고 다소 퉁명스런 반응이 되돌아오게 마련이다. 정말 말은 어떻게 하든 뜻만 통하면 되는 것일까?

그렇지는 않다. 우선 언어의 기능을 잘 알고, 규범에 맞고 예의바르며, 장면에 어울리게 하여야 한다. 그래야 말한 효과를 제대로 거둘 수 있다. 우리말에 "천 냥 빚도 말로 갚는다."고 하고, "말이 고마우면 비지 사러 갔다가 두부 사 온다."고 하지 않던가?

다음에는 이러한 언어생활의 정체는 무엇이며, 어떻게 하여야 올바른 언어생활을 할 수 있는지에 대해 간단히 생각해 보기로 한다.

2.

인간은 사회적인 동물이다. 그러기에 홀로 살지 아니하고, 사회를 이루어 산다. 이러한 사회생활의 대원칙은 협동에 있다. 협동을 하지 않고서는 사회생활을 할 수 없다. 그렇다면 어떻게 하면 협동을 할 수 있는가? 그것은 언어로 사상 감정을 교환해야 한다. 그래서 언어학자들은 언어의 정의를 다음과 같이 내린다.

> 언어란 사회집단의 구성원이 그것에 의해 협동하고, 상호작용하는
> 자의적(恣意的) 음성기호다.

언어란 사회의 구성원으로 하여금 협동을 하게 하는 매개체다. 이는 의사소통의 도구다. 따라서 언어는 하나의 도구임으로, 이를 효과적으로 사용하여야 한다. 도구를 제대로 부리어 쓸 줄 모르면, 그 도구는 제 기능을 드러내지 못한다. 그 기능을 잘 알고, 그 기능이 최대한 발휘되도록 효과적으로 운용하여야 한다. 그리고 연장을 항상 갈고 닦듯, 언어도 잘 갈고 닦아야 한다. 이는 사회적으로 갈고 닦을 뿐 아니라, 개인적으로도 연마해야 한다.

언어란 또한 자의적인 기호다. '소'가 '소'이어야 하고, '사람'을 '사람'이라고 해야 할 이유는 없다. 그러기에 영어로는 'cow'라 하고, 'man'이라 한다. 일본어로는 '우시(うし)', '히토(ひと)'라 한다. 이렇게 민족에

따라 언어가 다르다. 이는 사실적인 표현이라 할 의성어의 경우도 마찬가지다. 이렇게 언어는 필연적인 것이 아니고, 임의로 사회적인 구성원이 그렇게 하기로 정한 것이다. 사회적인 계약일 뿐이다. 따라서 이러한 계약은 지켜져야 한다. 그래야 그 말은 언어기호로서의 구실을 할 수 있다. 이 약속을 지키지 않게 되면 그것은 기호의 구실을 하지 못하게 된다. 여기에 언어의 규범을 지켜야 할 의무가 따른다.

언어는 그 언어를 사용하는 민족의 산물이다. 오랜 선조로부터 물려받아 오늘에 전승된 것이다. 그러기에 거기에는 민족문화가 반영되어 있다. 비근한 예로 아침 인사를 "안녕하십니까?"라 하는 것도 우리만의 문화다. 어느 다른 민족이 이렇게 인사하던가? 영어권에서는 "Good morning!"이라 하고, 중국어로는 "早安!"이라 한다. 민족과 민족어는 불가분의 관계를 지닌다. 언중은 그들 민족의 언어로 생각하고 행동한다. 우리는 주소를 쓸 때 큰 것으로부터 작은 것으로, 외부로부터 중심으로 들어가는 과정을 겪는다. 이에 대해 영어권에서는 중심·핵심으로부터 주변으로 나아간다. 우리는 '바늘귀'를 꿰는데, 영어권은 'needle's eye'를 꿴다. 우리는 귀를 꿰는데, 영어권에서는 눈을 꿴다. 언어와 민족은 이렇게 밀접한 관계를 지니고, 민족의 정체성을 드러낸다. 따라서 민족어는 그 민족을 뭉치게 하는 거멀못으로서 중시된다. 그리하여 근대국가는 국민을 통합하기 위하여 폐쇄적인 언어정책을 펴 표준어를 정하고, 외래어를 순화하며, 민족어의 통일을 꾀하고자 하였다.

이러한 언어를 사용하는 언중(言衆)이 모로 갈 수는 없다. 언어의 특성에 맞게 바로 가라고 강요하기 때문이다. 이러한 강요의 대표적인 것이 소위 '바른말, 고운 말'이란 것이다. '바른 말'이란 규범에 맞는 말을 사용하는 것이요, '고운 말'이란 순화된 교양 있는 언어를 사용하는 것이다. 우리의 '표준어 규정'에 "표준어는 교양 있는 사람이 두루 쓰는 현대 서울말로 정함을 원칙으로 한다."고 규정하고 있는 것도 이러한 것이다. 이러한 사정은 우리가 전통적으로 사람을 평가하는 기준에 "신언서판(身言書判)"의 네 가지를 들고, 이 가운데 언어를 포함시키고 있는 데서 우리 조상들도 일찍이 올바른 언어사용의 중요성을 인식하고 있었음을 알 수 있다.

3.

언어는 구체적으로 어떤 기능을 하는가? 언어의 기능은 여러 가지로 나눌 수 있으나, 그중 대표적인 것이 통달적(通達的) 기능과 정서적(情緒的) 기능의 두 가지로 나누는 것이다. 통달적 기능이란 지시하거나 지적하는 것으로, 순수하게 지적인 것이다. 이는 보고(報告)의 언어가 그 대표적인 것으로, 사실에 부합하고 조리에 맞는, 논리적인 말을 하는 것이다. 이에 대해 정서적 기능이란 감정이나 태도를 환기하는 것으로, 문학 그 가운데도 시(詩)의 표현이 그 대표적인 것이다. 따라서 전자가 앞에서 말한 '바른 말'에 해당한 것이라면, 후자는 '고운 말'에 해당한 것이라 하겠다.

이러한 언어의 기능을 좀 더 세분해 보면 야콥슨이 이르는 여섯 가지 기능을 생각할 수 있다. 정서적 기능(또는 표현적 기능), 욕구적 기능, 상황적 기능, 관어적(關語的) 기능, 시적(詩的) 기능, 지시적 기능(또는 외연적 기능 · 인지적 기능)이 그것이다. 이 가운데 우리 언어생활과 관련시켜 중요한 의미를 지니는 것은 정서적 기능과 욕구적 기능, 상황적 기능,

지시적 기능 같은 것이다.

정서적(emotive) 기능의 말은 고운 말, 예절 바른 말, 친절한 말, 완곡한 말을 사용하는 것이다. 우리에게는 '에 해 다르고, 애 해 다르다.'는 속담이 있다. 사소한 차이라도 어떤 말씨를 쓰느냐에 따라 상대방에게 주는 느낌은 크게 달라질 수 있다. 따라서 상대방을 언짢게 하거나 불쾌하게 하는 말을 삼가야 한다. 그렇게 되면 협동이 깨지고 불신과 충돌을 낳게 된다. 따라서 거친 말이나 저속한 말을 쓰지 말고, 그 대신 고운 말, 예절 바른 말, 친절한 말을 쓰도록 한다. 그리고 직설적인 말을 피하고, 완곡한 말을 사용하는 것이 좋다. 욕구적(conative) 기능의 말이란 문자 그대로 화자의 욕구를 드러내는 말이다. 이러한 말의 대표적인 것은 명령하는 말이나, 이와 다른 지령적 언어도 있다. "우리 아기 착하지." 하는 것은 서술의 표현이 아니다. 그렇게 되라는 욕구를 표현한 말이다. 언어는 의사소통만이 아니라, 우리의 행동을 규제하는 구실도 한다. 이런 의미에서 언어행동은 조심해야 한다. 개화기에 단발령(斷髮令)이 내려졌을 때 머리카락 자르는 것을 불효(不孝)라 하여 내 목을 벨 수는 있으나, 머리는 자를 수 없다고 죽음으로 항거한 것은 언어가 인간의 행동을 규제한 대표적 사례다. 신체발부(身體髮膚)는 부모에게서 받은 것이라, 이를 상하게 하지 않는 것이 효도라는 말이 죽음으로써 단발(斷髮)을 거부하게 한 것이다. 상황적(phatic) 기능의 말이란 친교적 기능의 말을 가리킨다. 이러한 친교적(親交的) 말은 불신과 회의를 제거하고, 협동과 화합의 장으로 나오게 한다. "눈이 오지요?", "그러네요. 참 탐스럽게 펄펄 내리네요." 이렇게 대화를 하노라면 낯모르는 사람도 친숙한 사람으로 바뀌게 된다. 미소를 띠고 하는 말은 더욱 그러할 것이다. 이때 무엇보다 조심할 것은 존댓말을 제대로 사용해야 한다는 것이다. 그렇지 않으면 "이 양반이 누구보고 반말이야?"라고 시비가 붙게 된다. 통달적(informative) 기능은 명칭과 사물·개념 사이의 가역관계(可易關係)를 가리키는, 언어의 핵심적 기능이다. 이를 위해서는 우선 앞에서 말한 바와 같이 사실세계(事實世界)에 부합하는 말을 하여야 한다. 거짓말을 하여서는 안 된다. 사물세계와 제대로 대응되지 않는 말을 해서는 안 된다. 너무 추상적인 말을 하여 객관적으로 증명이 되지 않는 허황한 말을 하여서도 안 된다. 사실에 부합한 말을 사실대로 해야 한다. 그리고 사용하는 언어는 바른 말을 써야 한다. 요사이 남용되고 있는 인터넷의 신조어와 같은 규범에 벗어난 말을 사용해서도 안 된다. 그래서는 실증(實證) 가능한 의사소통이 될 수 없기 때문이다. 외래어도 남용해서는 안 된다. 그런데 지금 우리는 외래어를 너무 많이 쓰고 있고, 이러한 추세가 증폭되고 있다.

　말은 이렇게 우선 규범에 맞게, 언어의 기능에 부합되게 하여야 한다. 언어의 기능을 잘못 알게 되면 불화와 충돌이 빚어지게 된다. "달도 밝군요."라는 연인의 정감 어린 말에 "보름달이니 밝지."라고 응수한다면, 이는 언어 소통에 교통사고가 발생한 것이다. 적어도 "정말, 휘영청 밝군요."라고 정서적인 기능의 언어로 응수해야 한다. 그런데 우리는 이 언어의 기능을 너무도 모르고, 효과적인 언어사용에 관해 너무도 무신경하다. 거기다 우리의 언어 현실은 너무 혼란스럽다. 발음이 그렇고, 어휘가 그렇고, 문법이 그렇다. 오염 또한 심각하다. 그래서 무엇이 바르고 고운 말인지 구별조차 하기 힘들 정도다. 이러한 언어 현실은 하루 속히 개선 정비되어야 한다. 그러기 위해서는 바른 언어생활을 위한 국민의식 개혁이 있어야 하겠고, 이를 위한 범국민운동도 전개되어야 하겠다. 국민교육의 차원에서도 일대 혁신을 하여야 하겠다.

　민족의 문화 정도를 가늠하는 척도의 하나로 국민의 표준어 사용 정도를 든다. 그런데 우리는 남북이 갈리고, 재외동포의 어문(語文) 규범이 따로 마련되어 있어 규범의 통일마저 제대로 되어 있지 못한 형편이다. 그리하여 외국어로서의 한국어교육에서 어려움까지 겪고 있다. 이는 문화민족으로서 부끄러운 일이다. 문화민족이 되기 위해서는 우선 언어규범을 통일하여야 한다. 그리하여 우리 언어문화의 세계화에도 주의를 기울여야 한다. 그리고 대내적으로는 범국민이 '교양인의 말'인 표준어와 순화된 말을 구사하도록 하여야 하겠고, 이를 통해 우리의 독자적인 민족문화를 창달하여야 한다. 그리고 대외적으로는 우리 언어문화를 국제적으로 교류하고 세계화하여 세계문화 발전에 기여하도록 하여야 하겠다. 전 국민의 올바른 언어생활과 한국 언어문화의 세계화에 일대 혁신이 이루어지기를 기대한다.

(바른 언어생활실천연합 기념강연)

청각문화의 보고, 우리말

‘빵, 빵…’
‘끼익…’
‘쿵, 쿵쾅…’

이런 음성 장면을 접하게 된다면 사람들은 무엇을 생각할까? 아마도 그가 한국 사람이라면 차 사고를 머릿속에 그릴 것이다. 차 사고가 났다고 말을 한 것도 아닌데, 어떻게 그런 생각을 할 수 있을까?

언어는 사물을 대신하여 나타내는 음성기호다. 그런데 이 음성기호 가운데 가장 음성적 특징을 많이 드러내는 것이 음성상징(音聲象徵)과 넓은 의미의 의성어(擬聲語)다. 우리말에는 이들이 어떤 언어보다 발달되어 있다.

음성상징은 언어에 사용된 말소리 자체가 하나의 감정적 의미를 나타내며, 이 말소리에 의해 그 말의 의미가 직접 파악되는 언어 형식을 말한다. 예를 들어 사람이 각각 회전목마를 타고 이렇게 말했다고 하자.

“빙빙 도는 목마를 탔다.”
“뼁뼁 도는 목마를 탔다.”
“핑핑 도는 목마를 탔다.”

　이럴 경우 세 사람은 각각 속도가 다른 목마를 탄 것이 된다. 그것을 어떻게 알까? 그것은 '빙빙, 뻥뻥, 핑핑'의 예사소리 'ㅂ'에 비해 된소리 'ㅃ'이, 이에 비해 거센소리 'ㅍ'이 강한 어감을 드러내 차이를 나타내기 때문이다. '방긋방긋-빵끗빵끗, 깜깜(하다)-캄캄(하다)'도 같은 예다. 이러한 어감의 차이는 자음(子音) 아닌, 모음(母音)에 의해서도 나타내진다. '방글방글-벙글벙글, 찰랑찰랑-출렁출렁, 통통(하다)-퉁퉁(하다)'가 이런 것이다. 'ㅏ, ㅗ'와 같은 양성모음은 작고 밝고 날카로운 것을 나타내고, 'ㅓ, ㅜ'와 같은 음성모음은 크고 어둡고 둔한 것을 나타낸다. 그러기에 여인들은 '통통하다'면 참아 주지만, '퉁퉁하다'면 노골적으로 싫다는 반응을 보인다. 우리말에는 이러한 감각을 나타내는 감각어가 발달되어 있다. 예를 들면 미각어만 하여도 이러한 음상(音相)의 차이에 의해 다양한 감성적 차이를 나타낸다.

　　달짜근하다-달차근하다-달짝지근하다-달착지근하다, 달콤하다-달큼
　하다-들큼하다, 들쩍지근하다-들척지근하다, 들찌근하다-들치근하다

　이러한 음성의 차이는 단순한 어감의 차이에 그치지 아니하고, 통달적 의미의 차이까지 드러낸다. '낡다(古)-늙다(老), 남다(餘)-넘다(過), 덜다(減)-털다(拂), 뛰다(躍)-튀다(彈), 맑다(淸)-묽다(淡), 맡다(任)-받다(受), 묻다(附)-붙다(着), 밝다(明)-붉다(赤), 맛(味)-멋(風味), 살(歲)-설(元旦), 졸다(縮)-줄다(減)'가 이러한 예다.

　넓은 의미의 의성어는 좁은 의미의 의성어와 의태어로 나뉜다. 좁은 의미의 의성어는 '깍깍, 뻐꾹뻐꾹, 퐁당퐁당'과 같이 소리를 직접 나타내는 것이다. 이에 대해 의태어는 '동글동글, 생글생글, 아장아장, 한들한

들'과 같이 동작이나 형태를 간접적으로 소리를 빌어 나타내는 것이다.

의성어는 다른 말과 달리 사물의 소리를 직접 흉내 낸 것이므로 원시적 창조에 의한 말이라 한다. 그러나 이는 그러하기 때문에 그 말에 활력을 주고, 표현을 구상화한다. 그래서 이는 듣는 사람이나 책을 읽는 독자에게 감동을 준다. 서두에 예를 든 '빵빵-, 끼익-, 쿵 쿵쾅'이 이러한 구상적 표현이다.

우리말에는 앞에서 말한 바와 같이 감각어가 발달되어 있다. 특히 색채어와 미각어가 발달되어 있는데, 이들은 대부분 의태어를 기본으로 하고 있다. 예를 들어 색채어 가운데 붉은 색을 나타내는 말은 표준어만 하더라도 60여 개나 된다. 세상에 이런 다채로운 언어가 한국어 외에 어디에 또 있겠는가? 영어는 고작 표현한다는 것이 'dark red, light red' 같은 표현이 있을 뿐이다. 여기서는 붉은 색은 너무 낱말 수가 많으니, 이보다 수가 적은 푸른색을 나타내는 말을 참고로 보기로 한다. 이것도 약 30개에 이른다.

> 파랗다-퍼렇다-푸르다-푸르디푸르다-새파랗다-시퍼렇다
> 파르스레하다-퍼르스레하다-푸르스레하다, 파르스름하다-푸르스름하다, 파르족족하다-푸르족족하다-새파르족족하다, 파릇하다-퍼릇하다-푸릇하다, 파릇파릇하다-푸릇푸릇하다, 파르무레하다-퍼르무레하다-푸르무레하다, 파르께하다-푸르께하다, 파르댕댕하다-푸르뎅뎅하다, 파르대대하다-푸르데데하다, 푸름푸름하다, 푸르퉁퉁하다

이러한 의성·의태어는 우리의 문학 작품에 많이 쓰여 그 표현성을 드러내고 있다. 고전에서는 고려속요에, 현대작품에는 시에 많이 쓰이고 있는 것을 볼 수 있다. 그 한 예로 고려속요 '청산별곡'에는 '얄리얄

리 얄랑셩 얄라리 얄라'가 후렴구로 8련에 반복해 쓰인 것을 볼 수 있다. 현대 시작품에는 최남선의 '해에게서 소년에게'의 각 연의 처음과 끝에 다음과 같은 시구(詩句)가 각각 여섯 번 반복해 쓰이고 있다.

'처…ㄹ썩, 처…ㄹ썩, 척, 쏴…아'
'처…ㄹ썩, 처…ㄹ썩, 척 튜르릉, 꽉'

의성어 의태어는 여기에 그치지 않는다. 광의의 의성어에 접사가 붙어 그 소리를 나타내거나, 태도를 나타내는 사물이나 동물의 이름으로 쓰여 상징어를 더욱 풍성하게 한다. '기러기, 꾀꼬리, 매미, 부엉이, 뻐꾸기'는 의성어에서 나온 이름이고, '누더기, 뻬쭉이, 살살이, 얼룩이, 홀쭉이'는 의태어에서 빚어진 말이다.

우리말은 본래 음소(音素)도 풍부한 데다가 이렇게 상징어가 매우 발달되어 있어 청각문화로서의 보고를 이루고 있다. 그래서 논리적인 언어라기보다 정서적인 언어이며, 또한 그만큼 사람을 감화시키는 언어라 할 수 있다.

(자연과 꿈, 에버랜드, 2001년 3월호)

사회 방언의 이해

"저 아 뭐 하노?"/ "자 뭐 하냐?"/ "쟤 뭐 하니?"

이들은 지리적 요인에 따라 형성된 우리의 방언이다. 각각 경상, 전라, 중부 지방에서 사용되는 지역 방언이다. 그런데 이와는 달리 사회적 요인에 의해 형성되는 방언도 있다. 이를 사회 방언이라 한다. 사회 방언은 특수 어형으로 된 경우와 사용 빈도가 높은 어형의 두 가지가 있다.

사회 방언은 여러 가지 요인에 의해 이루어진다. 대표적 요인은 사회적 계층이다. 타고난 사회적 신분, 사회적 지위, 직업, 교육 정도 등에 의해 결정되는 사회적 계층에 의해 방언이 형성되는 것이다. 그래서 사회 방언을 계급방언이라고도 한다.

궁중 용어는 사회적 신분을 반영하는 대표적 사회 방언이다. 이들의 예를 몇 개 들어보면 다음과 같다.

곤룡포(임금의 정복), 수라(밥, 진지), 지밀(왕의 침실), 감쪼으다(임금이 보다), 납시다(임금이 거동하다), 셰시다(임금이 먹다), 본겻(왕비의 친정), 한우(땀), 황육(쇠고기)

양반의 말과 상민의 말도 사회적 신분에 의해 형성된 방언이다. 다음 "요로원 야화기"의 일절은 양반 사회와 상민 사회의 언어가 달랐음을 잘 보여 준다.

> "그대를 상등 양반의 밥 먹기를 가르치리라. 종이 진지를 고하거든 '올니라' 말고, '드리라' 하고, 숙냉을 먹으려 하거든 '가져오라' 말고, '진지하라' 하느니라."

직업과 관련된 말은 일상에서 쉽게 접하게 되는 사회 방언이다. 시장 상인의 독특한 말, 공장 기술자의 특수 용어가 그것이다. 교육의 정도는 고상한 말과 천박한 말이란 사회 방언을 형성해 낸다.

사회 방언은 사회적 계층 외에 세대, 성별, 종교에 따라서도 형성된다. 오늘날 우리 사회의 세대 간의 언어 차이는 매우 크다. 이러한 차이는 청소년들의 통신언어의 발달로 더욱 심화되었다. 성별에 따른 차이도 보여 "왜 너는 여자처럼 말하니?"라든가, "너는 마치 남자같이 말한다."고 하는 말을 듣거나 하게 된다. 종교도 많은 사회 방언을 형성해 내었다. "열반, 해탈, 극락"과 같은 불교 용어, "천당, 신부, 복음"과 같은 기독교 용어가 그것이다.

이러한 사회 방언을 통해 우리는 사회의 실상을 알 수 있으며, 나아가 사회적 방언을 이해하고, 활용함으로 사회집단의 성원 간의 유대를 강화하고, 효과적 언어생활을 할 수 있다.

(지학사, 중학국어)

문법도 실용의 규범이다

요즈음 문법 교과는 학생들에게 인기가 없는 모양이다. 아니, 인기가 없는 것이 아니라, 기피당하고 있다고 한다. 과연 기피하여 좋은 교과일까?

    (1) "이리 오너라!"
       "오냐, 나간다!"

지난날에는 남의 집에 가 사람을 찾을 때 "이리 오너라!"라고 소리쳤다. 그러면 "네!" 하고 사람이 나왔다. 이것이 남의 집을 찾아 주고받는 대화 예절이다. "이리 오너라."는 주인 아닌, 그 집의 심부름하는 사람을 부른 것이다. 따라서 건방지게 반말을 한다고 시비하는 일도 없다. 나가 맞을 사람이 없고, 안에서만 있으면 "아무도 안 계신다고 여쭈어라."라고 간접대화를 하였다. 이것이 남의 집을 찾는 언어예절이요, 어법(語法)이었다. "이리 오너라."라 한다고, "오냐, 나간다."고 반말로 응수하면 그것은 똑똑한 행동 같지만, 사실은 전통적 언어문화(言語文化)를 모르는 헛똑똑이의 무례한 처사에 불과하다. 요사이는 이에 대해 "여보세요."라 하고, "네, 나갑니다."라 대꾸한다.

(2) "오죽해야 우리 동리에서 누굴 막론하고 그에게 욕을 안 먹는 사람은 명이 자르다고 한다."

말은 우리의 생각을 표현하는 수단이다. 이는 조리(條理)에 맞아야 한다. 달리 말하면 논리적이어야 한다. 논리적 사고를 하게 되면 그 표현은 조리에 맞고, 어법(문법)에 맞는 표현이 된다. 이와 달리 비논리적 사고를 하게 되면 그 표현은 조리에 맞지 않고, 비문법적인 것이 된다. 예문 (2)는 소설의 한 문장이다. 이는 조리에 맞지 않는 말이다. "오죽해야"에는 "하겠는가?"라는 서술어가 와야 한다. 따라서 이 표현은 논리에 맞지 않는가 하면, 비문법적인 표현이다. 논리는 문법을, 문법은 논리를 상호 보완하는 작용을 한다.

(3) "선생님이 너 교무실로 오래."

우리말의 특징의 하나는 대우법이 발달되어 있다는 것이다. 우리나라를 동방예의지국(東方禮義之國)이라 하게 된 까닭의 하나도 여기에 있다 하겠다. 화계(話階)가 발달되지 않은 말과는 달리 우리말은 대우법이 발달되어 있어 어른에게는 존댓말을 한다. 존댓말은 바로 해야 한다. 그렇지 않으면 실례를 범하게 되고 오해를 받게 된다. 그런데 오늘날 이 존댓말이 제대로 쓰이지 않는다. (3)의 예문은 선생님의 말씀을 전하는 말이다. 그런데 이 말은 바람직하지 않은 말이다. 선생님께 존댓말을 쓰고 있지 않기 때문이다. 선생님을 높인다고 "선생님이 오시래." 라고 하게 되면 이는 좀 더 선생님께 실례를 범하는 것이 된다. "선생님이 너 교무실로 오라 하셔."라거나, "오라 하셔"를 줄여 "오라셔"라고 해야 한다.

(4) "봄비가 부실부실[부슬부슬] 내린다."
　　"방안이 너무 캉캄하다[캄캄하다]."

말소리는 변하기도 한다. 역사적으로 변하기도 하고, 말소리가 이어지며 변하기도 한다. 말소리가 이어나면서 변하는 경우는 그것을 표준 발음으로 인정하는 경우와 그렇지 않은 경우가 있다. 이른바 구개음화나, 자음접변은 표준발음으로 인정하는 경우다. 그러나 (4)의 예문에서처럼 "부슬부슬"을 "부실부실"이라고, "ㅡ" 모음을 전설모음 "ㅣ"로 내는 것과 같은 것은 인정하지 않는 것이다. "메스껍다, 바스락바스락, 으스대다, 푸슬푸슬"을 "메시껍다, 바시락바시락, 으시대다, 푸실푸실" 따위로 발음하는 것이 이러한 것이다. 방안이 "캄캄하다"라 할 것을 [캉캄하다]라고 [ㅁ] 받침 소리를 연구개음(軟口蓋音) [ŋ]으로 발음하는 것과 같은 것도 표준 발음으로 인정하지 않는다. "단백질"을 [담백질]과 같이 [ㄴ] 받침 소리를 양순음(兩脣音) [ㅁ]으로 발음하는 것도 마찬가지다. 이들 연구개음화, 또는 양순음화라 할 것은 우리나라 사람 대부분이 의식도 못하면서 잘못 발음하고 있는 것이다.

이상 말 또는 문법과 관련된 문화, 논리적 사고, 대우법, 발음에 대해 몇 가지 문제를 살펴보았다. 이는 문법 또는 어법이 기피하여 좋은 교과목이 아니요, 올바른 언어생활을 하기 위해서는 반드시 교육을 하여야 한다는 필요성을 제기하기 위한 것이었다. 문법은 우리 문화를 알고, 논리적 사고를 하고, 바르고 효과적인 의사소통을 하기 위해 필요한 교과다.

우리 사회에는 법이란 것이 있다. 이는 사람들이 안락하게 사회생활을 할 수 있게 만든 규범이다. 이는 규제하기 위해서 만든 권위적인 것이 아니라, 필요해서 만든 실용의 규범이다. 이를 지킴으로 편히 살기 위한 것이다. 문법도 법이다. 이것도 사회적인 규범으로서의 법과 마찬가지로 실용의 법이다. 인간생활의 대원칙은 협동에 있고, 이는 언어에 의해 이루어진다. 따라서 효과적인 언어생활을 하기 위해서는 언어규범, 곧 문법을 잘 알고 지켜야 한다.

　문법은 지식으로서 필요한 것이 아니라, 몸에 배어 언어생활에 수행되는 것이어야 한다. 그런 의미에서 용어가 중요한 것이 아니며, 구개음화나 자음접변과 같이 이미 몸에 배어 있는 사실을 이론적으로 학습하는 것이 필요한 것이 아니다. 문법은 탐구학습을 통해 미처 알지 못했던 언어 원리를 실생활에서 발견하여 이를 언어생활에 활용하는 능력으로 길러져야 한다.

(검인정 교재·게재지 미상)

방송언어의 공공성 향상에 대하여

글머리에

방송은 불특정 다수를 대상으로 한 매스컴이다. 따라서 방송언어는 공공성을 지닌 표준어를 써야 한다. 이는 달리 말하면 공용어를 사용해야 한다는 말이다. 그래서 방송언어 이야기만 나오면 언제나 이 공용어의 문제가 우선순위를 차지했다.

그러나 방송언어의 현실은 어떠한가? 그간 많이 자리가 잡혔다. 자리 잡혔다는 것은 좋아졌다는 말인 동시에 서글픈 자위의 말이기도 하다. 그것은 예나 지금이나 개미 쳇바퀴 돌듯 계속 방송언어의 순화, 표준어의 사용을 되뇌야 하는 것이 현실이기 때문이다. 그래서 이제는 방송에서의 표준어의 사용, 공용어의 사용에 대해서 모두 식상해 있고, 논의를 하고 싶어 하지 않는 것이 오늘의 현실인지도 모른다.

그렇다면 왜 이러한 현실이 되었는가? 그것은 방송언어 자체보다 방송 이전의 자세, 방송 이전의 여건이 그렇게 만들지 않았나 생각된다. 따라서 여기서는 방송언어의 공공성의 향상을 기하기 위하여 방송언어 이전의 기본적인 문제를 집중적으로 거론해 보기로 한다.

방송언어의 공공성을 위한 전제

U와 Non-U의 양극화 도입

우리나라 사람들은 방송의 권위를 인정한다. 출연자도 보통 사람 이상의 훌륭한 사람으로 평가한다. 그래서 방송에 출연하게 되면 유명 인사가 된다. 그런데 놀랍게도 그의 언어는 평가 대상에서 제외될 뿐 아니라 관대하다.

버밍엄대학의 A. S. Ross는 1954년 "U와 Non-U, 사회언어학적 시론"을 발표하여 큰 반향을 일으켰다. 영국의 계급조직이 본질적으로 3부로 구성되어 있는데, 상류계급이 다른 계급과 구별되는 것은 직업, 취미, 부(富), 외모가 아니고 언어 외에 다른 아무것도 아니라는 것이었다. 언어만이 차이가 난다는 것이다. 이 글은 1956년 "귀족의 의무(Noblesse Oblige)"라는 책에 재록되었다. Ross는 구체적으로, 상류계층(U, upper class)과 비상류계층(Non-U, non-upper class)의 발음, 어휘, 문장의 목록을 제시하였다. 비상류계층은 상류지향의 심리 때문에 상류계층의 언어를 익히게 되었다. 다른 이유도 있으나 이로 말미암아 영어의 계층적 차이는 없어졌고, 평등을 지향하게 되었다. 그래서 1969년에 Ross가 편한 "당신은 U?(What are U?)"에는 계층이 다른 두 사람을 표지에 내어 놓았는데, 1978년도에 R. Buckle이 편한 "U와 Non-U 재론(U & Non-U Revisited)"에는 평균화된 같은 스타일의 두 청년을 표지에 싣고 있다.

"U와 Non-U" 이야기를 하는 것은 우리도 언어에 대한 상류계층과 비상류계층에 대한 인식을 국민들에게 심어 주어야 하겠다는 것이다. 아니 이를 각성하게 해야 하겠다는 말이다. 한민족(韓民族)도 어느 다른 민족보다 상류지향의 심리가 강한 민족이다. 따라서 이러한 언어계층에 대한 차이를 인식한다면 국민의 바람직한 공용어가 좀 더 쉽게 확립될 것이다. 그러니 언어의 공공성의 확보는 상류계층과 비상류계층의 언어상의 양극화를 강조 인식하도록 함이 한 방안이 될 것이다.

교양인의 자질 인식

우리의 "표준어규정"에는 "표준어는 교양 있는 사람들이 두루 쓰는 현대 서울말로 정함을 원칙으로 한다"고 하였다. 이렇듯 표준어 사용 여부는 교양 유무를 가름하는 기준이 된다. 이러한 생각은 우리의 전통적인 인식이기도 하다. "신언서판(身言書判)"이 곧 사람을 평가하는 기준이었기 때문이다. 따라서 교양 있는 현대인으로 살아가기 위해서는 표준어를 구사해야 한다는 인식을 국민들로 하여금 갖도록 해야 한다. 이것은 앞에서 말한 상류계층 지향 심리를 자극하는 것과 일맥상통하는 것이다. 다만 표준어의 사용이 교양인, 또는 훌륭한 인격자의 육성을 의미해 좀 더 정신적인 면이 강하다는 것이 다르다.

그리고 여기 덧붙일 것은 교양 있는 사람은 표준어를 구사하는 사람만을 의미하는 것이 아니라는 것이다. 이미 身言書判 이야기를 하였지만 말에는 품위가 있으므로 인격에 손상을 가져올 말을 하지 않도록 해야 한다. 이는 순화된 말을 해야 함을 의미한다. 따라서 교양인으로서 올바른 말하기를 하기 위해서는 바르고 고운 말을 하도록 해야 한다. 이런 의미에서 말하기 이전의 기본자세를 갖추도록 교육되어야 한다.

국어교육의 정상화

국어교육이 정상화가 돼야 한다. 그간의 국어교육은 그 목적을 충실히 수행하였다고 보기 어렵다. 현행 제7차 교육과정에는 국어교육의 목표를 다음과 같이 규정해 놓았다.

> 언어활동과 언어와 문학의 본질을 총체적으로 이해하고, 언어활동의 맥락과 목적과 대상과 내용을 종합적으로 고려하면서 국어를 정확하고 효과적으로 사용하며, 국어문화를 바르게 이해하고, 국어의 발전과 민족의 언어문화 창달에 이바지할 할 수 있는 능력과 태도를 기른다.
>
> 가. 언어활동과 언어 문학에 대한 기본적인 지식을 익혀, 이를 다양한 국어사용 상황에서 활용하는 능력을 기른다.
>
> 나. 정확하고 효과적인 국어사용의 원리와 작용 양상을 익혀, 다양한 유형의 국어 자료를 비판적으로 이해하고 사상과 정서를 창의적으로 표현하는 능력을 기른다.
>
> 다. 국어 세계에 흥미를 가지고 언어 현상을 계속적으로 탐구하여, 국어의 발전과 국어 문화 창조에 이바지하려는 태도를 기른다.

이러한 목표 가운데 가장 핵심이 되는 것은 "언어활동의 맥락과 목적과 대상과 내용을 종합적으로 고려하면서 국어를 정확하고 효과적으로 사용하며, 국어문화를 바르게 이해하고"라 할 것이다. 쉽게 말해 국어문화를 바로 알고 국어를 정확하고 효과적으로 사용하는 것이라 할 수 있다. 그런데 지금까지의 교육은 이 실용적인 의사소통 교육을 제대로 해 오지 못했다. 따라서 국어에 대한 지식이 부족하고 이를 효과적으로 운용하지 못한 것이다. 앞으로 국어교육은 이러한 실용적인 교육과 함께 앞에서 언급한 국어생활의 기본적인 원리를 제대로 익히도록 해야 한다.

국어능력시험의 활용

인간생활의 대부분은 언어에 의해 이루어진다. 그것도 모국어에 의해 이루어진다. 따라서 국어는 생활의 연장이요, 무기다. 그런데 우리는 이 연장과 무기를 제대로 챙기지 않고 있다. 개인이 챙기지 않는 것은 물론 국가나 사회가 아직 이에 제대로 눈을 뜨지 못했다.

외국어로서의 한국어 능력은 차츰 그 가치를 인정해 한국어 능력시험이 잘 운영되고 있다. 그런데 자국어로서의 국어 능력에 대해서는 아직 자각을 제대로 하고 있지 못한 것 같다. KBS에서 국어능력 시험을 치르고 이를 인사에 반영하고 있는 것은 바람직한 일이다. 이러한 국어능력시험의 활용은 전국적으로 확산되어야 한다. 우선 공무원 채용의 기준의 하나로 이 국어능력이 평가되어야 한다. 국가에서 시행하게 되면 일반 사회나 기업 등도 자연히 이에 동참하게 될 것이다. 외국어로서의 한국어 능력시험처럼 정기적으로 실시하고, 이를 토플이나 토익처럼 점수화하여 활용하도록 하는 방법을 강구함이 바람직할 것이다.

방송에서의 강조

방송언어의 공공성을 향상하기 위해서는 우선 앞에서 제기한 문제들이 해결되어야 한다. 그러나 이러한 문제가 단시일 안에 수행될 수 있는 것은 아니다. 따라서 이러한 원칙의 해결과 함께 방송사에서는 실질적인 노력을 해야 한다. 방송사에서 할 수 있는 대책은 다음과 같은 것이 있을 수 있을 것이다.

첫째, 방송인에 대한 교육을 수행한다. 그것은 형식적인 것이 아니고 구체적인 것이 되어야 한다. 정신교육은 대형 강의도 가능하겠으나, 실제 음성언어 교육은 소규모로 개별교육을 하도록 하여야 한다.

둘째, 국민을 상대로 한 국어, 또는 화법에 대한 교양방송을 한다. 한 때는 방송사마다 교양 국어 방송을 한 적이 있다. 그런데 지금은 그런 현상이 사라졌다. 시청자의 문제는 방송을 어떻게 하느냐에 따라 해결될 수 있다. 일본에서는 국어(일본어)에 관한 교양서가 베스트셀러가 되기도 한다. 우리라고 그렇게 되지 말라는 법이 없다. 좋은 방송에 의해 좋은 책이 나오고, 국어사용이 정상화되는 계기가 마련되게 할 수도 있다.

셋째, 방송심의를 강화하고, 자사(自社) 직원인 경우 인사 고과에 반영하도록 한다. 내 신상에 영향이 미쳐야 반응이 제대로 나온다. 그렇지 않으면 언제나 그 타령이다. 이는 방송사 사장의 의지가 중요한 의미를 가진다는 것을 의미한다. 이런 면에서 방송사 사장의 방송언어에 대한 각성을 간절히 촉구하게 된다.

넷째, 리포터, 기자, 기상요원, 교통요원 등 고정 출연 방송인에게 문제가 많다. 방송 언어의 이방 지대 같은 느낌이 들 정도다. 이들에 대한 특단의 조치가 있어야 한다. 이들의 방송은 개인의 언어 사용도 문제지만 형식(틀)도 문제가 많은 것으로 지적될 것이다.

다섯째, 프로듀서의 교육이 필요하다. 이들의 교육은 자신을 위해서라기보다 출연자를 지도 감독하기 위해 필요하다. 제작자가 알아야 출연자의 잘못을 교정해 주지 않겠는가? 제작자가 무식하면 자연 그 프로도 무식하게 만들어질 수밖에 없다.

맺으며

오늘날의 방송언어에 대한 논의는 쇠귀에 경 읽기여서 체념의 단계에 와 있는 것 같다. 그러나 체념할 수는 없는 일이다. 이런 현실이기에 이제는 구체적인 언어 교육을 강조하기보다 기본 교육, 정신 교육을 강조해야 할 것 같다. 그런 의미에서 몇 가지 제언을 하였다. 의식개혁이 되어 큰 변혁이 이루어지기를 기대한다.

(KBS 한국어 연구회 자문회의)

일제(日製) 한자어에 대한 무지와 우리말 순화

아는 만큼 보인다는 말이 있다. "돼지에 진주"라는 말은 이러한 상황을 단적으로 나타내는 속담이다.

국어순화운동을 하는 사람들은 나라와 겨레를 사랑하고, 우리말의 장래를 걱정하는 사람들이다. 그런데 이러한 분들 가운데는 열정이 지나쳐 냉철한 이성(理性)을 잃은 것 같은 분들이 더러 있다.

우리말에는 외래어가 많다. 일어(日語)인 외래어는 일제(日帝)의 강요된 교육에 의해 유입된 말이 주류를 이룬다. 그래서 더욱 순화하려 한다. 이들 순화는 좀 알고 해야 한다. 덮어놓고 적의(敵意)를 품고 다 축출해야 한다는 태도는 곤란하다. 더구나 일본어가 아닌 말까지 일본어라며 순화해야 한다는 데는 아연실색하지 않을 수 없다. 이의 대표적인 것이 "결혼(結婚)"이란 말이다. 이 말은 고려 때 이규보(李圭報)의 문집인 "동국이상국집(東國李相國集)"에 보인다. 해모수(解慕漱)가 "하백과 결혼하고 싶다(今欲與河伯結婚)"고 한 것이 그것이다.

일어(日語)에서 들어온 외래어에는 본래의 일본어와 일본의 근대화(近代化) 과정에서 서구어(西歐語)를 번역한 차용어가 있다. 이들 근대어(近代語)는 대부분 한자어의 형태로 우리말에 수용됐다. 우리의 근대 문화 및 학술용어를 이루고 있는 한자어와 한자어로 된 일상용어의 대부분이 이러한 일본어의 차용어이다. "月火水木金土"란 요일(曜日) 이름에서부터, "물리, 화학, 철학, 심리학"과 같은 학문명(學問名), "주관, 객관, 귀납, 연역, 산소, 수소, 원자, 분자, 동맥, 정맥"과 같은 학술용어(學術用語), "경제, 문화, 문명, 민주, 혁명"과 같은 사회현상(社會現象), "경험, 교육, 긍정, 부정, 기차, 전차, 목표, 목적, 문학, 예술, 소비, 소화, 심판, 판결, 액체, 고체, 자료, 자본, 전보, 전화, 조건, 반응, 직접, 간접, 진화, 퇴화, 체육, 체조, 추상, 구체, 회계, 회사, 희극, 비극" 등의 일상용어(日常用語)가 다 그 예이다. 이들은 중국어(中國語)에 역수입(逆輸入)까지 된 어휘들이다. 우리는 이들 차용어 없이는 학문은 고사하고 일상생활도 하기 어렵다. 일본어를 다 몰아내자고 하는 사람들은 과연 이런 사실을 알고나 하는 소리인지 모르겠다.

어휘는 변화하고 생멸(生滅)한다. 변화는 막을 수 없다. 순화는 기존 어휘의 순화와 함께, 외래어로 정착하기 전에 대처해야 한다. 번역 차용어 "일주일(一週日)"이 일본에서 정착하기까지는 반세기가 걸렸다고 한다. 성급하게 굴 일이 아니다. 반면교사(反面敎師)로 삼을 일이다.

(어문생활 181호, 2012년 12월호)

영어 공용어론에 반대한다

글머리에

오늘날은 국제화 시대요, 정보화 시대다. 그래서 이문화간 교류가 활발해졌다. 그리고 이에 대한 당연한 결과로 국제적인 공용어(official language)가 관심사로 떠오르고 있다.

이 공용어의 문제가 우리나라에도 근자에 제기되고 있다. 1998년 복거일 씨가 '국제어시대의 민족'을 간행하며 이 문제에 점화하였다. 복거일(1998)은 공용어의 성격상 당연한 결론으로, 실용성을 들어 한국에서의 영어공용어론을 제기하였다. 그러면서 이 문제에 대한 찬반양론이 심심치 않게 등장하고 있다. 필자도 얼마 전 '한국인의 언어생활과 공용어 문제'(이중언어학, 제17호, 2000)를 발표하여 이에 반대한 바 있다.

'공용어'란 영어로 Official language라 하는 것으로, 이는 '국어(national language)'와 혼용되기도 하나, 일반적으로 구별해 사용하는 말이다. 국어는 국가의 공식 언어로, 이는 국가 통일의 상징으로 발달하고 사용되는 것이며, 이의 대표적인 기능은 국민 통일에 있다. 이에 대해 '공용어'는 한 국가 안에서 행정·교육·미디어 등의 공적 사용 영역에서 공적 업무를 보는 데 사용되는 언어로 실리적 기능을 지니는 것이다. 영어와 같이 복수 국가에서 사용되는 공용어는 광역 커뮤니케이션 언어(language of wider communication)이다. 따라서 단일언어 국가에서는 하나의 언어가 국어와 공용어의 기능을 지니나, 다언어 국가에서는 이들의 조합이 다양하게 나타난다.

한국에서 영어를 '공용어'로 하자는 논의에서는 '공식적(official)' 사용이란 면에도 주목하지만, '광역 커뮤니케이션'의 매개체로 하자는 쪽에 비중이 놓이는 것 같다. 따라서 이 글에서도 '공용어'를 '광역 커뮤니케이션'의 매체란 의미로 보고 논의를 전개하기로 한다.

영어 공용화 반대의 이유

필자는 앞의 박갑수(2000)에서 영어 공용어화를 반대하였다고 하였다. 이 글에서 필자는 이중언어로서의 영어 공용어화와 한국어에 대체되는 영어 공용어화로 나누어 공용어 반대의 견해를 밝혔다. 여기서는 짤막한 논의를 하는 자리기에 두 가지 상황을 구별하지 아니하고, 영어를 공용어화 해서는 안 된다는 주장을 한 열 가지 제시하기로 한다. 관심을 가지신 분들에게 참고가 되었으면 한다.

1) 외교(外交) 비즈니스 등 실용을 위해 영어를 공용어로 지정하자는 주장에는 일리(一理)가 있다.

그러나 이는 눈앞의 실리만 노리는 미시적 단견(短見)으로, 민족의 역사와 전통이라는 거시적 입장에서 보면 말이 안 되는 주장이다. 영어를 공용어로 한다는 것은 국어의 말살을 의미한다. 이는 우리의 유구한 역사와 전통을 내팽개치고, 스스로 남의 문화적 속국으로 전락하고자 하는 것이다. 역설적으로 말해 실용성을 위한다면 영어를 공용어로 할 것이 아니라, 국어로 삼는 것이 차라리 낫다.

2) 언어는 그것을 사용하는 언중, 곧 한 민족의 민족어인 경우 그 민족의 문화를 반영한다.

하나의 낱말에도 그들의 역사와 심성이 반영되어 있다. 따라서 각 민족은 그들의 민족어를 사용하며, 친화(親和)와 결속을 다지고 민족문화를 꽃피우게 된다. 그런데 민족어가 영어로 바뀌게 되면 정체성(正體性)을 잃게 되고, 민족 발전의 저력을 잃게 된다.

3) 언어는 단순히 사상과 감정을 전달하는 수단만이 아니다. 사고의 수단이다.

국어와 영어가 다르다는 것은 이 사고방식이 다르다는 것을 의미한다. 어순(語順)이 다르며, 개념의 표현 방식이 다르다. 어순으로 볼 때, 우리는 가장 중요한 말을 맨 뒤에 진술하는데 대해, 영어에서는 그것을 앞에서 진술한다. 우리말이 S-O-V언어인데 대해 영어는 S-V-O언어에 해당한다. 표현 방식은 우리는 크고 먼 것에서부터 작고 가까운 것으로 생각을 전개해 나가고 이에 따라 표현하는데, 영어는 작고 가까운 것에서부터 생각을 펼쳐 나가고 이에 따라 표현한다. 서로 상반된 발상과 표현을 한다. 따라서 같은 민족이 이런 상반된 언중(言衆)으로 존재해야 한다는 것은 한민족을 이질화 하게 할 가능성이 짙다.

4) 영어의 공용어화는 사대(事大), 배외(拜外) 사상을 증폭시킨다.

인간은 상류 지향적 경향을 지닌다. 그래서 우리 문화는 선진국, 선진문화에 대한 동경으로 서구화하고, 우리말은 외국어, 외래어로 얼룩져 있다. 영어가 공용어화하면 이러한 현상은 가속화할 것이고, 국어는 국적 불명의 것이 되고 말 것이다. 그렇게 되면 우리말은 언어 기호로서의 구실조차 제대로 수행하지 못하고 지구상에서 사라지게 될 것이다.

5) 영어의 공용어화는 기득권층의 독선과 편견에 말미암은 것으로, 일반 민중을 배려하지 않은 처사이다.

이는 최만리(崔萬理)의 정음 창제 반대 상소처럼 상류계층의 안이한 발상이다. 영어를 할 수 있는 사람만을 고려한 것으로, 영어를 할 줄 모르는, 또는 모를 일반 서민을 고려하지 않은 주장이다. 영어를 할 줄 아는 사람과 할 줄 모르는 사람 사이에는 계층간의 골이 깊게 패어 또 다른 바람직하지 않은 국민 감정을 조성케 할 것이다.

6) 영어 공용어화는 주체성(主體性)을 상실하게 할 것이다.

사람은 하루를 살아도 비굴하게 살 것이 아니라, 자존심을 갖고 살아야 한다. 민족과 국가의 경우도 마찬가지다. 일본의 경우 영어를 국어로 하자는 사람이 있었다. 그러나 오늘날은 일본어를 지켜야 일본이 산다고 생각하고 있다. 大野晉의 「日本語 練習帳」이란 책이 발매 10개월만에 1백 60만 부가 팔렸다는 것은 이러한 사실을 단적으로 나타내 주는 것이다. 만일 일본 사람들이 명치유신 이후 일본어 대신 영어를 국어로 삼았다면 오늘날의 콧대 높은 일본이 존재할 수 있었겠는가? 주체성을 상실하지 않기 위해서도 영어를 공용어화할 수는 없다.

7) 영어의 공용어화는 효용성(效用性)만 있는 것이 아니라, 국력(國力)을 낭비하는 것이다.

영어 공용어화 주장자들은 외교(外交) 비즈니스 등의 분야에서 영어를 공용어로 할 때 국가 경쟁력을 높일 수 있다고 한다. 이는 영어를 공용어로 할 때에만 가능한 것이 아니다. 현재의 제도 아래에서도 교육만 제대로 하면 가능하다. 영어를 공용어화 하고서도 교육을 제대로 하지 않으면 도로아미타불이 된다. 그리고 전국민에게 영어를 초등학교에서부터 가르친다면 그것은 국력 낭비가 이만저만이 아니다. 전국민이 영어를 하는 일에 종사하는 것도 아니기 때문이다. 대부분의 서민은 영어 한 마디 쓸 기회조차 제대로 가지지 못할 것이다. 영어를 필요로 하는 사람은 일부 국민에 한정된다.

8) 영어만이 국제어(國際語)라는 생각은 잘못이다.

물론 현재 영어가 국제어로서 큰 비중을 차지하고 있는 것은 사실이다. 그러나 영어가 안 통하는 나라도 많다. 따라서 영어를 못하면 안 된다는 것은 성급한 단정이다. 그리고 문명의 발달로 동시 통역기가 개발되어 반드시 영어를 해야 하는 것도 아니다. 그리고 언제까지나 영어가 국제어로서의 지위를 누리리라는 보장도 없다. 중국이 부흥하리라는 것은 일반적인 전망이다. 그렇다면 그때는 또 어떻게 할 것인가? 중국어를 또 공용어화할 것인가?

周時經은 수단으로서의 한자 한문을 배우느라고 그 많은 세월을 보내고 언제 이를 통한 연구를 하겠느냐고 한탄하는 글을 쓴 바 있다. 우리 국어도 오늘날 많은 나라에서 학습하고 있다. 국어의 힘은 국력이 좌우한다. 우리도 나라의 힘을 길러 우리 국어를 세계화하려는 용기와 포부를 가져야 한다. 한국어는 세계에서 15위 내외에 드는 언어이며, 한글은 문자사상 가장 발달한 표음문자이다.

9) 소수민족어는 큰 언어에 통합되어 소멸된다는 주장도 필연이 아니다.

소수민족어가 통합되는 경향이 있는 것은 사실이지만 그것이 전부는 아니다. 민족의 독립으로 민족어가 부활, 분화되기도 하는 것이 오늘의 현실이다. 우리는 다행히 단일민족이라 그렇지 않지만, 복수 민족으로 구성된 국가는 언어분쟁(言語紛爭)이 끊이지 않는다 것을 우리는 잘 알고 있다. 우리 국어가 소멸되고, 영어가 우리의 국어가 되리라는 것은 쉽게 수긍할 수 없는 일이다. 日本 사람들은 외래어에 의해 그들의 언어가 국적불명의 국제어가 된다고 하여도 괜찮다고 하지만, 우리나라 사람들은 이런 경우 순화해야 한다는 의견이 지배적인 민족이다. 통합될 것을 두려워 미리부터 버릴 수는 없는 일이다.

10) 문서(文書) 작성, 공식 회의 때 영어를 사용하자는 주장은 언어도단이다.

물론 전문가 집단에서 필요할 때는 영어를 사용할 수도 있다. 그러나 세계화라는 미명 아래, 회의에서 반드시 필요하지도 않은 영어 사용은 실용(實用)은 고사하고 국민 정신을 멍들게 하는 것이다. 대학 강의를 영어로 하라느니, 하자느니 하는 것도 어불성설이다. 영어로 강의를 하면 몇 명이나 알아들을 것이며, 교수가 영어로 강의 준비를 하자면 또 얼마나 쓸데없는 노력과 시간을 허비할 것인가?

외국인 관광객에게 영어로 응대할 수 있어야 한다는 얼마 전의 공익 광고는 그 제작자가 어느 나라 사람인지 의심케 한다. 이는 국민의 자존심을 짓밟은 광고이다. 관광객이 관광지의 말을 모르면 안내원의 도움을 받게 마련이다. 친절한 것은 좋다. 그러나 비굴해져서는 곤란하다. 문서 작성, 공식회의 때 영어를 사용하자는 주장은 앞의 공익 광고를 만든 사람처럼 밸이 빠진 사람이다. 호랑이에게 물려 가도 정신을 차리라는 속담의 교훈이 아쉬운 현실이다.

(KBS 한국어 연구회 자문회의)

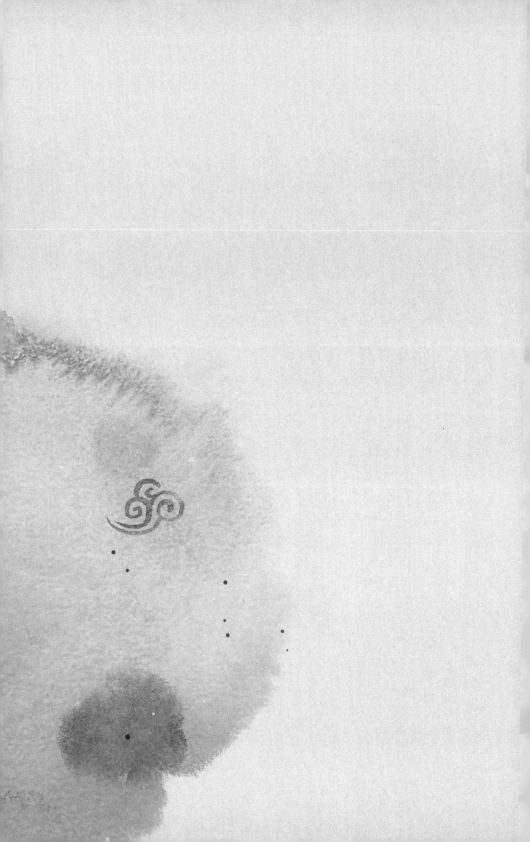

제2부

우리 문학의 둘레길 산책

Ⅰ. 고전 속의 해학과 풍자

춘향전의 익살과 풍자

上

머리에

춘향전은 우리의 대표적 고전이다. 그래서 누구나 다 아는 것으로 생각한다. 그러나 정말 그럴까? 안다는 것은 아마도 완판(完板) "열녀춘향수절가"의 줄거리를 좀 안다는 것뿐일 것이다. 춘향전에는 완판 춘향전만 있는 것이 아니고, 완판도 한 가지만 있는 것이 아니다. 춘향전은 100여 종의 이본이 있다. 그래서 춘향이는 "성춘향(열녀춘향수절가)"이 있는가 하면, "안춘향(京板 춘향전)"이 있고, "김춘향(南原古詞)"도 있다.

"춘향전"의 주제는 흔히 "정절(貞節)의 고취"에 있다고 한다. 이들은 고전 소설 특유의 한시문(漢詩文)이 많이 인용되는 난해한 표현을 하고 있는가 하면, 주제가 주제이니만치 도덕적이고, 건조한 표현으로 일관되었을 것이라 생각한다. 그러나 그렇지 않다. 여러 이본이 있기 때문에 이러한 부류에 속할 춘향전도 물론 있으나, 그렇지 않고 익살과 풍자에 넘친 표현을 하고 있는 작품도 많다. 여기서는 춘향전의 이러한 해학과 풍자의 표현을 살펴 삶의 여유를 맛보기로 한다. 익살스럽고 풍자적인 표현을 하는 우리 고유의 대표적 수사법은 곁말이다. 이는 서양의 펀(pun)이나, 패러노메이지아(paronomasia)와 같은 것이다. 여기서는 이러한 곁말을 중심으로 춘향전의 표현을 살펴보기로 한다.

해학(諧謔)과 풍자적 표현

먼저 춘향의 언행(言行)을 해학적으로 그린 것부터 보자. 이는 그네 뛰는 춘향이를 방자가 부르러 갔을 때 둘 사이에 오고간 대화다.

> 춘향이가 깜짝 놀라 추천 줄에서 뛰어내려와 눈을 흘기며 욕을 하되,
> "애고 망칙해라. 제미 씹 개 좆으로 열두 다섯 발 나온 년석, 눈깔은 어름에 자빠진 경풍(驚風)한 쇠눈깔같이, 최 생원의 호패(號牌) 구녁같이 똑 뚫어진 년석이 대가리는 여러 동산의 문달래 따 먹는 덩덕새 대가리 같은 년석이 소리는 생고자(生鼓子) 새끼같이 몹시 질러 하마터면 앳보가 떨어질 뻔하였네."
> 방자놈 한참 듣다가 어이없어 "이애, 이 계집애년아, 입술이 부드러워 욕은 잘 한다마는 내 말을 들어 보아라. 무악관(毋岳館) 처녀가 돼지 타고 기추(騎蒭) 쏘는 것도 보고, 소가 발톱에 봉선화 들이고 장에 온 것도 보고, 고양이가 성적(成赤)하고 시집가는 것도 보고, 쥐구녁에 홍살문 세우고 초헌(軺軒)이 들락날락 하는 것도 보고, 암캐월후(月候)하여 서답 찬 것도 보았으되, 어린 아희년이 앳보 있단 말은 너한테 처음 듣겠다."
> "애고 저 년석 말 고치는 것 좀 보게. 사람 쥑이네. 앳보라더냐?"
> "그럼 무엇이랬노?"
> "낙태할 뻔 한댔지."

"더군다나 십삭이 찼느냐?"

"낙태라더냐, 낙성이랬지."

"어린 년이 피말(牝馬) 궁둥이 둘러대듯 잘 둘러댄다마는 내 말 들어보아라."

(이명선본 춘향전)

춘향의 욕설은 점잖은 처녀의 입에서 나올 수 있는 말이 못 된다. 이는 춘향에 대한 통념(通念)을 깨는 익살스러운 표현이다. 방자가 부르는 소리에 춘향이 "왜 그렇게 사람을 놀래게 하느냐?"라고 했다면 무미건조한 표현이 됐을 것이다. 발상(發想)의 전환을 하여 파격적 표현을 한 것이다. 더구나 "앳보-낙태-낙성(落傷)"으로 바꾸는 춘향의 말은 당황한 춘향의 표정과 함께 웃음을 자아내게 한다. "앳보-낙태-낙성"으로 바뀌는 말은 유의(類義), 유음(類音)에 의한 곁말이다. 그리고 방자가 어린 계집애가 앳보가 있을 수 없다는 것을 강조하기 위해 예로 든 무악관 처녀가 돼지를 타고 과녁을 쏜다는 등 있을 수 없는 희한한 장면들은 사람들로 하여금 웃지 않을 수 없게 한다. 이는 육담(肉談)이라 할 익살스런 표현들이다.

그러나 무엇보다 풍자와 해학의 대표적인 표현은 암행어사 출또(出頭) 후의 수령들의 언행을 그린 장면이다.

좌우 수령 겁낸 거동 언어수작 뒤섞인다. "갓 내어라, 신고 가자. 목화(木靴) 내어라 쓰고 가자. 나귀 내어라 입고 가자. 창의(氅衣) 잡아라 타고 가자. 물 마르니 목을 다구"

임실 현감 갓모자를 뒤집어 쓰고 "갓구멍을 막았구나"·칼집 잡고 오줌 누니 오줌 맞은 하인들이 겁결에 하는 말이, "하늘이 비를 끓여서 내리나보다"

구례현감 거꾸로 말을 타고 "여보아라, 이 말이 목이 본대 없느냐?"

여산부사 쥐구멍에 상투를 박고 "문 들어오니 바람 닫쳐라"

말이 빠져 이가 흝는다. 굴뚝 뒤에 숨었다가 줄행랑이 개가죽이라,

개구멍으로 끝닫는다.

(동양문고본 춘향전)

거드름을 피우던 수령들이 "암행어사 출또" 한 마디에 겁을 먹고 혼비백산하여 언행이 뒤바뀐 모습을 그린 것이다. 민생을 살피고 정사를 옳게 보았더라면 이렇게 겁을 내지 않아도 될 것을, 가렴주구(苛斂誅求)를 하여 쥐구멍 찾기에 바쁜 것이다. 여기에 본관을 비롯한 온 집안 식구들은 똥을 싸 집안이 온통 똥빛이 되었다고 함에는 다만 입이 벌어질 뿐이다. 이는 풍자란 곁말을 한 것이다.

춘향전에는 동음 또는 유음에 의한 곁말이 많이 쓰이고 있다. 삼강오륜 사설, 검은고 사설 등은 그 대표적인 것이다. "삼강오륜" 사설은 도령이 초야에 춘향과 말장난을 한 것이다. 술이 취한 도령이 춘향을 딸로 정하겠다 하니, 춘향이 삼강오륜이 있는데 그게 무슨 말이냐고 한다. 그러자 도령은 삼강오륜을 삼강오윤(三江五尹)으로 말을 바꾸어 희극적 장면을 연출한다.

"아서라, 물렀거라. 세상 사람 되고 삼강오륜 모를쏘냐? 서울은 한강이오, 평양 대동강, 공주 금강이 삼강이라 일렀고, 서울 벼슬에 한성부 판윤(判尹), 좌윤(左尹), 우윤(右尹), 경상도 경주 부윤(府尹), 평안도 의주 부윤, 이것이 오윤(五尹)이니 내 어찌 모를쏘냐? 내 딸 되기 원통커든 내가 네 아들이 되자꾸나."

(남원고사)

이러한 곁말은 최근에도 있었다. 삼강을 압록강, 한강, 낙동강, 오륜을 자동차의 네 바퀴와 스페어 바퀴라 한 것이 그것이다. "삼강오륜"은 광의의 동음어에 의한 가벼운 우스개다.

거문고 사설은 이보다 재치와 익살이 있는 동음 또는 유음에 의한 곁말이다. 이것도 이 도령과 춘향이 초야에 주고받은 사설이다.

"저기 우뚝 선 것이 쓰개질꾼이냐?"
"사람이 아니라, 거문고요."
"검은 괴(櫃)라 하니 옷칠한 괴(櫃)냐?
"검은 것이 아니라, 줄 타는 것이오."
"줄을 타면 하루 몇 리나 가느냐?"
"타는 것이 아니라 뜯는 것이오."
"종일 잘 뜯으면 몇 조각이나 뜯느냐?"
"그렇게 뜯는 것이 아니라, 손으로 줄을 희롱하면 풍류 소리 난다 하오."
"정녕 그러하면 한번 들을 만하구나."

(경판 춘향전)

이는 "거문고(玄琴)"를 "검은 궤(黑櫃)", 연주한다는 "타다(彈奏), 뜯다(奏)"를 "타다(乘)", "뜯다(摘)"의 뜻으로 보아 말장난을 한 것이다. 이는 위트가 있는 곁말로, 허튼 소리(facetiousness)에 의한 익살을 떤 것이다.

끝으로 반어(反語)에 의한 익살을 하나 보기로 한다. 어사(御使)가 되어 전라도로 내려오던 이 도령은 춘향이 죽었다는 절간 강당(講堂) 선비들의 말에 속아 강 좌수(姜座首) 어머니의 초빈(草殯)을 헐고 시신을 안고 통곡을 한다. 이때의 장면이다.

설이 울 제 상제(喪主) 삼형제가 올라가서 신체를 내어 놓고 야단하는 것을 보고 어이없어 "여보, 이 양반 이것이 웬 일이오?"

어사또 울다가 쳐다보니 상제 삼인 굴건제복(屈巾祭服) 갖추고 상장(喪杖) 짚고 서있는 거동 두 수 없이 죽었구나. 바로 상제 달려들며, "어떤 사람이 남의 초빈을 헐어 신체를 내어 염포(殮布)를 모두 풀고, 이 지경이 웬 일인가? 곡절을 들어보세. 이놈을 발길로 박살을 할까?"

상장을 들어 엉치를 한번 후리치니 어사 정신이 번쩍 나서,

"여보, 상제님. 내 말씀 잠깐 듣고 죽여주오. 내가 이틀거리 붙들린 지 올해 다섯 해요. 세상 약을 다 하여도 일호(一毫) 동정 없이 세간 탕패(蕩敗)하고, 명의(名醫)더러 물어본즉 다른 약은 쓸데없고 삼형제 있는 초빈에 가서 신체를 안고 울다가 매를 실컷 맞으면 즉효라 하기로 초빈 찾아와서 벌써부터 울되 상제 기척이 없기에 헛노릇한 줄 알았더니 이제야 잘 만났으니 실컷 때려 주오."

언청이 상제 심사 보소.

"형님, 그놈 털끗도 건드리지 마오. 분풀이도 아니 되고, 그놈 약만 하여 준단 말이오? 이놈, 어서 가서 이학(二瘧)이나 앓아 죽어라."

어사또 눈치 보고 "매 맞을 재수도 없다"하고, 비슥비슥 걸어 한모퉁이 돌아가서 걸음아 날 살려라 도망하여 가며, "남우세 몹시 하였구나. 하마터면 생죽음할 뻔하였구나. 강당(講堂)의 선비놈들 똥한번을 싸리라."

(이명선본 춘향전)

이렇게 이 도령은 춘향을 그리워하던 나머지 남의 초빈을 헐고 통곡하다가 생죽음을 당할 뻔하였다. 이런 위기를 기지로 넘겼다. 도령이 학질이 낫게 실컷 때려달라고 하자 언청이 상주는 때리면 그놈 약만 해 주는 꼴이니 그냥 보내자고 한 것이다. 아이러니컬한 장면이다. 우

리는 이 상황에 실소(失笑)를 금할 수 없다. 이렇게 우리 고전은 비극적 상황 속에서도 웃음을 웃게 하는 멋과 풍류를 지녔다.

(우리길벗, 2006년 1월호)

中

춘향전의 역설적 표현에는 이런 것도 있다. 이 도령이 암행어사가 되어 남원 지경(地境)에 이르러 술을 한잔 사 마시며, 주막집 영감과 대화를 나누는 장면이다.

한곳을 다다르니 길가에 주막 짓고 영감이 앉어 막걸리 팔며 총올치 꼬며 반나마 부르거늘 어사가 버선목 주머니를 똑똑 떨어 돈 한 푼 내어 쥐고,
'술 한 잔 내자니까'
영감이 어사의 꼴을 보고,
'돈 먼저 내시오'
쥐었던 돈 내어 주고 한 푼어치를 졸라 받어먹고 입 씻고 하는 말이,
'영감도 한 잔 먹으라니까'
영감이 대답하되,
'아스시오, 그만 두오. 지나가는 행인이 무슨 돈이 넉넉하여 나를 한 잔 먹이려 하시오?'
어사 대답하되,
'내가 무슨 돈이 있어 남을 술 먹일까? 영감의 술이니 출출한데 한 잔 먹으란 말이지'
영감이 골을 내어 하는 말이,
'내 술을 내가 먹든지 마든지, 이 녘은 어떤 사람이관데 먹어라, 말

어라 총집을 하옵노?'

　어사 이른 말이,

'그야 정 먹기 싫거든 공연히 남과 싸우려 말고 먹지 말라니까.'

(최남선본, 고본 춘향전)

　말끝에 "웃노라 한 말"이라 쓰고 있기는 하지만 이는 점잖은 줄로만 생각되는 이 도령의 다른 모습을 보여 주는 장면이다. 도령은 참으로 싱거운 사람이다. 그는 남에게, 그것도 자기보다 아주 연상인 영감에게 반말로 술 한 잔 들라 권해 놓고, 돈도 없을 텐데 무슨 술을 권하느냐고 사양하니까, 엉뚱하게도 당신 술이니 먹으라 한 것이다. 예상을 뒤엎는 역설적(逆說的) 표현이다. 이 대목에서 고소(苦笑)를 하지 않는 사람은 없을 것이다.

　이 도령이 어사가 되어 내려올 때 임실읍에 당도하니 마침 삼춘(三春)이었다. 그리하여 삼춘의 경치를 노래하게 되는데 이때 새타령, 나무타령 등을 한다. 도령은 이 나무타령을 할 때 기지(機智)에 의한 해학적 표현을 한다.

　　십리 안의 오리나무, 오리 밖의 십리나무, 마주 섰다 은행나무, 님
　　그려 상사나무, 입 맞추어 쪽나무, 방귀 뀌어 뽕나무, 한 다리 전나
　　무, 두 다리 들믜나무, 하인 불너 상나무, 양반 되어 귀목나무, 부처
　　님 전 고양나무

　이 노래는 동음 또는 유음에 의한 어희를 한 것이다. "오리나무(榆理木)"를 십리(十里) 안에 있는 나무라 하여 "오리(五里)나무", "산사(山査)나무"를 "상사(相思)하는 나무", "쪽나무(木藍)"를 입을 맞출 때의 소리 "쪽"과

같다 하여 "쪽나무"라 한 것이다. 그리고 "뽕나무"는 방귀를 "뽕"하고 뀐다하여 "뽕나무", "전나무(從木)"는 다리를 저는 나무라 하여 "전(跋行) 나무", "들믜나무(들메나무)"는 두 다리를 들고 메는 것으로 보아 "들메 (擧負)나무"로 해석한 것이다. "상나무(香木)"는 양반 나무에 대한 "상(常) 나무", "귀목나무(槻木)"은 귀한 나무로 보아 "귀목(貴木)나무", "고양나 무(黃楊木)"는 불공을 드리는 "공양(供養)나무"와 동일시한 것이다. 따라 서 나무타령은 나무에 새로운 의미를 부여함으로, 단순한 나무의 열거 이상으로 흥미로운 노래가 되게 하였다.

춘향전에는 어떤 말의 끝소리(語末音)를 활용한 곁말도 많이 쓰이고 있다. "천자는 감자요" 사설이 이런 것이다. 이는 도령이 춘향을 광한 루에서 잠깐 보고, 그녀를 만나보고 싶은 마음에 서책의 이름과 글자가 바로 뵈지 아니하는 장면을 그린 것이다. 서책의 이름이 헛보이는 것은 물론 글자가 잘못 뵈는 것이 아니라, 같거나 비슷한 어말음(語末音)에 의 해 말장난을 한 것이다. 이들은 한학(漢學)의 입문서 및 사서삼경과 사 서(史書)의 이름을 희화화(戱畵化)하여 웃음거리를 만든 것이다.

> "천자(千字)는 감자(甘藷)요, 동몽선습(童蒙先習) 사습(私習)이오, 사
> 략(史略)은 화약(火藥)이오, 통감(通鑑)은 곳감이오, 소학(小學)은 북학
> (北學)이오, 대학(大學)은 당학(唐瘧)이오, 맹자(孟子)는 비자(榧子)요,
> 논어(論語)는 망어(妄語)로다. 시전(詩傳)은 딴전이요, 유합(類合)은 찬
> 합(饌盒)이요, 강목(綱目)은 깻묵이요, 춘추(春秋)는 호추(胡椒)로다."
>
> (남원고사)

한자 학습의 입문서인 천자는 채소인 감자요, 동몽선습은 활쏘기 연 습이며, 사서(史書)인 사략은 화약이고, 통감은 곳감(乾柿)이란 것이다. 소

학은 북조(北朝)에서 행하던 학풍 북학이다. 사서(四書)인 대학은 이틀거리이며, 맹자는 비자나무 열매이고, 논어는 헛된 말이다. 삼경(三經)의 하나인 시전은 딴청을 부리는 것이며, 춘추는 향신료 후추다. 한자 교본인 유합은 반찬 그릇이며, 주희의 통감강목(通鑑綱目)은 기름을 짜낸 깨의 찌꺼기 깻묵이라는 것이다. 유교 경전을 비롯한 중요 서적을 조롱한 것이다. 양반에 억눌렸던 상민(常民)들은 속이 시원했을 것이다.

남원부사인 도령의 아버지는 도령의 몸이 상할까 하여 기생 수청은 고사하고, 반반한 통인 수청까지 못들이게 하였다. 그래서 귀신 다된 추물 하나를 책방 수청으로 들였다.

책방 수청을 드리되 귀신 다 된 아해놈을 드리것다. 상모를 역력히 뜯어보니 대가리는 북통 같고, 얼굴은 밀 매판 같고, 코는 얼어 죽은 초빙(草殯) 줄기만하고, 입은 귀까지 돌아가고 눈구멍은 총구멍 같으니, 깊던지 마던지, 이 달에 울 일이 있으면 내월 초승에 눈물이 맺혔다가 스무날 경이 되어야 낙루하고, 얽던지 마던지 얽은 구멍에 탁주(濁酒) 두 푼어치 부어도 잘 차지 아니하고, 몸집은 동대문 안 인경만 하고, 두 다리는 휘경원(徽慶園) 정자각(丁字閣) 기둥만하고, 키는 팔척장신이오, 발은 겨우 개발만 한데 종아리는 비상 먹은 쥐 다리 같으니, 바람 부는 날이면 간드렝간드렝 하다가 된통 바람이 부는 날이면 가끔 낙성하는 아희놈을 명색으로 수청을 드리니……

(남원고사)

책방 수청은 가분수(假分數)의 추물이다. 팔척장신에 인경만한 몸집, 정자각 기둥 같은 다리에 쥐다리 같은 종아리, 거기에 발이 작아 개발만하다. 그러니 바람이 부는 날이면 간드렁거리고 낙상할 것임은 미루어 짐작하고도 남는다. 거기에다 용모 또한 추악하다. 세상에 이런 사람은 있을 수 없다. 아주 못 생긴 아이라는 것을 강조하기 위해 극도의 과장법을 쓴 것이다. 이는 괴상함이 빚어내는 흥미로움과 익살의 표현이다.

다음에는 허를 찌르는 장면 하나를 보기로 한다. 그것은 초야(初夜)의 탈의(脫衣) 장면에 개짐(生理帶)이 등장한다. 이는 기대되는 설부화용(雪膚花容)에 대한 역설적 표현이다. 오늘날도 금기로 여길 생리대에 대한 묘사를 아주 사실적으로 하고 있다. 복식사(服飾史)의 자료가 될 수 있는 것이 아닌가 의심될 정도다. 이어지는 "구실" 사설은 동음이의(同音異義)에 의한 결말이다.

허리띠 끄르고 속것을 풀어 두 발길로 미적미적 이불 밖에 내떠리니 이불 훨쩍 벗겨 놓고 '네게 청하자. 일어서거라.' 눈결에 얼른 보니 삼사미에 채인 것이 맹랑하고 야릇하다. 늙은 중의 고깔처럼 이리저리 가로 누벼 네 귀 번 듯 만들어서, 두 귀는 접어 넣고, 두 귀는 끈을 달아 고무래 정자(丁字) 모양으로 아주 담빡 채였구나. '저것은 무슨 옷이니?' 춘향이 함소함태 대답하되 '옷이 아니라, 개삼장이라 하오.' '대저 네 집이 부자로다. 개로 삼정(三丁)을 하여 덮는가 보다마는 차기는 무슨 일꼬?' '초하루 보름에 구실하기에 찼소.' '구실이라니? 무슨 구실 다니나니? 어영청에 다니느냐, 금위영에 다니느냐, 훈련도감 다니느냐, 총융청(摠戎廳)에 다니느냐, 용호영(龍虎營)에 다니느냐, 포도청에 다니느냐, 순청(巡廳)에 다니느냐? 무슨 구실 다니나니?' '그런 구실 아니오라, 여자의 팔자 가소로워 삼오춘광(三五春光) 되량이면 월후(月候)라 하는 것을 달마다 하오.'

끝으로 육담(肉談) 하나를 보기로 한다. 성경(聖經)은 그것이 성경이 아니라고 할 때 가장 외설적인 책이라는 말이 있다. 춘향전도 정절을 고취한 소설이기는 하나 외설적인 사설을 많이 담고 있다. 이는 청춘 남녀의 사랑 이야기이나 어른들의 시각에서 야하게 묘사해 놓았기 때문이다. 탈의(脫衣) 장면에 이어지는 국부(局部) 묘사가 이런 것이다. 이는 도령과 춘향의 대화로 되어 있는데 도저히 이들 입에서 나올 수 있는 말이 못 된다. 해학적으로 그려진 어른들의 음담패설(淫談悖說)이다. 이런 우스개를 선인들은 잠을 쫓기 위한 것이라거나, 긴장과 이완의 조화를 위한 것이라 해 즐겼다.

> 춘향이 하릴없이 잠깐 일어섰다가 도로 앉을 쎄 유정총목(有情總目) 빨리 보니 만첩청산 늙은 중이 송이 죽을 자시다가 혀를 덴 형상이오, 홍모란이 반개하여 피어 오른 형상이라. 영계찜을 즐기시나 닭의 볏은 무삼일꼬? 먹줄 자리에 독기가 자옥히 줄 바로 맞았구나.
> 이 도령의 거동 보소. 일신이 점점 저려 오니 훨훨 벗고, 아주 벗고, 모두 벗고, 영절 벗어 휘휘친친 후리치고 금침에 뛰어들 제, 춘향의 이른 말이 '남더러 서라드니 당신은 왜 아니 일어서오?' 이 도령 눈결에 일어섰다가 어느 사이에 앉을 적에 춘향이 묻는 말이 '반종단(半終端) 제 빛이요, 송이 대강이 같은 것이 무엇이오?' '그것을 모르리라. 동해 바다에서 대합조개 일쑤 잘 잡아먹는 소라 고동이라 하는 것이니라.'

(동양문고본 춘향전)

下

세상이 참으로 많이 변했다. 전에는 성적 매력이 있다면 다 해괴한 말이라고 싫어했다. 그런데 요사이는 중학교 여학생들만 해도 섹시하다고 해야 좋아한다고 한다. 상대방에게 성감을 느끼게 하고, 그래서 사랑을 받고 싶어 하는 모양이다.

단장을 하는 방법에는 크게 두 가지가 있다. 하나는 화장을 하는 것이고, 다른 하나는 옷치장을 하는 것이다. 춘향전에는 이 가운데 화장과 관련된 재미있는 장면이 보인다. 이본에 따라 7명에서 약 50명의 기생이 점고(點考)를 받는데 변 사또의 성에 차지 않는다. 화가 난 사또는 점고를 중단시키고 기생들을 둘러본다. 이때 기생 영애의 화장이 화제가 된다.

> 이마 앞 짓는다고 꼭뒤까지 뒤버스러지게 머리를 생으로 다 뽑히고, 밀기름 바른다고 청어 굽는데 된장 칠하듯 하고, 연지를 뒤벌겋게 왼 뺨에 다 칠하고, 분칠은 효시(梟示)하는 놈의 회칠하듯 하고, 눈썹 지었다고 양편에 똑 셋씩만 남기고, 어허 주리알머리를 뽑을 년 같으니……
>
> (동양문고본)

김홍도의 풍속화에 보이는 다리를 쓴 기생이 아니라, 오징어 대가리처럼 머리를 뽑은 기생이다. 얼굴에는 꿀과 참기름을 개어 마구 발랐는가 하면, 연지를 시뻘겋게 칠했고, 또 참수(斬首)한 죄인의 얼굴에 회칠하듯 분을 발랐다. 거기에다 눈썹을 치장한다고 다 뽑고 셋씩만 남겼다. 그 모습이 얼마나 익살스럽다 못해 흉물스러웠을까? 그러나 이보다 더 익살스럽게 그려진 것도 있다. 그것은 이명선본 "춘향전"에 보이는 것이다. 여기에서는 평면적 묘사가 강화되는 데 그치지 않고 동적인 묘사까지 곁들였다. 박장대소할 장면의 유머(homour)다.

> "똥덕이 얽은 얼굴 맵시를 내랴 하고 분 닷되 물 두 동이 칠 홉에 반죽하여 얼굴에 맥질하고, 도배하고 횟박을 안고 앉았으니 엉거름

이 벌어져서 조각조각 떨어지니,

'저년 바삐 내몰아라. 상방(上房)의 빈대 터지겠다. 그 많은 기생
하나 눈에 드는 년이 없단 말인가……?'"

(이명선본 춘향전)

춘향전에는 어떤 말의 끝소리(語末音)를 활용한 곁말이 많이 쓰이고 있
다. 이러한 곁말의 대표적인 것의 하나에 "서방이니 남방이니" 하는 사설
이 있다. 이는 암행어사가 된 도령이 거지꼴이 되어 돌아온 것을 보고 실
망한 춘향 모가 옥중의 춘향에게 자조(自嘲) 섞인 사설을 늘어놓은 것이다.

"서방인지 남방인지 왔단다. 바라고 바라더니 훨쩍 잘 되어 왔다.
정승 하라 빌었더니 장승 되어 내려왔다. 판서(判書) 하라 빌었더니
소경이 되어 내려왔다. 참판(參判) 하라 빌었더니 모판 되어 내려왔
다. 승지(承旨) 하라 빌었더니 거지 되어 내려왔다. 수령(守令) 하라
빌었더니 동냥아치 되어 왔다. 어서 바삐 내다보아라."

(고대본 춘향전)

옥에 갇혀 사경을 헤매는 춘향을 살리는 길은 오직 도령의 출세뿐이
었다. 그런데 그 도령이 거지가 되어 내려왔으니 춘향 모의 속이 얼마
나 상했으랴? 그럼에도 그녀는 곁말을 하는 여유를 보인다. "서방(書
房)-남방(南房), 정승(政丞)-장승, 판서-판수(判數·소경), 참판(參判)-모판(木
板), 승지(承旨)-거지, 수령-동냥(動鈴)"과 같이 어말음을 활용한 말놀이
를 하는 것이다. 이는 기지(機智)에 의한 익살로 운율적 효과까지 드러
내는 표현이다.

변 사또의 생일연에서 지은 어사의 "금준미주(金樽美酒)"시는 비유에
의한 곁말로, 서민의 응어리를 풀어 주는 익살과 풍자의 표현이다. "文

章"지(誌)에 실려 있는 "고본 춘향전"은 이 시에 풀이를 덧붙여 좀더 서
민적 표현을 하고 있다.

> "금준미주는 천인혈이오,(금준에 향기로운 술은 일천 사람의 피요)
> 옥반가효는 만성고라.(옥반에 살진 안주는 일만 백성의 기름이라)
> 촉루락시엔 민루락하고,(촛농이 떨어질 때에 백성의 눈물이 떨어지고)
> 가성고처에 원성고라.(노래 소리 높은 곳에 원망 소리 높았더라.)"

이는 요샛말로 민초(民草)의 울분을 대변한 말이요, "운동권"의 목소
리라 할 것이다. 술은 백성의 피요, 안주는 백성의 기름이란다. 그리고
휘황하게 촛불을 켜고 즐길 때 백성의 눈물이 떨어지고, 흥겨워 노래를
부르고 즐길 때 백성은 더욱 도탄에 빠져 나라를 원망하게 된다는 것
이다. 이런 시를 읽으며, 정말로 민중은 속이 시원했을 것이다. 그들의
분노를 대변해 주고 있기 때문이다. 이는 조선조만이 아니요, 오늘의
현실에도 그대로 적용될 진실이다.

춘향전에서 춘향은 착하고 고상한 인물로만 그려져 있는 것이 아니
다. 변 사또 도임 초에 춘향을 부르러 가는 대목을 보면 "춘향이 본대
사재고 도고하며 매몰하고 도뜬지라 관속들이 혐의터니"라 되어 있다.
쌀쌀하고 거만했던 것이다. 그러나 제 눈에 안경이라고 도령에게는 예
쁘고 사랑스럽기만 했다. 그리하여 도령은 서울로 올라갈 때 마부에게
춘향의 자랑을 한다. 이때의 표현은 가벼운 익살로 잔잔한 감동을 맛보
게 한다. 물론 후반의 경계는 외설적이고, 꽤나 익살스러운 표현이다.

> 요사이 노는 계집년들은 서방의 등을 긁어 달라 하면 모진 손톱으
> 로 밭고랑이 되도록, 간 줄기가 떨어지도록 남수문골 갖바치가 모진

창에 무두질 하듯 득득 긁는다 하되, 우리 춘짜는 그렇지 아니하여 내가 어깨만 으쓱하면 어느 사이에 알아보고 찬손을 급히 넣으면 산뜻 감기 들까 염려하여 제 손을 제 가슴에 먼저 넣어 찬 기운을 녹인 후에 내 등에 손을 넣어 어찌 신통히 아는지 똑 가려운 데만 살근살근 긁을 적에, 이 좋은 어린아이 봉산 참배를 먹는 소리같이 사각사각 할 제, 눈이 절로 감기이고 살이 절로 오르는 듯. 두 손길을 펼쳐 긁던 데를 쓰라릴까 하여 살살 쓰다듬어 어루만져 이 물어 부르튼 데 손톱으로 잘근잘근 누른 후에 손길을 발끈 뒤집어서 옷솔을 조로록 훑어 내리다가 이 하나를 잡아내어 손바닥에 올려놓고 경계하여 꾸짖는 말이,

"요 발칙하고 암상한 이야, 요 주리를 할 발길 이야, 우리 도련님이 견디겠느냐? 나는 아래로 빨아내고, 너는 위로 피를 내어 빠니 도련님이 남겠느냐?"

끝으로 역설적인 표현 하나를 더 보기로 한다. 춘향전에는 익살스런 조연급 인물의 하나로 낭청이 등장한다. 낭청(郎廳)은 당하관(堂下官)의 벼슬 이름이나, 춘향전에는 사또의 친구로서, 대소사를 의논하는 상대로 설정되어 있는 인물이다. 변 사또의 낭청은 주견이 없는 사람이다. 그의 대답은 언제나 이현령비현령으로, 물에 물 탄 듯, 술에 술 탄 듯 뒤숭숭하다. 그런 그가 사또의 기생 행하(行下) 발언에는 이현령비현령이 아니라, 구체적으로 반론을 제시함으로 사또를 난처하게 만들었다.

"이 사람 정 낭청, 내가 평양 서윤 갔을 제 저런 어여쁜 아이 보고 한 손에 돈 서 푼도 주고, 또 금절이년 수청 들여 삼천냥 행하하고, 영변 부사 갔을 적에 관옥이년 수청 들여 쌀 천석 행하하고, 기외에 전후 기생 준 것이 불가승순 줄 아는가? 나는 어찌한 성품인지 기생들 그리 주고 싶은데."

　정 낭청 대답하되

　"글쎄 그러하외다. 사또께서 대동찰방 갔을 제 관비 한 년 데리고 자고 그년의 비녀까지 빼앗고 돈 한 푼 아니 주었지, 운산 현감 갔을 제 수급이 한 년 석 달이나 수청 들이고 쇠 천 한 푼 아니 주고, 그년의 은가락지 취색하여 주마 하고, 서울 보내어 며느리에게 예물 주었지요. 언제 주제넘은 평양 서윤, 영변 부사 가서 기생 행하를 그리 후히 하였소?"

(동경대학본 춘향전)

　이는 변 사또의 위선적 모습을 역설적으로 고발한 것으로, 풍자적인 웃음을 웃게 하는 것이다. 낭청의 말이 사실이라면 변 사또는 가렴주구도 제대로 하지 못할 "쫌생원"이다.

맺는 말

　고전 속의 해학과 풍자를 살피기 위해 첫 번째로 "춘향전"의 곁말을 중심으로 익살과 풍자를 살펴보았다. 곁말은 서양의 펀이나 패러노메이지아와 같은 것이다. 이는 동음어 또는 유음어에 의한 어희(語戱), 비유, 재담(才談), 육담(肉談), 반어, 속담, 수수께끼, 파자(破字) 등의 수사를 가리킨다. 춘향전은 이들 곁말의 보고이다. 그래서 딱딱한 수신서가 아닌, 해학과 풍자의 소설을 만들었다. 곁말의 기법은 동음어 또는 유음어에 의한 표현을 많이 하고 있고, 재담, 육담에 의한 표현 또한 즐겨 하고 있다.

　춘향전은 앞에서 언급한 바와 같이 정절(貞節)을 고취하는 소설이면서 어느 소설보다 외설적 육담을 많이 쓰고 있다. 이는 어른들의 시각에서 묘사되었기 때문이다. 우리 선조들은 이러한 해학을 잠을 쫓기 위해서, 그리고 삶의 긴장과 이완의 조화를 위해 즐겼다.

익살과 풍자의 표현을 춘향전의 이본별로 볼 때 완판(完板)보다 경판(京板) 장편 춘향전이 다채로우며, 그 가운데도 "동양문고본 춘향전"이 제일 화려하다 할 것이다. 최남선(崔南善)의 "고본 춘향전"이나, 이 계통의 춘향전은 외설적 사설을 제거하여 다른 이본에 비해 교조적이고 삭막한 표현을 하고 있다.

(우리길벗, 2006년 2월호)

희극적 해학 소설, 흥부전

上

머리에

"흥부전"은 판소리 사설의 특징을 짙게 풍기는 판소리계 소설의 대표작 가운데 하나다. 이는 민담이 판소리를 거쳐 소설로 정착한 것으로 보인다. "흥부전"은 약 30종의 이본이 전한다.

흥부전의 주제는 흔히 착한 사람은 복을 받고, 악한 사람은 벌을 받는 것이라 한다. "형우제공(兄友弟恭)", 형제가 서로 우애를 다 하는 것이라고도 한다. 그러나 그것이 전부는 아니다. 이는 표면적 주제요, 이면적 주제는 양극화 해소라 보기도 한다. 빈부의 대결·화해라 볼 수 있기 때문이다. 그런데 여기서의 대결은 심각하고 엄숙한 것이기보다 익살스럽고 우스꽝스러운 희극적 성격이 강하다. 그리하여 "흥부전"은 "대표적 유머 소설"이라 일러지기도 한다.

흥부전은 희극적 비극, 또는 비극적 희극이라 할 수 있다. 비극적 사실을 익살스럽고 풍자적으로 묘사해 놓았다. 그래서 슬픔 뒤에 웃음을,

웃음 뒤에 슬픔을 맛보게 한다. 이러한 골계적(滑稽的) 표현은 크게는 대조적인 구성에서부터 작게는 낱말에 의한 곁말에 이르기까지 작품의 곳곳에 무수히 널려 있다.

박 타는 과정 속의 해학

흥부전은 한 마디로 두 개의 박을 타는 과정을 그린 것이라 할 수 있다. 박 타는 과정은 "흥부전"의 주제를 드러내고 줄거리를 이룬다. 물론 이 박은 포상(褒賞)과 징계(懲戒)의 성격을 지니는 것이다. 그런데 이들은 오락성도 강하게 드러낸다. 박에서 나오는 면면들이 사람을 웃기는 경우가 많기 때문이다.

박의 수는 이본에 따라 다르다. 흥부 박은 3개 내지 5개, 놀부 박은 6개 내지 13개이다. 경판 25장본의 박은 각각 5개와 13개인데 여기서 나오는 것은 다음과 같다.

> 흥부 박 : ① 청의 동자 한 쌍, ② 온갖 세간, ③ 집지위와 오곡,
> ④ 양귀비
> 놀부 박 : ① 한 떼의 가얏고쟁이, ② 무수한 노승, ③ 상제 하나, ④ 팔
> 도 무당 ⑤ 만여 명 등짐군, ⑥ 천여 명 초란이, ⑦ 양
> 반 천여 명, ⑧ 만여 명 사당 거사, ⑨ 만여 명 왈짜,
> ⑩ 팔도 소경 여러 만동, ⑪ 장수(장비) ⑫ 아무것도 없음,
> ⑬ 똥 줄기

박에서는 우선 인물이 많이 나온다. 따라서 진지한 맛이 적다. 더구나 놀부 박에서 나온 인물은 놀부를 응징하기 위해서 나온 것인데, 놀이판을

벌이거나 희학(戱謔)된 것이 많다. 특히 첫째 통의 가야금쟁이, 넷째 통의
무당, 여섯째 통의 초라니, 여덟째 통의 사당거사, 아홉째 통의 왈짜들이
연희적(演戱的) 성격을 띠는가 하면 웃음을 짓게 한다. 이는 이본에 따라 다
양한 모습으로 나타난다. 이들은 멋과 해학과 희극성을 느끼게 한다.

그러면 흥부의 첫째 박통의 해학부터 보기로 한다.

> "씻도 않은 쇠죽 통에 밥 두 통을 퍼다 놓고 숟가락은 근본 없어
> 있더라도 찾겠는가? 積年 물기 손질 않은 통 가에 늘어앉아 서로 주
> 워 먹을 적에 이 여러 子息들이 노 밥이 부족하여 서로 뺏어 먹었구
> 나. 그리 많은 밥이로되 큰놈 입에 넣는 것을 적은 놈이 뺏어 훔쳐,
> 큰놈도 뺏기고, 서로 집어 먹었으면 싸움 아니 하련마는 악쓰며 주
> 먹 쥐어 작은 놈 볼통이를 이 빠지게 쩔으면서 개 아들놈, 쇠 아들놈
> 밥통이 엎어지고 살변(煞變)이 일어나되 무지한 저 興甫는 밥 먹기에
> 倫紀 잊어 子息 몇놈 뒤어져도 살릴 생각 아예 않고, 그 뜨거운 밥이
> 로되 두 손으로 서로 쥐어서 죽방울 놀리는 뿐으로, 크나큰 밥덩이
> 가 손에서 떨어지면 목구녁을 바로 넘어 턱도 別로 안 놀리고 어깨
> 춤 눈 뻔덕여 거진 한 말어치 처치를 한 연후에…….
>
> (신재효, 박흥보가)

흥부네가 첫째 박통에서 나온 쌀 서 말 여덟 되로 밥을 지어 주린
창자를 채우는 광경이다. 아이들은 늘 밥을 굶던 터라 많은 밥을 앞에
두고도 싸움을 하고, 흥부는 아이들이 싸우는데도 늘 굶던 터라 밥 먹
기에 바쁘다. 보기에 안쓰러운 장면이다. 그러나 사실은 불쌍하다기보
다 오히려 익살스럽고 풍자적인 표현에 웃게 된다. "못난 것들"의 소행
을 객관적 우월감을 갖고 바라보게 되는 것이다. 이때의 장면이 김연수
창본 "흥보가"에는 또 다른 익살로 그려져 있다.

　　"홍보가 밥을 먹다가 죽는구나. 어찌 먹었던지 눈언덕이 푹 꺼지
고 코가 뾰족하고 아래턱이 축 늘어지고, 배꼽이 요강 꼭지 나오듯
쑥 솟아나와 배꼽에서는 후춧가루 같은 때가 두글두글 굴러 내리고
고개가 발딱 자드라져
　　'아이고 이제는 할일없이 나 죽는다. 배고픈 것보담 더 못 살겠다.
아이고 부자들이 배불러 어떻게 사는고?' 홍부 마누라 달려들며 '아
이고 이게 웬 일이오? 언제는 우리가 굶어 죽게 생겼더니만 이제는
밥에 치여 내가 과부되네. 아이고 이 자식들아, 너의 아버지 돌아가
신다. 어서 와서 발상(發喪)들 하여라.'"

(김연수 창본, 홍보가)

　　이는 홍부가 밥을 너무 먹고 탈이나 죽게 된 상황을 그린 것이다. 따
라서 동정해야 할 상황이다. 그러나 익살스런 표현을 하여 오히려 우습
게 느껴진다. 더구나 이는 다음에 보이듯 홍부가 똥을 싸는가 하면,
"이리 했다고 하나 이는 잠시 웃자는 성악가의 농담이지 그랬을 리가
있으리오."라는 사설도 보이듯 골계미를 의도적으로 강조한 것이다.

　　"이럴 지음에 홍보가 설사를 허는듸 궁둥이를 부비적 부비적 홱
　틀어 노니 누런 똥줄기가 무지개살같이 운봉(雲峰) 팔영재 너머까지
　어떻게 뻗쳐 놨든지 지내가는 행인들이 보고는 황룡(黃龍) 올라간다
　고 모다 늘어서서 절을 꾸벅꾸벅 허든 것이었다. 이리 했다고 하나
　이는 잠시 웃자는 성악가의 농담이지 그랬을 리 있으리오."

　　이것이 김연수본에 이어지는 홍부가 똥 싸는 장면이다. 똥을 그냥
싸는 데 그치는 것이 아니라, 똥줄기가 황룡이 되고, 행인이 꾸벅꾸벅
절을 하는 것으로 묘사되어 있다. 그러니 이 얼마나 희극적 장면인가?
황색은 양극단을 상징한다고 한다. 그 하나가 똥이요, 다른 하나가 금

이다. 여기서는 그 하나가 황룡으로 그려져 또 다른 양극의 이미지를 드러내 강조되고 있다. 똥은 또 흥부 아내도 싼다. 설사를 한다. 이것은 또 다른 희극적 장면을 연출한다.

> "이러할 즈음에 흥보 안해도 밧턴 속에 밥을 어찌 먹었던지 밥 설사가 나것구나. 꿇어 엎데어 애고 똥이야, 기지개를 불끈 쓰니 물똥이 와락 쏟아져서, 사방으로 둘러대어 물기계로 불끄듯 하야 노니 여러 자식들이 두서를 못 차리고 오뉴월 소나기 맞듯, 눈코를 못 뜨고서 후푸후푸 하였다더라."
>
> (임형택본 박흥보전)

굶다가 너무 먹어 배탈이 나 설사를 한 것이다. 그런데 이것도 그냥 설사를 하는 것이 아니다. 마치 소방차가 물을 뿌리듯 사방으로 뿌려져 그 많은 자식들이 눈코를 뜰 수 없어 후푸후푸 한다는 것이다. 불쌍하다는 생각도, 더럽다는 느낌도 전혀 나지 않는다. 다만 이 희극적 장면에 웃음만이 나올 뿐이다.

> "한참 서로 농탕치니 놀보댁이 강짜가 났구나. 청도머리 돔방치마 속것 가래 풀어놓고 버선발 평나막신 왈칵 뛰어 냅떠서서, 놀보 앞에 앉으면서 '나는 뉘만 못하기에 사당 보고 미쳤느냐?' 놀보가 전 같으면 보릿금이 곳 날 테나 사당에게 우세될까 미운 말로 멸시하여 '차린 의복 생긴 맵시 정녕 관물이제. 풍류랑들 보았으면 여럿 패가(敗家) 시키겠다. 염불하던 사당들이 예쁘기도 하거니와 강남 황제 보내시니 홀대할 수 있겠느냐?'…"
>
> (김진영 장본, 홍부전)

이는 놀부가 셋째 박에서 나온 사당거사패들과 잘 논다, 절색이다

하며 놀아나니 놀부의 아내가 투기하는 장면이다. 여인에게 금기된 투기를 하는 것부터가 희학이나, 놀부가 사당패들과 놀이판을 벌이며 자기 아내를 관물(官物), 곧 관기(官妓)로 비하하며 풍류객 여러 명을 패가시키겠다고 멸시하는 데 이르러서는 배꼽을 잡게 한다. 징계를 받아야 할 놀부의 무지를 조소하게 된다.

놀부의 아내만이 아니라, 흥부의 아내도 투기를 하고 있다. 흥부의 셋째 박에서 양귀비가 나오자 투기를 한 것이다. 김연수 창본 "흥부가"에는 다음과 같이 노래 불리고 있다.

> (처) 흥 저것들 지랄허제. 박통 속에서 나온 세간 뉘 것인지도 채 모르고 양귀비와 농탕(弄蕩)인고? 당명황(唐明皇)은 천자로되 양귀비에게 정신 놓아 망국이 됐다는데, 박통 세간 무엇이냐? 당장 열 끼를 굶더라도 시앗 꼴은 못 보겠네. 나는 지금 나갈 테니 양귀비와 잘 지내소.
> 흥보가 가난하여 계집 손에 얻어먹어 가장(家長) 값을 못했으니, 호령이나 할 수 있나. 사정조로 하는 말이,
> (흥) 여보소, 애기 엄마. 이것이 웬 말인가? 자네 방에 열흘 자면 첩의 방에 하로 자지. 이렇듯 양귀비가 날만한 사람 보랴 하고 만리 타국 나왔으니 도로 쫓아 보내겠나?
> 흥보 마누라 이 말 듣더니,
> (처) 그럼 꼭 그리하겠다고 우리 셋이 고름 맺고 맹세합시다.

흥부와 양귀비가 농탕치는 꼴을 못 보겠어서 흥부 아내가 집을 나가겠다고 한 것이다. 그러자 가장의 위엄을 갖추지 못한 흥부는 열흘에 하루만 첩을 찾겠으니 나가지 말라고 사정한다. 흥부 아내는 일부일첩이 통용되는 시대라설까, 아니면 자기 방에 열흘, 첩의 방에 하루 꼴로

찾는대설까 이에 동의하고 셋이 맹세하자 한 것이다. 그러나 뜻밖에 박
통 속에서 나는 수군거리는 소리와 방포일성(放砲一聲)에 흥부 아내는
놀라 이 소중한 약속을 스스로 파기한다.

> (처) 아이고 박통 속이 어쩐 접전(接戰) 속이냐?
> (흥) 여보 마누라, 임자가 공연한 말을 하더니만 이제는 우리가 다
> 죽었나 보오.
> 홍보 마누라 벌벌 떨고, 양귀비 앞에 엎드러지며,
> (처) 여보시오, 강남댁. 웠다 늙어 죽도록 내 방에 한번 안 오드라
> 도 아무 소리 한 할 터이니 제발 목숨만 살려 주소.

홍부 아내는 자기가 투기하여 죽게 된 것으로 알고, 목숨을 부지하
기 위해 시앗에게 남편을 포기했다. 그러나 포성은 흥부 아내를 징계하
기 위한 것이 아니었다. 포성은 흥부네 집을 짓기 위해 장인들이 나오
기 위한 것이었다. 흥부 아내는 너무 일찍 제 복을 찬 것이다. 그러나
이 어리석은 여인의 소행으로 하여 다시 한번 쓴웃음을 웃게 된 것은
사실이다.

(우리길벗, 2006년 3월호)

中

놀부의 넷째 박(김연수 창본)에서는 줄봉사 천여 명과 각종 불구자들이
꾸역꾸역 나와 난장을 친다. 그런 와중에 영좌(領座)가 놀부에게 네 조
부가 활인서(活人署)의 돈 5천 냥을 보전(保錢) 쓰고 도망하였으니, 그 돈

을 축년(蓄年) 변리(辨理)로 내라 한다.

> 놀보가 기가 막혀 공순히 여짜오되,
> "우리 조부 그 돈 쓸 제 수표(手票) 착명(着名) 증거 있소?"
> "그야 두 말 할 것 없제."
> "어디 보여 주옵소서"
> "잊고 아니 가져 왔제."
> "수표가 있다 해도 꼭 믿을 수 없을 터에 수표도 안 가지고 빚 받으러 오시니까?"
> "일년쯤 걸리면은 강남 왕래 할 터이니 우리들 예서 먹고 동행 하나 보내여 수표 가져 오게 하리니 그난 염려할 것 없네."
> 놀부 들을수록 사람 죽일 말이로다. 무한히 힐난하다 갑리(甲利)로 쳐 일만 량에 화해하여 보낼 적에 영좌(領座)가 하는 말이 "갖다가 바쳐 보아 당상께서 적다 하면 도로 찾아올 것이니 훌훌히 떠난다고 섭섭히 생각 말제."
>
> (김연수 창본 흥보가)

놀부의 말처럼 수표(手票), 곧 차용증이 있다 하여도 빚을 갚을지 말지 한데, 차용증도 없이 돈을 갚으라 한다. 놀부는 차용의 문서가 없으면 돈을 갚을 수 없다고 한다. 당연한 말이다. 그러자 영수는 일년쯤 걸리면 강남(江南)에 사람을 보내 수표(手票)를 가지고 올 것이니 염려 말란다. 그리고 그동안은 자기들은 여기서 숙식을 하겠단다. 황당한 말이다. 그것도 한 사람도 아닌 천여 명 걸인이 일 년을 머물겠다니……. 놀부로서는 기가 막힐 일이다. 그래서 만 냥을 털린다. 이는 실소(失笑)를 하게 하는 장면이다.

놀부의 아홉째 박에서는 수백 명 왈짜들이 나온다. 이들이 나와 놀부를 잡아매어 놓고는 뒤에 발기기로 하고 심심파적을 한다. 그 한 장면에 거주를 묻고 통성명을 한다. 다음은 거주를 묻는 장면이다.

> "저기 저분은 어디 사시오?" 그놈이 대답하는 말이 "나 왕골 사오." "아니 왕골 사다가 자리를 매랴 하오?" "아니오, 내 집이 왕골이란 말이오." 군평이 내달아 새김질하여 하는 말이 "예, 옳소. 이제야 알아듣겠소. 왕골 산다 하니 임금 왕자 고을 동자이니 동관 대궐 앞에 사나 보오." "예, 옳소. 영락이 아니면 송락이오." "또 저분은 어데 사시오?" "그놈이 대답하되 나는 하늘 근처에 사오." 군평이 또 새김질하되 "사직은 사직을 위하였으니 아마 무덕문 근처에 사시나 보오." "또 저 친구는 어데 사시오?" "나는 문안 문 밖에 사오." 군평이 여내 새김질로 대답하는 말이 "창의문 밖 한북문 안이 문안 문밖이 되니 조지서(造紙署) 근처에 사시나 보오." "그곳은 아니오." "예, 그러면 이제야 알겠소. 대문안 중문 밖 사시나 보오. 행랑아범 자식인가 싶으니 저만치 서 계시오." "또 저분은 어데 사시오?" 그놈 대답하되 "나는 휘두로 골목 사오." 군평이 하는 말이 "내가 아무리 새김질을 잘 하여도 그 골은 처음 듣는 말이오 그려." 그놈이 대답하되 "나는 집 없이 두루 다니기에 하는 말이오."
>
> (박문서관본 홍부전)

이는 밋밋하게 주소를 묻고 답할 장면을 재담을 함으로 흥미있는 장면으로 바꾼 것이다. "왕골>왕동(王洞), 하늘 근처>사직단 근방, 문안 문밖>행랑채, 휘두루 골목>주소 부정"과 같이 곁말을 한 것이다. 성명은 파자(破字)를 함으로 웃음을 선사한다. "나모 둘이 씨름하는 성" 임(林)서방, "목둑이 갓 쓰인 자" 송(宋) 서방, "계수나무란 목자 아래 만승천자란 자자를 밭친 오얏 니자" 이(李) 서방, "난정몽둥이란 나무 목자 아래 발긴 역적의 아들 누렁쇠 아들 검정개 아들이란 아들 자자 받힌

복성화 이자" 이(李) 서방, "묏 산 넷이 사면으로 두른 성" 전(田) 서방과 같은 것이 그것이다.

> "불쌍하다, 불쌍하다, 소경 상제 불쌍하다."
> 소경 상제 거동 보소. 상두소리 징험하여 슬피 울며 따라갈 제 소경 상제 속이려고 상두소리 없이, 요령소리 없이 가만 가만 메고 가니 소경 상제 의심하여
> "요놈들 앞 못 보는 사람을 속여? 눈 어둔 사람 속이면 큰 벌을 받느니라."
> 이때 마침 마주잡이 송장이 지나가며 너호너호 소리 하니 소경 상제 지음(知音)하고,
> "옳지, 우리 상여 여기 간다."하며 대고 울며 따라가니 상두꾼 이른 말이,
> "저 상제 잘못 오오."
> 소경 상제 가장 아니 속는 듯이, "너호너호 소리를 하고서 누구를 속이려고?"
> 하면서 따라갈 제 저편에서 상여 소리를 또 내며,
> "소경 상제 어서 오소. 너호 동무들아 너호 너호, 놀부가 부자란다, 대접 잘못 하거든 연초대(煙草-)로 먹여대자."
>
> (삼문사판 흥부전)

이는 놀부의 넷째 박의 사설로, 상두꾼들이 소경 상제를 골려 먹는 장면이다. 상주는 큰 슬픔에 쌓여 있다. 그래서 주변에서는 조금이라도 그를 위로하고 슬픔을 잊게 하려 한다. 이러한 심리에서 소경 상제를 속이려 한 것일까? 상두꾼이 "너호너호" 소리를 하지 않는다. 소경 상제는 자기를 속이려 한다는 것을 알고 속지 않으려고 기척을 살핀다. 이때 상여 하나가 마주 온다. 소경 상주는 그 상여를 따라가며 운다.

상두꾼이 잘못 따라온다고 하니 상제는 안 속는다고 우긴다. 그러는 가운데 저쪽에서 자기네 상두꾼이 부르며 상여 메는 소리를 낸다. 이런 광경에 사람들은 비소를 한다. 이는 정상이 아닌 사람의 비정상적인 소행을 조소하며 좋아하는 유머다.

인물과 배경에 대한 해학적 표현

분가한 흥부는 이본에 따라 달라 빈집 또는 묘막(墓幕)에서 살기도 하고 새로 집을 지어 살기도 한다. 그런데 이 새로 짓는 집이 걸작이다.

> 안방 대청 행낭 몸채 내외분합 물림퇴에 살미살창 가로닫이 입구(口)자로 지은 것이 아니라, 이놈은 집 재목을 내려 하고 수수밭 틈으로 들어가서 수숫대 한 뭇을 베어다가 안방 대청 행랑 몸채 두루 짚어 말집을 꽉 짓고 돌아보니 수숫대 반 뭇이 그저 남았구나. 방안이 넓던지 마던지 양주(兩主) 드러누워 기지개 켜면 발은 마당으로 가고 대가리는 뒤꼍으로 맹자(孟字) 아랫 대문 하고 엉덩이는 울타리 밖으로 나가니 동리 사람이 출입하다가 이 엉덩이 불러들이소 하는 소리에 흥부 깜짝 놀라……
>
> (경판 25장본 흥부전)

격식을 갖춘 고대광실이 아니다. 안방 대청 행랑채를 뭉뚱그린 조그만 말집, 두옥(斗屋)을 지었다. 집을 지으려면 재목을 구해다 지어야 하는데, 흥부는 수숫대만 베어 왔다. 그것도 한 뭇(束)을 베어다 반 뭇이 남는다. 그러니 그 집이 오죽하랴? 이는 물론 과장된 표현이라 하겠으나 사람 몸 하나 운신할 수 없을 정도의 작은 집이다. 기지개를 켜면

몸뚱이만 남고, 팔다리와 머리, 엉덩이는 집 밖으로 나간다. 동네 사람
들은 출입할 때 걸린다고 엉덩이를 치우라고 야단을 한다. 그러니 이런
희극적 장면에 웃음이 나오지 않을 수 없다. 이 장면이 세창서관의 "연
의각"에는 더욱 가관으로 묘사되어 있다.

> 비슥한 언덕에다 집터를 닦아놓고 집 한 채를 고루 내짓겠다. 대
> 청 삼간, 안방 이간, 부엌 삼간, 곳간 이간, 문간 사간, 행랑이 사간이
> 오, 건넌방 이간이오, 찻방 한간, 큰사랑이 여덟간, 작은 사랑 두간
> 반이오, 수청방 이간이오, 찬간 이간 반, 쌀고자 여덟간, 방앗간 이간
> 이오, 외양간이 삼간이오, 고용방이 두간이오, 이리 짓고 저리 짓고
> 함부로 짓고 휘뚜루 짓고 아주 짓고 보니, 수숫대 한 아름 반에서 반
> 아름 넘어 남았겠다. 외얽고 벽치고 방을 갖초 수장한 후에 방이라
> 들어가 잠을 자다 쳐다본즉 들보 위 지붕 마루로 별 난 것이 환히
> 뵈고, 발을 뻗으려 발길을 내밀면 발목이 밖으로 나가니 착고(着錮)
> 찬 놈도 같고, 방안에서 멋모르고 일어서면 모가지가 지붕 밖으로
> 나가니 휘주에 잡혀 칼쓴 놈도 같고, 기지개만 켜노라 힘을 쓰면 두
> 주먹이 지붕 밖으로 쑥 나가니……

이는 경판 25장본과 달리 묘막이 퇴락하여 집을 잘 지어 살아 보겠
다고 지은 집이다. 그래서 격식을 갖추어서 지었다. 고루거각(高樓巨閣)
일 법한 집이다. 그런데 어인 일인지 이 집도 말집과 마찬가지다. 몇
간, 몇 간이 다 공연한 말이다. 그러기에 누워 발을 뻗으면 착고 찬놈
같고, 일어서면 칼 쓴 놈 같다. 거기에다 지붕은 이지도 않았는지 별이
환히 보인다. 이러고 보니 흥부에 대한 연민의 정에 앞서 또 웃음이 나
온다. 흥부는 이렇게 어리석은 사람이기도 했다. 그러니 자연 그의 행
동에 혀를 끌끌 차고, 무지를 비웃을 수밖에 없다.

놀부는 이와는 달리 탐욕적이고 비도덕적인 인물이다. 이는 그의 못
된 심사 서술에 잘 나타난다.

> 술 잘 먹고 욕 잘하고 에테하고 싸움 잘 하고, 초상난 데 춤추기,
> 불붙는데 부채질하기, 해산(解産)한 데 개 잡기, 장에 가면 억매흥정,
> 우는 아이 똥 먹이기, 무죄한 놈 뺨치기와 빚 값에 계집 뺏기, 늙은
> 영감 덜미잡기, 아이 밴 계집 배 차기며, 우물 밑에 똥 누어 놓기, 오
> 려논에 물 터 놓기, 자친 밥에 돌 퍼붓기, 패는 곡식 이삭 빼기, 논두
> 렁에 구멍 뚫기, 애호박에 말뚝 박기, 곱사등이 엎어놓고 밟아 주기,
> 똥 누는 놈 주저앉히기, 앉은뱅이 턱살 치기, 옹기장수 작대 치기,
> 면례(緬禮)하는 데 뼈 감추기, 남의 양주 잠자는 데 소리 지르기, 수
> 절과부 겁탈하기, 통혼하는 데 간혼(間婚) 놀기, 만경창파의 배 밑 뚫
> 기, 목욕하는 데 흙 뿌리기, 담 붙은 놈 코침 주기, 눈 앓는 놈 고춧
> 가루 넣기, 이 앓는 놈 뺨치기, 어린 아이 꼬집기와 다 된 흥정 파의
> 하기, 중놈 보면 대테 메기, 남의 제사 닭 울리기, 행길에 허공 파기,
> 비 오는 날 장독 열기, 장에 가면 억매흥정하기라.
>
> (박문서관, 흥부전)

이렇게 놀부는 심사가 뒤틀리고, 행실이 무거불측하다. 따라서 그의
하는 짓은 망나니다. 이러한 망나니짓은 이본에 따라 더 추가되기도 한
다. "충후인자(忠厚仁慈)"한 흥부와는 대조를 이룬다. 그래서 더욱 놀부가
몹쓸 놈이 된다. 그러나 이러한 놀부의 못된 심사는 액면 그대로 받아
들여지지 않는다. 많은 열거는 과장이 되고 사실성(寫實性)을 희석한다.
그리고 오히려 웃음을 자아내게 한다. 이것이 희극적 비극성이고, 우리
풍류의 한 단면이다.

下

놀부는 이렇게 심사가 고약할 뿐 아니라 욕심도 사나웠다. 제비가
알을 까 새끼가 날기 시작하는데 대망(大蟒)은 기다려도 오지 않는다.
허욕에 눈이 먼 놀부는 삯꾼 십여 명을 데리고 뱀을 몰러 나갔다. 그러
나 뱀은커녕 도마뱀 한 마리도 보이지 않는다. 그런데 마침 집으로 돌
아오는 길에 홍두깨만한 까치독사 하나를 보게 되었다.

> "'얼시고 이 짐승아 내 집으로 들어가세. 제비집으로 스르르 지나
> 가면 제비 새끼 떨어지는 날 나는 부자가 되는 것이니, 네 은혜를 내
> 라서 갚되 병아리 한 뭇, 계란 열개 한번에 내어 주마. 쉬- 들어가자'
> 독사가 독이 나서 물려고 혀만 늘름늘름하니 발로 배지를 디디니
> 까 발가락을 딱 물어 떼니, 놀부가 애고 하더니 눈이 어둡고 정신을
> 놓아, 업혀 들어와 흰죽에 물린 데를 담그고 침을 주고 석우황(石牛
> 黃)을 바르니 모진 놈이라 죽지 않고 살아나서, 제비 새끼를 잡아내
> 려 무릎에 대고 다리를 왈칵 분지르니 배가 터져 발발 떨다 죽는다."
> (세창서관본, 연의각)

놀부가 뱀에 물린 것은 역설적인 사실이다. 욕심에 눈이 멀어 오히
려 화를 당한 것이다. 뱀에 물린 놀부를 사람들은 고소해 할 것이다.
제비 새끼를 해치려는 데 대한 인과응보라 생각되기 때문이다. 놀부가
분지른 제비 다리를 감아 주는 장면도 하나의 골계(滑稽)다.

> "제비 다리를 두껍게 동이면 보물 많이 갖다 줄 줄 알고, 쇠가죽
> 두 장, 마피(馬皮) 한 장, 개 가죽 다섯 장, 천여 발짜리 노와 삼 한
> 춤, 멍석 한 잎, 공석(空席) 열 개를 들고 들어오니, (처) 그것은 무엇

하랴나? (놀) 제비 다리 동이지 (처) 소에 실어도 한 바리 넘겠네. 자
근 서방님은 칠산 조기 껍질과 당사실로 동였다면서."

조그만 제비 다리를 묶는 데 웬 쇠가죽, 말가죽이 필요하랴? 그것도
놀부의 아내 말처럼, 정말 소에 실어도 한 바리는 될 말과 소의 가죽,
거기에다 멍석과 공석을 준비한다는 것은 말이 안 된다. 놀부의 이런
어리석은 소행은 흥부전의 대표적인 희극적 소행이다.

그러나 더욱 해학적인 것은 흥부네 아이들의 멍석 옷이다. 흥부의
자식은 이본(異本)에 따라 그 수가 달라 25명에서 30여 명으로 되어 있
다. 매년, 그것도 한 배에 두셋 씩 낳아 그리 됐다 한다. 자식이 25명에
서 30여 명, 동물도 아닌 사람이 그렇다니 놀랄 수밖에 없다. 그러니
먹지도 못하고 굶는 판에 옷을 해 입힐 수 있겠는가? 흥부가 궁리 끝에
생각해 낸 것이 멍석 옷이다. 멍석에 구멍을 내어 2, 30명이 머리만 내
어 놓고 뒤집어쓰게 한 것이다. 이렇게 해 놓으니 마치 멍석 위에 검은
콩 메주를 세워 놓은 것 같아 가관이었다. 그러나 좀 더 사람을 웃기는
것은 그 다음 장면이다.

이놈들이 울어도 앉아 울고, 잠을 자도 앉아 자고, 이러고 앉아 놀
다가 그중 한 놈 똥마려우면 저만 빠져 가련만, 이놈들이 미련하여
뭇놈이 다 나갈 제, 그중에 키 적은 놈은 미쳐 목을 못 빼 놓으면 발
이 땅에 안 닿으니, 육성(肉聲)으로 목 매달려 "아이고 나 죽는다. 밥
을 며칠씩 굶은 놈들이 뭘 처먹고 똥 눈다고 날 못 살게 허느냐?" 죽
는다고 소리치며 개자식놈 쇠자식놈 똥 누는 놈이 욕을 먹고, 그중
에 짓궂은 놈 옆의 놈을 찝어 뜯고 정색하고 앉았으면 누가 한 줄
몰라 쓸어잡고 욕을 하는구나.

이는 김연수 창본 "흥부가"의 일절인데, 벌거벗은 몸에 함께 멍석을 씌워 놓았으니 개별행동을 할 수 없다. 그래서 한 놈이 변소엘 가게 되면 모두가 따라가야 한다. 가오리 움직이듯 할 그 모습을 상상해 보라. 포복절도(抱腹絶倒)할 유머다. 거기에 그치지 않는다. 키 적은 놈은 멍석에서 목을 빼지 못해 매달린 채 딸려가며 죽겠다고 소리치며 형제들에게 "개자식놈, 쇠자식놈" 욕을 한다. 이런 비극이 있을 수 없다. 그러나 사람들은 이런 장면에 오히려 웃음을 웃는다. 연민의 웃음이요, 동정의 웃음이다. 이런 희극성(喜劇性) 때문에 소설을 읽고 창(唱)을 즐기는 것이다.

흥부는 형네에서 쫓겨난 뒤 굶다 못해 마침내 매품을 팔기로 하였다. 그리하여 매 맞으러 감영으로 갔다. 이때의 장면이다.

> 방울 소리 덜렁, 사령 등이 들어간다. 흥보 깜짝 놀래어 애고 나를 잡아드리란 영이 났나 보다. 잡으러 나오도록 있어서는 죄가 더 무거울 것이니 미리 손수 작정할 밖에 수가 없다. 갓 벗어 하마석(下馬石)에 놓고, 제 상투 제가 잡고, 제 골마리(허리춤) 제가 까고 공연히 엄살하며 "여보시오, 번수님네. 이 볼기를 살피시고 가만가만 때리시오." 사령들이 기가 막혀 "네 이 경을 칠 놈, 네 웬놈이냐?" 흥부 하는 말이 "업다 번연히 알면서 그러하는구." "이놈 번연히난 네 코구녁이 번연이냐?" "친한 체 잡소리는 웬일이오? 좌수 대신 매 맞으러 내려왔소." "어뿔사 이 놈 곯았구나." "여보시오, 계란이관대 고라요?" "아까 내 솜씨로 곤장 열을 얼른 맞고 돈 삼십 량 받아 가지고 하마 이삼십 리나 갔을 걸." "애고 그것이 웬 말이오? 그놈이 어떻게 생겼더니까?" "키 크고, 코 크고, 도곡차게 생겼던데." "허허 우리 뒷집 뺑돌아비 왔었구나."
>
> (임형택본 박홍보전)

이는 감영에 매를 맞으러 가서의 일이다. 홍부는 미리 볼기를 맞을 태세를 갖추고 감영에 들어섰다. 그런데 이게 웬일인가? 남이 이미 맞고 돈을 받아 가지고 돌아갔다는 것이 아닌가? 안 되는 놈은 뒤로 자빠져도 코가 깨진다고 매품도 못 팔게 된 것이다. 홍부 아내가 매를 맞아서는 안 된다고 난리를 쳐 뒷집 뺑돌아비가 듣고 선수를 친 것이다. 그래서 홍부는 매품 복에도 손재수가 있다며 한탄하였다. 그리고는 집에 돌아와 걱정하는 아내에게 화를 와락 내어 "에라 이년 방정맞은 여우년아, 네가 나서니 무슨 일이 되겠느냐? 가던 날도 계집이 방정떨어 요란케 하여 노니 뺑돌아비 빠른 눈치 얼른 듣고 먼저 가서 매맞고 돈 받아 짊어지고 내뺐으니 내 일이 어떻게 되겠느냐?" 한다. 홍부 아내는 "얼씨고 절씨고 지야자자 좋을시고"를 부른다. 굶다 못해 매품을 팔려던 불쌍한 홍부는 매품도 못 팔고 자탄하는가 하면 아내에게 욕을 한다. 가엾은 홍부다. 그러나 여기서도 가긍하다는 생각과 함께 홍부를 동정하는 웃음이 입가에 퍼진다. 뺑돌아비는 살아가기 위한 각박한 현실과 인심을 풍자한다.

끝으로 굶기를 밥 먹듯 하던 시절의 홍부네 집 참상 표현 하나를 보기로 한다.

집안에 먹을 것이 있든지 없든지, 소반이 네 발로 하늘에 축수하고, 솥이 목을 매여 달렸고, 조리가 턱걸이를 하고, 밥을 지어 먹으려면 책력을 보아 갑자일이면 한 때씩 먹고, 새양쥐가 쌀알을 얻으려고 밤낮 보름을 다니다가 다리의 가래톳이 서서 파종하고 않는 소리에 동리 사람이 잠을 못 자니 어찌 아니 설울손가?

(경판 25장본 홍부전)

양식이 없어 밥을 해 먹지 않으니 소반은 뒤집혀 있고, 솥은 걸려 있는 것이 아니라 매달려 있으며, 조리는 말코지에 걸려 있다. 밥은 열흘에나 한번씩 해 먹는다. 그러니 집에 쌀이 남아 있을 리 없다. 그리하여 생쥐가 무엇을 먹겠다고 찾아다니다가 가랑이의 임파선이 부어 수술하고는 아파 우는 소리에 동네 사람들이 잠을 못 잔다는 것이다. 이는 가난의 현실을 고발한 것이다. 그러나 과장과 익살로 그려져 궁핍한 현실의 절박함보다 익살스럽고, 우습기만 하다. 이런 해학이 홍부전의 희극성이다.

맺으며

홍부전은 대표적인 희극적 해학 소설이다. 그래서 우리는 홍부전을 웃으며 읽게 된다. 그러나 여기의 웃음은 호탕하고 통쾌한 웃음이 아니다. 동정의 웃음이요, 비웃는 웃음이다. 영웅호걸의 쾌거에 시원하게 웃는 것이 아니라, 어리석은 사람의 수준 이하의 행동을 보고 웃는 것이다. 여기서는 홍부가 부귀영화를 누리게 되나, 놀부는 참담하게 몰락하는 것이 아니다. 홍부의 구조로 행복한 결말을 맺는다. 그리고 역경에서 고생하는 홍부를 보고서도 심각하고 엄숙한 반응을 보이게 되어 있지 않다. 해학과 풍자적인 표현에 의해 우월한 사람의 입장에서 그의 "어리석은 행동"을 비웃으며 즐기게 되어 있다. 욕심 사나운 놀부의 우행(愚行)도 마찬가지다. "홍부전"은 이렇게 희극적 비극의 표현으로 우리에게 웃음과 즐거움을 선사해 준다.

(우리길벗, 2006년 4월호)

풍자와 해학의 소설, 배비장전

머리말

우리의 대표적인 풍자소설에는 연암(燕巖) 박지원(朴趾源)의 양반전(兩班傳), 호질(虎叱) 등의 단편과 이춘풍전(李春風傳), 오유란전(烏有蘭傳), 배비장전(裵裨將傳), 삼선기(三仙記), 변강쇠전, 옹고집전(壅固執傳) 등의 고소설이 있다.

이 가운데 "배비장전"은 판소리 열두 마당에 속하는 작품으로, 판소리로서의 생명을 잃고, 근대에 와서 소설로 정착된 것이다. 이는 내용상 차이를 보이는 두 이본이 있다. 그 하나가 배 비장이 제주 기생 애랑(愛娘)과 방자의 계교에 빠져 망신을 당하는 것으로 대단원의 막을 내리는 필사본이고, 다른 하나가 배 비장이 망신을 당한 뒤 정의(旌義) 현감이 된다는 1910년대에 발간된 구활자본이다.

참고로 이 소설의 내용부터 간단히 훑어보면 다음과 같다.

배걸덕쇠가 신임 제주목사를 따라 예방 비장(禮房裨將)이 되어 색향 제주에 내려왔다. 그는 9대 정남(貞男)으로 잡된 마음이 없다며 관례에 따른 기생 수청도 거절하였다. 이를 안 목사는 기생 애랑을

시켜 그를 유혹해 보도록 하였다. 애랑과 방자는 계교를 꾸몄고, 배
비장은 마침내 이 계교에 말려들었다. 그는 규중 여인으로 위장한
애랑의 집을 찾아가 사랑을 나눈다. 이때 갑자기 남편이 들어와 밖
에서 호령을 하므로 배 비장은 궤 속에 몸을 숨긴다. 남편을 가장한
방자는 꿈에 백수노인이 나타나 저 궤에 귀신이 붙어 그냥 두면 우
리 집이 망한다고 하니 궤를 없애야겠다고 한다. 그리고 궤를 바다
에 버리겠다며 짊어지고 동헌(東軒)으로 가 바다에 버리는 것처럼 한
다. 궤 속으로 물도 흘려 넣고 정신없이 요동치게 한다. 어기어차 배
젓는 소리도 낸다. 그러자 배 비장은 사공들에게 궤를 건져 사람을
살리라고 애원한다. 선원은 부정 탈까 두려워 궤는 건져 줄 수 없고,
궤 문을 열어 줄 테니 헤엄을 쳐 나오라고 한다. 궤 문을 열자 배 비
장은 알몸으로 동헌 마당에서 헤엄치듯 허우적거린다. 이를 본 목사
와 육방관속(六房官屬) 및 기생들이 폭소를 한다.

이 소설은 이렇게 구대 정남(貞男)을 자처하는 배 비장이 관기 애랑의
계교에 말려 통간(通姦)하다 망신을 당하게 되는 내용의 소설이다. 따라
서 이는 배 비장, 나아가 양반사회의 위선을 폭로하기 위한 풍자소설
로, 여기에는 신랄한 풍자(savage satire)가 쓰이고 있다.

풍자와 해학의 표현

풍자는 해학과 더불어 표현된다. 그래서 풍자문학 작품은 많은 웃음
을 선사한다. "배비장전"은 우선 서두의 복선이라 할 정비장의 이별의
장면에서부터 배꼽을 잡게 한다.

배 비장이 환풍정(喚風亭)에서 배를 내려 제주 제1경인 망월루(望月樓)
를 바라보니 정 비장과 수청 기생 애랑(愛娘)이 안타까운 이별을 한다.

정 비장은 애랑의 말에 혹해 한동안 먹고 살 기물을 뱃짐에서 풀어 주
고 "내 몸에 지닌 노리개를 네 마음대로 다 달래라" 한다. 그러지 않아
도 그러려든 차에 애랑은 불한당 같은 마음에 정비장을 아주 홀랑 벗
겨 버린다. "갓두루마기 달라, 돈피(豚皮) 휘항 달라, 철병도(鐵柄刀) 달라,
숙주(熟紬) 창의(氅衣) 분주(粉紬) 바지 상하의복 벗어 달라, 고의적삼 벗어
달라" 이렇게 몸에 걸친 모든 것을 간교한 말로 벗어 달라고 하였다.
마지막 고의적삼을 벗어 달라고 할 때의 장면은 이렇게 되었다.

> "나으리 입으신 고의적삼 소녀를 벗어 주면, 내 손으로 착착 접어
> 임 생각 잠 못 이루어 누웠다가 나으리 고의적삼 임과 둘이 자는 듯
> 이 담쑥 안고 누웠다가 옷가슴을 열고 보면, 향기로운 임의 땀내 폴
> 삭폴삭 촉비(觸鼻)하면 내 맡고 설움 푸니 근들 아니 다정하오"

이렇게 애간장을 녹이니 혹해 다 벗어 줄 수밖에 없었다. 그러고 나
니 알몸이 되었다. 이때의 장면은 이렇게 그려져 있다.

> 정 비장 혹한 마음에 고의적삼이 무엇이리? 통가죽이라도 벗어 줄
> 밖에 하릴없다. 고의적삼마저 벗어 애랑 주니 정 비장이 알 비장이
> 되었구나. 밑천을 감출 길이 바이없어 방자를 부른다.
> "방자야!"
> "예!"
> "세승(細繩) 두 발만 들이어라"
> 하더니 개짐을 만들어 제마(濟馬) 입에 쇠재갈 먹인 듯이 잔뜩 되
> 우 차고 두런거리며 하는 말이,
> "어허, 그날 극한(極寒)이로고! 해도중(海島中)이라 매우 차다."

풍자는 웃음을 무기로 사용하여 고발하고 개혁을 꾀한다. 여기서는

정 비장의 어리석음을 고발하고 조소한 것이다. 가죽 두루마기, 돈피 휘항까지 입고 쓰고 해야 할 추운 겨울에 여인에 혹해 실오라기 하나 걸친 것 없이 홀딱 벗었으니 오죽 추웠으랴? 게다가 남자의 밑천을 감춘다는 것도 가는 새끼를 얽어 쇠 재갈 물리듯 하였다니 이는 또 얼마나 불쌍한가?

그러나 정말 웃기는 것은 그 다음 장면이다. 애랑은 이제 옷은 됐으니 상투를 베어 달라, 이를 빼 달라, 심지어는 양각산중(兩脚山中) 주장군(朱將軍)을 좀 반만 베어 달라고까지 한다. 다음은 이를 빼 달라는 장면이다.

"그는 그러하거니와 분벽사창(粉壁紗窓)에 마주 앉아 서로 보고 당싯 웃으시던 앞니 하나 빼어 주오."
정 비장 어이없어 하는 말이,
"이제는 부모의 유체까지 헐라 하니 그는 언다 쓰려느냐?"
애랑이 여쭈오되,
"호치(晧齒) 하나 빼어 주면 손수건에 싸고 싸서 백옥함에 넣어 두고, 눈에 암암 귀에 쟁쟁 임의 얼굴 보고 싶은 생각나면 종종 내어 설움 풀고, 소녀 죽은 후에라도 관 구석에 지녀 가면 합장일체(合葬一體) 아니 될까? 근들 아니 다정하오?"
정 비장은 대혹하여,
"공방(工房) 고자(庫子)야! 장도리 집게 대령하여라."
"예, 대령하였소."
"네 이를 얼마나 빼어 보았느냐?"
"예, 많이는 못 빼어 보았으되, 서너 말 그럭이나 빼어 보았소."
"이놈, 제주 이는 몽불친 놈이로구나. 다른 이는 상치 않게 하나만 쏙 빼어라."
"소인이 이 빼기에는 숙수단(熟手段)이 났사오니 어련하오리까."
하더니, 소(小)집게로 잡고 빼었으면 쏙 빠질 것을 큰 집게로 이

덤불째 휩쓸어 잡고 좌충우돌 창검격(槍劍格)으로, 차포(車包) 접은
장기 면상(面象) 차린 격으로, 무수히 어르다가 뜻밖에 코를 탁 치니,
정 비장이 코를 잔뜩 부둥키고,

"어허, 봉패(逢敗)로고! 이놈, 너더러 이 빼랬지, 코 빼라더냐?"

공방 고자 여쭈오되,

"울리어 쑥 빠지게 하느라고, 코를 좀 쳤소."

정 비장 탄식하며,

"이 빼란 게 내 그르다."

풍자의 웃음이 공격성을 띠는 데 반하여 해학의 웃음은 연민을 유발
한다. 애랑이 합장을 들먹이어 정 비장은 그만 이성을 잃고 만 것이다.
그런데 이를 뽑는 공방의 하는 짓거리가 어리석고 보니 이는 하나의
희극이 되었다. 그러니 참았던 웃음까지 폭발하게 된다.

지난날 기녀와 이별할 때에는 이를 뽑는 일이 더러 있었던 모양이다.
서거정의 "골계잡록"에도 이를 뽑는 이야기가 보이고, 홍만종의 "명엽지
해"에도 보인다. 태평한화의 "색환판치(索還板齒)", 곧 "앞니를 찾다"는 경
주 관기의 이야기이다. 한 청년이 기녀와 헤어질 때 행랑을 털어 돈을 주
었더니 그녀는 이를 사절하고, 몸에 붙은 것을 달라고 하였다. 그래서 머
리를 잘라 주었다. 그랬더니 그녀는 더 절실한 것을 원했다. 그래서 이를
뽑아 주었다. 그러나 그녀는 그 뒤 곧 다른 사내 품에 안겼다. 이를 안 청
년은 노해 종을 시켜 이빨을 찾아오게 하였다. 여인은 손뼉을 치며 깔깔
대며 웃고, 베주머니를 하나 내던졌다. 그리고는 다음과 같이 말했다.

"어리석은 양반아, 백정에게 도살하지 말라하고, 창녀에게 예법을
찾는 것이야 말로 바보가 아니라면 망령된 짓이 아니겠는가? 원한다
면 너의 집 주인의 이빨을 찾아가라."

"명엽지해"에는 내던진 전대 속에 이빨이 서너 말이나 된다고 했다. 이는 기녀의 사랑이 무상함을 풍자한 것이다.

떳떳한 예식을 치르지 않고 남몰래 드나들며 여자를 만나는 것을 "개구멍서방", 또는 "개구멍오입"이라 한다. 배 비장은 담을 넘는 것이 아니라, 정말 개구멍으로 애랑을 만나러 갔다. 이때의 장면이 매우 익살스럽게 그려져 있다.

> 높은 담궁글 찾아가서 방자 먼저 기어 들어가며,
> "쉬 나으리 잘못하다가는 일 날 것이니 두 발을 한데 모아 묘리 있게 들이미시오."
> 배 비장이 방자 말을 옳게 듣고 두 발을 모아 들이밀자, 방자놈이 안에서 배 비장의 두 발목을 모아 쥐고 힘껏 잡아당기니, 부른 배가 딱 걸려서 들도 나도 아니하는지라, 배 비장 두 눈을 희게 뜨고 이를 갈며,
> "좀 놓아다고!"
> 하면서, 죽어도 문자는 쓰는 것이었다.
> "포복불입(飽腹不入)하니 출분이기사(出糞而幾死)로다."
> 방자 안에서 웃으며 탁 놓으니, 배비장이 곤두박질하여 일어앉으며 하는 말이,
> "매사가 순리로 아니 되니 대패로다. 산모의 해산법으로 말하여도 아해를 머리부터 낳아야 순산이라 하니, 내 상투를 들이밀 것이니 잘 잡아다려라."
> 방자놈이 배 비장 상투를 노펑거지 쓴 채 왈칵 잡아당기니, 아무리 하여도 나올 줄 모르겠다. 사지부생(死之復生)이라 원명(元命)이 재천(在天)이로다. 뺑 하고 들어가니 배 비장이 아프단 말도 못하고,
> "어허, 아마도 내 등에는 꼰질 곤자판을 놓았나 보다."

높은 담구멍에 발부터 들이밀고 안에서 잡아당긴다. 배가 불러 들어가진 않고 죽겠다니 놓아 준다. 그러자 담 밖에서 배 비장이 거꾸로 나

뒹군다. 하나의 희극이다. 그런 가운데도 배 비장은 문자를 쓴다. 여기에도 양반에 대한 풍자가 숨어 있다.

다음은 남녀상열의 이야기다. "사랑"은 때와 장소를 초월한 대표적인 화두(話頭)다. 우리 선조들은 이를 꽤나 즐겼던 것 같다. 많은 골계집(滑稽集)은 이를 증명하고도 남는다. 그러나 이 이야기가 한문투의 비유적 표현으로 되어 있어 상스럽거나 난하지 않다. 다음은 배 비장과 애랑의 사랑 장면인데 문자 속이나 있어야 이해할 수 있는 표현이다.

저 계집 웃고 나서며,
"이 밤 기약의 님이 왔네. 손목 잡고 들어가서 자리하고 불을 끄세."
양인이 의복을 활활 벗고 원앙금침에 두 몸이 한 몸 되어 사랑 동포(同抱) 좋을시고. 풍류 없는 네 발 춤이 삼경(三更) 달에 춤을 춘다. 대단(大緞) 이불 속으로 일진풍(一陣風)이 일어나며, 양각산중(兩脚山中) 알심 못에 일목주룡(一目朱龍)이 굽이치며 백화담담 물결친다.
"항문보 터지겠다."

맺으며

"배비장전"은 배 비장을 속물(俗物) 관원으로의 기들이기이며, 양반의 위선을 폭로한 소설이다. "오유란전(烏有蘭傳)"에도 평안감사의 지시로 유란이 이생(李生)을 유혹하여 망신을 당하게 하는 이야기가 그려져 있다. 이는 경직된 선비에 대한 친구 감사(監司)의 지나친 장난이었다. 그러나 이런 계교가 배 비장을 현감을 만들고, 이생으로 하여금 명성을 떨치는 관원이 되게 하였음은 좀 생각해 볼 여지가 있다.

(우리길벗, 2006년 5월호)

성으로 포장된 유랑민의 애환, 변강쇠전

글머리에

"변강쇠타령", "횡부가(橫負歌)" "변강쇠가", "변강쇠전" 등으로 일러지는 변강쇠 이야기는 판소리 문학에 속하는 작품이다. 이는 신재효의 판소리 다섯 마당 가운데 하나다.

"판소리"란 본래 국악의 한 양식이나, 이의 대본은 서사문학(敍事文學) 작품으로, 이 사설이 소설로 정착된 것을 판소리계 소설이라 한다. 판소리계 소설은 대체로 전승 설화를 근간으로 하여 창자(唱者)들이 흥미로운 부분을 확장하고 부연하여 발전시킨 것이다. 이는 추가, 곧 "더늠"의 집적(集積)에 의해 이루어져 전체적 흥미나 구성의 긴박성보다 부분적인 흥미나 감동을 주는 데 중점이 놓여 있다.

판소리 사설은 운문(韻文)과 산문이 혼합되어 있으며, 문체와 수사가 매우 다채롭다. 점잖은 한문 투의 표현을 하는가 하면, 욕설과 속어에 의해 극도로 비속한 표현도 한다. 또한 판소리 문학은 중세의 윤리의식과 가치 질서를 대체로 희극적 조롱의 대상으로 삼는다. 평민의 경험에 기반을 둔 세속적 현실주의 삶을 추구한다. 그러나 19세기 초 이래 판소리가 양반계층을 주요 고객으로 하면서 이러한 주제는 다소 바뀌었다. 이들 주제는 이면적 주제가 되고, 표면적 주제는 다른 것을 내세우는 양면성을 지니게 된 것이다. "변강쇠전"은 이러한 양면성을 지니는 대표적인 작품이다.

"변강쇠전"은 유랑민의 참상을 이면적 주제로 하고, 무분별한 성의 추구를 표면적 주제로 한 것이다. 그리하여 "변강쇠전"이라면 흔히 음담패설의 전형이며, 변강쇠는 "천하잡놈", 옹녀는 "천하 음녀"라고 치부한다. 그러나 꼭 그런 것은 아니다. 변강쇠는 옹녀를 만난 뒤 이렇다 할 바람 한번 피운 적이 없으며, 옹녀는 역경 속에서 어떻게라도 악착같이 살아보려는 여인이었다. 그런가 하면 전편을 통해 성행위 한 장면도 사실적으로 묘사된 것이 없다. 완곡한 표현을 하거나 비유로써 간단히 처리하고 있을 뿐이다. 유랑민(流浪民)으로서는 주인공 남녀를 비롯하여 한량, 사당패, 각설이패 등이 등장한다. 다음에는 이런 "변강쇠전"의 해학과 골계를 감상해 보기로 한다.

해학과 골계의 표현

삼남에서 빌어먹던 "천하의 잡놈" 변강쇠와 청상살(靑孀煞)이 있어 무수한 남자를 죽게 해 평안도에서 쫓겨난 옹녀가 올라가고 내려오며 만나 인연을 맺는다. "변강쇠전"은 이 두 사람이 여러 가지 역경을 헤치고 지리산에서 정착하여 살려 하였으나, 변강쇠가 장승 동토(動土)로 죽고 마는 이야기를 그린 것이다. 이 작품에서는 특히 변강쇠의 시신과 얽힌 이야기가 희극적으로 그려져 웃음을 자아낸다.

우선 표면적 주제와 관련이 있는 것으로, 변강쇠와 옹녀가 개성의
청석관에서 만나 대사(大事)를 치를 때의 장면부터 보기로 한다. 여기서
는 물론 행례는 치러지지 않는다. 홀떡 벗고, "그 노릇"을 하기 전에 기
물(己物) 묘사를 썩 야단스럽게 한다. 이러한 표현은 바로 중세의 윤리
의식을 희극화한 것이며, 청중이나 관중을 즐겁게 해 주기 위한 것이라
하겠다. 이는 놀라운 상상력과 비유로써 유랑민의 현실적 욕구를 간접
적으로나마 충족시키고자 한 사설이라 할 것이다. 먼저 강쇠의 여성(女
性)에 대한 사설이다.

> "이상히도 생겼다. 맹랑히도 생겼다. 늙은 중의 입일는지 털은 있
> 고 이는 없다. 소나기를 맞았던지 언덕 깊게 파이었다. 콩밭 팥밭 지
> 났던지 돔부꽃이 비치었다. 도끼날을 맞았던지 금 바르게 터져 있다.
> 생수처(生水處) 옥답인지 물이 항상 괴어 있다. 무슨 말을 하려관대
> 옴질옴질하고 있노? 천리행룡(千里行龍) 나려오다 주먹바위 신통하
> 다. 만경창파 조갤는지 혀를 삐쭘 빼었으며, 임실(任實) 곶감 먹었던
> 지 곶감 씨가 장물(臟物)이요, 만첩산중 으름인지 제라 절로 벌어졌
> 다. 연계탕(軟鷄湯)을 먹었던지 닭의 벼슬 비치었다. 파명당(破明堂)을
> 하였던지 더운 김이 그저 난다. 제 무엇이 즐거워서 반쯤 웃어 두었
> 구나. 곶감 있고 으름 있고, 조개 있고 연계 있고, 제사상(祭祀床)은
> 걱정 없다."

이들은 한 대목 한 대목이 숨어서 보며 키득거릴 야한 골계이다. 이
에 응수하는 옹녀의 사설도 걸작이다.

> "이상히도 생겼네. 맹랑히도 생겼네. 전배사령(前陪使令) 서려는지
> 쌍 걸낭(囊)을 느직하게 달고, 오군문(五軍門) 군뢰(軍牢)던가 복덕이

(쏜)를 붉게 쓰고, 냇물 가에 물방안지 떨구덩떨구덩 *끄덕인다*. 송아
지 말뚝인지 털 고삐를 둘렀구나. 감기를 얻었던지 맑은 코는 무슨
일꼬? 성정도 혹독하다. 화 곧 나면 눈물 난다. 어린아이 병일는지
젖은 어찌 게웠으며, 제사에 쓴 숭어인지 꼬챙이 굵이 그저 있다. 뒷
절 큰 방 노승인지 민대가리 둥글린다. 소년 인사 다 배웠다. 꼬박꼬
박 절을 하네. 고추 찧던 절굿댄지 검붉기는 무슨 일꼬? 칠팔월 알밤
인지 두 쪽 한데 붙어 있다. 물방아 절굿대며, 쇠고삐 걸낭 등물 세
간 걱정 없네.”

이러한 기물에 관한 묘사나 서술은 “변강쇠전”에만 있는 것이 아니
다. 동양문고본 “춘향전”에도 있다. 다만 “춘향전”의 묘사는 “변강쇠전”
의 그것에 비하면 비교적 간략하게 되어 있다. 특히 춘향의 눈에 비친
것이 그러하다.

변강쇠는 지리산 장승을 패어 때고 동증(動症)이 나 죽었다. 죽을 때
의 그의 유언이 가관이다. 잡놈답지 않게 여인의 절행을 요구하고, 강
짜를 부린다.

“자네 정경 가긍하니 아무리 살자하되 내 병세 지독하여 기어이
죽을 테니 이 몸이 죽거들랑 염습하되, 입관하기 전에 자네가 손수
하고, 출상(出喪)할 제 상여 배행(陪行), 시묘(侍墓) 살아 조석상식(上
食) 삼년상을 지낸 후에 비단 수건 목을 졸라 저승으로 찾아오면 이
생(此生)에 미진한 연분 단현부속(斷絃復續) 되려니와, 내가 지금 죽
은 후에 사나이라 명색하고 십세 전 아이라도 자네 몸에 손대거나,
집 근처에 얼른 하면 즉각 급살 할 것이니 부디부디 그리하소.”

이러한 변강쇠이기에 그는 불끈 선 송장이 되었고, 치상(治喪)이 예사
롭지 않다. 여인은 치상해 주는 사람과 부부의 인연을 맺겠다고 했다. 그

래서 중, 초라니, 풍각쟁이 패가 달려들었으나 초상살(初喪煞)에 줄초상을
당하게 된다. 마침내 뎁드기가 기지를 써 눈을 부릅뜨고 서 있는 송장을
쓰러뜨리고, 운구하게 된다. 뎁드기와 각설이패 셋이 각각 송장 둘씩을
가로지기하여 치상을 하러 가는데 이때 또 희한한 사건이 벌어진다.

　　한참 지고 가니 무겁기도 하거니와 길가에 있는 언덕 쉴 자리 매
　　우 좋아, 네 놈이 함께 쉬어 짐 머리 서로 대어 일자로 부리고 어깨
　　를 빼려하니 그만 땅하고 송장하고 짐꾼하고 삼물조합(三物調合) 꽉
　　되어서 다시 변통 없구나. 네 놈이 할 수 없어 서로 보며 통곡한다.
　　"애고애고 어찌할꼬? 천개지벽(天開地闢)한 연후에 이런 변괴 또 있
　　을까? 한번을 앉은 후에 다시 일 수 없었으니 그림의 사람인가, 법당
　　의 부처인가? 애고애고 설운지고. 청하는 데 별로 없이 갈 데 많은
　　사람이라. 뎁드기 자네 신세 고향을 언제 가고, 각설이 우리 사정 대
　　목장을 어찌할꼬? 애고애고 설운지고. 여보시오, 저 여인네, 이게 다
　　뉘 탓이오? 죄는 내가 지었으니 벼락은 네 맞아라, 굿만 보고 앉았으
　　니 그런 인심 있겠는가? 주인 송장, 손님 송장, 여인 말은 들을 테니
　　빌기나 하여 보소."

시체를 지고 가다 잠시 쉬려는데 시체와 짐꾼이 땅에 붙는 변괴가 일
어난 것이다. 시체를 진채 땅에 붙어 기동을 하지 못하는 모습을 상상
해 보라. 얼마나 우스꽝스러운가? 그리하여 저들은 신세타령을 하며 여
인을 원망한다. 이러한 상황은 좀 더 희극적 장면으로 발전한다. 참외밭
머리에 웬 사람들이 주루라니 앉아 있으니 밭 임자 움 생원이 "네 저것
들 웬 놈인다?"하고 악을 쓴다. 담배장수라 하니까 수작이 오고 간다.

　　"그 담배 맛좋으냐?" "십상 좋은 상관초(上關草)요" "한 대 떼어 맛

좀 볼까?” “와서 떼어 잡수시오.”

마음 곧은 움 생원이 담배 욕심 잔뜩 나서 달려들어 손 쑥 넣으니 독한 내가 코 쑤시고 손이 딱 붙는구나.

움 생원이 호령하여, “이놈, 이게 웬 일인고?” 뎁득이 경판(京板)으로 물어, “왜 어찌 하시셨소?” “괘씸한 놈 버릇이라, 점잖은 양반 손을 어찌 쥐고 아니 놓노?” 뎁득이와 각설이가 손뼉 치며 대소하여, “누가 손을 붙들었소?” “이것이 무엇이냐?” “바로 하제, 송장 짐이오.” “너 이놈, 송장 짐을 외밭머리 놓았느냐?” “새벽길 가는 사람 외밭인지 콩밭인지 아는 제어미할 놈 있소?”

움 생원이 달래어 “그렇든지 저렇든지 손이나 떼어 다고” 네 놈이 각 문자로 대답하여, “아궁불열(我躬不閱)이오.” “오비(吾鼻)도 삼척 (三尺)이오.” “동병상련이오.” “아가사창(我歌査唱)이오.” 움 생원이 문자 속은 익어 “너희도 붙었느냐?” “아는 말이오.” “할 장사가 푹 쌓였는데 송장 장사 어이 하며, 송장이 어디 있어 저리 많이 받아 지고 어느 장엘 가려 하며, 송장 중에 붙는 송장 생전 처음 보았으니, 내력이나 조금 알게 자상히 말하여라.”

움 생원이 담배에 욕심이 나서 송장 짐에 손을 넣었다가 손이 송장짐에 붙었다. 이 어처구니없는 사실에 뎁득이와 각설이패는 웃음으로 동정한다. 왜 남의 외밭머리에 송장 짐을 놓았느냐는 책망에 누가 그걸 알았느냐는 대답이나, 손을 떼어 달라는 움 생원의 청에 응수하는 문자도 해학적이다.

움 생원의 의사로 소일도 할 겸, 붙은 몸을 뗄 방도도 찾을 겸 하여 보이는 대로 사람들을 후려 들였다. 이때 여러 사당패도 걸려들었고, 좌수 일행도 걸려들었다. 사당패들은 담배를 준다는 말에 혹해 달려들었다. 사설에 의하면 이들은 담배라면 밥보다 좋아한다고 되어 있다. 이들은 각각 재주를 한 가지씩 보여 주고 앉았다가 몸이 땅바닥에 붙어버렸다. 이때의 난장판이 또 희극적이다.

옆에 있던 사당들이 깜짝 놀라 일어서니 모두 다 붙었구나. 요망한 이것들이 각색으로 재변 떨 제, 애고 애고 우는 년, 먼산 보고 기막힌 년, 움 생원 바라보며 더럭더럭 욕하는 년, 제 화에 제 머리를 으득으득 뜯는 년, 살풍경이 일어나니 좌수는 어이없어 아무 말도 못하고 굿보는 사람 나서 우두커니 앉았다가 "여보소 저 짐이 모두 송장인가?" 움 생원 변구(辯口)하여 "하나씩이면 좋게." "둘씩이란 말인가?" "방사(倣似)한 말이로세." "어느 고을 시절이 송장 풍년 그리 들어 몰똑하게 지고 왔소?"

이들의 신분이 사당패이고 보니 그 행동이 경망스러운가 하면, 각자 개성대로 반응을 보이는 것이 또한 우스꽝스러워 더욱 사람들로 하여금 웃음을 자아내게 한다.

맺으며

19세기 이후 우리나라는 세도정치에 의해 삼정(三政)이 문란해졌고, 농민들은 영세소작농으로의 몰락하는가 하면 살기 위해 많은 사람이 고향을 등지고 떠돌게 되었다. 간도나 연해주로 이민가는 유민(流民)이 생겨난 것도 이때이다. 변강쇠나 옹녀도 이런 유민(流民)이라 하겠거니와, 사당패, 각설이패 등은 이런 유랑인(流浪人)의 대표적 인물들이다. "변강쇠전"은 이런 군상들의 삶을 통하여 헐벗고 굶주린 사람의 생활을 고발한 것이다. 그리고 "변강쇠전"은 이런 비극을 관중과 청중이 즐거움을 느끼도록 희극적으로 포장한 것이다.

(우리길벗, 2006년 6월호)

현실세계를 풍자한 연암의 단편소설들

글머리에

　연암(燕岩) 박지원(朴趾源 : 1737-1805)은 잘 알려진 실학파의 거장이다. 그는 유학의 본질 속에서 개혁의 이론적 근거를 찾고자 하였다. 이러한 생각을 집약적으로 나타낸 것이 이용후생(利用厚生)이다. 그는 현실 문제를 개혁하지 않고는 미래에 대한 전망이 없다고 강조하였다. 이러한 그의 생각은 문학 작품에도 잘 반영되어 있다. 그는 호질(虎叱), 양반전(兩班傳), 허생전(許生傳) 등의 대표작 외에, 광문자전, 김신선전, 마장전, 열녀함양박씨전, 예덕선생전, 우상전 등의 한문 단편을 연암집(燕岩集)에 남기고 있다. 이들은 대체로 사실적 표현에 풍자적인 내용을 담은 것이다. 특히 시대적인 허상과 폐해를 지적하고 풍자하였다. 다음에 이들 작품의 풍자와 표현의 멋을 보기로 한다.

현실 풍자와 개혁에 대한 소망

> "아버지는 젊어서부터 세상의 교우가 오로지 권세와 이익만을 보고
> 붙었다 떨어졌다 하는 정태가 가관이어서 일찍이 아홉 편의 전(傳)을
> 지어 기롱(譏弄)하였고, 왕왕 해학과 웃음(諧笑)으로 나타내었다."

이는 "과정록(過庭錄)"에 보이는 연암의 아들 말이다. 연암은 이렇게
현실을 풍자하기 위해 전(傳)을 썼다. 따라서 연암의 단편은 그 가운데
어느 부분이 풍자적 표현이라기보다 작품 전체가 온통 하나의 풍자로
이루어져 있다. 풍자가 부분적인 표현 기교가 아니라, 발상 자체다. "호
질", "양반전", "허생전"은 이러한 연암의 대표적인 풍자소설이다.

"호질"은 선비의 위선적인 행실을 폭로 풍자한 작품이다. 북곽선생
은 많은 저술을 하였고, 천자가 그의 의(義)를 아름답게 여기고, 제후가
그의 이름을 사모하는 도학자였다. 그런데 이 도학자가 "과부의 문엔
함부로 들지 않는다"(禮記)는 과부 집을 밤에 찾았다. 찾아간 여인 동리
자는 청춘과부로 그의 절조(節操)를 갸륵히 여겨 사방 몇 리의 땅을 "동
리과부지려(東里寡婦之閭)"로 봉해 받은 여인이다. 그런데 놀랍게도 이 여
인에게는 성이 다른 다섯 아들이 있다. 기막힌 아이러니다. 이런 두 남
녀가 밀회를 한다. 그래서 다섯 아들은 이 사실이 믿어지지 않는다. 북
곽선생은 사람 아닌 여우일 거라며 에워싸고 방으로 뛰어들어 그를 들
이쳤다. 이에 북곽은 도망치다가 벌판 똥구덩이에 빠진다. 겨우 기어
나오니 앞에 범이 길을 가로막는다. 북곽은 머리를 조아리고 나와 절하
고, 갖은 말로 범의 덕을 칭찬하며 아첨한다. 그러자 범은 "유(儒)"는
"유(諛)"라더니 맞는 말이라며, 자기들 범만큼도 인의(仁義)를 갖추지 못
했다고 선비(儒者)를 질타한다. 그 예를 조금 보면 다음과 같다.

"또 선악으로써 따진다면 뻔뻔스레 벌·개미의 집을 노략하고 긁어가는 놈이야 말로 천하의 큰 도(盜)가 아니겠으며, 함부로 메뚜기·누에의 살림을 빼앗고 훔쳐가는 놈이야말로 인의의 큰 적(賊)이 아니겠는가? 그리고 범은 아직 표범을 먹지 않음은 실로 차마 제 겨레를 해칠 수 없는 까닭이다. 그런데 범이 노루나 사슴 먹는 것을 헤아려도 사람이 노루와 사슴을 먹는 이만큼 많지 않을 것이며, 범이 마소 먹는 것을 헤아려도 사람이 마소 먹는 이만큼 많지 않을 것이며, 범이 사람을 먹는 것을 헤아려도 사람이 저희끼리 서로 잡아먹는 이만큼 많지 않을 것이다."

고개를 숙이고 나무람을 듣고 있던 북곽선생은 절하고 사죄한 뒤 숨을 죽이고 다음 분부를 기다렸다. 그러나 기척이 없다. 그래서 머리를 조아리며 쳐다보니 호랑이는 이미 어디론지 가버리고 없었다. 이때 농부가 "어인 일로 일찍이 벌판에서 절을 하고 계십니까?" 한다. 그러자 북곽선생은 천연스레 "내 일찍 들으니 하늘이 비록 높다 하되 머리를 어찌 안 굽히며, 땅이 비록 두껍다 하되 얕 디디지 않을쏘냐?"라 하더라 한다. 마지막까지 낯 두꺼운 위선(僞善)을 한 것이다. 이렇게 "호질"은 해학적 장면과 함께 선비의 위선을 풍자적으로 고발함으로 이를 개혁하고자 한 작품이다.

이 작품은 연암에 의하면 옥전현(玉田縣)의 한 점포에서 베낀 것으로 되어 있다. 그러나 그것은 사실이 아니고, 국내의 많은 위학자(僞學者)의 노여움을 살까보아 일명(佚名)의 작품이라 한 것으로 본다. 이는 그만큼 풍자성이 강함을 의미한다.

이에 대해 "양반전"은 몰락한 양반과 신흥 부자를 대조시켜 양반의 허상을 풍자한 것이다. 글 읽기를 좋아하는 정선의 양반이 천 섬의 환자를 갚지 못해 옥에 갇히게 되었다. 그 꼴을 본 아내는 "양반을 외더니 양반이란 한 푼어치 값어치도 없다"고 나무란다. 그러나 이웃의 부자는 양반이 가난해도 존영(尊榮)하고, 자기는 부자라도 비천하다며 양반을 부러워한다. 그래서 그는 환자를 갚아 주고 양반을 샀다. 이를 안 군수가 증서가 없으면 송사의 근원이 된다고 증서를 마련한다. 그런데 이때 열거하는 양반의 행실이란 게 맹랑하다. 그 일부를 보면 다음과 같다.

> "병이 들어도 무당을 부르지 말 것이며, 제사에는 중을 청해 재를 올리지 말 것이며, 추워도 화롯불을 쬐지 말 것이며, 말할 때는 침이 튀지 않게 할 것이며, 소를 잡지 말 것이며, 돈치기를 하지 말 것이다."

부자는 양반이 겨우 이런 것뿐이냐, 자기가 듣기엔 "양반 하면 신선이나 다름없다"고 하던데 이뿐이라면 억울하니 증서를 고쳐 써 달라고 한다. 그래서 다시 작성하는데 문과(文科)의 홍패(紅牌)가 "돈 자루나 다름없다"고 하는가 하면 다음과 같은 내용을 적어나간다.

> "궁한 선비의 몸으로 시골 살이를 하더라도 오히려 무단(武斷)을 할 수 있다. 이웃집 소를 몰아다가 내 밭을 먼저 갈고 동네 백성을 잡아다가 내 김을 먼저 매게 하되 누가 감히 나를 괄시하랴? 상대방의 코에 잿물을 따르고, 상투를 범벅이며, 수염을 뽑더라도 감히 원망하지 못하리라."

이를 본 부자는 어이가 없었다. 그리고 혀를 차며, "됐수 됐수. 참으로 맹랑합니다. 장차 나를 도둑으로 만들 참이오?"라 한다. 그리고는 달아나 그 뒤 그 부자는 한평생 "양반" 소리를 입에 내지 않았다고 한다.

이는 소위 양반이 계승하는 추태를 폭로하고, 심한 겉치레와 구속,

월권을 일삼는 양반의 행태를 고발하며 풍자함으로 이의 개선을 기도한 것이다.

"허생전"은 상행위를 통하여 부국이민(富國利民) 할 수 있음을 드러내는가 하면, 강력한 개혁의지를 표명한 작품이다. 허생은 가난에 못 이기어 장안의 부호 변 씨(卞氏)에게 만 냥을 빌려 매점매석(買占賣惜)을 함으로 거금을 벌어 일본의 장기(長崎) 근처의 섬에 이상향을 세우는가 하면 불우한 백성을 구제하는 등 좋은 일을 하고, 서울로 돌아와 원금에 이자를 보태어 10만 냥을 갚는다. 그 뒤 변 씨는 허생과 사귀게 되었고, 허생이 재주를 썩히는 것을 안타까워했다. 그러다가 어진이를 구한다는 정승 이완(李浣)을 허생에게 소개한다. 허생은 세 가지 계책에 대해 물었다. 와룡(臥龍) 선생을 천거할 테니 임금으로 하여금 삼고초려(三顧草廬)를 하게 할 수 있겠는가, 조선에 피난 와 있는 명장(明將)들의 자손에게 종실의 딸들을 시집보내고 살림을 차려 줄 수 있겠는가, 머리를 깎고 호복(胡服)을 입혀 청나라에 유학을 보내고, 장사하러 보내 저들의 허실을 탐색하여 천하를 도모하고 국치(國恥)를 씻게 할 수 있겠는가 하였다. 이 정승은 이들을 모두 어렵다고 했다. 그러자 허생은 사대부를 타매하고, 이 정승을 베어버리겠다고 칼을 찾았다. 놀란 이 정승은 창문을 뛰어넘어 도망쳤다. 이렇게 연암은 이 작품에서 현실세계에 바탕을 두고 유명무실한 북벌책(北伐策)을 풍자하고 공격하였다. 이 정승을 질타하는 허생의 말에 민중들은 통쾌감을 느꼈을 것이다. 허생의 질책은 다음과 같다.

"이놈, 소위 '사대부'란 어떤 것들이냐? 이맥(彝貊)의 땅에 태어나서 제멋대로 '사대부'라고 뽐내니 어찌 앙큼하지 아니하냐? 바지저고리를 희게만 하니 이는 실로 喪服이오, 머리를 송곳처럼 트는 것

은 남만의 방망이상투다(椎髻). 어찌 예법이라 하랴? 옛날 번어기(樊
於期)는 사사로운 원한을 갚기 위하여 머리를 아끼지 않았으며, 무령
왕(武靈王)은 나라를 강하게 하기 위하여 호복을 부끄러워하지 않았
다. 그런데 이제 대명(大明)의 복수를 한다며 오히려 상투를 아끼며,
또 장차 말달리기, 칼로 치기, 창으로 찌르기, 활쏘기, 팔매던지기를
하여야 함에도 넓은 소매를 고치지 않고 '예법'이라 하느냐? 내가 처
음으로 세 가지를 말했으되 너는 그중 한 가지도 하지 못하면서, 스
스로 '신임 받는 신하(信臣)'라 하니, 소위 '신임 받는 신하'가 겨우
이렇단 말이냐? 이런 놈은 베어버리는 것이 좋겠다."

맺으며

연암은 흔히 최고의 풍자 작가라 한다. 그는 우선 현실세계를 똑바
로 파악하여 시대의 허상과 폐해 및 위선적 인간상을 날카롭게 풍자하
였다. 그의 소설의 대부분은 사대부의 허위와 위선을 풍자하는 것이다.
앞에서 살펴본 "호질"에서의 곡학아세(曲學阿世)하는 선비, "양반전"에서
의 헛된 명분과 특권의식에 사로잡힌 양반, "허생전"에서의 정치적 허
위성과 가식적 태도를 지닌 사대부가 그것이다.

18세기의 세태는 겉으로 도를 떠받드나 실상은 명예, 이익, 권세만을
쫓았다. 이런 위선적 세태와 양반계층에 대한 분노가 연암으로 하여금
신랄한 풍자를 하게 하였다. 부패한 사회를 개혁하고자 했고, 곡학아세
하는 사대부의 위선을 벗기고자 하였다. 그리고 진취적인 인간상을 제
시하였다. 연암을 읽는 기쁨은 이러한 진면목의 발견에 있다 할 것이다.

(우리길벗, 2006년 7월호)

애정과 이별의 한을 토로하는 고려속요

글머리에

고려시대에 창작된 가요를 고려가요라 한다. 고려가요는 크게 둘로 나뉜다. 그 하나는 한림별곡과 같은 경기체가(景幾體歌)라 부르는 귀족문학이고, 다른 하나는 만전춘, 쌍화점과 같은 속요(俗謠)라 이르는 평민문학이다.

고려속요는 한문에 의존한 관념적 언어유희에 빠진 귀족문학과는 달리 허식이나 과장을 하지 않고, 서민들의 애환을 솔직히 표현하고 있는 작품이다. 따라서 이들 작품은 생명력을 지녀 문자가 없던 시대에는 민요(民謠)처럼 구전되어 오다가 조선조에 와 문자로 정착되어 오늘에 이르게 되었다. 이는 그만큼 우리 민족의 사랑을 받고 있음을 의미한다.

문학은 현실을 반영한다. 따라서 고려속요는 고려의 시대상을 반영한다. 그리하여 고려속요는 가요의 내용이나 주제가 한과 애정을 토로한 것이 많다.

고려는 중기 이후 내우외환(內憂外患)이 끊이지 아니하였다. 밖으로 거란, 여진, 몽고의 침략이 끊이지 아니하였고, 안으로 무신정변(武臣政變)

과 내란이 일어 민생을 도탄에 빠뜨렸다. 거기에다 후기의 임금들은 민생에는 관심이 없고, 방탕한 생활을 일삼았는가 하면, 탐관오리는 가렴주구를 일삼았다. 이로 말미암아 민중은 유리걸식(遊離乞食)하게 되었고, 삶의 허무를 느끼고 체념하는가 하면, 일시적인 성적 쾌락에 탐닉하게 되었다. 이로 인해 고려속요는 사랑과 이별의 한, 그것도 남녀상열(男女相悅)을 주제로 한 많은 작품을 생산해 내었다. 청산별곡, 정읍사, 정과정곡, 서경별곡, 가시리와 같은 작품은 한을 읊은 것이고, 만전춘별사, 쌍화점 등은 남녀상열을 주제로 한 작품이다. 여기서는 이러한 작품 가운데 한(恨)의 대표적 작품으로 청산별곡을, 상열(相悅)의 대표적 작품으로 쌍화점을 보기로 한다.

삭일 길 없는 한의 노래 - 청산별곡

'청산별곡'은 8연으로 된 작품으로, 전반은 청산에, 후반은 바다에 가 살겠다는 내용을 읊은 것이다. 이 노래는 작자와 연대를 알 수 없을 뿐 아니라, 제작 배경도 분명치 않다. 그리하여 이설(異說)이 있으나, 고려시대의 사회상을 가장 잘 반영하는 작품으로 보고 있다. 따라서 이는 일종의 현실을 고발한 풍자문학이라 할 수 있다. 먼저 '청산'에 가 살겠다는 가사부터 보기로 한다.

　살어리 살어리랏다/ 靑山에 살어리랏다/ 머루랑 다래랑 먹고/ 靑山에 살어리랏다/ 얄리얄리 얄랑셩 얄라리 얄라.
　우러라 우러라 새여/ 자고 니러 우러라 새여/ 널라와 시름 한 나도/ 자고 니러 우니노라/ 얄리얄리 얄랑셩 얄라리 얄라.

거던 새 가던 새 본다/ 물 아래 가던 새 본다/잉무든 장길랑 가지
고/ 물 아래 가던 새 본다/ 얄리얄리 얄랑셩 얄라리 얄라.
　이리고 저리고 하여/ 낮으란 지내왔손져/ 올 이도 갈 이도 없는/
밤으란 또 엇디 호리라/ 얄리얄리 얄랑셩 얄라리 얄라.

　이 노래는 내용에 앞서 우선 운율적 가락이 독자의 감성(感性)을 사로
잡는다. 고려속요는 형태상의 일정한 특징을 지니는데, 그것은 일정한
음수율(音數律)을 지니고 있으며, 분절성(分節性)을 정형으로 하고, 행과
행 사이에 후렴을 삽입함으로 한층 흥을 돋운다는 것이다. 특히 의성의
후렴이 해학성을 지닌다. '청산별곡'에도 이러한 특징이 그대로 반영되
어 있다. 이 노래는 3 · 3 · 2조를 기조로 한 음수율로 되어 있고, 병렬
의 율격을 드러내는가 하면 의성어 '얄리얄리 얄랑셩 얄라리 얄라'란
후렴구의 반복이 운율미와 함께 흥취를 자아낸다.

　'청산별곡'은 몽고, 곧 원(元)의 고려 침입으로 산성(山城)과 해도(海島)
로 피난을 간 주인공의 애환(哀歡)이 주제가 되는 것으로 본다. 몽고는
고종 18년(1231) 제1차 침입을 시작으로, 28년에 걸쳐 6차의 침입을 해
왔다. 이때 고려인이 무수한 인명과 재산의 피해를 보게 되었음은 말할
것도 없다. '청산별곡'의 사회적 배경은 이 원나라의 제2차 침입과 관
련이 있는 것으로 보인다. 고려의 무신정권(武臣政權)은 "백성을 산성과
바다의 섬으로 이사(徙民山城海島)"를 시켰기 때문이다. '청산에 살어리랏
다'의 '청산(靑山)'은 이 피난처 산성을 가리키는 것으로 보인다. 피난길
은 고난의 길이었다, 고려사에는 다음과 같은 기록도 보인다.

　이때에 장마비가 열흘이나 계속되어 진흙에 정강이까지 빠져 인
마(人馬)가 엎어져 넘어졌으며, 달관(達官) 및 양가 부녀자들도 발을

벗고, 이고지고 하기에 이르렀으며, 환과고독(鰥寡孤獨)은 갈 바를 잃고 호곡하는 자가 이루 헤아릴 수 없었다.

이러한 사회상을 밝힘으로써 '청산별곡'의 제1, 제2연의 의미가 자연스럽게 드러난다.

살으리 살으리/ 청산에 살으리/ 산과(山果) 머루랑 다래나 따먹으며/ 청산에 살으리.
울어라 울어라 새여/ 자고 일어나서는 울어라 새여/ 너보다 이 청산에 피난 와 시름이 많은 나도/ 자고 일어나서는 울고 있노라.

열거, 반복, 비교 등의 수사를 사용하여 동병상련(同病相憐)으로 같이 울자고 한 것이다. 청산의 생활은 고난의 생활일 수밖에 없다. 좁은 산성에 많은 사람이 몰려드니 우선 물과 식량이 부족하다. 농사지을 땅도 넉넉지 못하다. 그렇다고 산성 밖의 출입도 자유로운 것이 못 된다. 원구(元寇)의 침탈이 우려되기 때문이다. 제3, 제4연은 이런 역사적인 배경을 깔 때 가사가 비교적 자연스럽게 이해된다.

날아가던 새를 보았느냐?/ 날아가던 새를 보았느냐?/어쩌면 떠나온 고향이 있는, 저 하류로 날아가던 새를 보았느냐?
이렇게 저렇게 하여/ 낮은 지내왔으나/ 찾아올 사람도 찾아갈 사람도 없는/ 이 외롭고 한스러운 밤은 또 어떻게 할 것인가?

이렇게 전란 중의 작자는 청산에서 만족스러운 생활을 하지 못하고, 고독과 비애의 생활을 하였다. 그래서 그는 산 아닌 바다에 가 살아볼까 한다. 아니 이것도 자의가 아닌 강요일 수 있다. 강화도로 천도한 고려 정부가 '해도(海島)'로 피난을 가라고 하기 때문이다. 원 나라 군사가 물에 약하다는 이유에서다.

> 어디라 던지던 돌인고?/ 누구라 맞치던 돌인고?/ 밀이도 괼 이도 없이/ 맞아서 우니노라/ 얄리얄리 얄랑셩 얄라리 얄라.
> 살어리 살어리랏다/ 바랄에 살어리랏다/ 나마자기 구조개랑 먹고/ 바랄에 살어리랏다/ 얄리얄리 얄랑셩 얄라리 얄라.
> 가다가 가다가 들오라/ 에졍지 가다가 들오라/ 사슴이 짐대에 올라서/ 奚琴을 켜거늘 들오라/ 얄리얄리 얄랑셩 얄라리 얄라.
> 가다니 배부른 독의/ 설진 강술을 빚오라/ 조롱꽃 누룩이 매와/ 잡사오니 내 어찌 하리잇고?/ 얄리얄리 얄랑셩 얄라리 얄라.

제5연과 제6연은 흔히 앞뒤가 바뀐 것으로 본다. 제1연과 짝이 맞지 않기 때문이다. 제5연은 보편적 가치의 체계가 무너져 개인의 노력과 의지만으로는 행복을 추구하기 어려운 현실을 고발한 것이다. 원 나라 군사를 위하여 자기의 뜻과는 달리 끌려 가는 고려의 여인, 탐관오리의 가렴주구의 대상이 된 민중은 불운의 희생을 당한 사람들이다. 이들이 노랫말 가운데 애증관계도 없이 돌에 맞아 우는 사람이다. 제6연은 제1연과 대조를 이루는 것으로, 바다에 가서 해초(海草)와 굴과 조개를 채취해 먹고 살겠다는 것이다. 따라서 제5, 제6연은 이런 노래가 된다.

> 살으리 살으리/ 바다에 가 살으리/ 해초와 굴조개를 먹으며 바다에 살으리.
> 어디를 향해 던지던 돌인고?/ 누그를 맞히던 돌인고?/ 미워할 사람도 사랑할 사람도 없는 몸이/ 애매하게 불의의 피해를 보고 울고 있노라.

제7연은 해독에 문제가 있는 것이다. '에정지'의 뜻이 분명치 않고, '사슴이 짐대에 올라서 해금(奚琴)을 켜거늘 들오라'의 해석에 이설이 있을 수 있기 때문이다. '에정지'는 그렇다 하고, '사슴이…' 이하는 고려 속요의 특성의 하나인 줘서법(直敍法)에 따라 액면 그대로 수용하는 것이 바람직할 것으로 보인다. 사슴의 탈을 쓴 광대가 장대(長竿)에 올라가 해금 켜는 것을 듣는다는 것이다. 제8연은 해도(海島)로 가는 도중 독한 술의 유혹을 받아 술을 마시게 됨을 의미한다. 이는 섬으로 들어가도 행복해질 수 없으리라고 잘 아는 작자가 술을 마심으로 모든 한과 고뇌를 잊고자 하는 것이다. 나라는 계속된 몽고의 침입으로 폐허가 되었으나 회복의 기미가 보이지 않고, 자신의 참담한 신세도 벗어날 길이 묘연하여 술을 마심으로 체념하며 한을 달래는 것이다. 따라서 제7, 제8연은 이런 노래가 된다.

　　가다가 가다가 듣는다/ 에정지 가다가 듣는다/ 이 난중에도 재인 (才人)의 놀이는 있어 광대가 사슴의 탈을 쓰고 장대에 올라가/ 해금을 켜는 것을 듣는다.
　　바다로 가다 보니 배부른 술독에/ 진하고 독한 술을 빚는구나/ 조롱박 꽃 모양의 누룩으로 빚은 독한 술이/ 나를 유혹하니 어찌 이를 뿌리치리오? 한껏 마시고 취해 번뇌를 잊을 수밖에.

이렇게 '청산별곡'은 몽고의 침입 이후 사회는 극단적으로 황폐해지고, 민중은 유리걸식하며 산으로 바다로 피난길을 떠돌 때의 애환을 그린 것이다. '청산별곡'은 이런 상황 속에 지어지고, 민요처럼 대중들의 입에 오르내리는 동안에 다듬어진 것이다. 그래서 여기에는 개인의 감정이라기보다 시대의, 민중의 정서가 읊어져 있는 것으로 보인다. 그것

도 엄청난 수난의 배경을 깔고 담담한 서정시처럼 읊어져 있다. 이는
적극적인 항거의 몸짓이 아니라, 한을 새기며 체념하는 우리 민중의 정
서가 가슴 속에 응어리져 있기 때문이다.

(우리길벗, 2006년 8월호)

육체적 사랑에의 탐닉-쌍화점

"쌍화점(雙花店)"은 "만전춘(滿殿春)"과 함께 고려속요의 대명사인 "남
녀상열지사(男女相悅之詞)"의 대표적인 작품이다. 이 작품의 작자에 대해
서는 여러 가지 설이 있으나, 대체로 충렬왕(忠烈王)의 성색(聲色)에 맞추
기 위해 행신 오잠(吳潛) 등이 속요를 손질했을 것이라는 데 무게를 두
고 있다.

노래의 주제는 여인의 사랑, 그것도 불륜이라 할 수 있다. 이 노래에
는 장소와 대상이 바뀐 네 차례의 성애(性愛)가 펼쳐진다. 쌍화점의 회
회(回回)아비, 삼장사의 사주(社主), 드레우물의 용, 술집의 지아비가 그것
이다. 물론 이는 작품 속의 화자(話者) 입장에서 보면 타의(他意)에 의한
불륜이다. 그러나 작중 화자인 여인은 조금도 항거하거나 거부하는 기
색을 보이지 않는다. 이러한 애정 편향의 속가(俗歌)가 지어진 데는 왕
과 상류계층이 퇴폐적이고 문란한 생활을 일삼은 것과 당시 사회가 혼
란스러워 고난에 허덕이던 서민이 순간적 향락, 성애(性愛)를 추구한 데
이유가 있을 것으로 보인다. 이런 면에서 쌍화점도 퇴폐적인 사회를 고
발하는 풍자문학이라 할 수 있을 것이다.

작품의 구조는 4연으로 되어 각 연은 같은 표현 형식을 취하고 있다.

애정 행각의 장소와 대상만을 바꾸어 놓은 것이다. 표현 기교는 우선 4·4조를 기본 율조(律調)로 하고, 각 연마다 반복법을 쓰고 있으며, 많은 여음(餘音)과 후렴을 활용하고 있다는 것이 특징이다. 여음은 악기 소리의 의음(擬音)으로 보이며, 이는 각 연에 반복 사용되어 듣는 이에게 운율미와 흥겨움을 느끼게 한다.

그러면 작품을 구체적으로 보되 우선 그 첫 연을 보기로 한다.

쌍화점(雙花店)에 쌍화(雙花) 사라 가고신댄
회회(回回)아비 내 손목을 쥐여이다.
이 말씀이 이 점(店) 밖에 나명들명
다로러거디러 조그맛간 새끼 광대 네 말이라 호리라
더러둥셩 다리러디러 다리러디러 다로러거디러 다로러
그 자리에 나도 자라 가리라
위 위 다로러거디러 다로러
그 잔 데같이 덦거친 이 업다.

작중 화자는 만두인 쌍화(雙花)를 사러 쌍화점에 갔다가 회회인(回回人)에게 이끌려 잠자리로 간다. 이 여인은 상류계층 아닌, 만두나 술을 사러 가고, 물을 긷는 서민 내지 하류계층의 여인일 것이다. 회회인은 원(元)나라가 한족(漢族)에 대한 억압정책을 쓰며 우대를 하던 민족으로, 고려에서도 부와 권력을 누리는 사람들이 있었다. 이런 상황이기에 만두를 사러 간 하층의 여인은 비록 회회아비가 상인이긴 하나 그에게 손목을 맡긴 것이다. 전혀 반항이나 거부의 자세를 보이지 않았다. 물론 이 여인에게도 양심은 있어 이런 사실이 세상에 알려지는 것을 꺼렸다. 그래서 새끼 광대(廣大)에게 입을 다물도록 경계하는 것을 잊지 않았다. 그러나 소문은 퍼지게 마련… 이런 사실을 전해들은 제3의 여인은 그 잠

자리를 부러워한다. 그리고 작중 화자는 잠자리를 되돌아보고 죄책감
보다 그 자리가 어지러움을 깨닫는다. 이러한 정사(情事)는 고려 여인들
이 성적으로 개방돼서라기보다 당시의 시련에서 벗어나기 위한 몸부림
이었을 것으로 해석된다. 따라서 이는 회회인이란 외국인을 통해 성적
으로 타락한 사회상을 풍자한 노래라 할 것이다. 그러나 풍자와 함께
여인의 부도덕한 행위에 대한 불감증, 자유분방한 애정생활에 대한 추
구도 간과해서는 안 될 것이다. 이런 사회문화적 바탕에서 볼 때 첫째
연은 이런 노래가 된다.

> 쌍화점에 만두를 사러 갔더니/ 신분이 다른 회회인이 내 손목을
> 잡아 잠자리로 갔다./
> 이런 소문이 이 가게 밖으로 새어 나가면/
> 그것은 새끼 광대의 말이 분명하니 그에게 입을 다물라고 경계한다./
> 그러나 소문은 퍼져 이를 안 제3의 여인도 그 자리에 자러 가길
> 원한다./
> 자고 난 잠자리를 돌아보니 지저분하기 이를 데 없다.

둘째 연은 절에 불공(佛供)을 드리러 가서 그 절의 사주(社主)와 잠자
리를 같이 하는 것이다. 여음과 "그 자리에 나도 자러 가리라" 이하의
후렴을 뺀 본문을 보면 다음과 같다.

> 삼장사(三藏寺)에 불을 켜러 가고신댄
> 그 절 사주(社主)가 내 손목을 쥐여이다.
> 이 말씀이 이 절 밖에 나명들명
> 조그맛간 새끼 상좌(上座) 네 말이라 호리라.

이는 불교, 그 가운데도 승려들의 부패상을 고발한 것이다. 고려는

불교를 국교(國敎)로 하여 국가의 안녕을 도모하고, 대중의 정신적 지주
가 되게 하였다. 따라서 승려는 사회적으로 우대를 받고, 사찰은 부를
누리게 되며 일락(逸樂)과 퇴폐로 빠져들었다. 고려사에 보이는 다음과
같은 기록은 승려들의 타락상이 어떠했는지 충분히 추측하게 한다.

　　선근(禪近)은 내원당의 중으로 평소 왕의 총애를 받았다. 그는 벼
　　슬아치의 아내와 정을 통했다…. 이때 중들은 제 마음대로 음탕한
　　짓을 하였다. 자은종(慈恩宗)의 영욱(英旭)이 환관 김불화(金不花)의
　　아내와 간통하여 대관이 구속하고 처벌하려 하였다. 영욱이 말하기
　　를 만약 나를 죄 주려 하면 모름지기 종문(宗門)을 닫아야 할 것이다.
　　지금 종문의 중으로서 누가 나와 같지 않은가?

　제2연은 이러한 사회적 상황을 반영한 것이다. 삼장사는 개성에 있
었던 절로 삼장사(三藏社)라고도 해 사주(社主)는 주지(住持)를 의미한다.
상좌(上座)는 불도를 닦는 행자(行者), 곧 "상좌(上佐)"를 가리킨다. 따라서
제2연은 삼장사에 불공을 드리러 갔다가 그 절 주지와 잠자리를 같이
하고, 소문이 퍼지는 것을 막기 위해 상좌를 경계한 노래다.
　제3연은 우물에 물을 길러 갔다가 우물의 용과 잠자리를 같이 한 것
을 노래한 것이다. 이 노래는 다음과 같다.

　　드레우물에 물을 길러 가고신댄
　　우물의 龍이 내 손목을 쥐여이다.
　　이 말씀이 이 우물 밖에 나명들명
　　조그맛간 드레박아 네 말이라 하리라.

　이 노래의 용(龍)은 여러 가지로 해석된다. 곧 용이 무엇을 비유하느

냐에 따라 왕에서 낯모르는 남자에 이르기까지 해석이 다양하다. 그러나 그렇게 어렵게 생각할 일이 아니다. 그 주체는 하층의 여인이 물을 길러 가는 우물 주변에 있는 인물이라 볼 수 있다. 우물지기, 곧 우물 관리인을 비유하였을 가능성이 크다. 우물지기가 손목을 잡은 것이다. 비유 아닌, 직설적 표현으로 본다면 우물의 지킴인 용이다. 용정(龍井)을 비롯하여 용소(龍沼), 용추(龍湫)의 용이 그것이다. 그렇게 보면 이는 수간(獸姦)을 한 것이 된다. 동해 용왕에게 붙들려 간 신라의 수로부인(水路夫人)의 고사를 떠올리게 하는 사건이다. 이는 용이 상상의 동물임으로 해서 현실이 아닌 상상상의 사건으로 해석할 수도 있다.

제4연은 주막(酒幕)의 주인과 잠자리를 같이한 것을 노래한 것이다. 제4연의 가사는 다음과 같다.

> 술 팔 집에 술을 사러 가고신댄
> 그 지아비 내 손목을 쥐여이다.
> 이 말씀이 이 집 밖에 나명들명
> 조그맛간 싀구박아 네 말이라 호리라.

술은 인류의 역사와 함께 빚어지기 시작하였을 것이다. 그러나 그것이 판매되게 된 것은 그리 오래지 않다. 우리나라에서는 고려 제6대 성종(成宗) 2년에 국로(國路)에 처음으로 주점 여섯 곳을 두고, 원(院)을 설치하여 중들로 하여금 관장케 하였다. 백성들에게 주식점(酒食店)을 열게 하여 일반사회에 술이 보편화하게 된 것은 15대 숙종(肅宗) 때부터이다. 이 노래에서 "그 지아비"는 물론 중이 아닌, 술집 주인, 곧 주모(酒母)의 남편일 것이다. 주모의 남편과 작중 화자가 정사를 한 것이다. 경계의 대상은 술 바가지인 "싀구박"이다.

"쌍화점"은 이렇게 성윤리(性倫理)가 무너진 시대의 작품이다. 술집 주인에서부터 윤리 도덕의 보루라고 하여야 할 종교계의 승려에 이르기까지 모두가 불륜을 저지르고 있다. 그뿐이 아니다. 작중 화자나, 제3의 여인은 아무런 죄책감도 느끼지 않고 스스로 정사(情事)를 즐기거나 즐기려 하고 있다. 이러한 사회적인 분위기는 왕과 상류계층의 퇴폐적이고 문란한 생활이 부채질하였다. 쌍화점은 이러한 퇴폐적인 사회를 고발한 풍자적 작품이다. 그러나 쌍화점은 연작시로 회회아비-사주-우물 용-술집 주인과 같이 네 번에 걸친 정사가 문제이지, 막상 표현 자체는 저속하지 아니하다. "손목을 쥐여이다/ 자러 가리라/ 그 잔 데"와 같이 완곡하고도 함축적으로 표현해 오히려 은근한 맛을 느끼게 한다. 성애가 노골적으로 묘사되었다면 노래를 하거나 듣기가 민망했을 것이다. 이런 것이 쌍화점의 표현의 매력이다.

맺으며

고려 속요 "청산별곡"과 "쌍화점"을 살펴보았다. 전자는 내우외환(內憂外患) 속에 유리걸식하며 한을 달래던 노래요, 후자는 이러한 역경 속에 순간적 쾌락에 탐닉하며 현실을 잊고자한 노래다. 문학 작품은 그 시대를 반영한다. 그러기에 고려의 속요에는 이별의 한과 남녀의 농도 짙은 사랑을 읊은 작품이 주종을 이룬다. 이러한 속요들이 사랑을 받는 것은 그 작품을 통해 위로를 받고 대리 만족을 할 수 있었기 때문이다. 특히 남녀상열지사가 그러하다. 또한 외설적 사실과는 달리 완곡하고도 함축적인 표현도 고려속요를 즐기게 하는 데 한몫하게 하였을 것이다.

(우리길벗, 2006년 8월호)

기녀의 시조와 사랑의 운치

글머리에

우리 문학 양식에는 여러 가지가 있다. 그 가운데 대표적인 것의 하나가 시조(時調)다. 이는 일본의 하이쿠(俳句)나 영국의 소네트(sonnet)처럼 우리 고유의 정형시다. 이는 "시절가조(時節歌調)"의 준말로, 본래 창곡(唱曲)의 명칭이던 것이 문학 장르의 명칭이 된 것이다.

시조는 그의 간결한 형식으로 말미암아 위로는 왕후장상(王侯將相)에서 학자 서민 기녀(妓女)에 이르기까지 즐겨 애용한 문학 형식이다. 특히 시조의 간결하고 소박한 형태는 검소하고 담백한 것을 숭상하는 유학자들의 서정성을 표현하는 데 적합해 애용되었다. 그러나 그들은 주로 관념적인 유교이념을 형상화하였다. 이에 대해 기녀(妓女)들은 구체적이고 인간적인 애정을 노래하였다. 그래서 시조문학의 대가인 가람 李秉岐 선생은 "천편일률적인 도학자들의 작품보다 오히려 기생들의 작품에서 더욱 절작(絶作)을 찾을 수 있다"고 했다. 여기서는 이러한 기녀들의 사랑의 시조를 중심으로 고전의 멋을 맛보기로 한다.

시조에 의한 사랑의 응수

기녀들은 시조에 겉과 속의 뜻이 다른 중의(重意)의 표현을 곧잘 하였다. 이러한 중의법을 활용한 시조를 주고받음으로 운치 있는 사랑을 한 것도 두어 경우 보인다.

첫째, 임제(林悌)가 시조로 구애를 하고, 한우(寒雨)가 이에 화답한 경우이다.

임제는 명종(明宗)과 선조(宣祖) 때의 호방한 인물이었다. 그는 어려서부터 청루(青樓)를 배회하면서 살았는가 하면, 관직생활을 하면서는 벼슬에 대한 환멸만을 느꼈다. 기생 한우(寒雨)와의 사랑은 이때의 일이다.

> 북창(北窓)이 맑다커늘 우장(雨裝) 없이 길을 나니
> 산에는 눈이 오고, 들에는 찬비로다
> 오늘은 찬비 맞았으니 얼어 잘까 하노라.

임제의 구애의 시조다. 이 노래는 표면적으로 보면 우비 없이 나왔다가 찬비를 맞았으니 얼어 자게 되었다는 작자의 심경을 읊은 것이다. 그러나 이것이 주제는 아니다. 참 주제는 중의법 속에 숨어 있다. 여기의 "찬비"는 기생 "한우(寒雨)"를 가리키며, "얼어 자다"는 추위에 떨며 자는 것이 아니라, "교합(交合)"을 의미한다. "얼다"에는 "교합하다"라는 동음이의어가 따로 있다. 따라서 오늘 한우를 만났으니 사랑의 회포를 풀고 싶다는 것이 이 시조의 참주제다. 이에 한우는 다음과 같이 응수했다.

> 어이 얼어 자리 무슨 일로 얼어 자리.
> 원앙금(鴛鴦衾), 비취금(翡翠衾)을 어디 두고 얼어 자리.
> 오늘은 찬비 맞았으니 녹아 잘까 하노라.

한우는 시의 표면 아닌, 임제의 속을 읽었다. 이에 나(寒雨)를 만났는
데 원앙금, 비취금을 두고 왜 얼어 자겠는가?, 오늘은 찬비를 맞았으니,
따뜻한 사랑을 해야겠다고 한 것이다.

이들 표현은 중의법(重意法)을 써 애정 표현이 야하거나 속되지 아니
하고 고상하게 승화되었다. 그래서 오늘날의 인스턴트 사랑이 근접할
할 수 없는 고상함과 운치를 느끼게 한다.

둘째, 송강 정철(鄭澈)의 시에 진옥(眞玉)이 화답한 경우다.

송강(松江)도 임제와 같이 명종 및 선조 때의 문신으로, 서인의 영수
(領袖)이며, 가사문학의 대가였다. 이러한 그가 기생 진옥(眞玉)과 걸작
연애시를 주고받았다. 여기에도 중의법이 쓰이고 있다.

> 옥(玉)이 옥이라 하기에 번옥(燔玉)인 줄 여겼더니
> 이제야 보아하니 진옥(眞玉)이 적실(的實)하다.
> 나에게 살 송곳 있더니 뚫어 볼까 하노라.

"진옥(眞玉)"은 참 옥과 기녀 "진옥"을 가리킨다. 따라서 표면적인 뜻
은 진옥에 대한 명성을 허명으로 여겼더니, 인조옥(人造玉) 아닌 참 옥이
분명하다. 내 그 옥에 살 송곳으로 구멍을 뚫어 보고자 한다는 것이다.
그러나 이면적 참 주제는 기생 진옥(眞玉)이 훌륭한 기생으로, 내 그 여
인을 맞아 운우(雲雨)의 정을 누려 볼까 한다는 것이다. 여기에는 임제
의 시와는 달리 비유적 표현을 하였다고 하나 색정(色情)이 짙게 깔려
있다. 이에 대한 진옥의 화답시(和答詩)도 마찬가지다.

> 철(鐵)이 철이라 하기에 섭철[假鐵]만 여겼더니
> 이제야 보아하니 정철(正鐵)이 분명하다.
> 나에게 골풀무 있더니 녹여 볼까 하노라.

이는 패러디(模作詩)라 할 정도로 송강의 시를 모방한 것이다. 여기에서 "철(鐵)"은 쇠인 동시에 송강의 이름 정철의 "철(澈)"을 가리킨다. "정철(正鐵)"은 순수한 쇠, 나아가서 "정철(鄭澈)"을 가리킴은 물론이다. 따라서 정철(鄭澈)의 소문을 들었지만 가철(假鐵)로 생각했는데, 순수한 쇠 정철(正鐵)이 분명하다. 따라서 교합하여 녹여보고 싶다는 것이 참 주제다. "골풀무"는 불을 피우는 기구로, 여기서는 여성의 성기를 비유한 것이다. 이렇게 송강과 진옥의 시조는 색정 짙은 외설적 시조다. 그러나 그것이 중의법과 비유에 의해 노출되지 않고 이면에 감추어져 있다. 이런 은근하고 함축적인 표현이 유학자(儒學者)나 그들과 상종한 기녀들이 즐긴 풍류요, 멋이었다.

같은 선조 때의 홍낭(洪娘)의 시조는 다른 의미에서 중의성을 느끼게 한다. 홍낭은 북도평사(北道評事) 고죽(孤竹) 최경창(崔慶昌)의 막중(幕中)에 있던 여인이다. 그녀는 고죽이 서울로 돌아올 때 경성(鏡城)에서 쌍성(雙城)까지 따라와 전별을 하고 돌아갔다 한다. 함관령(咸關嶺)에 이르니 마침 날이 저물고, 비가 내려 그녀는 애달픈 심정을 시조에 담아 고죽에게 보냈다.

> 묏버들 가리어 꺾어 보내노라 님에게
> 주무시는 창 밖에 심어 두고 보소서.
> 밤비에 새잎 곳 나거든 날인가도 여기소서.

홍낭은 임에 대한 그리움을 잔잔하게 시로 나타내었다. 꺾어 보낸 묏버들에 새잎이 나면 자기인 듯 조금은 생각해 달라는 것이다. 그러나 고죽은 그 시를 그렇게 보지 않았다. 그는 이 시를 다음과 같은 내용의 한시로 번역하였다.

버들을 꺾어 보내노라 천리 밖 님에게(折楊柳寄與千里人)
나를 위해 뜰 앞에 이 나무를 심어 주오.(爲我試向庭前種)
모름지기 어느 날 밤 새잎이 나게 되면(須知一夜生新葉)
초췌하고 수심 어린 이 몸인가 여기소서.(憔悴愁眉是妾身)

고죽은 홍낭의 마음을 이렇게 읽은 것이다. 새로 핀 버들잎을 보고 자기인 듯 반겨 달라는 것이 아니라, 임이 그리워 초췌해지고 눈에 수심이 가득 어린 자기의 모습을 생각해 달라는 것으로 해석한 것이다. 아마도 이것이 홍낭의 참 마음일 것이다. 그러니 이도 중의법을 쓴 것이다. 이것이 사실이라는 것은 고죽의 병 소식을 듣고 홍낭이 즉일 경성을 떠나 7주야(晝夜)에 서울에 당도했다는 것이 증명해 준다. 이런 것이 우리의 풍류다. 이는 바로 소월(素月)의 "죽어도 아니 눈물 흘리우리다"에 이어지는 정서이다.

다음에는 황진이의 시조 이야기를 하기로 한다. 황진이(黃眞伊)는 서화담, 박연폭포, 자기를 자칭 송도삼절(松都三絶)이라 하였다. 그녀는 용모가 뛰어나고 거문고와 시에 능하였다. 이 여인은 풍류명사가 아니면 상종을 하지 않았다. 그런데 종실의 벽계수(碧溪守)가 그녀를 만나보고 싶어 했다. 그래서 이달(李達)이 꾀를 내었다. 나귀를 타고 소동(小童)으로 하여금 거문고를 끼고 뒤따르게 하는 등 명사(名士)의 흉내를 내게 한 것이다. 그러나 벽계수는 진이의 노래 소리에 홀려 나귀에서 떨어지고 말았다. 그래서 간계(奸計)는 드러나고, 황진이의 웃음을 사게 되었다. 이때 진이가 불렀다는 시조도 중의법을 활용한 것이다.

청산리(靑山裏) 벽계수(碧溪水)야 수이 감을 자랑 마라
일도 창해(一到滄海)하면 다시 오기 어려우니
명월(明月)이 만공산(滿空山)하니 쉬어 간들 어떠리.

벽계수(碧溪水)와 명월(明月)은 표면적 의미와 함께 벽계수(碧溪守)와 황진이(명월은 妓名)를 아울러 나타냄으로 표면적 주제와 이면적 주제를 달리 드러낸다. 이는 단순히 벽계수(碧溪水)가 수이 흘러감을 원망한 시조가 아니다. 이 시조에 숨어 있는 주제는 황진이가 벽계수를 명인으로 알고, 자기 집 앞을 거쳐 누각으로, 그리고 취적교(吹笛橋)로 성급히 다니는 것을 나무라며, 자기와 같이 쉬어감이 어떠냐고 유혹한 것이다. 그러나 그것이 하나의 연극이었음이 드러나 웃음거리가 되었지만……

마무리

기녀들은 유학자들과는 달리 시조에 구체적이고 인간적인 애정을 형상화하였다. 그것도 직접적인 표현을 피하고 한 발자국 뒤로 물러서서 은근하고 함축적으로 나타내었다. 이의 대표적 방법이 중의법이다. 이런 중의법을 씀으로 시는 감상할 묘미가 있고, 속되거나 야하지 않고, 거기에다 운치가 있다. 이런 것이 우리가 즐기는, 우리 문학에 맥맥이 흐르는 정서요 풍류일 것이다.

(우리길벗, 2006년 9월호)

II. 선인들의 발상과 표현

미처 못 챙긴 작품 속의 인물들/ 한국 소설의 안면 묘사/
'문장'지 소재 "古本春香傳"의 재발견/ 고유한 수사 "곁말"의 세계/
풍자와 운율의 멋을 지닌 민요

미처 못 챙긴 작품 속의 인물들

문학작품은 왜 읽히는가? 그것은 도덕성(道德性), 오락성(娛樂性), 진실성(眞實性)을 추구하기 위해서라고 할 수 있다. 예를 들어 우리 고전의 경우 가정소설은 도덕성을, 애정소설은 오락성을, 역사소설은 진실성을 추구하기 위해 읽는다고 할 수 있는 것이 그것이다.

일반적으로 소설을 읽을 때는 흔히 주제와 줄거리만을 챙긴다. 그러나 소설을 읽는 것이 그것에 국한된다면 다 아는 주제, 뻔한 줄거리의 작품은 더 읽으려 하지 않을 것이다. 인물(性格), 사건(事件), 배경(背景)을 소설의 삼요소라 하거니와 이들 표현이 또 다른 흥미를 유발한다. 그런데 이들은 특별한 경우가 아니면 주제나, 줄거리에 가리어 기억도 되지 않는 것이 보통이다. 그러기에 여기서는 이에 좀 주목하기로 한다.

우리 선인들은 문학작품을 형상화할 때 어떻게 생각을 하고, 또 그것을 어떻게 표현했는가? 이는 문학 작품의 속살을 들여다보는 것이며, 문학작품의 이면을 뒤집어 보는 것이 된다. 그렇게 함으로써 선인들의 생각과 멋을 엿볼 수 있다. 이는 우리 선인들의 숨겨진 도덕성, 오락성, 진실성을 보여줄 것이고, 우리에게 잔잔한 즐거움을 안겨 줄 것이다. 여기서는 고전에 반영된 인물(character), 혹은 인물의 성격을 중심으로 그 속살을 엿보기로 한다.

남자들이 추구한 여인과 풍류

조선조 숙종 때 김만중(金萬重)이 지은 소설에 "구운몽(九雲夢)"이란 것이 있다. 이는 부귀공명이 일장춘몽임을 깨닫고 불교에 귀의한다는 내용의 작품이다. 따라서 주제로 보면 건전한 종교소설이다. 그런데 속살을 보면 극단적인 남존여비(男尊女卑) 사상을 바탕으로 한 봉건사회를 반영한 작품이다. 육관대사(六觀大師)의 제자 성진(性眞)은 팔선녀(八仙女)를 희롱한 죄로 이 세상에 양소유(楊少游)로 환생하여, 역시 팔선녀가 환생한 여덟 낭자와 차례로 인연을 맺는다. 이러한 일부다처는 당시의 사회적 배경이었다.

구운몽에서는 놀랍게도 남자가 여인을 취하는 것이 아니라, 오히려 여인들이 먼저 남자에게 접근하는 적극적 자세가 돋보인다. 난양공주, 영양공주(鄭瓊貝)를 제외한 여섯 낭자가 모두 한 남자의 노리개 되길 스스로 원했다. 그리고 양소유는 풍류(風流)라는 이름 아래 방탕한 놀이를 했다. 이는 양소유가 이들 여인들을 맞는 과정에서 잘 드러난다. 왕명에 의해 결연이 되는 난양공주 외의 여인들은 모두 자색(姿色)과 음률(音律)을 탐해 인연을 맺었다 할 수 있다. 일곱 낭자는 양반가 규수가 둘, 시비가 하나, 궁녀가 하나, 창기가 셋인데, 이 가운데 규수와 시비는 자색을, 창기는 음률을 탐해 인연을 맺은 것이다. 양소유는 여인을 취함에 유한정정(有閑貞靜)함에 앞서 우선 아리따워야 했고, 유흥(幽興)을 위해 음률을 갖추어야 했다. 이렇듯 여인은 남자의 반려자라기보다 희롱의 대상으로 인식한 것이다.

이러한 예의 대표적인 것이 시비 가춘운(賈春雲)과의 사랑이다. 가춘운은 정 사도(鄭司徒)의 딸 정경패(鄭瓊貝)의 시녀다. 경패는 양소유의 약혼녀로, 전일 여장(女裝)한 양소유와 언어수작 한 것을 부끄러워했다. 그리하여 그녀는 이 부끄러움을 씻고자 시비 가춘운을 선녀로 위장하여 양소유를 유혹하게 하였다. 소유는 춘운을 옥경(玉京) 선인으로 알고 그녀에게 홀려 경패와 약혼한 몸으로 춘운과 잠자리를 같이 하는가 하면, 매일 밤 낭자로 하여금 그의 침소를 찾게 하였다.

정경패의 발상과 함께 양소유의 행동은 오늘날의 관점에서 보면 이해할 수 없는 해괴한 일이다. 이는 난잡하고 문란한 외설문학의 한 장면이라 할 만하다. 그러나 이 정사(情事)는 정경패가 꾸민 일로 그 집안에서도 묵인한 사실이다. 과연 정경패가 약혼한 남자에게 다른 여인을 잠자리에까지 들게 한 것은 정상적인 생각일까? 이러한 성윤리(性倫理)는 당시 양반사회의 풍류(風流)라는 개념을 빼고는 설명이 안 된다. 정경패는 남녀의 정사를 남자의 풍류로 보았고, 양소유는 이러한 행동을 개성이 아닌, 당시 양반사회의 한 생활 양태인 풍류로 즐긴 것이다. 다음에 보이는 '춘향전"의 이 도령이 주사청루(酒肆靑樓) 출입을 자랑하는 것이나, 탐화(貪花)로서 변 사또를 두둔하는 것도 이런 것이다. 지난날의 여인들은 독립된 인격체가 아니요, 남성에게 종속된 노리개로서만 인생을 즐길 수 있었던 것이다.

착하기만 하고 무능한 흥부

박문서관에서 낸 "흥부전"에는 흥부와 놀부의 성격이 대조적으로 제시되고 있다. 이를 보면 다음과 같다.

한 어미 소생에 현우(賢愚)가 판이하여, 흥부는 마음이 착하여 효
행이 지극하고 동기간에 우애 극진하되, 놀부는 오장이 달라 부모께
불효하고 동기간에 우애 없어 마음 쓰는 것이 괴상하것다.

이렇게 두 형제는 성격이 다르다. 그리하여 마침내 놀부는 착한 흥부
를 내어 쫓고 우애 없는 못된 놈으로 낙인찍히게 되었다. 신재효(申在孝)
의 판소리 계통의 "흥보가"는 놀부의 여섯째 박에 도원결의(桃園結義)한
장비(張飛)를 등장시켜 이러한 형우제공(兄友第恭)을 강조한다. 그런데 경판
흥부전은 이와는 달리 "뻔뻔한 놈이 처자를 이끌고 흥부를 찾아 가니라"
라고 대단원에서 놀부를 염치없는 "뻔뻔한 놈"으로 매도하기만 한다.

그런데 근자에는 반드시 놀부가 못된 놈이라고만 평가되지 않는 것
같다. 업소의 이름만 하여도 "흥부" 아닌 "'놀부"가 눈에 많이 띈다. 이
는 놀부의 성격에 말미암은 것이겠다. 흥부는 "충후인자(忠厚仁慈)"하다.
그러나 그는 사람됨이 옹졸하고, 형식에 너무 집착하는가 하면 무능력
하다. 놀부네 집에서 쫓겨난 흥부는 안방·대청·행랑·몸채를 갖춘,
운신도 못할 말집을 지었다. "안방을 볼작시면 어찌 넓던지 누워 발을
뻗으면 발목이 벽 밖으로 나가니 착고(着鋼) 찬 놈도 같고, 방에서 멋모
르고 일어서면 모가지가 지붕 밖으로 나가니 휘주잡기에 잡히어 칼 쓴
놈도 같고, 잠결에 기지개를 켤 양이면 발은 마당 밖으로 나가고 엉덩
이는 울타리 밖으로 나가 동리 사람들이 출입시에 거친다고 이 궁둥이
불러들이라는 소리에 깜짝 놀라 일어 앉어……."와 같이 묘사된 것이
그것이다. 이는 옹졸하고, 형식적인 놀부의 성격을 엿보게 하는 것이다.
거기다가 이 집은 추위와 더위를 가릴 수도 없는 집이다. "말만한 오막
살이에 일신을 난용하니 지붕마루에 별이 뵈고 청천한운(靑天寒雲) 세우

시(細雨時)에 우대량(雨大量)이 방중(房中)이라. 문 밖에 세우 오면 방안은 굵은 비 오고 앞문은 살이 없고, 뒷문은 외만 남아 동지섣달 설한풍이 살 쏘듯이 들어오고……."라 묘사되어 있다. 이는 흥부의 대책 없고, 무능함을 말해 주는 것이라 하겠다.

흥부는 이러한 상황에서도 "마음만 옳게 먹고 불의지산(不義之産) 아니하면 자연 신명이 도와 굶어 죽지 아니하리니 울지 말고 설어 마소."라고 부인에게 도덕군자 같은 소리로 위로만 한다. 그에게는 강렬한 삶의 의욕이 없고, 남이 도와주기만을 바란다. 이에 대해 놀부는 자나칠 정도로 생에 적극적이다. 놀부의 아내의 말에 의하면 놀부는 "어디를 가면 그저 올 리 만무하지. 수저 같은 것을 보면 행전 귀틈에 찔러 오거나, 화저 부삽 같은 것은 괴춤에 넣어 온다. 중발은 갓 모자에 넣어 온다, 강아지를 소매에 넣어 온다, 허행은 않거니와……."라 묘사되어 있다.

놀부는 밖에 나가면 허행하는 일이 없이 경제적 활동을 한다. 그리고 놀부가 욕심이 많기 때문이라고도 하겠지만, 그는 십여 개의 박을 타며 갖은 곤욕을 당하면서도 포기하거나 좌절하지 아니하고 끝까지 도전한다. 역경에서 이만한 도전을 한다면 이루어지지 않는 일이 없을 것이다. 오늘날 흥부 아닌, 놀부에 관심을 기울이는 것은 착하기만 하고 무능력한 흥부보다 놀부의 이러한 경제관념과 불굴의 투지에 관심을 돌리기 때문일 것이다.

철없고 건방진 이 도령

춘향전의 주인공 춘향과 이 도령은 어떤 성격의 인물일까? 머릿속에 떠오르는 전형적인 모습은 아마도 당당하고 점잖은 도령에, 예의범절을 깍듯하게 갖추는 얌전한 춘향일 것이다. 두 사람은 틀림없이 이러한 성품도 지녔다. 그러나 이것이 전부라면 춘향전은 딱딱하고 재미없을 것이다. 이들에게는 이와 다른 성격이 많이 보인다. 그리고 이러한 성격이 독자로 하여금 미소를 머금게 한다.

이 도령은 한량(閑良)으로, 유치하고, 싱겁고, 무례하기도 하다. 우선 방자의 말에 의하면 외입장이인데다 "경계주머니 아들"이다. 이는 본인의 말로도 화조월석(花鳥月夕) 빈 날 없이 주사청루 일을 삼아 절대가인에 침닉(沈溺)했다고 한다. 도령이 유치하다는 것은 사또 승차 소식을 듣고 춘향이 생각에 서러워 "악박골 호랑이 절굿공이로 쌍주리 틀리고 인왕산 기슭으로 가는 소리처럼" 동헌이 터지듯이 울었다든가, 춘향과의 결연이 탄로 나면 사또의 복잡한 여성 관계를 들어 피하겠다는 발상이 그런 것이다.

도령이 싱겁다는 것은 주막집 영감과의 대화에서 가장 잘 알 수 있다. 어사(御使)는 주막집 영감에게 술을 먹으라고 한다. 그러자 영감은 행인이 무슨 돈이 있어 남 술 사 먹이겠느냐고 사양한다. 그 뒤의 대화가 이렇게 이어진다.

> "내가 무슨 돈이 있어 남을 술 먹일까? 영감의 술이니 출출한 데 한 잔 먹으란 말이지."
> 영감이 골을 내어 하는 말이 "내 술을 내가 먹던지, 마던지 이녁은 어떤 사람이관데 먹어라 말라 총집을 하노?"
> 어사 이르는 말이 "그야 정 먹기 싫거든 공연히 남과 싸우려 말고 먹지 말라니까."

참으로 실없는 사람이다. 더구나 어사라는 신분을 생각할 때는 더욱 그렇다.

이 도령이 건방지고 무례하다는 것은 우선 어린 사람이 아무에게나 함부로 반말을 한다는 것이다. 그러기에 한번은 "우스운 자식 다 보겠다. 얻어먹는 비렁뱅이 녀석이 반말지거리가 웬 일인고? 저런 녀석은 근중을 알게 혀를 슴베째 뺄까 보다."라고 농부에게 봉변을 당하기도 했다. 그러나 무례한 성격은 변 사또 생일잔치에서 분명히 드러난다. 그는 비렁뱅이 신분으로 잔치에 참석해 암행어사 행세를 하고 있다. 본관 곁에 끼여 앉아 진똥 묻은 두 다리를 그 앞에 쭉 편다. 변 사또가 오므리라고 하니 자기 다리는 펴기는 해도 오므리지는 못한다고 어깃장을 놓는다. 그뿐이 아니다. 모주를 일부러 쏟고서는 소매 옷자락으로 그것을 묻히어 벽에 뿌리는 체하고 모든 수령에게 마구 뿌려댄다. 이는 용납할 수 없는 오만하고 무례한 행동이다. 그러나 이러한 무례가 독자를 즐겁게 하고 있는 것이 사실이다.

수다스럽고 매서운 성격의 춘향

이 도령과 마찬가지로 춘향이도 의외의 성격을 지녔다. 방자의 말에 의하면 춘향은 "매몰하고 사재고, 교만하고, 도뜨기"가 이를 데 없다고 한다. 이러한 성격은 춘향모의 말에서도 확인된다. 그래서 사령들이 춘향을 벼르기까지 한다. 그러나 춘향은 이와는 달리 장난기 심하고, 수다스럽고, 매서운 성깔의 여인이기도 하다.

우선 장난기 심하다는 것은 백년해로 하겠다는 수기(手記)를 받은 뒤, "기주(記主)에 이 몽룡"이라 쓴 것을 보고 "몽룡이가 뉘 아들인가?"라고 도령을 놀린다. 춘향이 집 가리키는 것은 하도 어수선하게 수다를 떨어

"춘향이 집 가는 길 같다"는 속담을 낳기까지 하였다.

> "저 건너 석교상의 한 골목 두 골목에, 조방청 앞으로 홍전문 들이
> 다라, 대로 천변 나가서 향교를 바라보고 동단 길로 돌아들면 모통이
> 집 다음 집, 옆댕이 집, 구석 집, 건너편 군청골 서편 골 남편 쪽 둘째
> 집, 저 배추밭 앞으로부터 갈라진 김 이방네 집 바라보고, 최 급창이
> 누이 집, 사잇골 들어서 사거리 지나서 북편 골 막다른 집이오."

춘향의 수다스런 성격을 드러내는 것은 이밖에도 한둘이 아니다. 춘향의 이름 자를 풀이하는 사설도 대단한 수다다. 이를 잡아 늘어놓는 수다는 외설적이기까지 하다.

> "요 발칙하고 암상한 이야, 요 주리를 할 발길 이야, 우리 도련님
> 이 견디겠느냐? 나는 아래로 빨아내고 너는 위로 피를 빠니 도련님
> 이 남겠느냐?"

성깔이 매섭다는 것은 그녀가 강한 성격의 소유자임을 말한다. 춘향은 도령과 이별할 때, 제 젖가슴을 법고중의 법고 치듯 쳤고, 발을 동동 구르며, 제 머리를 홍제원 나무장사 잔디 뿌리 뜯듯 했다. 변 사또에게 잡혀 와서는 방송하지 않을 것 같자 태아검(太阿劍) 용천검(龍泉劍)으로 베되, "신쳴랑은 내여 주고 목을랑은 들여다가 옹진(甕津) 소금에 짜게 저려 목함 속에 넣은 후에 다홍 보에 싸 두었다가 한양까지 올려다가 사또 조상께 제 지낼 제 제물로나 쓰옵소서"라고 악담을 한다. 이러한 성격의 여인이기에 그녀는 만고열녀(萬古烈女)가 될 수 있었던 것이다.

끝으로 이해조(李海朝)의 "옥중화"에 보이는 월매의 색다른 성격 하나를 보기로 한다. 월매는 전형적인 창기다. 그렇기 때문에 필연의 귀결

이라 할 수 있을까? 그녀는 어사에게 관정발악(官庭發惡)하던 춘향이를 자기 같으면 단박 때려 죽였을 텐데 "본관사또 어진 처분 지금까지 살렸으니 그 은혜 장하오며, 본관 사또 아니시면 춘향 수절 어디서 나리?"라고 변 사또를 칭송했다. 어사(御使)도 "남아의 탐화(貪花)함은 영웅열사 일반이라. 그러나 거현천능(擧賢薦能) 아니 하면 현능(賢能)을 누가 알며, 본관(本官)이 아니면 춘향 절행(節行) 어찌 아오리까? 본관의 수고함이 얼마나 감사하오?"라고 변 사또에게 오히려 감사한다. 그리고 다른 이본에서와는 달리 변 사또를 봉고파직하지 않는다. 그러나 이러한 결론은 독자 대중의 정서에 맞지 않았던지 더 이상 계승되지 못했다.

이렇게 제대로 챙기지 못한 인물의 성격은 작품을 새롭게 조명하게도 하고, 주제와 플롯에서 맛보지 못한 재미를 느끼게 한다. 소설 작품을 감상함에 인물과 성격에도 좀 관심을 기울여 볼 일이다.

(우리길벗, 31, 2008년 1월호)

한국 소설의 안면 묘사

> 님의 입설같은 연꽃이 어데 있어요. 님의 살빛같은 백옥이 어데
> 있어요.
> 봄 호수에서 님의 눈결같은 잔 물결을 보았습니까. 아츰 볕에서
> 님의 미소 같은 방향(芳香)을 들었습니까.
> 천국의 음악은 님의 노래의 반향입니다. 아름다운 별들은 님의 눈
> 빛의 화현(化現)입니다.

이는 한용운의 시 "님의 얼골"의 일부이다. "어여쁜 님의 얼골"을 예
찬한 시다. 지난날 인물을 선택하는 표준으로 삼던 조건에 신언서판(身言
書判)이란 것이 있었다. 우선 사람은 신수(身手)가 훤해야 한다. 옥골선풍(玉
骨仙風)이거나 헌헌장부(軒軒丈夫)라야 사랑을 받았다. 그러나 이는 일차 관
문이요, 좀 더 중요한 것은 얼굴, 곧 용모가 수려해야 한다. 그래서 그리
된 것일까? 우리말 "얼굴"이란 본래 형체(形體)를 의미하던 말인데 안면(顔
面)을 의미하는 말로 바뀌었다. 그만큼 신체 가운데 얼굴이 중요한 의미를
지닌다. 오늘날 성형외과가 성업을 이루는 것은 이를 반증하는 것이다.

그렇다면 우리의 문학작품에서 인물들의 얼굴은 어떻게 그려지고 있
을까? 활빈당의 두령 홍길동은 어떻게 생겼으며, 정렬부인의 대표라 할

춘향은 어떤 모습일까? 우애의 상징적 인물 흥부의 얼굴은 또 어떻게 묘사되어 있을까? 많은 사람들은 아마도 이들의 구체적 용모에 대해 생각해 보지도 않았을 것이다. 그렇다면 그 이유는 무엇일까?

여기서는 문학 작품에 형상화되어 있는 인물들의 얼굴이 어떻게 묘사되고 있는지 살펴보기로 한다. 이는 우리의 발상과 표현의 경향을 알아보자는 것이다.

부실한 고전소설의 안면 묘사

우리의 고전소설에서는 현대소설에 비해 인물 묘사, 특히 구체적인 안면묘사가 제대로 되고 있지 않다. "홍길동전"이나, "흥부전"은 안면 묘사를 거의 하고 있지 않으며, "심청전"과 "장화홍련전"은 약간 하고 있는 편이고, "구운몽"과 "열녀춘향수절가"는 상대적으로 좀 많이 하고 있는 편이다(박갑수, 2005). 이러한 경향이 어떤 의미를 지니는가는 분명치 않다. 그것은 이들 소설들의 제작 연대가 분명치 않아 역사적 추단을 어렵게 하기 때문이다. 그러나 현대소설과 연계하여 볼 때 안면묘사는 제대로 하지 않다가 차차 많이 하는 쪽으로 발전한 것이라 할 수 있다.

"홍길동전"은 광해군 때 허균(許筠)이 지은 소설로 국문소설의 효시라 일러지는 것이다. 이 소설의 주인공은 물론 홍길동이 합천 해인사 털어먹듯 한다는 속담도 있듯, 남김없이 싹 털어간다는 무서운 비적(匪賊) 홍길동이다. 그런데 "홍길동전"에는 이 홍길동의 안면 묘사가 거의 보이지 않는다. 이렇게 말하는 것은 길동을 없애려고 흉계를 꾸미는 관상녀의 입을 통한, 왜곡된 묘사가 한 장면 보이기 때문이다.

상녀(相女)가 마지못하여 좌우를 물리치고 왈(曰), "공자(公子)의 상
을 보온 즉 흉중에 조화무궁하고 미간(眉間)에 산천정기 영롱하오니
짐짓 왕후(王侯)의 기상이라. 장성하면 장차 멸문지화(滅門之禍)를 당
하오리니 상공(相公)은 살피소서."

"미간에 산정기 영롱하오니"가 길동의 유일한 안면묘사다. 길동이
아닌 다른 인물에 대한 안면 묘사도 전혀 보이지 않는다. 이로 보면
"홍길동전"은 인물의 형상화에는 주의를 기울이지 않은 것으로 볼 수
있다. 이러한 현상은, 우애를 주제로 한 "흥부전"의 경우도 마찬가지다.
여기에는 박 속에서 나온 장비(張飛)의 안면묘사 한 장면이 보일 뿐 다
른 묘사는 보이지 않는다. 따라서 "흥부전"의 주인공인 흥부나 놀부의
얼굴이 어떻게 생겼는지 가늠을 할 수 없다. 그러니 독자가 이를 모른
다고 하여 조금도 이상할 것이 없다.

이에 대해 김만중(金萬重)의 "구운몽"에는 안면묘사가 많이 되고 있다.
그런데 많은 것이 종합적 표현이다. 종합적 표현이란 분석적 표현의 대
가 되는 것으로, "예쁘다"든가, "일색"이라든가와 같이 추상화하는 것
이다. 이에 대해 분석적 표현이란 눈은 어떻고, 코는 어떻고와 같이 얼
굴의 부위를 분석적으로 묘사하는 것이다. "구운몽"에서 주인공 양소
유(楊少游)에 대해 "얼골은 일색", "화용의 아름다움", "용모 청수"라 하
고, 팔선녀에 대해 "미인"이라 일반화한 것이 종합적 표현이다. 따
라서 이는 구체적 안면 묘사에는 미치지 못하는 것이다. 분석적 표현은
"소유(少游)의 연(年) 이십 세 되니 얼골이 옥 같고, 두 눈이 샛별 같으
며"와 같이 구체적 표현을 한 것이다. 그러나 이러한 표현은 많지 않
다. 안면묘사를 많이 하고 있는 "열녀춘향수절가"의 경우도 대부분이
종합적 표현이요, 분석적 표현은 많지 아니하다. 그리고 종합적 표현과

분석적 표현을 섞은 혼합적 표현이 약간 보인다. 따라서 "열녀춘향수절가"의 안면묘사도 춘향이나 이 도령의 얼굴 모습을 형상화하기에는 역부족이다. 춘향과 이 도령의 안면을 구상적으로 묘사한 대표적인 표현이라 할 것이 겨우 다음과 같은 정도의 것이다.

> 별로 단장한 일 없이 천연한 국색(國色)이라. 옥안(玉顔)을 상대하니 여운간지명월(如雲間之明月)이요, 단순(丹脣)을 반개하니 약수중지연화(若水中之蓮花)로다. 신선을 내 몰라도 영주(瀛洲)에 노던 선녀 남원(南原)에 적거(謫居)하니 월궁(月宮)에 모인 선녀 벗 하나를 잃었구나. 네 얼골 네 태도는 세상 인물 아니로다.

> "천정(天庭)이 높았으니 소년공명 할 것이요, 오악(五嶽)이 조귀(朝歸)하니 보국충신 될 것이매……."

이에 대해 계모형 소설의 대표적 작품인 "장화홍련전"은 비록 안면묘사는 많이 하고 있지 않으나, 대표적인 분석적 표현을 보여 준다. 그것은 계모 허씨(許氏)의 안면묘사다.

> 부득이 허씨를 얻으니 그 용모를 볼진대, 양 볼은 한 자가 넘고, 눈은 퉁방울 같고, 코는 질병 같고, 입은 메기 아가리요, 머리털은 돼지털 같고, 키는 자가웃 난쟁이요 소리는 시랑의 소리요, 허리는 두 아름이나 되는데, 그중에 곰배팔이며 수중다리에 쌍언청이를 겸하였고, 그 주둥이는 썰면 열 사발은 되겠고, 얼골은 콩멍석 같이 얽었으니 그 형용은 차마 곁에서 보기도 어려운데, 그 욕심이 더욱 부량하여 남에게 못할 노릇을 즐겨 행하니 집에 두어두기가 난감하더라.

물론 이러한 여인은 있을 수 없다. 더 할 수 없이 추하게 생겼다는 것을 강조하기 위한 표현이다. 얼굴을 볼·눈·코·입 등으로 나누어 분석적 묘사를 해 그 흉한 모습을 제시함으로 감화(感化)하자는 것이다. 병자호란을 배경으로 한 역사소설 "박씨부인전"의 주인공 박씨의 추한 모습을 묘사한 것도 마찬가지다. 이는 혼합적 표현을 한 것으로, 장화 홍련전과 같이 과장은 하였으나 제법 그 용모를 형상화할 수 있게 한 묘사다.

> 신부(新婦)의 용모를 본즉 얽은 중에 추비(麤鄙)한 때는 줄줄이 맺혀 얽은 구멍에 가득하며, 눈은 달팽이 구멍 같고, 코는 심산궁곡의 험한 바위 같고, 이마는 너무 벗어져서 태상노군(太上老君) 이마 같고, 키는 팔척장신이요, 팔은 늘어지고 한 다리는 저는 모양 같고, 그 용모 차마 바로 보지 못할러라.

대부분의 고전소설은 이렇게 구상적 안면묘사가 제대로 되고 있지 않다. 이제 본격적인 안면묘사를 하기 위한 준비 단계에 들어선 것이라 할 것이다.

단편소설의 다양한 안면 묘사

현대소설로 넘어오게 되면 안면묘사가 본격적으로 이루어진다. 장편 소설은 말할 것도 없고 양적으로 짧은 단편소설에서도 대부분 안면묘사 를 하고 있다. 약 80%의 작품에서 안면 묘사를 하고 있다(박갑수, 1998). 그리고 이 안면묘사는 대부분 종합적 표현이 아닌 분석적 표현 경향을 지닌다. 이 분석적 표현은 안면묘사를 하되 "얼굴"과 같이 일반화하지 않고, 이·목·구·비와 같이 분석하는가 하면, 한두 대상을 요모조모로 분석하여 표현한다. 천승세의 "砲大領"의 다음과 같은 묘사가 이러한 예다.

> 송충이가 하품하듯, 숱도 많은 눈썹은 눈꼬리를 지나기 바쁘게 관자놀이를 향하여 치켜세웠고, 눈깔사탕처럼 뺑 뚫려버린 크나큰 눈에 늘상 일렁이는 섬광, 유독 두꺼운 입술을 숫제 덮어버리고 돋은 무성한 수염 밑으로 아예 귀찮아 생기다 말아버린 목덜미.

이는 눈썹·눈·입술·수염과 같이 안면 부위를 분석적으로 묘사한 것이다. 그러나 이와는 달리 분석과 종합을 아울러, 좀 더 완전한 묘사를 하려 하는 표현도 상당수 보인다. 다음의 김동인이나, 박종화의 묘사가 이런 것이다.

> 이 화공은 세상의 보기 드문 추악한 얼굴의 주인이었다. 코가 질병자루 같다, 눈이 퉁방울 같다, 얼굴이 두꺼비 같다— 소위 추한 얼굴을 형용하는 온갖 형용사를 한 얼굴에 지닌 흉한 얼굴의 주인으로서 그 얼굴이 또한 굉장히도 커서 멀리서 볼지라도 그 존재가 완연할 이만하다.
>
> (金東仁, 狂畵師)

> 아닌 게 아니라 아랑은 무척 잘 생긴 여자였다. 어여쁘다 해도 그대로 아기자기하게 어여쁜 편만이 아니라, 맑은 눈매하며 빗어 붙인 듯한 결곡하고도 구멍이 드러나지 않는 폭 싸인 아름답고도 고운 코는 백제 여자들에게 흔히 볼 수 있는 특수한 매력을 풍기는 미지마는, 비둘기 알을 오뚝이 세워 놓은 듯한 둥글갸름한 얼굴판에 숱이 적지도 않고 많지도 않은 알맞은 눈썹과 방긋이 웃을 때마다 반짝하

고 드러나는 고르고 흰 이빨은 두껍지도 않고 얇지도 않은 하얀 귀뿌리와 함께 홀로 아랑만이 가지고 있을 수 있는 사람의 넋을 잃게 할 매력이었다.

(朴鍾和, 아랑의 貞操)

그렇다면 이들 단편소설의 안면묘사에서 작가들이 특별히 주목하는 것은 무엇인가? 이목구비(耳目口鼻)에 주의를 기울이기 전에 물론 얼굴이 먼저 시야에 들어올 것이다. 그리하여 우선 얼굴 일반을 묘사한 것이 많다. 그러나 이 얼굴에 대한 묘사보다 빈도가 높은 것이 있다. 그것은 눈에 대한 묘사다. 눈·눈망울·눈초리·눈시울·눈빛·눈알·눈자위·눈매·미간 등을 묘사한 것이 얼굴 일반의 묘사보다 많다. 이는 눈이 무엇보다 사람의 인상을 좌우하기 때문일 것이다. 눈에 이어 주목의 대상이 되는 것은 입(입·입술 등), 그 다음이 머리·코·눈썹·뺨·이마·이·수염·피부·안색 등의 순서다. 안면묘사는 한 부위만 묘사한 것이 대부분이다. 두 개 부위 이상 묘사한 것은 그 반에도 미치지 않는다. 이는 단편소설의 특성 때문이기도 할 것이다. 안면을 두 개 부위 이상 묘사하는 경우에는 얼굴을 먼저 묘사한 것이 가장 많고, 그 다음이 눈·머리칼·수염을 1순위로 한다. 로마의 수사학자 키케로(Cicero)는 안면묘사의 순서를 "머리-이마-눈썹 사이-눈-뺨-입-이-턱"과 같이 위에서 아래로 내려간다고 하였다. 우리의 경우는 이와 꼭 일치하는 것은 아니나, 비슷한 경향을 보여 준다.

현대 장편소설의 안면 묘사

현대문학의 개척자 이광수의 소설에 "사랑"이 있다. 이는 1939년에 발표된 소설로, 곳곳에 안면묘사가 행해지고 있다. 그러나 여기에는 종합적인 표현이 많이 쓰이고 있고, 많은 것이 한 부위에 대한 간단한 묘사로 되어 있다. 따라서 안면묘사가 본격적으로 행해지고 있는 것이라고는 하기 어렵다. 이는 의사 안빈(安賓)과 간호부 석순옥(石荀玉)의 헌신적 사랑을 그린 것이다. 그런데 여기에는 안빈의 안면 묘사는 거의 보이지 않으며, 석순옥에 대해서는 곳곳에서 "미인", 또는 "너무 얼굴이 어여쁘구", "순옥이 같은 이쁜 여자"라고 종합적 표현을 하고 있다. 따라서 이들에 대한 많지 않은 분석적 안면묘사 가운데 대표적인 것은 다음과 같은 정도의 것이다. 안빈에 대한 묘사는 부인 옥남의 말이다.

당신의 기름한 눈이랑, 우뚝헌 코랑…….

순옥의 몽상적인 눈, 열정적인 입술, 그의 이지적인 이마 등을 보고서 어디서 한번 본 사람인 듯하다고 생각하였다.

이와는 달리 본격적 안면묘사를 한 예로는 다음과 같은 것이 보인다. 먼저 홍명희의 "林巨正"에 보이는 꺽정에 대한 묘사다.

그 사람은 수염이 좋았다. 구레나룻과 윗수염도 숱이 많거니와 아랫수염이 채가 길었다. 검은 눈썹 아래에 큰 눈이 박히고 넓은 얼굴 복판에 우뚝한 코가 솟아서 어느 모로 보든지 장부 중에 시커먼 좋은 수염이 장부의 위풍을 돋아보였다. 이 수염 임자가 양주의 임꺽정이다.

장부의 위엄을 지닌 꺽정의 안면을 수염·눈썹·눈·코 등으로 분석하여 사실적으로 묘사한 것이다. 황석영의 "장길산"에서 이경순이 바라본 장길산의 묘사도 이러한 것이다.

> 그는 고개를 들며 다시 길산을 바라보았다. 길다랗고 가는 눈이 날카로왔고 광대뼈가 솟았으며, 콧날은 오똑하였고 꾹 다문 입술에 는 어딘가 위의가 있어 보였다.

황인경의 "소설 목민심서"에 정조(正祖)가 수빈 박씨에게 설명하고 있는 정약용(丁若鏞)의 용모도 얼굴·구레나룻·눈·눈썹 등을 구체적 으로 묘사를 한 것이다.

> "허허 그렇소? 내 언제 한번 보여 주리다. 키는 훤칠하게 크고, 길 쭉한 얼굴에 구레나룻이 탐스러운데다 양 눈 가장자리가 축 처진 게 양순한 양과도 같지. 눈썹은 왼쪽이 두 개로 갈라져 꼭 세 개처럼 보 인다 하여 삼미자(三眉子)란 별명을 얻었는데, 웃을 때면 선량하기가 어린 아이 모습 그대로요."

이상 문학작품의 안면 묘사에 대해 살펴보았다. 지난날의 우리의 안 면묘사는 소홀하고 부실한 것이었다. 주제나 줄거리 같은 내용에 치중 하고 표현 형식을 등한히 한 것이다. 그래서 인물의 외모가 제대로 형 상화되지 못하였다. 현대소설도 안면묘사를 많이 하고 있다고 하나 아 직도 얼굴 없는 인물이 많다. 그뿐이 아니다. 소설의 안면묘사는 초상 화가 아니요, 개성을 드러내기 위한 특정 부위의 묘사이기 때문에 상모 (相貌)가 잘 드러나지 않는다. 따라서 우리의 안면묘사는 안면의 윤곽을 함께 제시하는 혼합적 표현이 좀 더 아쉬운 것이 아닌가 한다. 아무튼 작중 인물의 살아 있는, 생생한 얼굴을 좀 더 볼 수 있었으면 좋겠다.

(우리길벗, 32, 2008년 5월호)

'문장'지 소재 "古本春香傳"의 재발견
─춘향전의 표현과 문체의 혁신─

서언

우리의 대표적 고전 "춘향전"은 그 이본이 130여 종에 이르는 것으로 보인다. 이러한 이본(異本) 가운데 하나로, 1941년의 "文章"지 1・3월호에 발굴 소개되고 있는 "古本春香傳"이 있다. 이 이본에 대해서는 같은 문장지에 소개된 다른 두 이본("古寫本 春香傳"과 "普成專門學校藏本 春香傳")과는 달리 전혀 학계의 주목을 받지 못했다.

문장지 소재 "古本春香傳"(이하 '문장본 춘향전', 또는 '문장본'이라 약칭함)은 동양문고본계(東洋文庫本系)에 속할 경판(京板) 장편소설로, 문학사 또는 문체사상 중요한 의미를 지닐 기념비적 작품이다. 이는 종전의 난해한 춘향전을 이해하기 쉽게 개신한 서민문학의 대표적 작품이다. 그럼에도 문장지가 발굴하고 60여 년이 지나도록 방치해 왔다는 것은 학계의 태만으로 있을 수 없는 일이었다. 이에 문장본 춘향전을 재발굴, 소개하기로 한다. 본격적 논의는 근간될 "국어교육"(한국어교육학회) 등에 발표될 것이다.

　문장본 춘향전의 재발굴을 위해서는 내용이나 표현면에서 매우 근사한, 동일 계통의 崔南善의 "고본츈향전"(1913, 이하 '최고본', 또는 '최남선본 춘향전'이라 약칭함)과 비교하는 것이 무엇보다 바람직하다. 이에 두 이본을 비교하여 드러나는 문장본의 문체(文體)와 표현의 특성에 대해 논의하기로 한다. 그리고 문장본의 계보에 대해서도 간단히 언급하기로 한다.

문장본 春香傳의 표현 특성

　문장본 춘향전은 최남선(崔南善)의 "고본춘향전"과 매우 근사한 이본으로, 필자가 춘향전의 압권이라 보는 동양문고본 "춘향전"(일본 동경 동양문고 소장) 계통의 작품이다. 동양문고본계 춘향전으로는 위의 두 작품 외에 남원고사, 동경대학본 춘향전, 도남본 춘향전 등이 있다.

　문장본과 최고본은 제목이 "고본춘향전"으로 같으며, 내용도 대동소이하다. 표현사적(表現史的) 면에서는 문장본이 최고본의 개고본(改稿本) 같은 성격을 지닌다. 그러나 구체적 표현을 비교해 보면 차이를 보여 이들은 같거나, 비슷한 저본(底本)을 바탕으로 성립된 이본으로 보게 한다.

　최고본은 동양문고본 춘향전과 가장 가까운 작품이다. 그러나 이는 동양문고본과 비교할 때 "중국적 요소의 한국화, 외설적 사설의 제거, 저속한 사설의 제거, 해학적 표현의 제거" 등을 표현 특성으로 한다(박갑수, 2005). 이들 특성은 주체적·교훈적 표현을 한 것으로, 춘향전의 표현사(表現史)에 있어 최고본으로 하여금 하나의 전환기적(轉換期的) 작품이라 보게 하는 것이다.

최고본의 이러한 표현 특성은 그대로 문장본에 이어진다. 그러나 이 밖의 특성은 공통적 면과 이질적 면을 아울러 보인다. 공통적 면은 구성면에서 차이가 나지 않는다는 것과 특이한 표현이 같은 것이다. 이질적 표현의 특성은 문장본 춘향전이 근대적 문체를 지향하고 있다는 것이다.

첫째, 난해한 표현을 이해하기 쉬운 표현으로 바꾸었다. 구어적(口語的) 표현을 하고, 언문일치(言文一致)를 추구하였다. 난해한 표현을 알기 쉬운, 서민의 말로 바꾸어, 대중의 읽을거리로 만든 것이다. 한자어를 고유어로 바꾸고, 구문도 한문투의 것을 고유어나 국한혼용의 쉬운 문장으로 바꾸었다. 시문(詩文)을 번역하고, 한시문(漢詩文)에 우리말 해석을 붙이기도 하였다. 따라서 이는 문체와 표현을 일대 개혁하여 근대화한 것이다. 이로 말미암아 "귀족문학"(조윤제, 1957)인 춘향전은 "서민문학"이 되고, 비로소 대중을 독자층으로 확보하게 되었다고 할 수 있다.

다음 장에서 이의 구체적인 예들을 살펴보게 되므로 여기서는 그 실상을 조금 확인할 수 있게 한 장면만을 보면 다음과 같다. 이는 운봉영장(雲峰營將)의 눈에 비친 어사 이몽룡의 관상이다.

  * 최고본 : 면방안활(面方眼闊)ᄒ고 미장목슈(眉長目秀)ᄒ디 이곽(耳郭)이 돈후ᄒ고 졀두(準頭)는 룽긔로다. 쇼불로치(笑不露齒)ᄒ며 언불요슌(言不搖脣)ᄒ며 인중장(人中長) 텬뎡윤(天庭潤)에 산근후(山根厚) 창고만(倉庫滿)이라. 삼뎡(三停)이 균정(均正)ᄒ고 오악이 구젼이라. 언간쳥원(言簡淸遠)ᄒ고 조단침졍(坐端沈靜)ᄒ여 법령엄장(法令嚴壯)ᄒ고 쟝벽방후(墻壁方厚)로다. 연견(鳶肩)에 화식ᄒ니 삼십승상이오, 명쥬 츌ᄒᆡ(出海)ᄒ니 팔십ᄐᆡ시로다.
  * 문장본 : 얼굴이 번듯하며 눈이 큼직하고 눈썹이 기름하고 눈이

말갓는데 귀바퀴 두둑하고 코마루 우뚝하다. 웃되 이를 못 보겟고 말하되 입술이 야울거리지 안흐며, 인중이 길고 천정이 널브며, 산근 이 두텁고 창고가 가득하다. 삼정이 고르고 오악이 구전하다. 말이 간정하고 말그며, 안짐안짐이 단정하고 침착하며 법평이 엄정하고 장벽이 두텁도다. 어깨에 화색을 띄엇스니 삼십승상이오 명주가 바 다에 나왓스니 팔십 태사로다.

위에 보이듯 문장본은 이렇게 표현에 혁신(革新)을 꾀하였다. 종래의 한문투의 표현을 고유어 중심의 쉬운 문장, 쉬운 국한혼용(國漢混用)의 표현으로 바꾼 것이다. 따라서 이는 종전의 고전적 문체에서 새로운 근 대적(近代的) 문체로 변모되었다.

둘째, 희곡(戱曲)의 형식을 취하였다. 1910년대는 우리 고소설계가 요 동치던 시기였다. 고소설을 개작함에 신소설(新小說)의 형식을 도입하는 가 하면, 희곡의 형식을 도입해 보려 하였다. 최고본은 신소설의 형식 을 도입하려는 추세에 따른 것이고, 문장본은 희곡 형식을 도입한 것이 다. 따라서 문장본의 표현은 쉬운 말에서 나아가 구어(口語)로까지 발전 하였다. 희곡 형식의 예를 보면 다음과 같다.

이"방자야" 방"예" 이"저 건너 운무중에 울긋불긋하고 들락날락하 는 것이 사람인다 신선인다" 방자놈 딴전하되 "어대 잇는 무엇이오 소인의 눈에는 아모랴도 아니 뵈오" 이"아니 뵌단 말이 웬말이냐 원 시를 못하느냐 청홍을 모르느냐 나 보는 대를 자시 보라 선녀 하강 하섯나 보다" 방"무산십이봉 아니어든 선녀 어찌 잇스릿가" 이"그러 면 숙향이냐" 방"이화정 아니어든 숙낭자라 하오릿가"

문장본의 문체 혁신의 실제

문장본은 최고본과 비교할 때 쉬운 말의 사용, 생략, 추가, 교정, 현대적 표기 등을 함으로 문체를 혁신하였다. 문장본의 이러한 용례를 구체적으로 보기로 한다.

쉬운 표현

조윤제(1957)는 이명선본 "춘향전"을 "농민적 문학"이라 한다면, 완판 열녀춘향수절가는 "시민적 문학", 최고본은 "귀족적 문학"이라 할 수 있을 것이라 하였다. 그만큼 최고본은 어렵고 점잖은 표현을 하고 있는 것이다. 이러한 난해한 표현이 문장본에서는 알기 쉬운, 평이한 표현으로 많이 바뀌었다. 한자어를 고유어(固有語)로 바꾸고, 한자어의 구문을 쉬운 말의 구문으로 풀어 표현하였다. 쉽게 읽고 즐길 수 있는, 언문일치의 표현을 지향한 것이다.

한자어는 대부분 직역되었다. 이들 예는 앞에서 본 바와 같다. 따라서 여기서는 예를 간단히 들기로 한다.

> 단공(短節)을> 막대를/ 함슈(含羞)ᄒ고>붓그러움을 머그머/ 졔강(濟江)홀 제 부쥬(負舟)ᄒ든> 강 건널 제 배를 지든 / 쵹비(觸鼻)ᄒ다> 코를 찌른다

구문(構文)을 쉽게 고친 것은 일일이 매거하기 어려울 정도다.

> 셜옹남관(雪擁藍關)의 마부젼(馬不前)뿐이어니와> 남관 눈 막힌 길

에 말이 못 나갈 뿐이려니와/ 욕궁천리목(欲窮千里目)ᄒ여 깅샹일층루(更上一層樓)ᄒ니> 천리의 눈을 다하고자 다시 다락 한 칭을 더 올라가니/ 초당견월 샹심식(草堂見月傷心色)이오, 야우문령 단쟝셩(夜雨聞鈴斷腸聲)이라> 초당에 드는 달은 상심하는 빛이오, 밤비에 들리는 풍경은 애끈는 소리더라

생략(省略)

문장본은 많은 표현이 생략되었다. 이러한 생략의 주류를 이루는 것은 한자어 및 한문투의 난해한 구문이다. "귀족적 문학"이라 할 정도로 난해한 최고본의 한문투 표현을 이해하기 쉽게 많이 생략, 순화한 것이다. 예를 보면 다음과 같다.

원앙지샹 량량비(鴛鴦池上兩兩飛)오 봉황루하 쌍쌍도(鳳凰樓下雙雙度)라. 날즘싱도 쌍이 잇고> 짐승도 쌍이 잇고/ 당시 문쟝 풍치로다. 가련퇴지 하쳐지(可憐退之何處在)오? 유유밍동야초항(惟有孟東野草香)이라. 황산곡리 화쳔슈(黃山谷裏花千樹)오 빅락텬변안일힝(白樂天邊雁一聲)이라. 두ᄌ미인금젹막(杜子美人今寂寞)ᄒ니 도연명월구황량(陶淵明月俱荒凉)이라. 이런 문쟝 가쇼ᄒ다. 당시에 문쟝 긔지로 한믁(翰墨)에 독보ᄒ더니> 당시 문쟝 풍채로다/ (몰으는듯 누엇고나.) 안홀고이 총쳥(岸忽高而塚青)ᄒ니 신월감이쟝디(新月感而粧臺)로다> 모르는듯 누엇고나.

추가(追加)

생략처럼 예가 많지는 않으나, 표현을 추가한 경우도 많다. 이는 희

곡 형식을 취하여 화자(話者) 표시를 한 것과 한시문(漢詩文)에 풀이를 덧붙인 것이 주류를 이룬다.

"이/리(이도령), 방(방자), 춘(춘향)"과 같은 것이 화자 표시로, 문장본에는 이러한 화자 표시가 240여 개 보인다. 한시문에 풀이를 덧붙인 것은 문장본의 표현 특성의 하나로, 독자 대중으로 하여금 읽기 쉽게 배려한 것이다. 이러한 시문(詩文)의 해석은 과거(科擧) 시제 외에 다섯 편의 한시가 원문과 함께 풀이되어 있다. 참고로 오언절구(五言絶句) 한 편을 보면 다음과 같다.

　보월ᄒ니 천화영이오> 보월하니 천화영이오 (달에 거니니 꽃그림자를 뚤고)
　등교ᄒ니 답슈셩을> 등교하니 답수성을. (다리에 오르는 물소리를 밟는도다.)
　산중에 다지샹ᄒ니> 산중에 다재상하니 (산속에 재상들의 이름이 만흐니)
　셕면이 반죠뎡이라> 석면이 반조정이라. (돌 자리가 반이나 조정이로다.)

교정(校訂)

최고본의 바람직하지 않은 표현이나 표기가 많이 고쳐졌다. 의미호응(意味呼應)이 제대로 되지 않거나, 형태적으로 바르지 아니한 것이 교정된 것이다. 구문의 경우는 어미(語尾)나 조사(助詞)가 잘못 쓰여 조리에 맞지 않는 것이 교정되었다. 표기상의 오류라 할 것도 교정되고 있다. 이러한 교정도 역시 광의의 이독성(易讀性)을 고려한 것이라 하겠다.

불통> 벌통 (같고)/ (종지리새) 열쇠 (까듯)< 열씨/ 월모승> 월노승 (月老繩)/ 리미망영> 이매망량(魑魅魍魎)/ (무엇을 먹고) 십으냐> 시 프냐?/ 못흡닌다> 못 합내다

오기(誤記) 및 개악(改惡)

문장본에는 오기 내지 개악한 것으로 보이는 표현이 참으로 많다. 이러한 사실은 文章本이 최고본을 개고한 것이 아닐 가능성을 보여 주는 대목이다. 개고를 하며 개선 아닌, 개악을 이렇게 많이 한다는 것은 생각할 수 없기 때문이다. 따라서 앞에서 언급한 바와 같이 두 "고본춘향전"은 저본(底本)이 다를 것이란 추단을 할 수 있다.

문장본에는 탈자(脫字)로 보이는 낱말의 오기와 단순한 오기로 보이는 것이 많다. "갈가마귀> 갈바귀/ 관음굴(觀音屈)> 관입굴/ 성상(聖上)> 셤상/ 약디로다> 악대로다"가 이런 예다. 개고를 잘못 하였다고 보이는 개악의 예는 "술부이며> 술 부어 주며/ 암암하고 랑랑훈(말소리)> 얌얌하고 냥냥한/ 삼등량초(三登兩草)> 삼등약촉" 같은 것이 그것이다. 이밖에 실사(實辭)가 아닌 어미 또는 조사가 잘못 쓰인 경우도 여럿 보인다. 이들은 대부분 조리(條理)에 맞지 않거나, 의미호응이 제대로 되지 않게 하고 있다.

표기 및 어휘 변화

두 "고본춘향전"은 어휘의 형태와 표기 면에서 많은 차이를 보인다. 이러한 차이는 단순한 표기 아닌 역사적 변화라는 관점에서 보아야 할

것도 많다. 역사적 변화는 이본의 저작(著作), 또는 필사(筆寫)의 연대를 추정케 한다.

최고본에는 아래 아(ㆍ)와 합용병서, 및 7종성이 쓰이고 있으며, ㅎ말음이 표기에 반영되고 있다. 이에 대해 문장본 춘향전은 아래 아(ㆍ)를 쓰고 있지 않으며, 각자병서를 하고, 종성을 7종성에 한정하지 않고 널리 사용하며, ㅎ말음은 거의 사용하고 있지 않다. 이들은 역사적 변화를 반영하는 것이다.

이밖에 문장본은 이중모음의 단모음화(單母音化), 구개음화(口蓋音化), 두음법칙(頭音法則), 전설모음화(前舌母音化), 경음화(硬音化) 등의 음운변화 현상을 보인다. 이는 보편적으로 나타나는 현상이다. 따라서 예를 드는 것은 생략하기로 한다.

역사적 변화로 말미암아 어휘가 차이가 나는 것도 많다. 이러한 변화는 실질형태(實質形態)와 의존형태(依存形態)에 다 같이 나타난다.

1) 실질형태 : 임의> 이미/ 출하로> 차라리/ 어룬> 어른/ 옥빈혀> 옥비녀/ 수히> 수이/ 종용히> 조용히/ 씨암닭> 씨암탉/ 한아(ㅎ)> 하나/ 날짐싱> 날짐승/ 빈초밧> 배추밭/ 몬저> 먼저/ 쌤> 뺨/ 수지겻기> 수수꺼끼/ 우음> 우슴/ 쥬머귀> 주먹/ 아회놈> 아이놈
2) 의존형태 : -디> -되/ 쳐로> 처럼/ 가랴(ㅎ고)> 가려/ 가잣셔라> 가자세라/ 그만이러라> 그만이더라/ 지르옵ㄴ다> 지르옵니다.

결어

문장지 소재 "古本春香傳"(1941)은 그 내용이나 표현 면에서 어느 이

본보다 崔古本(1913)과 가장 근사하다. 문장본은 최고본과 동질성과 이질성을 아울러 지닌다. 문장본의 특성은 최고본이 중국적 요소를 한국화 하고, 외설적 표현을 지양(止揚)한 데 대해, 알기 쉬운, 구어적 언문일치(言文一致)의 표현을 지향하고 있다는 것이다. 따라서 최고본의 내용면의 문체개혁(文體改革)과는 달리, 문장본은 형식면에서 춘향전을 근대적 표현으로 일대 혁신(革新)하였다고 할 수 있다.

문장본의 저본은 아직 분명치 않다. 그 표현 특성으로 볼 때 문장본과 최고본은 같거나 비슷한 이본을 저본으로 할 것이라 보인다. 다만 두 이본 간의 관계는 그 표현면(表現面)에서 볼 때 최고본이 더 고본(古本)에 속한다. 따라서 그 표현 특성 면에서 볼 때는 문장본이 최고본의 "개고본(改稿本)"의 성격을 띤다. 문장본의 구체적 표현 특성은 난해한 말과 표현을 알기 쉬운 말과 표현으로 바꾸는가 하면 생략하였고, 한시문(漢詩文)에 풀이를 붙였으며, 바람직하지 않은 표기나 표현을 교정하였고, 표기와 어휘를 현대화하였다는 것이다. 이들은 모두 알기 쉬운 문체를 지향한 장치라 할 수 있다. 그리고 희곡(戲曲) 형식을 취한 것도 표현을 구어화(口語化)함으로 역시 쉬운 표현을 겨냥한 것이다. 문장본은 고소설의 전통적·귀족적 표현을 지양하고, 이렇게 쉬운 구어적 표현을 지향함으로 춘향전의 표현과 문체를 일신하였다. 그리하여 근대적·서민적 표현의 서민문학·민중문학을 탄생하게 한 것이다. 따라서 문장본은 춘향전의 문학사(文學史)에 있어 표현과 문체를 획기적으로 개혁한 역사적 작품이라 할 것이다.

끝으로 문장본 춘향전의 계보(系譜)에 대해 간단히 언급하기로 한다. 문장본은 동양문고본·최남선본을 계승한 작품이다. 문장본계의 활자본은 댓 종류가 있다. 1936년 중앙인서관판 "춘향전"은 문장본보다 발행 연도는 빠르나 문체사적(文體史的) 면에서 볼 때 오히려 이의 교정본 같은 인상의 것이다. 1948년 중앙인서관판(판권장에는 三文社)은 서두만 다를 뿐 1936년판과 완전히 같은 것이다. 1953년의 삼문사판 "춘향전"과 "신역 춘향전"은 제목은 다르나 같은 것이다. 이들은 1948년 판과 동일한 내용으로 표기만 현대화한 것이다. 따라서 문장본 춘향전의 계보는 동양문고본―최고본―문장본―1936년 중앙인서관본―1948년 중앙인서관·삼문사본―1953년 삼문사본으로 변화 발전한 것이라 할 수 있다.

참고문헌

김동욱 외(1979), 춘향전비교연구, 삼영사

박갑수(2005), 고전문학의 문체와 표현, 집문당

조윤제(1957), 교주 춘향전―부 이본고, 을유문화사

조희웅(1999), 고전소설 이본목록, 집문당

박갑수(근간), 두 "고본춘향전"의 표현과 위상―文章誌 소재 "古本春香傳"의 새로운 照明―, 선청어문 35, 서울대학교 사범대학 국어교육과

박갑수(근간), 문장 소재 "고본춘향전"의 새로운 발견, 국어교육, 한국어교육학회

(한글+漢字 문화, 103호, 2008년 2월호)

고유한 수사 "곁말"의 세계

곁말의 개념과 성격

사람들은 왜 말을 하고 글을 쓰는가? 그것은 한마디로 상대방을 설득(說得)하기 위해서다. 이러한 설득의 과학(science of persuasion)이 바로 수사학이다. 수사학(rhetorics)은 본래 문학과 관련된 영역이 아니요 변론술로서, 언어에 의한 유용한 설득의 수단을 고찰하고자 하는 학문이었다. 그러던 것이 마침내 지나치게 형식을 치중해 쇠퇴하게 되었고, 마침내 이는 단순한 표현 기법을 의미하는 말로 전락하기에 이르렀다.

우리말에 "곁말"이란 것이 있다. 이는 표현 기법을 나타내는 말이다. 이는 우리 고유의 수사법의 하나라 할 수 있다. "곁말"의 사전적 의미는 "사물을 바로 말하지 않고 다른 말로 빗대어 하는 말"이다. "곁말의 개념을 바로 파악하기 위하여 비교적 자세한 풀이를 하고 있는 "한국문화대사전(신기철, 2008)을 보면 다음과 같다.

[일정한 범위의 사람이 자기네끼리만 쓰는 말로서] 일정한 목적 아래, 직접적으로 사물을 표현하지 않고, 다른 말로 빗대어 쓰는 말. "도둑놈"을 "밤이슬 맞는 놈", "외할머니"를 "풀솜할머니", "희떱다"

를 "까치 배때기 같다", "싱겁다"를 "고드름장아찌 같다", "방귀"를
"가죽피리", "젖통"을 "물통", "변소"를 "작은 집", "교도소"나 "유치
장"을 "큰집", "건방지다"를 "병자년 방죽이다", "걷다"를 "정강말을
타다", "오라"를 "색등거리", "불"을 "병정", "아편"을 "검은약"이라고
쓰는 것과 같은 따위다. 이 말들 속에는 해학과 풍자 그리고 세상을
꼬집는 뜻이 숨어 있어 좋은 구실을 하기도 하나, 잘못 쓸 경우 오해
를 사기 쉽다.

"곁말"이란 단순히 빗대어 표현하는 것이 아니고, 해학과 풍자를 지
닌 비유다. 이는 위의 풀이에 드러나듯 몇 가지 특성을 지닌다. 첫째,
특정 사회집단의 은어라는 것, 둘째, 빗대어 표현한다는 것, 셋째, 해학
과 풍자성을 지닌다는 것, 넷째, 효용성은 유용하기도 하고 유해하기도
하다는 것이다. 그러나 "곁말"의 특성은 이에 그치지 않는다. 좀 더 다
른 특성도 있다. 황석영의 소설 "장길산"에는 "문화 광대"의 "문화"를
"문어"로 받아 다음과 같이 곁말을 하는 것을 보여 준다.

> "문화놈들이 어디 있는지 아느냐?" 물었는데, 본성은 잃지 말더라
> 고 대답이 또한 재담이다.
> "어디 있긴 어디 있습니까요. 용궁 선봉장으루 서해 용왕님을 모
> 시고 있다가 엊저녁에 냉큼 낚시에 걸려 저어기 사거리 주막집 초장
> 속에 담겨 있지요."
> "이놈아, 누가 곁말을 쓰라더냐?

광대 하나가 매를 맞으며 재담을 한 것이다. 이는 비유가 아닌, 유음
어(類音語)에 의한 재담이다. 이는 "이놈아, 누가 곁말을 쓰라더냐?"라는
말이 보여 주듯, 대표적인 곁말의 한 유형이다. 유음어·동음어(同音語)

에 의한 어희(語戲)도 곁말인 것이다. 요즘의 정치판의 유행어 "소탐대실(小貪大失)"이 소(牛)를 탐하다가 대권을 잃는다는 말이나, "만사형통(萬事亨通)"이 '모든 일은 형을 통하면 된다'는 "만사형통(萬事兄通)"이라는 것도 이러한 것이다. 이러한 유음어, 또는 동음어에 의한 어희는 서양의 수사법에서 펀(pun), 또는 패러노메이지아(paronomasia)라 하는 것이다.

"곁말"은 또 속담, 수수께끼, 파자(破字)도 가리킨다. "속담"은 민간전승의 잠언으로서 "곁말", 또는 "덧말"이라고도 한다. 이는 간결한 형식으로 빗대어 표현한다는 의미에서 "곁말"이라 할 수 있을 것이다. "수수께끼" 또한 짧막한 비유적 묘사나 표현을 통해 문답을 한다는 점에서 곁말이다. 파자(破字)는 자획을 나누거나 합쳐 어떤 의미를 드러냄으로 비유적 성격을 지녀 "곁말"이 된다. 이밖에 "곁말"은 또 재담(才談), 또는 육담(肉談)을 의미하기도 한다. "재담"은 물론 익살을 부리며 재치있게 하는 말이다. 위트 있는 말이다. 이는 앞에서 인용한 소설 "장길산"에도 보이듯 "곁말"과 동의어로 쓰이기도 하는 것이다. "육담"은 "음담 따위의 야비한 이야기"라는 사전적 의미를 지니나, "재담"과 동의어로 쓰이는 말이기도 하다. 이의 용례는 신재효의 판소리 "춘향가(남창)"와 "심청가"에 등에 보인다. 이렇게 볼 때 "곁말"의 개념과 성격은 다음과 같이 정리할 수 있을 것이다.

① 빗대어 표현하는 해학과 풍자의 말
② 유음어 또는 동음어에 의한 어희
③ 속담·수수께끼·파자와 같은 일정한 형식의 비유적 표현
④ 육담·재담과 같은 재치 있고 해학적인 표현

곁말 사용의 실상과 효용

"곁말"은 다양한 영역에 걸쳐 쓰이고 있다. 즐겨 쓰이는 대표적인 영역은 소설과 가면극, 판소리, 설화 및 민요다. 그도 그럴 것이 "곁말"은 해학과 풍자의 대표적 표현 기법이기 때문이다. 다음에 이들 "곁말"의 예를 한두 개씩 들어 그 실상과 효용을 살펴보기로 한다.

빗대어 표현하는 해학과 풍자의 말

빗대어 하는 말로서의 "곁말"의 용례는 무수하다. 이는 위의 "대사전"의 풀이 가운데서도 쉽게 확인할 수 있다. 이러한 예는 문학작품에 많다. 한 예로 민요 "찔리야 꽃"은 문자 그대로 대표적인 해학과 풍자의 "곁말"이다. 이 노래는 경주 지방에 전하는 민요로 그 노랫말은 다음과 같다.

> 찔리야 꽃은 장개 가고,
> 석류야 꽃은 상객 가네.
> 만 인간아, 웃지 마라.
> 씨 종자 바래 간다.

이는 "찔레꽃은 장가가고, 석류꽃은 상객(上客)으로 따라 가네. 만인간들아, 웃지를 마라. 자손을 보기 위해 가는 것이다"란 뜻의 노래다. 따라서 겉으로 보면 평범한 노래다. 그러나 속내는 그렇지가 않다. 이는 웃지 못할 결혼 풍속을 꽃에 빗대어 익살스럽고 풍자적으로 표현한 것이다. 흰색 찔레꽃은 백발노옹(白髮老翁)을, 붉은 석류꽃은 홍안소년(紅顔

少年)을 비유한다. 따라서 백발노옹이 장가를 가고, 홍안소년이 상객으로 가는 것이다. 이는 정상이 아니다. 홍안소년이 장가를 가고, 백발노옹이 상객으로 가는 것이 정상이다. 따라서 만인간(萬人間)이 비웃게 된다. 그러나 거기에는 그럴 만한 딱한 사정이 있다. 그것은 무후(無後)의 불효를 저지르지 않고, 대를 잇기 위해 이런 부끄러운 결혼을 한다는 것이다.

이렇게 "찔리야 꽃" 노래는 간단한 비유로 엄청난 인생 현실을 표현하고 있다. 따라서 이러한 사정을 감지한 인간은 비웃는 것이 아니라, 처연한 동정을 금치 못할 것이다.

유음어 또는 동음어에 의한 어희

김삿갓 김병연(金炳淵)은 뛰어난 시재(詩才)와 기행으로 유명한 시인이다. 한번은 김삿갓이 시회(詩會)의 진 빚을 갚겠다는 함흥 사또에게 이끌려 평창군수를 찾게 되었다. 지난번 시회에서의 설욕을 하기 위해 찾아온 것을 안 평창 사또는 시재(詩才)도 데리고 왔으니 내기를 하자고 했다. 김삿갓은 이 관아에 들어오며 사령들에게 문전박대도 받은 터라 시로써 평창 군수의 코를 납작하게 해 주리라 생각했다. 김삿갓은 사또가 부르는 운자(韻字)에 따라 다음과 같은 시를 지었다.

주인호운 태환동(主人呼韻太環銅)
아불사음 이조웅(我不使音以鳥熊)
주주일배 속속래(萐酒一杯速速來)
금번래기 척사공(今番來期尺四蚣)

이 시는 한시의 외형을 빌린, 한문과 고유어를 한데 섞은 한·한(漢韓) 혼용의 변형시(變形詩)다. 이 시를 새겨 보면 다음과 같다.

주인이 운자를 부르는 것을 보니 구리고 구리도다.
나는 음으로 시를 짓지 않고 새곰(鳥熊)으로 짓겠노라.
사발술 한잔이나 빨리 빨리 가져오너라.
이번 내기는 자네(尺四)가 지네(蚣).

이는 사또의 인품을 욕하고, 내기에 졌다고 노래한 것이다. 이 시에는 한자가 음이 아닌 새김으로 쓰인 곳이 여러 군데 있다. 우선 "구리 동(銅)"자가 "구리다", 조웅(鳥熊)이 "새곰" 곧 "새김(訓)"으로, 척사(尺四)가 "자네(汝)"로, "지네 공(蚣)"자 "지네(負)"로 쓰인 것이 그것이다. 이들은 그 새김으로 같거나 비슷한 음의 다른 뜻의 말로 쓰임으로 시상(詩想)에 일대 전환을 가져오게 한 것이다, 따라서 듣는 사람들은 놀라움과 감탄을 금치 못하게 된다. 이뿐이 아니다. 여기에는 또 동음어를 활용한 표현도 있다. 끝 귀의 "내기(來期)"가 그것이다. 이는 새김 아닌 음으로 읽힐 것으로 동음이의어(同音異議語) "내기(賭)"를 나타낸다. 따라서 이 시는 유음어와 동음어를 아울러 활용해 시회에서 자기네가 이겼음을 선언한 시다. 이는 유음어와 동음어를 활용하여 기발한 표현을 한 대표적인 시라 할 것이다. 그래서 평창 군수는 화가 머리끝까지 나 "뜨개소"처럼 씩씩거렸다고 한다.

속담 · 수수께끼 · 파자 등 일정한 형식의 비유적 표현

속담이나 수수께끼는 간결하고 응축된 표현으로 그 효과를 드러내는 것이고, 파자는 번뜻번뜻 빛나는 기지에 찬 표현이다. 이들 속담이나 수수께끼 및 파자는 문학작품에서 그 표현효과를 드러내기 위해 즐겨 쓰인다. 고전에서는 춘향전에 많이 쓰이고 있다. 여기서는 이들 가운데 간단한 파자(破字)의 예 하나를 설화에서보기로 한다. "황구연전집"(2007)에 실려 있는 "암행어사 박문수"의 일화 가운데 하나다.

박문수가 열아홉 살 때의 일이다. 훈장 선비가 놀러 왔다가 그가 글을 잘 한다는 말을 듣고 아무 말도 없이 백지에다 나이가 몇이냐고 한문으로 썼다. 박문수는 그것이 자기의 학문의 깊이를 알고자 함이라 직감하고, 붓을 들어 다음과 같이 써서 내밀었다.

"남산유전 변토락(南山有田 邊土落)이요, 북림소구 조선례(北林巢鳩鳥先禮)라"

이 글을 본 훈장은 학문이 깊다면서도 진땀을 빼며 이윽토록 애를 쓴 다음에야 겨우 풀이하였다. 단순한 한문이 아니요 파자(破字)이기 때문이다. 이 글의 뜻은 "남산에 밭이 있는데 변두리 흙이 떨어졌고, 북쪽 수풀에는 비둘기가 깃들었는데, 새가 먼저 날아갔구나" 하는 것이다. 그러나 그 속에 숨은 뜻은 밭 전(田)자의 변두리가 떨어져 나가 열 십(十)을 의미하고, "비둘기 구(鳩)자에서 새가 날아가 아홉 구(九)자만 남은 것을 뜻한다. 따라서 당시 박문수의 나이가 19세란 말이다. 이렇게 파자는 지적이고, 풍자적인가 하면 익살스러운 표현이다.

육담, 또는 재담과 같은 재치 있고 해학적인 표현

우리나라에는 인형극이 단 하나 전해지고 있다. 이는 중요무형문화재로 지정된 "꼭두각시놀음"으로, 일명 "박첨지놀음", 또는 "홍동지놀음”이라고도 하는 것이다. 이 극본에 다음과 같은 대사가 보인다.

> 산받이 : 너 삼시나 사시나 먹고 놀지 말고, 평안감사께서 모리꾼
> 　　　　하나 사 달래니 품팔이 가거라.
> 진동이 : 얼마 준대?
> 산받니 : 만량 준단다.
> 진동이 : 가 봐야지.
> 평안감사 : 웬 발가벗은 놈이냐?
> 진동이 : 내가 발가벗은 놈이 아닙니다. 아주머니 바지저고리를 입
> 　　　　었습니다.
> 평안감사 : 요놈 곁말을 쓰는구나. 너 이놈아, 싸리 밭에 쐐기 많
> 　　　　다. 네 재주껏 튀겨 봐라.

위의 대사에서 진동이가 “아주머니 바지저고리를 입었습니다”라 한 것이 비유요, 재담이다. 이 “아주머니 바지저고리”에 대해 다른 연희본(演戲本)에서는 “홍동지”의 설명으로 “고모 바지저고리를 입었단 말씀입니다”라 하는 설명이 보인다. “아주머니”가 “고모(姑母)”로 바뀌었다. 곧 “아주머니 바지저고리”는 “고모 바지저고리”란 말이다. 그렇다면 발가벗은 것과 이들의 관계는 어떻게 된 것인가?

“아주머니 바지저고리”는 벌거벗은 나신(裸身)을 비유한 말이다. 우선 벌건 살갗을 살색 “고무 옷”에 비유하였다. 그리고 이 “고무”가 유음어 “고모(姑母)”로 바뀌고, 이 “고모”가 다시 숙모 항렬의 유의어인 “아주머니”로 바뀌어 “아주머니 바지저고리”란 비유적 표현이 된 것이다. 이들 비유는 재치 있는 해학적 표현이다. 나신(裸身)을 “고무옷을 입었다”고 표현하는 것만도 기지에 찬 표현이라 하겠는데, 이를 “아주머니 바지저고리”라고 한 번 더 돌려 표현한 것은 한 단계 더 높은 수사적 기법

을 쓴 것이라 하겠다. 그래서 이는 웃음을 머금게 한다. 이와 같이 비유를 하고, 다시 동음어를 활용한 어희(語戲)는 서두에 보인 "곁말"의 풀이, "건방지다"를 "병자년 방죽이다"라 하는 것에서도 볼 수 있다. 조선조 고종(高宗) 13년 병자년은 흉년으로 잘 알려진 해다. 이 해는 가물이 들어 저수지의 물이 모두 말라 버렸다. 그리하여 방죽은 모두가 건방죽(乾-)이 되었다. 이러한 상황에서 "건방지다"와 "건방죽"이 발음이 비슷해 동일시되고, "건방진" 성품이 병자년의 흉년과 맞물리면서 "병자년 방죽이다"가 "건방지다"를 비유하는 말이 된 것이다. 확실히 "병자년 방죽이다"라고 비유적 표현을 하게 되면 직설적인 "건방지다"에 비해 운치 있고 해학적인 표현이 된다.

육담의 기본적 의미는 "음담 따위의 야비한 이야기"다. 따라서 고려속요를 말이 속되어 책에 싫을 수 없다(詞俚不載)고 하였듯 공개적으로 말하기 어려운 것이 육담이다. 은밀한 장소이거나, 기방 또는 술자리에서나 할 수 있는 이야기다. 그러나 S. Thompson의 말처럼 "어떤 것보다 관심이 있는 것이 언제나 성적 사건과 속임수의 이야기"다. 그러기에 도처에 깔려 있는 것이 육담이다. 이러한 육담 가운데 학문적 대상이 되는 것은 "민간에 전승하는 성기와 성행위를 소재로 한 짧은 이야기"라 본다.

북한 사회에서는 성적인 묘사나 과도한 사랑의 묘사는 금기시된다. 따라서 성적 행위의 묘사는 상상할 수 없는 것이었다. 그런데 한국에서 만해문학상을 받은 홍석중의 장편소설 "황진이"에는 노골적인 성적 묘사가 이루어지고 있다. 그만큼 육담이 보편적인 것이란 의미겠다. 따라서 다음에는 이 "황진이"에서 좀 외설적이라 할 성기에 대한 육담 하나를 보기로 한다. 이는 개성유수 김희열의 단풍놀이 장면에서 선비와 기생 사이에 건네지는 육담이다.

　　한쪽에서는 얼굴이 말고기 자반처럼 시뻘개진 생원님, 진사님들
서넛이 기생들과 한데 어울려서 술기운과 한껏 부풀어오른 정욕을
음탕한 외설로 달래고 있었다.
　　"그래 계집의 입이 두 개라면 위 입, 아래 입 중에서 어느 것이 더
나이를 먹었느냐?"
　　"그야 물론 위 입이지요."
　　"그건 왜?"
　　"위 입에는 이빨이 났으니까요."
　　"그래, 네 말이 옳다."
　　"아니에요. 아래 입이 더 나이를 먹었어요."
　　"그건 또 왜?"
　　"아래 입엔 수염이 나지 않았나요?"
　　폭소가 터지고 허리들을 분질렀다.
　　"옳거니, 짜장 네 말이 맞았다."
　　"아니, 아니에요. 아래 입이 더 어려요."
　　"어째서?"
　　"늘 젖을 빨구 싶어 하니까요."

이들 육담에서 기생의 대화는 단순한 육담 아닌 비유요, 재담이다.

곁말의 가치와 활성화

　　우리의 고유한 수사 "곁말"에 대해 살펴보았다. 이는 넓은 의미로
"사물을 다른 말로 빗대어 하는 말"이라고 하나, 풍자와 익살의 표현이

다. 여기에는 무엇보다 웃음과 재미가 깃들어 있어야 한다.

"곁말"은 소설, 가면극, 판소리, 설화 및 민요 등 다양한 영역에서 즐겨 사용되었다. "곁말"에 해당되는 서양의 펀이나 패러노우메이지어도 고전 작가들이 즐겨 썼고, 중세 및 문예부흥기에는 설교에 많이 씌었으며, 영국의 엘리자베스 여왕 시대에는 수사적이고 장식적 기교로서 중시되었다. 그러나 오늘날은 이 "곁말"이 많이 쓰이는 것 같지 않다. 동음어와 유의어가 단편적인 어휘로서 정치, 사회적 현상에 대해 다소 쓰이고 있을 뿐이다. "곁말"은 풍자와 해학의 표현인가 하면 지적인 표현이다. 그리고 훌륭한 가락의 시를 빚어내고, 장중한 표현 효과도 드러낼 수 있다. 따라서 우리의 전통적 수사 "곁말"이 그 가치를 발현하고, 각박한 현대 삶에 활력소를 제공했으면 하는 바람을 가지게 한다.

(우리길벗, 33, 2008년 7월호)

풍자와 운율의 멋을 지닌 민요

서언

풍자와 익살을 드러내기 위해 곁말을 사용하는 대표적 영역에 가면 극(假面劇)과 민요(民謠)가 있다. 민요란 민중 속에서 자연적으로 발생하여 오랜 동안 불려오는 사이에 세련되고, 민중의 생활 감정을 소박하게 반영하는 노래이다. 그러기에 여기에는 민족이나 국민의 성정이 드러난다. 이번에는 이러한 민요에 반영된 풍자와 멋을 우리의 고유한 수사 기법인 "곁말"을 통해 살펴보되, 비유로서의 곁말과 동음어로서의 곁말에 의한 표현을 주로 보기로 한다.

빗댄 표현의 곁말

먼저 경주(慶州) 지방의 민요 하나를 보기로 한다. 이는 웃지 못할 결혼의 한 단면을 보여 주는 것이다.

찔리야 꽃은 장개가고/ 석류야 꽃은 상객 가네.

만 인간아, 웃지 마라/ 씨 종자 바래 간다.

이 노래는 겉으로 보면 단순한 꽃노래이나, 실상은 우리 민족의 서글픈 결혼 풍속을 엿보게 하는 풍자의 노래다. "찔리야 꽃"은 흰색 찔레꽃으로, 백발노옹(白髮老翁)을 비유한 것이다. 이에 대해 "석류꽃"은 붉은 석류꽃(石榴花)으로, 홍안소년(紅顏少年)을 나타낸다. 따라서 "찔리야 꽃은 장개가고 석류야 꽃은 상객 가네"는 백발노인은 장가를 가고, 홍안 소년은 상객(上客)으로 따라간다는 노래다. "홍안 소년"이 장가를 가고, "백발노인"이 상객으로 가야 하는 데 주객이 바뀌었다. 그러기에 이 민요의 다음 구절은 "만 인간아, 웃지 마라. 씨 종자 바래 간다."고 하고 있다. 이렇게 주객이 바뀐 것은 대(代)를 잇기 위해 노인이 신랑으로, 젊은이가 상객으로 간다는 말이다. 칠거지악(七去之惡) 가운데 "무자거(無子去)"가 있고, 무후(無後)가 커다란 불효이기에 우리의 전통사회에서는 대를 이을 자식이 없다는 것은 생각할 수 없는 일이었다. 그러기에 자식이 없는 양반은 작첩(作妾)을 하는가 하면, 양자를 하고, 현부인(賢夫人)은 양반의 일부일첩(一夫一妾)은 당연하다며 첩 두기를 권했다. 그래서 여기서도 "씨 종자(子息)"를 얻기 위해 부끄러움을 무릅쓰고 백발노인이 장가를 간다는 것이다. 이는 우리 유교적 전통사회의 한 단면을 풍자한 것이다.

이러한 비유에 의한 풍자적인 민요로는 다음과 같은 것도 있다.

장다리는 한 철이나
미나리는 사철이라.

이는 조선조의 참요(讖謠) 가운데 하나다. "참요"란 물론 앞으로 일어날 일에 대하여 예언하는 노래를 말한다. 위의 "장다리" 노래는 조선조의 숙종(肅宗)을 둘러싼 비빈간(妃嬪間)의 애정 사건을 예언한 것이다. 곧 이 노래 가운데 "장다리"는 장희빈(張禧嬪)을, "미나리"는 인현왕후(仁顯王后) 민씨(閔氏)를 비유한다. "장다리"의 "장"이나 "미나리"의 "미"로 각각 그 성씨 "장(張)"과 "민(閔)"을 상징적으로 나타낸 것이다. "장다리" 노래는 장다리 곧 장희빈이 간교한 흉계로, 유한정정(幽閑靜貞)한 성덕을 지닌 "미나리", 곧 인현왕후를 폐위시키고 왕비가 되어 일시적으로 득세하나 궁극에 가서는 사시사철 푸른 미나리, 곧 인현왕후가 승리하리라는 노래다. 이 사건은 과연 얼마 가지 않아 장씨가 폐위되고, 민씨가 복위되기에 이른다. 다음의 "도화요(桃花謠)"도 궁중의 사랑 다툼을 예언한 참요이다.

　　도화라지, 도화라지?
　　네가 무슨 년의 도화냐?
　　복숭아꽃이 도화(桃花)지.

이 노래는 마치 "농부가(農夫歌)"의 일절인, "서 마지기 논배미가 반달만큼 남았네./ 네가 무슨 반달이냐?/ 초생달이 반달이지."와 같은 형식의 동요(童謠)다. 그러나 이는 소박하고 순수한 동요가 아니다. 엄청난 시샘의 뜻을 품고 있는 노래다. 고종(高宗)의 총애를 받던 엄 귀비(嚴貴妃)는 어느 진연(進宴) 때 임금의 눈을 끈 평양 기생 도화(桃花)라는 미인을 보게 되었다. 귀비는 왕의 사랑을 독점하고자 도화를 시샘하여 왕 몰래 그녀의 얼굴을 바늘로 찔러 마치 심한 종기가 난 것처럼 만들고, 그녀가 악질(惡疾)이 있으니 쫓아내자고 왕에게 무고하였다. 그리하여 불쌍한 도화는 마침내 쫓겨나고 말았다. 민비(閔妃)와 고종 사이에 끼어들어 왕의 사랑을 받던 그녀가 왕의 총애를 도화에게 빼앗길까 두려워 시샘을 한 것이다. 이 노래는 이러한 엄 귀비와 도화의 애증 관계를 예언한 것이다. "도화라지, 도화라지? 네가 무슨 복숭아꽃 도화냐? 복숭아꽃이 진짜 도화(桃花)지……." 이렇게 복숭아꽃처럼 아리따운 도화가 왕의 사랑을 받을 수 없음을 예언한 것이다. 도화― 그녀는 지존(至尊)의 사랑을 받을 번하다가 너무나도 억센 시샘에 가엾게도 스러지고 만 한 떨기의 꽃이었다.

동음어의 어희(語戲)

참요 가운데는 애정 사건이 아닌 혁명(革命)을 동음어에 의해 예언한 것도 있다.

> 가보세, 가보세.
> 을미적 을미적
> 병신 되면 못 가보리.

이 노래는 동학농민운동(東學農民運動)을 예언한 것이다. 동학농민운동은 전라도 고부(古阜)에서 전봉준(全琫準)에 의해 고종 31년(1894) 2월에 발단되었다. 이는 부패한 사회를 바로잡고, 위태로운 나라를 구해 자유와 평등을 누려 보려는 민중의 봉기였다. 동학의 세력은 자못 커 전란은 전라 충청도의 대부분과 경기 강원 경상 평안도에까지 파급되었다. 그러나 이미 그 해에 대세는 기울었고, 그 여파가 2, 3년 계속되는 데 그쳤다. 위의 민요 가운데 "가보"는 "갑오년(甲午年)", "을미"는 "을미년(乙未年)", "병신"은 "병신년(丙申年)"을 가리킨다. 그리고 "가보세"는 동학운동에 참가하자는 의미이고, "을미적 을미적"은 을미년에 동학에 가담하지 않고, 꾸물거리는 것을 의태어로 표현한 것이다. 따라서 이들은 동음어에 의해 중의성(重義性)을 드러내고 있는 곁말이다. "병신되리"는 동학운동에 가담하지 않고 꾸물거리다가는 "병신(病身)"이 된다는 말이다. 이것도 동음어에 의한 곁말이다. 이렇게 "가보세 노래"는 동학에 가담하라는 선동의 노래다. 그러나 이 노래의 뜻은 이와는 달리 동학운동이 아무리 드세게 일어날지라도 을미년을 거쳐 병신년에 이르면 끝이 난다는 것으로 해석되기도 한다. "병신 되면 못 가보리"는 병신년이 되면 이미 참여할 수 없음을 나타내는 것으로도 해석되기 때문이다. 여하간 이 노래는 어떤 말을 그것과 같거나, 비슷한 음(音)의 말을 사용하여 자기의 속뜻을 넌지시 표현함으로 표현 효과를 거두고자 한 풍자의 노래다.

동학운동을 노래한 민요로는 다음과 같은 것도 있다.

새야 새야 파랑새야/ 너 어이 나왔느냐?
솔잎 댓잎 푸릇푸릇키로/ 봄철인가 나왔더니/
백설이 펄펄 흩날린다.
저 건너 저 청송녹죽(靑松綠竹)이/ 날 속였네.

이 동요는 동학운동이 실패로 돌아갈 것임을 예언한 것이다. 이 동요에서 "파랑새"는 동학당, 곧 봉기한 민중을 가리키며, "봄철"은 봉기할 적당한 시기를, "백설"은 엄동(嚴冬), 곧 거사(擧事)할 시기가 아님을 비유한 것이다. 따라서 이 동요는 동학당(東學黨)이 혁명의 시기가 성숙되기 이전에 거사를 하여 실패하게 될 것임을 예언한 것이다. 이 "파랑새 노래"의 표현은 앞에서 본 "가보세 노래"와는 달리 비유라는 형식의 곁말을 한 것이다.

다음의 "순사 나리 개나리"란 민요도 동음어(同音語)에 의한 곁말을
한 것이다.

> 나리 중의 개나린/ 봄 동산에 피었는데
> 순사 나리 궁둥이엔/ 개가 왕왕 짖누나.

이 노래는 "나리(<나으리·진사)"와 "나리(참나리·백합)", 그리고 "개나리
(連翹)"와 "개(犬)-나리(나으리·진사)"를 소리가 같기 때문에 동일시 한 것
이다. 그리하여 이 노래는 노란 개나리꽃을 예찬하고 순사(巡査) 나으리,
곧 순경을 조롱한 것이다. 이 노래의 뜻을 새겨 보면 다음과 같다.

> 나리 가운데 노랗게 피는 개나리꽃은 봄 동산에 아름답게 피었는데
> 같은 "나리"인 순사 나리는 개 같은 나리라
> 개가 멍멍 짖으면서 그 궁둥이를 쫓아가는구나.

이 노래는 일제(日帝) 시대 우리 민족을 괴롭히던 순경을 풍자적으로
조롱함으로 이 겨레의 울분을 다소나마 풀어 보려던 민요라 하겠다.

결어

민요를 대상으로 고유한 수사법 "곁말"에 의한 표현을 몇 개 살펴보
았다. 민요에는 비유에 의한 곁말과 동음어에 의한 표현 외에 두운과
각운에 의한 곁말도 많이 활용되고 있다. 이러한 곁말은 풍자, 익살, 반

어적 표현을 하고 있으며, 운율적 특성을 드러낸다.

민요에 반영된 결말의 특징의 하나는 무엇보다 예언(豫言), 곧 "참(讖)"에 있고, 이밖에 직접적으로 표현하기 힘든 것을 돌려서 표현한다는 것이다. 이것이 비유(比喩)에 의한 결말이다. 셋째의 특징은 민요가 시가(詩歌)임으로, 두운 및 각운과 같은 운율적 표현을 한다는 것이다. 이러한 민요는 구수한 향토미(鄕土味)를 드러내며, 때로는 신명나는 가락을 뽑아 올리고, 때로는 실의에 빠져 흐느끼게도 한다. 익살과 풍자와 반어와 어희는 이렇게 멋과 맛과 흥취를 자아내게 한다.

(2008. 9.)

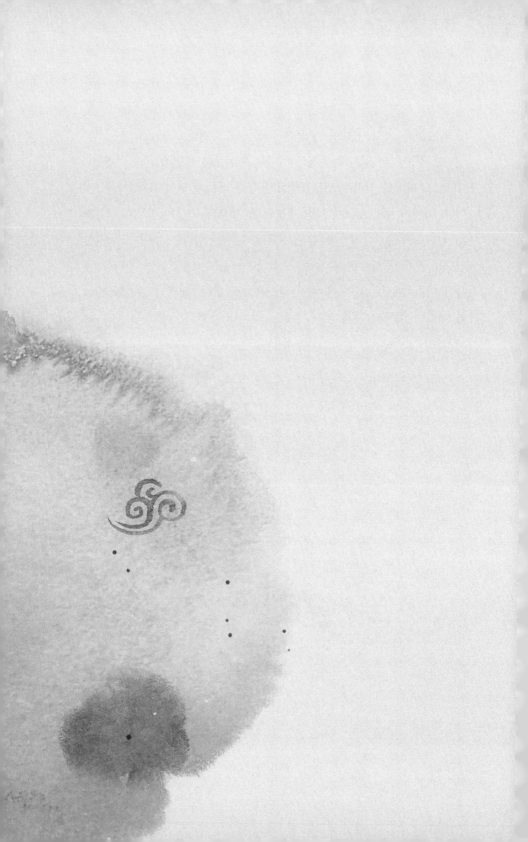

제3부

우리 문화의 내면 산책

Ⅰ. 언어생활과 문화 주변

한국 문화의 바탕, 큰절

인사와 절

사람들은 어떤 일이 있을 때, 또는 어떤 사람을 만나거나 헤어질 때, 흔히 사교적이거나 의례적인 말이나 행동을 주고받는다. 우리는 이러한 의례를 흔히 "인사(人事)"라 한다.

인사란 참으로 묘한 말이다. 이는 사람 인(人)자, 일 사(事)자를 써, 사람의 일, 곧 사람이 마땅히 해야 할 일이란 뜻을 나타내기 때문이다. 동양 삼국에서 "인사"란 말을 이러한 뜻으로 쓰는 것은 우리뿐이다. 중국에서는 우리의 인사에 해당한 말을 "예(禮)"라 하고, 일본에서는 "아이사쓰(挨拶)"라 한다. "예(禮)"자는 형성자로 신을 뜻하는 "示"자와 음과 "이행하다"를 뜻하는 "豊"자가 합쳐져 이루어진 글자이다. 따라서 이는 "신 앞에서 이행하는 것"을 뜻하는 말로, 오늘날 의례, 예의의 뜻으로 쓰는 것은 그 의미가 확대된 것이다. 이로 보면 중국의 예란 사람과 사람 사이의 관계가 아니라, 사람과 신과의 관계였음을 알 수 있다. "아이사쓰" 곧 "애찰"은 밀 애(挨), 맞닥뜨릴 찰(拶)자로 이루어진 말로, 본래는 "밀고 앞으로 나아감"을 뜻하는 말이다. 이 말은 불교의 선종(禪

宗)에서 "일애일찰(一挨一拶)"이라고, 문답을 밀어붙여 그 깨달음의 정도를 시험한다는 뜻으로 쓰던 말이다. 이는 그 뒤 일반화하여 문답 또는 편지 왕래의 뜻으로 그 의미가 확대되었다. 이 말이 일본에서 의례적인 말이나, 동작을 가리키게 된 것이 아이사쓰다. 따라서 일본어 "아이사쓰"는 불교의 냄새가 짙은 말이다. 이에 대해 영어의 "greeting"은 인도 게르만의 조어(祖語) "*ghred-, *ghrod-"란 "반향(反響)하다"를 뜻하는 말에서 파생된 것이며, 불어 "saluer"는 라틴어 "salutare"란 "건강, 복지"를 뜻하는 말에서 연유한 말이다. 따라서 서구어는 소리 지르거나, 안전을 기원하는 구체적 사실에서 인사를 나타내는 말이 태어났음을 볼 수 있다.

우리의 인사는 이렇게 사람이 마땅히 해야 할 일로 파악되었다. 그러나 이는 후대의 일로, 그전에는 우리의 고유어로 일렀을 것이다. 이러한 말에 "고마하다"가 있다. 조선조 초기의 석보상절이란 책에 보면 "서로 고마하며 들으샤"란 구절이 보이는데 이 "고마하다"가 그것이다. 이것은 오늘날의 "인사하다"에 해당한 말이다. 그러나 이 말은 오늘날과는 발상에 차이가 있다. "고마하다"란 말은 "공경하다"란 동사이기 때문이다. 우리의 선조들은 인사를 "공경하는 것"으로 파악한 것이다. 이 "고마하다"에서 파생된 형용사가 오늘날 "감사하다"란 뜻으로 쓰이는 "고맙다"란 말이다.

인사는 흔히 언어와 동작으로 이루어진다. 경우에 따라서는 언어가 주를 이루고 여기에 동작이 부수되며, 경우에 따라서는 동작이 언어를 대신하기도 한다. 동작은 원거리에서 행해지는 경우와 근거리에서 행해지는 경우가 있다. 근거리에서 행해지는 경우에는 신체적 접촉을 하느냐, 하지 않느냐로 나뉜다. 악수나 포옹, 키스는 전자에 속하는 것이

고, 우리의 절이나, 일본의 절, 인도의 힌두교도나 불교도의 합장은 후
자에 속하는 것이다.

우리의 절(拜)은 이렇게 사람이 마땅히 행해야 하는 의식으로, 비접촉
형 인사에 해당한 것이다. 이러한 절에는 큰절과 반절이 있다. 이러한
절의 구별은 특히 여자의 절에서 꾀해진다. 큰절이란 "여자가 초례 때
나 시부모를 뵈올 때와 같이 가장 예의를 갖추어야 할 때 하는 절"을
이르는데, 두 손을 이마에 대고 앉아서 허리를 굽혀 하게 된다. 이에
대해 반절이란 "허리를 굽혀 양손을 바닥에 대고 고개를 숙이는 여자
의 절"을 이른다. 이와는 달리 큰절이란 서서 허리를 굽히는 신식 절에
대한, 전통적인 절을 이르기도 한다. 남자들이 서서 머리를 까딱하고
인사를 하거나, 허리만을 굽혀 인사할 때 "큰절을 드려라" 하는 것이
그것이다.

큰절과 전통문화

절이란 말은 우리의 고전에 보면 조선 초기부터 쓰인 것을 볼 수 있
다. 석보상절의 "멀리서 보고 또 부러 가 절 하삽고"나, 월인천강지곡
(月印千江之曲)의 "世尊께 가 절 하삽고"가 그 예이다. 물론 이는 그 전에
는 "절"이란 말이 쓰이지 않았다는 말이 아니다. 훈민정음이 창제되기
이전에는 이러한 기록을 확인할 수 없어 확인이 안 될 뿐이다. 역사적
으로 볼 때 인간적인 교섭을 가지면서 어떤 형태로든 인사를 하였을
것이고 보면 이 "절"이란 말도 일찍부터 있었고, 이러한 동작도 행해졌
을 것으로 보인다.

우리의 전통적인 "큰절"은 애경사(哀慶事)에서 행해졌고, 이는 오늘날에도 그대로 이어진다. 우리의 대표적인 명절 설에도 이 절을 한다. 19세기 중반 홍석모(洪錫模)가 지은 동국세시기에 보면 "서울 풍속에 이날 사당에 제사지내는 것을 차례라 한다. 남녀 어린이들이 모두 새 옷을 입는 것을 세장(歲粧)이라 하고, 집안 어른들을 찾아뵙는 것을 세배라 한다."고 한 것을 볼 수 있다. 차례를 지낼 때에는 큰절을 하게 마련이고, 세배도 큰절로 하였을 것이다. 그리고 동국세시기에는 왕기(王錡)의 "우포잡기(寓圃雜記)"를 인용하여 다음과 같이 쓰고 있는 것을 보여 준다.

"서울 풍속에 매년 설날이면 주인은 모두 하례하러 나가고 다만 백지로 만든 책과 붓 벼루만 책상 위에 배치해 두면 하례객이 와서 이름만 적을 뿐 환영 환송하는 일은 없다."

이렇게 설날에는 신년을 하례하는 의식을 행하였다. 세배는 꼭 설날만 하는 것이 아니었다. 섣달그믐에도 하였고 정초에도 하였다. 섣달그믐에 하는 것을 특히 "묵은세배"라 한다. 세배는 "세알(歲謁)"이라고도 한다. 세배를 할 때나, 길에서 연소한 친구를 만나면 인사말을 건넨다. 이를 덕담이라 한다. 동국세시기(東國歲時記)에 의하면 이때 "올해는 꼭 과거에 합격하시오", "부디 승진하시오", "생남하시오", "돈 많이 버시오"와 같이 하는 것으로 되어 있다. 요사이는 연소한 사람이 먼저 "새해에 복 많이 받으세요."와 같이 덕담을 많이 하는데 이는 전통 예법에 어긋난 것이다. 연하자가 먼저 인사말을 건넬 때에는 "과세 안녕하십니까?"와 같이 문안을 한다.

절은 일정한 격식을 지닌다. 특히 여자의 절은 그 절차가 까다로워 가르침을 받아야 한다. 그래서 여자들의 절은 모양새가 예쁘고 미운 차이는 있으나, 그 격식에는 별로 차이가 드러나지 않는다. 이에 대해 남자의 절은 간단함에도 절차와 형식에 많은 잘못이 빚어지고 있다. 예를 들면 손을 방바닥에 대고 절을 할 때 두 손을 여덟 팔(八)자로 벌리는 것 같은 것이 그것이다. 손을 벌리고 절을 하면 하정배(下庭拜)나 일본식 절 냄새가 난다. 왼손 손가락 위에 오른손 손가락을 시옷 자(ㅅ)자 형으로 포개야 한다. 절을 하는 순서는 손을 방바닥에 대면서 무릎을 왼쪽, 오른쪽의 순으로 꿇고, 발바닥은 전체가 위로 향하도록 쭉 편 다음 왼발 끝을 오른 발 끝에 겹쳐 놓는다. 그리고 그 위에 엉덩이를 안정시킨 다음 이마가 두 손 위에 거의 닿을 정도로 윗몸을 굽혀 예를 표한다. 그리고선 지금까지 한 동작을 역순으로 하여 일어섰다가 앉는 것이다. 절을 꾸뻑 하고 일어서지 않고, 그냥 슬그머니 주저앉아서는 안 된다. 여자들의 세배는 오늘날 흔히 반절을 한다.

인사는 적의(敵意)나 악의가 없음을 나타내는 소극적인 것과 정애(情愛)나 존경 그리고 공순(恭順)의 뜻을 적극적으로 나타내는 것의 두 가지가 있다. 우리의 절은 후자에 속하는 것이라 하겠다. 머리를 조아리며 순종의 뜻을 표하는 의례적인 표현이기 때문이다.

예는 형식보다 정신

논어(論語)에 보면 "예는 사치스러움보다 차라리 검소할 것이요, 상사(喪事)는 잘 차리기보다 차라리 슬퍼할 것이니라." 하였다. 예의 본체는 형식에 있는 것이 아니요, 정신에 있는 것이라 하겠다. 그러나 이러한 정신은 일정한 형식을 통해 드러나게 마련이다. 그리고 이 형식은 민족에 따라 달리 표현된다. 이것이 이른바 전통이다. 우리는 전통적인 우리의 절을 통해 역사적으로는 선인들의 얼을 이어 받고, 사회적으로는 우리 주변 사람들과의 대인 관계를 보다 잘 유지 개선하도록 할 일이다. 그래야 사람으로서 해야 할 일(人事)을 잘 한 사람이 된다.

(고향소식)

추억 속의 민속, 불꽃놀이

세상은 참 많이도 변했다. 그래서 만일 백 년 전이나 이백 년 전에 돌아가신 분이 다시 살아난다면 이 변한 세상을 보고 까무러칠 것이라는 말이 있다. 그것은 우리의 풍습을 보아도 쉽게 이해된다. 우리의 사대 명절인 설, 한식, 단오, 추석 가운데 한식과 단오는 명절의 성격을 잃은 지 이미 오래다. 오히려 크리스마스가 큰 명절이 되어 있고, 젊은 이들에게는 밸런타인데이와 화이트데이가 축제의 날이 되고 있다.

전에는 해가 바뀌어 새해가 되면 여러 가지 민속놀이가 행해졌다. 조선조 헌종(憲宗) 때 정학유(丁學游)가 지은 '농가월령가(農家月令歌)'에 보면 정초의 민속놀이가 이렇게 노래 불리고 있다.

> 사내 아이 연 띄우고, 계집 아이 널뛰기요,
> 윷놀아 내기하기 소년들 놀이로다.

이밖에 '달맞이 횃불 혀기'라 하여 횃불싸움이 소년놀이로 노래 불리고 있다. 이들 가운데 연날리기, 널뛰기, 윷놀이는 아직도 정초에 행해진다. 우리의 전통을 잇는다는 점에서 다행스러운 일이다. 그러나 횃불싸움은 거의 사라진 것이 아닌가 생각된다. 그리하여 지난날의 향수로 추억 속에만 아련히 남아 있을 뿐이다.

나는 충청도에서 어린 시절을 보냈다. 지금으로부터 약 50년 전, 지금은 거의 볼 수 없는 횃불싸움을 나는 이곳에서 체험하였다. 횃불은 빗자루 모양으로 짚을 꽁꽁 묶어 만들었다. 그리고 그 끝에 불을 붙였다. 이런 횃불을 만들어 정월 보름날 이웃동리의 아이들과 편싸움을 한다. 동네의 경계를 이루는 물이 마른 하천에서 와! 와! 함성을 지르며 내달았다. 적진으로 쳐들어가기도 하고, 밀려 퇴각하기도 한다. 이러는 가운데 때로는 돌도 던져 격렬한 싸움이 되기도 한다. 그래서 심한 경우에는 다치기도 하고, 옷을 태우기도 한다. 나는 그때 아직 어려서 앞장을 서지 않아 큰 화를 입지는 않았다. 그러나 불똥이 튀어 바지 저고리에 구멍을 내는 전화는 피할 수 없었다.

이런 "횃불놀이"는 석전(石戰), 차전(車戰), 줄다리 등과 마찬가지로 무술을 숭상하는 의례이기에 앞서 농경(農耕)의 의례로 행해졌던 것으로 보인다. 승부로서 그 해의 풍년을 점치는 세시풍속(歲時風俗)으로 꾀해졌던 것이다. 횃불싸움은 특히 충청도의 특징적인 놀이었던지 조선조 정조(正祖) 때 홍석모(洪錫謨)의 '동국세시기'에까지 '충청도 풍속에 거전(炬戰 : 횃불싸움)이 있다.'고 기록해 놓은 것을 볼 수 있다.

이러한 편싸움은 서울에서도 행해졌다. '동국세시기'에 의하면 아현(阿峴) 사람들이 편을 갈라, 혹은 몽둥이를 휘두르고, 혹은 돌을 던지며 만리재(萬里峴)에서 접전을 하였다고 한다. 이것을 변전(邊戰 : 편싸움)이라 하였는데, 이때의 승패를 보아 어디에 풍년이 들 것인가 점을 쳤다.

이렇게 우리의 전통놀이는 농경사회와 관련된 것이었다. 따라서 농경사회에서 산업사회로 바뀌며 이러한 전통 민속이 하나하나 사라지고 있다. 그리고 낭만이 사라지고, 정서가 삭막해 간다. 마음의 여유가 있고, 훈훈한 인정이 넘치는 삶이 그리워진다.

(고향소식)

한·중·일의 세시풍속 '설' 문화

세상은 하루가 다르게 변한다. 하루가 달리 세계는 지구촌화 하고, 다문화사회가 되고 있다. 입버릇처럼 단일민족이라던 한민족사회도 다민족의 교류장이 되었다. 민족 간의 관계는 친화적(親和的)이어야 한다. 이런 의미에서 문화는 상호간에 학습되고, 이해되어야 하며, 국제적으로 교류(交流)되어야 한다.

한·중·일은 전통적 농경사회요, 유교문화권으로 많은 공통요소를 지닌다. 그런 가운데 각 민족은 그 나름의 고유문화를 지니고 있다. 따라서 동양 3국이 좀 더 우호적 관계를 가지기 위해서는 이들 이문화(異文化)를 알고 교류해야 한다. 이에 한·중·일의 세시풍속 가운데 '설' 문화에 대해 한국문화를 중심으로 간단히 살펴보기로 한다.

한국의 전통적 '설' 문화는 동국세시기(東國歲時記)를 중심으로 살펴볼 때 다음과 같은 특징을 지닌다.

첫째, 일 년 중 가장 큰 명절로, 조상에게 차례(茶禮)를 지내고 일손을 놓는다.

'설'은 일 년의 기점으로, 원일(元日), 원단(元旦), 정초(正初)라고도 일러지며, 근신하는 날(愼日)로 알려진다. 조상에게 차례를 지내고, 벽사(辟邪)

진경(進慶)을 기원한다. 어린이는 설빔을 갈아입고, 어른들께 세배를 드린다. 중국에서는 '설'을 '춘지에(春節)', 일본에서는 '쇼가쓰(正月)'라 하여 명절로 쉰다.

둘째, 시절음식으로 세찬, 세주를 마신다.

이날 절식(節食)으로 흰떡(白餠)과 떡국을 먹는다. 이를 세찬(歲饌)이라 한다. 동국세시기에 의하면 떡국(餠湯)은 떡을 얄팍하게 돈같이 썰어 장국에 넣고, 쇠고기나 꿩고기를 넣고 끓인 다음 고춧가루를 치는 것으로 되어 있어 오늘날과는 다소 차이를 보인다. 이밖에 북쪽에서는 세찬으로 만두(饅頭)가 많이 쓰였고, 남쪽에서는 강정(羌飣)이 쓰였다. 세주(歲酒)는 상층부에서는 중국에서 유래한 초백주(椒柏酒)와 도소주(屠蘇酒)가 쓰였고, 일반에서는 약주, 청주, 탁주를 썼다.

셋째 세배를 하고, 세함을 드린다.

설날의 대표적인 풍속의 하나는 세배(歲拜)를 한다는 것이다. 집안 어른뿐 아니라, 동네 어른을 찾아다니며 세배를 하였다. 이때 어른들은 "올해는 꼭 과거에 합격하게.", "돈을 많이 버시게."라고 덕담(德談)을 하였다. 관청의 하급 관리들은 세배를 하지 않았다. 오히려 세함(歲銜)을 건네었다. '명함(名銜)'을 그 집의 대문 안에 비치해 놓은 쟁반에 놓고 왔다. 왕기(王錡)의 '우포잡기(寓圃雜記)'에는 서울 풍속에 하객은 책상 위에 비치해 놓은 백지로 된 책에 이름만 적고, 환영·환송하는 일은 없다고 쓰고 있다. 높은 관원은 대궐에 문안을 드리러 입궐한 것이다. 오늘날은 이 풍습이 많이 바뀌었다. 세배가 거의 사라졌는가 하면 세함은 연하장으로 바뀌더니, 오늘날은 이것도 다 사라지고 인터넷으로 명맥만 유지하고 있다.

넷째, 세화(歲畵)를 보내고, 벽에 붙인다.

세화의 풍속은 임금이 십장생(十長生)을 그린 그림을 하사하여 문이나 벽에 붙였고, 항간에서는 닭과 호랑이 그림이 액을 물리친다고 하여 이를 벽에 붙인 데 유래한다. 닭의 그림이나 호랑이 그림을 붙이는 것은 중국의 벽사(辟邪) 사상에 영향을 받은 것이다. 이 닭·호랑이 그림(鷄虎畵)은 조선조에 판화로 널리 사용되었다. 이밖에 용호도(龍虎圖)와 처용상(處容像)도 벽사의 그림으로 사용되었다.

다섯째, 덕참(德讖)을 하고, 오행점(五行占)을 친다.

꼭두새벽에 거리로 나가 첫 번째 들려오는 소리로 일 년의 길흉을 점쳤다. 이를 덕참(德讖)이라 했다. 중국 연경(燕京)에도 이와 유사한 풍속이 있었다. 그리고 밤윷같이 생긴 작은 나무토막을 던져 오행점(五行占)을 쳐 신수를 점치기도 했다.

여섯째, 설날 황혼에 머리카락을 태웠다.

일 년 동안 빗질할 때 빠진 머리카락을 빗 상자 속에 모아 두었다가 이날 황혼에 태운다. 그러면 나쁜 병을 물리칠 수 있다고 믿었다.

일곱째, 야광신을 두려워하여 어린이는 신을 감추고 불을 끄고 일찍 잠을 잤다.

야광(夜光神)이 이날 밤에 아이들의 신을 신어보고 맞는 것이 있으면 신고 간다. 그러면 그 아이는 불길해진다. 그래서 아이들은 신을 감추고 불을 끄고 일찍 잠에 들었다.

여덟째, 중들이 법고(法鼓)를 친다.

중들이 시가로 들어와 법고를 치거나, 모연문(募緣文)을 펴 놓고 방울을 흔들며 염불을 하면 사람들이 다투어 돈을 던졌다. 그리고 중들은 절에서 떡을 만들어 이를 속세의 떡과 1대 2로 바꾸었다. 어린이들이 이 떡을 먹으면 마마를 곱게 한다고 하였다.

  중국의 춘절(春節) 문화에는 다양한 것이 있다. 춘절의 경축 활동은 원단(元旦) 하루에 그치지 않고, 왕왕 15일, 심하게는 정월 말까지 계속된다. 이는 신불(神佛)과 조상에게 제를 지내고, 옛것을 없애고 새것을 맞으며(除舊迎新), 봄을 맞이하고 복을 받으며, 풍성한 수확의 기구(祈求)를 주요 내용으로 한다.

  정월 초하루에는 문을 열고 우선 폭죽(爆竹)을 터뜨린다. 옛날에는 폭죽이 귀신과 역질(疫疾)을 쫓는다고 믿었다. 폭죽을 터뜨린 뒤에는 신년을 축하한다. 이는 우리 풍습과 같다. 명함으로 축하하는 것은 비첩(飛帖)이라 하였는데, 이는 우리와 다소 달라 문에 '접복(接福)'이라 쓴 부대를 매달아 여기에 명함을 넣었다. 이날엔 금기(禁忌)사항이 많았는데, 비질을 하지 않는다, 물을 뿌리고 쓰레기를 버리지 않는다는 것 등이 있었다. 이는 재물을 모으는 것과 관련된다. 초2일은 시집간 딸이 친정을 찾아오는 귀녕일(歸寧日)이고, 북방에서는 재신(財神)에게 제사를 지내는 날이었다. 초3일은 소년조(少年朝)라 하여 땅을 쓸지 않고, 불을 옮기지 않고, 물을 긷지 않았다. 초4일은 영신일(迎神日)로, 신선을 맞아 보살핌을 구했다. 재미있는 사실은 이날 가게 주인은 점원을 소집하고, 신을 영접하였는데, 이때 만일 누가 초청을 받지 못했다면 그는 해고임을 의미했다. 초5일은 파오(破五)라 하여 지금까지의 금기를 파기했으며, 다섯 재물의 신, 곧 오로재신(五路財神)의 생일로, 이들을 예배함으로 재신이 자기 집에 임하도록 빌었다. 초6일은 송궁일(送窮日)로 정월 닷새의 쓰레기를 다 쓸어냄으로 가난의 운명을 내쳤다. 초7일은 인승절(人勝節)로, 인류의 생일이다. 신화 중의 여제(女帝) 여와(女媧)가 사람을 만든 것을 기념하기 위해 춘권(春卷), 합자채(盒子菜) 등을 먹으며 여와의 공과 업적을 기린다. 이는 뒤에 아들을 기구하는 구자일(求子日)로 바뀌었다.

이밖에 정월 보름 원소절(元宵節)에 이르는 많은 세시풍속이 있다.

이 외에 특별한 풍속으로는 닭이 문덕(文德), 무덕(武德), 용덕(勇德), 인덕(仁德), 신덕(信德)의 오덕을 지닌 새라 하여 정월 초하루를 닭날(鷄日)이라 하여 중시한다는 것, 설날 음식으로는 교자(餃子), 춘권(春卷), 연고(年糕)를 주식으로 한다는 것 등을 들 수 있다.

일본의 설 '쇼가쓰(正月)'는 신년을 축하하는 축일(祝日)로, 공식적으로는 양력 1월 1일부터 3일까지이나, 관습적으로는 마쓰노우치(松の內)라는 설날의 장식을 하는 기간인 7일까지를 가리킨다. 이때에는 신사(神社)를 참배하고, 지인(知人)을 찾아 신년 축하를 하고, 설음식을 먹으며 즐긴다. 독특한 설 문화로는 다음과 같은 것을 들 수 있다.

첫째, 금줄을 치고 문에 장식을 한다.

설 때 부정한 것이 들어오지 말라고, 왼새끼로 금줄(시메나와)을 치고, 문 앞에 소나무와 대나무로 장식하여, 풍작(豊作)의 신을 맞이한다.

둘째, 거울떡(鏡餅)을 신에게 바친다.

크고 작은 둥근 떡을 두 개 쌓아 신에게 바친다. 거울은 옛날에 신성한 것으로 여겼다.

셋째, 하쓰히노데(初日の出), 및 하쓰모데(初詣)를 한다.

신도(神道)에서는 태양이 가장 신성한 것이므로 우선 해맞이를 하고, 그 뒤 신사나 절을 찾아(初詣) 일 년의 건강과 행운을 빈다.

넷째, 세배를 다닌다.

연초돌이(年始回り)라 하여 우리와 같이 세배를 다닌다. 예전에는 친족이 큰집에 모여 축하하는 것을 '연초돌이'라 하였다.

다섯째, 전통적인 요리를 먹는다.

세찬으로 조니(雜煮)라는 떡국을 먹고, 야채 조림을 비롯하여, 오래

보존할 수 있는 것, 재수 좋은 음식을 도시락에 담은 오세치요리(料理)를 먹는다. 떡국은 우리와 차이가 난다.

여섯째, 연날리기 등 전통적 민속행사를 한다.

악마를 몰아내고 행운을 부른다는 사자춤(獅子舞), 연날리기 등 민속행사를 한다.

일곱째, 새해 첫날밤의 꿈으로 점을 친다.

첫날밤의 꿈으로 점을 치는데, 후지산(富士山)이 제일 좋은 꿈이며, 매(鷹)와 가지(茄子)가 각각 둘째와 셋째다.

이상 한·중·일의 설의 세시풍속을 간단히 살펴보았다. 서로 이동(異同)이 있음을 확인할 수 있었을 것이다. 동양 삼국이 서로의 문화를 이해하고 교류함으로 가깝고도 가까운 나라가 되길 바라는 마음 간절하다. 이를 위해서는 상호간에 문화교류 운동을 활발히 전개해 나아가야 한다.

(한국문화교류 소식, 15호, 2015.3.15.)

우리의 전통적 언어생활 문화

"이리 오너라!"

"네, 나갑니다."

지난날 우리 양반들은 남의 집에 가게 되면 우선 대문 앞에 서서 "이리 오너라!"라 하인을 불렀다. 그러면 하인이 "네, 나갑니다." 하고 나온다. 하인이 나오면 손은 찾아온 내력을 말하고, 안내를 받는다.

만일 하인도 없고, 사랑에서도 안 계셔 안방마님이 손을 맞아야 하는 경우에는 내외법이 있어 간접대화를 했다. 손이 "이리 오너라!" 하면, 마님은 "누구를 찾으시느냐고 여쭈어라." 했다. 손이 다시 "주인장 안 계시냐고 여쭈어라." 하게 되면, 마님은 "출타하셨다고 여쭈어라." 와 같이 하인을 통해 말하듯이 간접적으로 응수하였다. 이것이 남의 집을 방문했을 때의 우리 전통 언어문화(言語文化)다. 이는 오늘날의 언어문화와는 차이가 난다.

그러면 우리의 전통적 언어생활은 어떠하였는가? 여기서는 언어생활 가운데 듣기와 말하기를 중심으로 전통적인 음성언어 생활의 문화를 살펴보기로 한다.

말을 삼가는 언어문화다

언어문화는 적극적으로 말을 하는 문화와 말을 삼가는 문화로 나뉜다. 우리의 전통 언어생활은 이 가운데 말을 삼가는 문화였다.

우리의 전통문화는 유교사상에 영향을 많이 받았고, 언어생활에 대한 관념은 주로 사서(四書)를 바탕으로 이루어졌다. 논어(論語)의 "일은 민첩하게 하고, 말은 신중하게 한다."고 한 것이나, 소학(小學)의 "말 많이 하는 것을 경계하라. 말을 많이 하는 것은 사람들이 꺼리는 것으로, 삼가지 않으면 이로부터 재액(災厄)이 비롯된다."고 한 것이 이러한 것이다. 우리의 속담은 "바른 말 하는 사람 귀여움 못 받는다"거나, "혀 밑에 죽을 말 있다"고 한다. 그래서 말을 많이 하는 것을 꺼렸고, 불쑥불쑥 남의 말에 끼어드는 것을 나무랐다. 어른의 말씀에 말대꾸를 해도 안 되었다. 말은 진실하고 미덥고(忠信), 간략하게 해야 하는 것이라 보았다. 이렇게 우리의 언어문화는 말을 삼가는 문화가 주류를 이루었다.

그러나 우리의 전통 언어문화는 이렇게 말을 삼가는 것이 전부는 아니었다. "고기는 씹어야 맛이요, 말은 해야 맛이다"라고 할 말은 해야 하는 것으로 보기도 했다.

언행일치의 언어문화다

논어에는 "군자는 말이 행동보다 지나침을 부끄러워한다."는 말이 보인다. 우리 속담은 "말이 앞서지 일이 앞서는 사람 본 일이 없다"고 한다. 이는 언행이 일치하지 아니하고, 말이 앞서는 것을 경계하고, 언행일치(言行一致)를 강조한 것이다. 이렇게 우리의 전통 언어생활은 언행일치를 강조했다. 그래서 말과 행동, 또는 말과 실질이 부합하지 않는 언어 사용을 경계하였다. "앵무새는 말 잘 해도 나는 새다."라는 속담은 앵무새가 아무리 말을 잘 해도 행동이 따르지 않으니 앵무새는 사람이 될 수 없다는 말이다. "빈말이 냉수 한 그릇만 못하다"고 한 것이나, 아첨하는 말과 알랑거리는 태도, 교언영색(巧言令色)을 경계한 것은 말과 실질이 다른 것을 경계한 것으로, 사실에 부합하는 말을 하라고 권면한 것이다. 말은 기호다. 기호는 내용이 거기 걸맞게 대응되어야 한다.

높은 맥락의 언어문화다

말은 맥락(脈絡)이나, 상황에 많이 의존할 수도 있고, 그렇지 않을 수도 있다. 전달 내용의 대부분을 맥락이나 상황에 맡기고, 중요 내용 약간만을 말하는 문화를 "높은 맥락의 문화(高脈絡文化)"라 하고, 전달 내용 대부분을 말로 전하는 문화를 "낮은 맥락의 문화(底脈絡文化)"라 한다.

우리의 전통적 언어문화는 "높은 맥락의 문화"다. 이런 문화에 속하는 사람은 분석적으로 자세한 설명을 하는 것이 아니라, 종합적으로 중요한 정보를 몸짓이나, 한정된 언어로 표현한다. 말을 되도록 줄여 간략하게 표현하는 것이다. 부부나 친한 친구 사이의 의사전달이 이런 것이다. "볼래?", "안 봐." 이만으로도 친구 사이에는 의사소통이 충분히 된다. 같은 상황에 놓여 있어 대상을 말하지 않아도 서로가 다 알기 때문이다. 높은 맥락의 의사전달은 이렇게 말수나 설명이 적다, 모호하고 간접적인 표현이 많다, 생략을 많이 한다는 특징을 지닌다. 이에 대해 서양문화는 낮은 맥락의 문화라서, 맥락 아닌 말로 이들 상황을 자세하게 표현한다.

춘향전(春香傳)의 주인공 춘향은 어떻게 생겼을까? 얼굴은 어떻게 생겼고, 또 눈, 코, 입은 어떻게 생겼을까? 춘향전은 이들에 대한 자세한 묘사를 하고 있지 않다. 한마디로 "일미인"이라 하거나, 얼굴이 "구름 사이의 밝은 달과 같고", "물 가운데 연꽃 같다."고 함축적으로 표현하고 있을 뿐이다. 나머지는 맥락으로 미루어 이해하라는 것이다. 장화홍련전의 장화와 홍련의 안면(顏面) 묘사는 자매가 "얼굴이 화려하고"라 한 것이 전부다. 이런 것이 맥락에 많이 의존하는 우리의 언어문화다.

서열사회의 언어문화다

우리 전통사회는 사농공상(士農工商)의 계급적 차별과 남녀노소 등의 차별이 있었다. 구미(歐美)와 같이 대등한 관계를 추구하는 사회가 아니었다. 그리고 상대하는 계층에 따라 말을 달리 했다. 이로 말미암아 우리말에는 높임법이 발달되었다.

우리는 전통적으로 말을 하려면 우선 높임의 정도를 구분해야 했다. 높이느냐, 낮추느냐, 아니면 대등한 입장에서 말을 하느냐를 결정해야 한다. 그렇지 않으면 말을 할 수 없다. "누구보고 반말이냐, 반말이……."라고 시비가 붙게 되는 것은 이 높임의 정도를 잘못 구분하여 빚어지게 되는 충돌이다.

전통 사회에서는 여러 가지 방법으로 상대방을 높였다. 첫째, "여래

(如來) 나를 겨집 삼으시니”와 같이 높임의 어미(선어말어미) “-시-”를 붙여 주체(主體)를 높였다. 둘째, “하라, 하야쎠, 하쇼셔”와 같이 문체를 바꾸어 듣는 이를 높이거나 낮추었고, 셋째, “-삽-, -잡-”과 같은 겸양의 어미를 붙여 동작의 대상 곧 객체(客體)를 높이고 자기를 낮추었다. 또한 특수한 낱말, 예를 들면 “진지(밥), 그듸(너), 겨시다(있다), 좌시다(먹다)”와 같은 말을 사용하여 대상을 높이기도 하였다. 이밖에 호칭과 지칭을 달리 하여 상대방을 높이거나 낮추었다. “너”에 대한 “그듸”, “저”에 대한 “자갸”가 그러한 예다.

이렇게 우리의 전통사회에서는 원만한 언어생활을 하기 위하여 여러 가지 높임법을 사용하여야 했다. 이러한 전통적 높임법은 오늘날 그 쓰임이 많이 약화되었다고는 하나 여전히 계승되어 오고 있는 우리 언어 문화의 특질이다.

남을 배려하는 언어문화다

“가는 말이 고와야 오는 말이 곱다.”, “말이 고우면 비지 사러 갔다가 두부 사 온다.”와 같은 속담은 남을 배려하는 언어문화를 강조한 속담이다.

우리의 전통사회에서는 우선 인화(人和)를 위해 겸손한 태도를 지향했다. 자기를 낮추고 양보하는 것을 미덕으로 여겼다. 그래서 전통적 언어문화는 자기를 내세워야 할 자리에서도 “천학비재(淺學菲才)”라 했고, 진수성찬을 차려 놓고도 변변치 않은 음식이라 했다. 사랑하는 자녀를 아무것도 모르는 어리석은 것들이라 했다. 더구나 저를 춘다는 것

은 있을 수 없는 일로 여겼다. 그래서 자기 자랑, 아내 자랑, 자식 자랑
을 하는 사람은 삼불출(三不出)이라 했다. 이는 자기 자랑을 다반사(茶飯
事)로 하는 구미의 언어문화와 다른 점이다.

남을 배려하는 또 하나의 언어문화는 완곡한 표현을 많이 한다는 것이
다. 상대방의 기분을 상하지 않게 하기 위해 직설적 표현을 피하고
돌려서 표현하였다. "관 속에 들어가도 막말은 말라."는 속담은 이러한
완곡한 표현을 권장하는 것이다. "고약한 놈", "못 된 놈"이라고 나무라
는 대신 "우리 철수는 착하지.", 또는 "그러면 훌륭한 사람 못 된다."라
바꾸어 말하는 것이 이런 것이다. "죽다"를 "돌아가시다, 작고하다",
"밥 먹다"를 "들다"라 돌려서 표현하는 것도 이러한 완곡한 표현을 한
것이다.

선택적으로 착실히 듣는 언어문화다

"듣기"는 언어기능 가운데 가장 기본이 되는 것으로, 언어의 네 기능
가운데 가장 큰 비중을 차지한다. 그럼에도 이는 의사소통에 있어서 수
동적이기 때문에 중요시하지 않는 경향이 있어 듣기의 원리는 그리 많이
제시되어 있지 못한 편이다. 논어의 "말을 천천히 한다(訥於言)"는 듣기의
계율로, 말을 잘 듣고 천천히 반응하라는 것으로 해석된다.

우리의 속담을 보면 전통적 듣기의 중요한 원리 두 가지가 제시되어
있다. 그 하나는 착실히 잘 들으라는 것이고, 다른 하나는 선택적으로
들으라는 것이다. 착실히 귀담아 들으라는 원칙은 매우 엄격해 철이 없
는 아이 말, 나아가서는 광부(狂夫)의 말까지 듣기를 권했다. "아이 말도

귀여겨들어라”, “늙은이도 세 살 먹은 아이 말을 귀담아들어라”, “광부(狂夫)의 말도 성인이 가려 쓴다.”고 한 것이 그것이다. 선택적으로 들으라는 원칙은 안방에 가면 시어미 말이 옳고, 부엌에 가면 며느리 말이 옳으니 시시비비(是是非非)를 잘 가려 들으라는 것이다. “한 편 말만 듣고 송사 못 한다”, “길이 아니거든 가지 말고, 말이 아니거든 듣지 말라”고 한 것이 그것이다. 이밖에 “예(禮)가 아니면 듣지 말라”는 등 바람직하지 않은 내용의 말을 듣지 말라고 하였다. 우리의 듣기 문화는 이렇게 경청(傾聽)과 선택적 듣기를 강조한 것이다.

　이상 우리의 전통적 듣기·말하기 문화의 특질을 몇 가지 살펴보았다. 전통이란 지난 시대에 이루어져 하나의 계통을 이루어 이어지는 것이다. 이는 원칙적으로 계승되는 것이다. 그러나 시대와 더불어 변화 발전하는 것이기도 하다. 따라서 우리의 언어문화가 올바른 방향으로 계승·발전하도록 우리 언어 대중은 노력하여야 한다.

(국어생활, 천재교육, 2012.3.)

방송언어와 대중문화

방송과 대중문화와의 관계

사람이 만물의 영장이 되게 된 데에는 여러 가지 이유가 있다. 그러나 그 가운데서 빼어 놓을 수 없는 한 가지 이유는 언어를 가졌다는 것이라 할 것이다. 사람들은 언어로 협동을 함으로 문화를 창조하고 문명을 발달시킬 수 있었다. 거기에다 1920년에는 미국 콘라드의 피츠버그에서 세계 최초의 정기 방송 사업이 시작되었고, 1930년대에는 이미 신문과 함께 라디오가 매스컴의 왕좌를 차지하였다. 그리하여 세계 각지의 사람들은 방송을 통해 시간과 공간을 초월하여 동시성(同時性)과 동소성(同所性)을 향유하게 되었다. 서로가 지구촌의 이웃이 되어 살게 된 것이다.

방송은 보도적 기능, 교양적 기능, 오락적 기능을 지닌다. 거기에다 TV 같은 경우는 직접성, 현실성, 시각성, 광범성을 지녀 막강한 영향력을 발휘한다. 그래서 방송은 대중문화의 선도적 역할을 한다. 특히 청소년문화에 지대한 영향을 미친다.

방송의 사회적, 문화적인 영향은 언어와 풍속에 두드러지게 나타나는 것으로 알려진다. 이는 일본 NHK의 한 조사 보고(1975)에 의해서도 확인된다. TV의 영향을 가장 강하게 받는 것이 언어와 풍속 27%로 나타나고 있기 때문이다. 이렇게 방송, 그 가운데도 TV의 영향은 문화의 핵심이라 할 풍습과 언어에 가장 두드러지게 나타난다. 이는 우리의 주변을 돌아보아도 쉽게 확인된다. 그것은 방송의 영향으로 생활양식 가운데도 유행 패션으로 대표되는 의생활의 변화와 언어의 변화를 쉽게 확인할 수 있기 때문이다. 이러한 영향은 일반대중과 청소년층에 집중적으로 나타난다. 따라서 방송과 대중문화는 표리관계를 지닌다고 할 수 있다.

방송언어의 특성과 실태

　방송언어는 '표준어, 구두어, 쉬운 말, 순화된 말'이라는 특성을 지닌다. 그리하여 '방송심의에 관한 규정'에는 이러한 방송언어 사용을 위해 제18조(바른 언어생활), 제60조(잡담, 사담 등), 제63조(언어생활)와 같은 조항을 두고 있다.

　여기에서는 비속한 말을 사용하여서는 아니 되고, 사투리나 외래어는 사용에 신중을 기해야 한다고 규정하고 있다. 이러한 규정은 사회적인 영향을 고려할 때 당연한 것이다. 그것은 언어는 전달의 도구일 뿐 아니라, 인간의 행동을 규제하기 때문이다. 곧 비속한 언어는 그 언어를 사용하는 언중을 저열한 인간으로 만들기 때문이다. 그러나 언어에 미치는 영향에서 보면 사투리나 외국어는 확산되어 국어를 혼란스럽게 하나, 유행어나 신어는 일시적으로 사용되다 사라지는 것이며, 비속어

는 무분별하게 사용되는 것이 아니다. 이런 의미에서 「심의 규정」의
금지와 신중의 규정은 뒤바뀐 것이라 하겠다. 고정 진행자의 표준어 사
용과, 사투리를 사용하는 고정 유형의 조성을 금지한 것은 바람직한 것이
다. 공공질서와 선량한 풍속을 해칠 우려가 있는 잡담이나 사담은 자
제하도록 되어 있는데 이는 대중문화의 질을 끌어올린다는 면에서 역
시 바람직하다 하겠다.

그러면 구체적으로 방송언어의 실태를 보기로 한다. 먼저 바른 말과
관계된 것으로, 규범에 맞지 않는 말부터 보기로 한다.

첫째, 발음의 면에서 보면 우선 음의 장단이 엉망이다. 이는 가장 신뢰
해야 할 아나운서까지 말이 아니다. 보도를 하며 「보 : 도(報道)」의 「보」를
제대로 길게 내지 못하는 사람이 많은 실정이다. 그러니 다른 것이야
일러 무엇하랴? 종성의 연음이 제대로 되지 않는 것도 문제다. 「ㅈ, ㅊ,
ㅋ, ㅌ, ㅍ」 같은 받침이 뒤에 모음으로 시작되는 조사나 어미가 이어
질 때 연음을 해야 함에도 대표음으로 발음된다. 「젖이, 윷을, 들녘에,
숱을, 무릎으로」를 [저시, 유슬, 들녀게, 수슬, 무르브로]로 발음하는 것
이 그것이다. 이밖에 「갑갑하다, 컴컴하다」를 [각까파다], [컹컴하다]로
발음하는 연구개음화현상과 「찬물, 꽃밭」을 [참물], [꼽밭]으로 발음하
는 양순음화현상이 일반적으로 나타나고 있다. 이는 본인도 의식하지
못하는 가운데 잘못이 저질러지고 있는 것으로 문제가 심각한 것이다.

둘째, 낱말의 면에서는 아직도 사투리가 많이 쓰인다는 것이 문제다.
이들은 표준어 아닌 고형(古形)을 쓴다든가, 표준어에서 변한 사투리를
쓴다든가, 아니면 특정한 형태의 사투리를 쓰는 것이다. 「영글다(여물
다), 으시대다(으스대다), 검지(집게손가락)」 같은 것이 그 예이다. 이밖에

의미의 혼란에 의한 오용도 많이 보인다. 「가르치다(敎)-가리키다(指), 다르다(異)-틀리다(違)」 따위가 그것이다.

셋째, 문법·구문 면에서는 성분호응이 제대로 되지 않거나, 문법에 맞지 않는 표현이 많다. 「소나기가 예상됩니다」, 「귀국할 전망입니다」는 성분간의 호응이 제대로 되지 않아 잘못 된 것인데, 이러한 표현이 매스컴에서는 횡행하고 있다. 「소나기가 올 것으로 예상됩니다」, 「귀국할 것으로 전망됩니다」라 해야 할 것이다. 이밖에 「만나보겠다-라고」와 같은 인용격 조사, 「여기 있거라」, 「건강하십시오」, 「바라겠습니다」와 같은 활용 등이 비문법적인 표현이다.

이밖에 표기의 면에서도 많은 오기를 보여 준다.

다음으로 바른 말 외에 순화되지 아니한 비속어를 보자. 이러한 말은 코미디, 게임, 드라마 등에 나타난다. 이들의 대표적인 것으로는 반말, 욕설, 그 밖의 거칠고 비속한 말을 들 수 있다. 이들은 시청자의 심성을 거칠게 하고, 미풍양속을 해칠 우려가 있다. 따라서 이들 표현은 문학작품에서 개성을 드러내기 위해 사용하는 경우 외에는 자제하는 것이 바람직하다.

대중문화의 발전과 방송언어의 순화

방송언어는 현실언어가 반영된 것이다. 그러나 이는 그것으로 그치는 것이 아니다. 방송언어는 다시 현실언어에 영향을 미친다. 그것도 역기능으로 주로 작용한다. 이런 의미에서 방송언어의 순화가 절실히 요청된다. 따라서 다음과 같은 방송언어 순화의 방안을 모색함으로 새

천년에는 방송언어가 국민의 모범이 되도록 하여야 하겠다. 그렇게 되면 우리의 대중문화도 한결 고급화될 것이며, 방언으로 인한 지역감정이 유발되는 일도 없을 것이다.

첫째, 바른말 고운말을 써야겠다는 의식개혁이 있어야 한다.

둘째, 방송사 및 방송위원회는 순화 의지를 가지고 이를 집행하여야 한다.

셋째, 방송사는 표준어 사용자를 채용하고, 방송언어 사용을 고과에 반영한다.

넷째, 전문 방송인의 참여도를 높이고, 비전문인의 출연을 억제한다.

다섯째, 방송사 또는 방송위원회는 방송인의 교육을 정기적으로 실시한다.

여섯째, 방송사에 심의실과 국어과를 두어 바른 언어 사용을 보좌한다.

(교통방송, 1999년 12월호)

방송인을 위한 방송언어론

글머리에

한국 방송이 올해로 개국 75주년을 맞게 되었다. 오늘날의 방송은 공중파는 말할 것도 없고, 케이블·인터넷·디지털 방송과 같은 다매체시대(多媒體時代)를 맞이하였다. 그리하여 방송은 자연 그 생존을 위해 방송의 질을 개선하고 발전시켰고, 시청자는 보다 질이 좋은 방송을 즐길 수 있게 되었다.

그러나 방송이 이렇게 긍정적인 순기능(順機能)만 드러내는 것만은 아니다. 앞에서 말한 바와 같이 생존을 위해 몸부림치는 과정에서 역기능(逆機能)도 드러낸다. 이러한 기능들은 각각 방송의 공영성(公營性)과 상업성, 또는 교육성과 오락성을 어떻게 추구하느냐에 따라 달리 나타나는 것이다. 이들 기능은 특히 방송언어 면에서 볼 때 순기능은 표준어를 보급하여 국어의 통일을 꾀하게 하고, 역기능은 오히려 국어의 오염과 혼란을 초래하게 한다.

방송언어는 그동안 국어를 순화하고 통일하는 국어의 순기능을 많이 수행하였다. 그러나 이와는 달리 역기능의 문제도 꾸준히 제기되어 온 것이 사실이다. 이는 시대적으로 볼 때 국·민영(國民營) 방송시대(1961-1980)의 초기에 두드러지게 드러났다. 그것은 이때 많은 민영 방송국이 개국되어 생존경쟁을 하면서 비전문적 방송인이 방송에 많이 참여하였기 때문이다. 이러한 상황이 오늘의 유·무선(有無(線) 방송시대(1995-현재)를 맞아 재연되고 있다. 전문 방송인의 부족으로 훈련받지 않은 많은 비전문가가 마이크를 잡게 되었으며, 상업성을 위한 시청률 확보가 저질 방송을 부추기고 있기 때문이다. 이러한 사정은 최근의 방송언어 관계 신문기사의 표제만 보아도 쉽게 알 수 있다. 그 가운데 몇 개 표제어를 보면 다음과 같다.

심야 성인 시트콤 낯뜨거운 대낮 방송 (동아, 00. 8. 2.)
방송언어 저질, 밑바닥까지 왔다 (조선, 00. 11. 1.)
선정… 폭력… 엽기…/ 어글리 안방극장 (동아, 01. 12. 18.)
"토크쇼? 더 이상 저질일 수 없다" (조선, 02. 3. 26.)

방송언어는 표준어, 구두어(口頭語), 쉬운 말, 그리고 순화된 말이어야 한다. 그리고 이는 공정성과 공익성을 지녀야 하는 공적인 언어다. 이는 또한 교육성을 지닌다. 방송언어는 보편성을 지녀야 하고, 품위 있고, 올발라야 한다. 따라서 방송인은 항상 이러한 사실에 유의하고, 방송할 때에 주의를 기울여야 한다. 그렇지 않으면 방송의 역기능이 작용해 국민의 언어를 혼란스럽게 만들고, 반교육적 결과를 초래하게 된다. 이에 방송언어는 방송인뿐만 아니라, 국민적 관심의 대상이 된다.

방송언어의 성격과 방송인의 방송언어

오늘의 방송언어에서 문제가 되는 것은 무엇인가? 방송언어의 문제점을 살피기 전에 먼저 방송언어의 성격부터 살펴보기로 한다.

방송언어에 대한 구체적 규정은 방송위원회의 "방송심의에 관한 규정"에 제시되어 있는데, 1994년 개정된 "개정된 방송심의에 관한 규정"에는 일반 방송에 관한 언어 규정으로 세 조항, 광고방송에 관한 규정으로 한 조항이 명문화되어 있다. 먼저 일반 방송에 관한 규정을 보면 다음과 같다.

> 제18조(바른 언어생활) 방송은 바른 말을 사용하여 국민의 바른 언어생활에 이바지하여야 한다.
> 제60조(잡담, 사담 등) 방송은 공공의 질서와 선량한 풍속을 해칠 우려가 있는 잡담이나, 공중에게 유익하지 않은 사담을 하지 않도록 유의하여야 한다.
> 제63조(언어생활) ① 방송은 바른 언어생활을 해치는 억양·어조 및 비속어·은어·유행어·조어·반말 등을 사용하여서는 아니 되며, 사투리나 외국어 또는 외래어를 사용할 때에는 국어순화의 차원에서 신중하여야 한다.
> ② 방송언어는 원칙적으로 표준어를 사용하고, 특히 고정 진행자는 표준어를 사용하여야 하며, 사투리를 사용하는 인물의 고정 유형을 조성하여서는 아니 된다.

방송언어는 이렇게 표준어를 사용하고, "바른 언어생활을 해치는 억양·어조 및 비속어·은어·유행어·조어·반말 등"을 사용하지 않도록 하며, "사투리나 외국어 또는 외래어"는 국어순화 차원에서 사용의 신중을 기하여야 한다. 그리고 사투리를 사용하는 고정 인물을 조성하여 그 역기능이 나타나지 않도록 하여야 한다. 이밖에 공익에 벗어난 잡담이나 사담도 하여서는 안 된다. 방송언어는 공공성을 지니는 것이기 때문이다.

광고 언어에 대한 규정은 다음과 같이 되어 있다.

제91조(언어) ① 광고는 우리말의 표준어를 사용하는 것을 원칙으로 하며, 한글맞춤법 및 외래어 표기법을 준수하여야 한다.

② 광고는 바른 언어생활을 해치는 비속어·은어·조어를 사용하여서는 아니 된다.

③ 광고는 불필요한 외국어를 사용하거나, 외국어 및 외국인 어투를 남용하여서는 아니 된다.

④ 광고는 그 화면에 상품 및 기업명(기업 표어 포함)을 외국어로 표현할 때에는 전체적으로 균형을 맞추어 한글을 병기하여야 한다.

광고언어는 반복성을 지녀 시청자에게 미치는 영향이 매우 크다. 따라서 '방송심의에 관한 규정'에서는 일반 방송의 언어와 비슷하게 규제를 하기로 한 것이다. 이는 방송언어에 대한 규정으로서는 당연한 것이라 하겠다.

이렇게 볼 때 방송언어의 일반적 특성은 표준어이어야 하고, 비속한 언어는 아니 되며, 외국어나 사투리는 그 사용에 신중을 기하며, 방송언어의 내용은 공공성을 지니는 것이라 할 수 있다. 이밖에 방송언어의 특성으로는 구두어여야 한다는 것, 쉬운 말이어야 한다는 것을 추가할 수 있다.

그러면 방송언어, 그 가운데도 방송인(放送人)의 언어의 문제에 대해 살펴보기로 한다. 신문기자가 철자법에 맞지 않는 글을 쓴다면 어떻게 생각할까? 대부분의 시민은 자격 없는 기자라며, 그를 기자로 인정하려 들지 않을 것이다. 그런데 방송계에는 표준발음을 하지 못하는 방송인이 너무 많다. 그럼에도 이를 심히 문제 삼고 있지 않다. 그것은 아마도 대부분의 시민이 철자법의 경우와는 달리 표준발음법을 그들 스스로 잘 모르기 때문일 것이다. 그래서 관대하다. 그러나 이런 상황이 계속되어서는 안 된다. 방송인, 곧 아나운서를 비롯한 소위 방송인을 자처하는 기자, 진행자(MC), 리포터의 언어문제는 말소리, 어휘, 문법 및 기타 언어사용의 전면에 나타난다. 이제 이를 간단히 살펴보기로 한다.

첫째, 비표준발음이 비일비재하다. 우선 음의 장단이 제대로 구별이 안 된다. 보도를 하고 있는 아나운서까지도 "보 : 돕니다"라고 "보(報)"를 길게 발음하지 못하는 사람이 상당수 있을 정도이니 기막힌 일이다. 이밖에 'ㅊ, ㅋ, ㅌ, ㅍ' 등 유기음 받침, 및 복자음의 받침이 제대로 연음되지 않으며, 모음 '애~에'가 제대로 발음되지 않아 혼란이 빚어지고 있다. 또한 동화현상의 한 가지인 연구개음화(軟口蓋音化)와 양순음화현상(兩脣音化現象)이 다반사로 빚어지고 있다. 이는 표준발음으로 인정하지 않는 것으로 발음의 편의를 좇아 무의식중에 빚어지고 있는 것이다. '옷감>옥감, 갑갑하다>각깝하다, 단골집>당골집, 꼼꼼히>꽁꼼히'와 같은 연구개음화 하는 발음, '꽃봉오리>꼽봉오리, 샅바>삽바, 낮말>남말, 잇몸>임몸, 눈물>눔물, 산보>삼뽀'와 같은 양순음화 하는 발음이 그것이다.

둘째, 사투리가 많이 쓰인다. 이러한 비표준어에는 다음과 같은 몇 가지 유형이 있다.

① 전통적 고어형 사용 : 모밀<메밀, 쉬흔<쉰, 영글다<여물다, 이쁘다<예쁘다, 줏다<줍다

② 잘못된 개신형 사용 : 계자<겨자, 담다<담그다, 바램<바람, 으시대다<으스대다, 칼치<갈치

③ 특정 이형태 사용 : 검지<집게손가락, 까치<개비, 메꾸다<메우다, 우연찮게<우연히, 지새다<지새우다

④ 의미상 오용 형태 사용 : 가르치다(敎)-가리키다(指), 넘보다-넘어다보다, 돋우다-돋구다, 틀리다-다르다, 한글-국어

셋째, 비속어가 많이 쓰인다. 이는 보도 방송은 그렇지 않은데, 연예오락방송에서 시청자의 흥미를 끌기 위해 많이 쓰는 것이다. "왜 대가리가 그 꼴이냐?", "낯짝 보고 사니?", "병신 같은 녀석", "이 쌍년", "쌍놈의 새끼들", "묵사발이 되누만", "뻔데기 앞에서 주름잡냐?" "똥싸고 있네." 같은 것이 그 예다.

넷째, 문장 및 문법 면에서 비문법적 표현이 많이 쓰인다. 이러한 문제로는 "-라고, -라는"과 같은 인용격 조사의 오남용, "건강하십시오, 잘 먹거라"와 같은 활용의 오용, 문장 구성상의 오용으로 성분의 호응이 제대로 되지 않는 것 등이 있다. 이러한 오용의 예를 몇 개 보면 다음과 같다.

① 조사의 오용 : 제한할 수밖에 없다라고 하는 (없다고 하는), 자연에게(에) 부끄럽다.
② 어미의 오용 : 거기 앉거라(앉아라), 세 끼 밥 먹냐(먹느냐)?, 건강하십시오(건강하시기 바랍니다).
③ 성분 호응의 오용 : 비가 예상됩니다(비가 올 것으로 예상됩니다), 결정될 전망입니다(결정될 것으로 전망

됩니다), 즐거운 주말 되십시오(보내십시오).
④ 의미 호응의 오용 : 노고를 치하했습니다(위로했습니다), 결실
을 맺았습니다(열매를), 서류를 접수하러
간다(접수시키러 간다), 수고하십시오(수고
했습니다).

다섯째, 표기상의 문제도 상당수 드러난다. 자막에 표기가 잘못된 것도
근자에 많이 보인다. "그렇게 생각이 되요(돼요)"와 같이 기본적인 것도
많이 잘못 쓰이고 있다. "부탁 말씀 드릴께요(드릴게요)." 같은 것은 표기
법이 바뀌었는데 이전의 표기법대로 쓴 것이다. 이는 직무유기에 속한다.
방송의 교육성, 그리고 방송의 역효과를 고려해 주의하여야 하겠다.
다음에는 언어사용 면에 대해 간단히 보기로 한다. 언어사용 면에서
는 표현 형식과 한두 가지 말하는 태도를 대표적인 문제로 지적할 수
있다.
1) 방송 내용이나, 정보원(情報源)을 밝히는 표현 형식에 문제가 있다.
이들은 흔히 다음과 같이 방송되고 있다.

① "날씨였습니다", "지금까지 거래소 시황이었습니다."
② "지금까지 보도국이었습니다", "청주였습니다."

위의 ①은 방송 내용을 알리는 것이고, ②는 정보원을 밝힌 것이다.
이러한 표현 형식은 비문법적이고, 비논리적 표현으로 바람직한 것이
못 된다. ①은 "날씨를 알려 드렸습니다", "지금까지 거래소 시황을 말
씀드렸습니다."와 같이 적어도 객술호응(客述呼應)이 되도록 표현하여야
한다. ②의 경우는 "지금까지 보도국에서 말씀 드렸습니다.", "청주에서

전해 드렸습니다."와 같이 주어는 생략하더라도 적어도 장소와 이에 어울리는 서술어를 붙여서 표현해야 올바른 정보원의 표현이 된다.

2) 호들갑을 떠는 방송을 지양해야 한다. 특히 여자 리포터의 경우 점잖게 보도를 해도 좋을 것을 공연히 경망스럽게 호들갑을 떨면서 방송하는 경우가 많다. 이는 시청자의 흥미를 끌기 위한 것으로 보이나, 시청자를 우롱하는 것으로, 방송의 교육성과는 달리 시청자 나아가서는 국민의 질을 저하시키는 언어행위라 할 수 있다.

3) 시청자의 관심을 끌기 위한 특정 인물 유형이나, 의도적으로 반복 표현을 함으로 관용적 표현, 내지 유행어를 조작하는 경향이 있다. 이는 건전한 언어생활을 해치는 것으로 지양해야 한다.

맺는말

이상 우리는 방송인을 위한 방송언어에 대해 살펴보았다. 방송언어는 그동안 국민언어에 많은 공헌도 하였지만 아직 많은 문제성을 안고 있는 것이 오늘의 현실이다. 이제 우리의 방송도 고희가 지났으니, 공자의 '종심소욕불유구(從心所慾不踰矩)'의 단계, 곧 하고 싶은 대로 하되 법도를 넘지 않는 단계에 이르렀으면 좋겠다. 그러기 위해서는 방송인의 배전의 노력이 있어야 하겠다.

(2002, 방송과 시청자)

한국 속담, 어떤 속담인가?

글머리에

일반 대중이 잘 쓰는 말에 속담(俗談)이란 것이 있다. 이는 사전에 의하면 "예로부터 민간에 전하여 오는 쉬운 격언이나, 잠언"이라 풀이되어 있다. 이를 달리 말하면 '민간에 전승되어 관용적으로 사용되는 교훈이나 경계'라 할 수 있다. '격언'은 교훈이나 경계요, '잠언'은 가르쳐 훈계하는 말이기 때문이다. 속담은 이와 같이 관용적인 말이고, 교훈을 주고 경계하는 말이기 때문에 우리의 일상생활에서 많이 활용된다.

그러면 이러한 속담은 어떻게 생겨나는가? 이는 몇 가지 사태를 바탕으로 생성된다. 첫째, 특정한 역사적 사례를 바탕으로 형성된다. '고려공사삼일'이나, '아산이 깨어지나 평택이 무너지나'와 같은 것이 그것이다. '고려공사삼일'은 고려 사람이 오래참지 못한다는(不能耐久) 것이고, '아산이 깨어지나 평택이 무너지나'는 개화기의 중·일의 역사적 사건에 근거한 것이다. 둘째, 일상적으로 발생하는 평범한 사례를 바탕으로 이루어진다. '백번 듣는 것이 한번 보는 것만 못하다'나, '세월이 약'과 같은 것이 그것이다. 셋째는 설화나 문학작품을 바탕으로 형성된다. '억지 춘향이', '홍길동이 해인사 털어먹듯'과 같은 것이 그 예다. '억지 춘향이'는 춘향전에서 도령의 부름에 강요되어 광한루에 가는 것과 '홍길동이 해인사 털어먹듯'은 홍길동전에서 홍길동의 무리가 해인사를 터는 사건과 관련된 것이다. 이렇게 속담은 구체적이고 개별적 혹은 개인적 사실에서 비롯되어 언중의 공감을 사 일정한 형태로 고정되게 된다. 이는 누가 처음에 말한(立言) 뒤에 무엇보다 공중의 공감·승인을 거쳐 정착된다. 따라서 속담은 그것이 이루어진 사회나 민족을 반영하고, 이들의 심지 성정을 반영한다. 그래서 이는 특정사회의 공언(公言)으로서 그 사회와 민족의 구성원에게 교훈을 주거나, 깨우침으로 작용하거나, 지식 정보를 주게 되어 사랑을 받게 된다.

한국 속담의 일반적 특성

속담의 특성으로는 흔히 간결성(shortness), 의의(sense), 함미(salt), 통속성(popularity)을 든다. 이 밖의 특성으로는 비유성, 운율성, 민족문화적 특성 등을 추가할 수 있다. 이 장에서는 속담의 특성을 형식 및 내용과 수사적 특성으로 나누어 한국 속담의 일반적 특성을 간단히 살펴보기로 한다.

형식적 특성

속담의 대표적 형식적 특성은 무엇보다 첫째, 간결성에 있다. 속담은 일반적으로 길지 않고, 짧다. 한국의 5,950개 속담의 음절수(音節數)를 조사한 바에 의면 8음절을 정점으로 하여 장단형(長短型)으로 양분된다. 8음절까지의 속담이 2,147개(36.1%)다. 10음절 내외를 장단형의 기준으로 보고, 5·7조, 또는 7·5조를 이루는 12음절까지를 단형으로 보게 되면 그 수가 4,220개가 되어 70.1%가 되어 3분의 2를 넘는 것이 단형이 된다. 이렇게 되면 한국 속담은 다른 속담과 마찬가지로 명실 공히 그 형식이 간결하다는 것을 확인할 수 있다. 단형의 속담으로는 '개 팔자/ 난 부자/ 이웃사촌/ 눈엣 가시/ 눈 먼 사랑/아는 게 병/ 누워 떡 먹기/ 썩어도 준치/ 억지 춘향이' 같은 것을 들 수 있다.

　둘째, 운율성을 지닌다. 속담은 운을 맞추는가 하면, 일정한 음수율(音數律)을 지녀 운율적 특성을 지닌다. 압운(押韻)은 두운과 각운, 첩운의 세 가지로 나타난다. '불 난 집에 불무질 한다'는 두운, '물어도 준치, 썩어도 생치'는 각운, '한 번 가도 화냥, 두 번 가도 화냥'은 첩운을 활용한 것이다. 이들의 예를 몇 개씩 더 보면 다음과 같다.

　　　두운 : 신 첨지 신 꼴을 보지 그 꼬꼴은 못 보겠다/ 주걱 파면 주걱
　　　　　　새가 찍어간다.
　　　각운 : 콩팔 칠팔 한다/ 똥인지 호박국인지
　　　첩운 : 그놈이 그놈이라/ 이래도 일생 저래도 일생/ 물 쏟듯 총 쏟듯

　음수율(音數律)은 일정한 음절수를 전후에 대립시켜 일정한 율조(律調)를 지니게 하는 것이다. 이러한 음수율은 4·4조를 일음보(一音步)로 한 속담이 가장 많고, 그 다음이 3·4조, 5·5조다. 이들이 최고 빈도를 보이는 것이라면, 3·3조, 3·5조, 4·3조, 4·5조가 고빈도를 보인다. 한국 속담은 위에 보이듯 3음절, 혹은, 4·5음절이 음수율의 기본을 이

룬다. 최고 빈도를 보이는 속담의 예를 몇 개 보면 다음과 같다.

> 4·4조 : 공든 탑이 무너지랴/ 봉이 나매 황이 난다
> 3·4조 : 사랑은 내리 사랑/ 자는 범 코침 주기
> 5·5조 : 국이 끓는지 장이 끓는지?/ 입에 쓴 약이 병에는 좋다.

셋째, 통사적 특성을 지닌다. 이는 문장 구성상의 특성으로, 한마디
로 완전한 문장으로 이루어진 것이 많지 않다는 말이다. 단형 속담의
경우 대부분 단어 및 어류(word class)와 구나 절로 이루어지고, 장·단형
의 문장의 경우는 불완전한 문장이 많다. 서법(문체법)은 평서문, 의문문
이 주종을 이루고, 청유문은 용례를 하나밖에 보이지 않는다. 단어 형
태를 취하고 있는 속담이 많으며, 이들은 대체로 복합어로 되어 있다.
예를 들어 보면 다음과 같다.

> * 체언 : 가재걸음, 누이바꿈, 두더지혼인, 매팔자, 박쥐구실, 삼청냉
>   돌, 앵두장수, 좁쌀영감, 청기와장수, 풍년거지, 함흥차사
>
> * 용언 : 개잡듯, 땅내가고소하다, 뚱딴지같다, 부아가나다, 엇구수
>   하다, 줄행랑친다, 쥐뿔같다, 큰코다친다, 태화탕이다, 팔
>   선녀다

구나 절로 된 속담은 참으로 많다. 이들 가운데는 주어, 또는 술어를
생략한 불완전한 문장이 많고, 이밖에 내포문장에 안길 부사절이 많다.
통사적으로 비문(非文)이라 할 것은 주요 성분이 생략된 것이다. 이는
간결성, 운율성을 추구한 나머지 빚어진 결과라 할 것이다. 비문에는
주어 또는 서술어가 생략되었거나, 주·술어가 다 같이 생략된 것이

많다. 이들의 예를 보면 다음과 같다.

* 주어 생략의 경우 : 누이 좋고 매부 좋다/ 다리 뻗고 잔다/ 약에 쓸래도 없다/ 잠을 자야 꿈을 꾸지/ 팔자를 고친다/ 헛물만 켠다

* 서술어 생략의 경우 : 내외간 싸움은 칼로 물 베기/ 부모가 반팔 자/ 중 술 취한 것/ 초록은 한 빛/ 호랑이 개 어르듯

* 주·술어 생략의 경우 : 누워 떡 먹기/ 다시 보니 수원 손님/ 말 살에 쇠살에/ 칠년대한에 대우 기다리듯/ 코 묻은 돈/ 하룻밤을 자도 헌 각시

* 부사어구 사용의 경우
다식판에 박아내듯/ 마파람에 게 눈 감추듯/ 말 죽은 밭에 까마귀 같이/ 무른 메주 밟듯/ / 매 앞에 뜬 꿩같이/ 취한 놈 달걀 팔듯/ 피나무 껍질 벗기듯/ 흰 머리에 이 모이듯.

넷째, 다양한 표현형식을 취한다. 다양한 주제를 다양한 표현 형식으로 나타내는 외에, 동일한 주제나 사실을 다른 표현 형식으로 나타낸다. 이는 동일한 주제나 사실을 서로 다른 특수한 상황을 바탕으로 입언한 것이거나, 표현성을 노려 다양한 표현형식을 취하고 있는 것이라 하겠다. 이러한 예의 하나로, '격이 맞지 않는 것', 그것도 공연한 사치(奢侈)나 호사(豪奢)를 하는 것을 나타내는 속담을 보면 무려 15가지나 된다. '가게 기둥에 입춘 / 거적문에 돌쩌귀 / 거적문에 과 돌쩌귀 / 개에게 호패 / 개발에 놋대갈 / 개 발에 주석 편자 / 개 발에 편자 / 돼지우리에 주석 자물쇠 / 방립에 쇄자질 / (사모에 영자) / 삿갓에 쇄자질 / 조리에 옻칠

한다 / (재에 호춤) / 짚신에 구슬 감기 / 짚신에 국화 그리기 / 짚신에 정 분칠하기 / (초헌에 채찍질) / 홋 중의에 겹말' 따위가 그 예다. 동일 주제나 사실을 달리 표현한 것은 2, 3, 4, 5종의 여러 가지 유형이 있다.

* 같은 주제에 2가지 표현 : 뱁새가 황새걸음을 걸으면 가랑이가 찢어진다 : 뱁새가 황새를 따라가면 다리가 찢어진다

* 같은 주제의 3가지 표현 : 아내가 귀여우면 처갓집 말뚝 보고 절을 한다 : 아내가 귀여우면 처갓집 문설주도 귀엽다 : 아내가 예쁘면 처갓집 울타리까지 예쁘다

* 같은 주제의 4가지 표현 : 소더러 한 말은 안 나도, 처더러 한 말은 난다 : 소더러 한 말은 없어도 처더러 한 말은 난다 : 소 앞에서 한 말은 안 나도, 어미 귀에 한 말은 난다 : 어미한테 한 말은 나고, 소한테 한 말은 안 난다

내용적 특성

내용적 특성은 여러 가지 면에서 살펴볼 수 있다. 소재·주제·어휘 등의 면에서 살펴볼 수 있는 것이 그것이다. Howell은 속담의 내용적 특성으로, 의의(sense)와 함미(salt)를 들었다. '의의'란 '어떤 말이나 일, 행위 따위가 현실에 구체적으로 연관되면서 가지는 가치 내용'을 의미한다. 이에 대해 '소금'은 '사회도덕을 순화·향상시키는 참신한 자의 사명'을 비유적으로 나타낸다. 따라서 Howell의 말은 속담이 앞에서 말한 바와 같이 내용면에서 교훈을 주고, 인생에 경계를 하는 것이라 하겠다. 이에 여기서는 이를 바탕으로 내용을 좀 더 세분해 살펴보기로 한다.

첫째, 교훈을 준다.

속담은 오랜 세월을 두고 사회의 승인을 받아 이루어진 구비적 격언이며, 잠언이다. 이는 우수한 문학이고, 철학이며, 처세훈이다. 따라서 속담은 인생에 많은 교훈을 준다. 그래서 우리는 속담을 통해 많은 교훈을 얻는다, 이러한 예로는 다음과 같은 것이 있다.

> 가는 말이 고와야 오는 말이 곱다./ 가물에 돌 친다/ 남의 사정 보다가 갈보 난다./ 모난 돌이 정 맞는다./ 밑알을 넣어야 알을 내어 먹는다./ 부처님 공양 말고 배고픈 사람 밥을 먹여라/ 사랑은 내리 사랑/ 암탉이 울면 집안이 망한다./ 오르지도 못할 나무는 쳐다보지도 말아라./ 이기는 것이 지는 것/ 지위가 높을수록, 마음은 낮추어 먹어야/ 집안이 화합하려면 베개 밑 송사는 듣지 않는다./ 코 아래 진상이 제일이라./ 패장은 말이 없다.

둘째, 비평·풍자를 한다.

속담의 대표적인 특성 가운데 또 하나는 세상일이나, 인생 등에 대해 비평하고 풍자하는 것이다. 따라서 이러한 기능을 드러내는 속담도 많다. 몇 개의 예를 보면 다음과 같다.

> 가까운 남이 먼 일가보다 낫다/ 낮말은 새가 듣고 밤말은 쥐가 듣는다./ 닭 벼슬이 될망정 소꼬리는 되지 마라./ 돈만 있으면 개도 멍첨지라./ 물과 불과 악처는 삼대 재액/ 바른말 하는 사람 귀염 못 받는다./ 부모가 반 팔자/ 새우 싸움에 고래 등 터진다./ 열 번 찍어 안 넘어가는 나무 없다./ 중이 얼음 건너갈 때는 나무아미타불 하다가도, 얼음에 빠질 때에는 하느님 한다./ 토끼를 다 잡으면 사냥개를 삶는다/ 함박 시키면 바가지 시키고, 바가지 시키면 쪽박 시킨다.

셋째, 지식·진리를 전달한다.

속담은 세상을 살아가는 지식, 지혜, 진리 등을 전달한다. 이러한 것의 대표적인 것으로 생활철학과 관련된 것, 지식·교양과 관련된 것, 속신·속설과 관련된 것 등이 있다. 속신·속설과 관련된 것은 그 내용이 한국적인 것이 대부분이다. 따라서 이는 다음 장 '한국 속담의 고유한 특성'에서 논의하기로 한다.

　* 생활철학과 관련된 것 :
　금강산도 식후경/ 닫는 말도 채를 치랬다./ 물은 건너보아야 알고, 사람은 지내보아야 안다./ 복은 쌍으로 안 오고, 화는 홀로 안 온다./ 부부싸움은 칼로 물 베기/ 신정이 구정만 못하다./ 여인은 돌리면 버리고, 기구는 빌리면 깨진다./ 이십 안 자식, 삼십 전 천량/ 조카 생각느니만치 아자비 생각는 법이라./ 취중에 진담 나온다./ 털어서 먼지 안 나는 사람 없다./ 한 편 말만 듣고 송사 못한다.

　* 지식·교양과 관련된 것 :
　꽃이 좋아야 나비가 모인다./ 돈이 없으면 적막강산, 돈이 있으면 금수강산이라./ 마음처럼 간사한 것은 없다./ 무병이 장자/ 못할 말 하면 제 자손에 앙얼 간다./ 백번 듣는 것이 한번 보는 것만 못하다./ 백성의 입 막기는 내 막기보다 어렵다./ 색시 그루는 다홍치마 적에 앉혀야 한다./ 열흘 붉은 꽃 없다./ 절에 가면 신중단이 제일이라/ 자식은 오복이 아니라도 이는 오복에 든다./한 손뼉이 울지 못한다.

넷째, 인생에 대해 경계한다.

인생의 잠언으로서, 경계하는 것이 많다. 앞에서 교훈을 주는 것, 비평·풍자를 하는 것 등도 결과적으로 인생에 대해 무엇인가 경계를 하자는 것이나, 이와 달리 직접 경계를 하는 속담도 많다. 이러한 것으로는 다음과 같은 것이 있다.

관에 들어가도 막말은 말라./ 귀한 자식 매로 키워라./ 돌다리도 두들겨 보고 건너라./ 무른 감도 쉬어 가면서 먹어라./ 밥은 열 곳에 가 먹어도 잠은 한 곳에 자랬다./ 삼정승을 사귀지 말고 내 한 몸을 조심하여라./ 안 살이 내 살이면 천리라도 찾아가고, 밭 살이 내 살이라면 십리라도 가지 마라./ 입 찬 소리는 무덤 앞에 가서 하라./ 죽어도 시집 울타리 밑에서 죽어라./ 하룻밤을 자도 만리성을 쌓아라./ 호랑이에게 물려가도 정신만 차려라.

속담의 내용상 특성은 이상과 같이 위험을 피해 실패하지 않게 경계하는 것과 화복이 무상하고 세상 일이 뜻과 같이 이루어지지 않는 것이니 주의하라는 것이 주류를 이룬다.

그리고 여기에 속담의 소재가 되고 있는 대표적인 어휘를 참고로 제시하기로 한다. 가장 빈도가 높은 것은 '개(犬)'이고, '물(水), 사람(人), 말(言語), 똥(糞), 밥(食), 소(牛), 집(家)'이 높은 빈도를 보인다. 이는 우리나라 사람이 세상을 살아가며 무엇에 관심을 가지는가를 보여 주는 것이 된다.

다섯째, 통속성을 지닌다.

속담은 이상과는 달리 '속담'이란 말처럼 그 내용이 '통속적(通俗的)'이란 또 하나의 특성을 지닌다. 따라서 속담은 문자 그대로 속어(俗語)요, 많은 비속어로 이루어졌음을 의미한다. 여기에는 '놈년'과 함께 성기를 나타내는 비어도 그대로 노출된다. 따라서 지난날에는 점잖은 사람이나 양반은 속담을 입에 올리지 않았다. 이는 주로 서민사회에서 활용되었고, 설화나 판소리, 가면극 및 '춘향전', '흥부전', '심청전' 등 통속적

소설류에서 활용되었다. 이러한 현상은 중국·일본·서양의 경우도 마찬가지다. 통속성을 드러내는 속담의 예로는 다음과 같은 것이 있다.

> 곁방 년이 코 구른다/ 남의 사정 보다가 갈보 난다/ 누걸 놈 방앗간 다투듯/ 대가리에 물도 안 말랐다/ 복 없는 가시나가 봉놋방에 가 누워도 고자 곁에가 눕는다/ 똥구멍이 찢어지게 가난하다/ 사위 자식 개자식/ 밑구멍으로 호박씨 깐다/ 보지 좋자 과부 된다/ 씹 본 벙어리/ 아가리를 벌린다/ 얼려 좆 먹인다/ 장가들러 가는 놈이 불알 떼어 놓고 간다./ 종년 간통은 소 타기/ 좆 빠진 강아지 모래밭 싸대듯/ 찬 물에 좆 줄듯/ 처녀 불알/ 하던 지랄도 멍석 펴 놓으면 안 한다/ 하룻밤을 자도 헌 각시/ 행사가 개차반 같다/ 헌 바지에 좆 나오듯

수사적 특성

속담은 다른 문학과 마찬가지로 그 표현효과를 드러내기 위해 각종 수사적 기법을 활용한다. 이는 다른 나라 속담도 다 마찬가지다. 한국 속담은 우선 명확성과 구체성을 드러내기 위해 각종 비유법을 쓰고 있고, 강조를 하기 위해 각종 형용법(figure of speech)을 구사하고 있다. 이들 수사법 가운데 가장 많이 쓰이고 있는 것이 비유법(比喩法)과 대우법(對偶法)이다.

첫째, 비유법이 많이 쓰인다.

속담은 감정과 상상에 호소하여 감동을 주기 위해 넓은 의미의 비유법을 많이 쓰고 있다. 그래서 속담의 특성의 하나를 비유적 표현(figurative expression)이라 한다. 비유는 '같이, 처럼, 듯이'와 같은 비교어를 사용하는 직유와, 특정 사물을 들어 은근히 비유하는 은유가 많이 쓰이고 있고, 제유, 환유, 의인법도 애용되고 있다. 비유법은 외형상 비유의 형식

을 취한 것 외에, 운용에 있어 비유적 표현을 하고 있는 것도 많다. 따라서 속담은 온통 비유라 하여도 좋다. 비유법이 쓰인 속담을 약간만 보이면 다음과 같다.

* 직유법 : 깎은 밤 같다./ 가보 쪽 같은 양반/ 뚱딴지같다/ 말은 청산유수 같다/ 병든 솔개같이/ 뺑덕어멈 같다/ 손대성의 금수파 쓰듯/ 입의 혀 같다/ 앓던 이 빠진 것 같다/ 조자룡이 헌 칼 쓰듯/ 쥐 불알 같다/ 쥐뿔같다/ 찬물에 좃 줄듯/ 칠년대한에 대우 기다리듯/ 파리 목숨 같다/ 호랑이 개 어르듯

* 은유법 : 가르친 사위/ 가재걸음/ 개천에 든 소/ 고려공사삼일/ 눈엣가시/ 다리아랫소리/ 돈이 제갈량/ 떡국이 농간한다./ 말고기 자반/ 모과나무 심사/ 목구멍에 풀칠한다(糊口)/ 바가지를 긁다/ 밥숟가락 놓았다/ 배가 맞는다./ 볼 장 다 봤다/ 비단이 한 끼/ 삼십 넘은 계집/ 설 쇤 무/ 식은 죽 먹기/ 안성맞춤/ 암탉이 운다/ 억지 춘향이/ 열 소경에 한 막대/ 절에 간 색시/ 좌수상사라/ 찬 이슬 맞는 놈/ 청기와 장수/ 파김치가 되었다./ 팔선녀다/ 팔자를 고친다/ 코 큰 소리/ 코 묻은 돈/ 하룻강아지

둘째, 대우법(對偶法)이 많이 쓰인다.

대우법은 형식의 면에서 평형(balance)을 취하고, 의미의 면에서 흔히 대조(contrast)를 이루게 한다. 대우법은 사실의 대조만이 아닌, 의미상의 반복, 열거, 비교를 함으로 변화와 강조를 하기도 한다. 또한 이는 일정한 가락을 지녀 운율적 효과도 드러낸다. 형식은 부분적인 대구(對句)를 이루기도 하고, 전체적으로 대구를 이루기도 한다. 이러한 기법은 특히 중국에서 시가에 애용하고, 속담에까지 많이 쓰고 있다. 우리 속담에도

많이 쓰이는 수사법이다. 이들의 예를 대조, 열거, 비교로 나누어 약간 씩 보면 다음과 같다.

* 두 사실의 대조 :
귀 장사 하지 말고, 눈 장사 하라./ 날고기 보고 침 안 뱉는 이 없고, 익은 고기 보고 침 안 삼키는 이 없다./ 드는 정은 몰라도 나는 정은 안다./ 말은 보태고 떡은 뗀다./ 반잔 술에 눈물 나고, 한잔 술에 웃음 난다./ 불 없는 화로, 딸 없는 사위/ 사람은 죽으면 이름을 남기고, 범은 죽으면 가죽을 남긴다./ 오는 정이 있어야 가는 정이 있다./ 일색 소박은 있어도, 박색 소박은 없다./ 홀아비는 이가 서 말, 과부는 은이 서 말/ 흰 술은 사람의 얼굴을 누르게 하고, 황금은 사람의 마음을 검게 한다.

* 유사한 사실의 열거 :
귀신은 경문에 막히고, 사람은 인정에 막힌다./ 꽃 본 나비 물 본 기러기/ 남의 옷 얻어 입으면 걸레 감만 남고, 남의 서방 얻어 가면 송장치레만 한다./ 덫에 치인 범이요, 그물에 걸린 고기/ 말은 해야 맛이고, 고기는 씹어야 맛이다./ 서천에 경 가지러 가는 사람은 가고, 장가 드는 사람은 장가 든다./ 열 소경에 한 막대요, 팔대군의 일 옹주라/ 자식을 보기에 아비만한 눈이 없고, 제자를 보기에 스승만한 눈이 없다./ 헤엄 잘 치는 놈 물에 빠져 죽고, 나무에 잘 오르는 놈 나무에서 떨어져 죽는다.

* 두 가지 사실의 비교 :
똥 묻은 돼지가 겨 묻은 돼지를 나무란다./ 뛰면 벼룩이요, 날으면 파리/ 먼저 난 머리보다 나중 난 뿔이 무섭다./ 며느리 시앗은 열도 귀엽고, 자기 시앗은 하나도 밉다./ 세 잎 주고 집 사고, 천 냥 주고 이웃 산다./ 손은 갈수록 좋고, 비는 올수록 좋다./ 영감 밥은 누워

먹고, 아들 밥은 앉아 먹고, 딸의 밥은 서서 먹는다./ 용의 꼬리보다
닭의 머리가 낫다/ 팔백 금으로 집을 사고, 천금으로 이웃을 산다.

한국 속담의 고유한 특성

한국 속담의 일반적 특성을 앞에서 살펴보았다. 이들은 한국 속담의
특성인 동시에 다른 속담에도 보이는 것이다. 이번 장에서는 비교적 한
국 속담에만 나타나는 고유한 특성을 살펴보기로 한다.

첫째, 구어(口語)와 한문의 이중구조로 되어 있다.

한국 속담의 대표적 특성의 하나는 많은 속담이 우리의 구어(口語)로
된 것 외에 한문으로 된 것이 있어 이중구조로 되어 있다는 것이다. 우
리의 속담은 속담의 본성 그대로 관용적이고 통속적인 구어로 된 것이
다. 그런데 이와는 달리 이것을 한문으로 번역한 번역체의 속담이 또
한 가지 있다. 일본에도 한문으로 된 속담이 있으나, 이는 일한혼용(日
漢混用)의 것으로 번역한 것이 아니다. 일본의 경우는 많은 경우 중국의
성어 '운중백학(雲中白鶴)'을 '雲中の白鶴', '한단지보(邯鄲之步)'를 '邯鄲に
步を學ぶ', '왕척이직심(枉尺而直尋)'<孟子>을 '尺を枉げて尋を直くす'
와 같이 바꾼 것이다. 중국어를 일본어화 하였다. 따라서 일본의 경우
는 속남의 이중구조가 아니다. 이중구조는 한국 속담의 특성이다. 예를
몇 개 들어 보면 다음과 같다.

　　강물이 돌을 굴리지 못한다 : 강류부전석(江流不轉石)
　　고래싸움에 새우 등 터진다 : 경전하사(鯨戰蝦死)
　　달면 삼키고 쓰면 배앝는다 : 감탄고토(甘呑苦吐)

도마 위에 오른 고기 : 조상육(俎上肉)
벌린 춤이라 : 기장지무(旣張之舞)
소경 단청 구경하듯 : 맹완단청(盲玩丹靑)
언 발에 오줌 싸기 : 동족방뇨(凍足放尿)
주머니에 든 송곳 : 낭중지추(囊中之錐)
하나를 듣고 열을 안다 : 문일지십(聞一知十)
햇비둘기 재 넘을까? : 구생일년(鳩生一年) 비불유령(飛不踰嶺)

둘째, 한국의 역사・지리・사회・문화를 반영한다.

속담은 구체적 사실을 바탕으로 한다. 따라서 한국 속담에는 한국의 역사, 지리, 사회, 문화적 배경이 반영되어 있다. 그런데 한국 속담에는 굵직굵직한 역사・지리・사회・문화의 배경이나, 사건・이념 등은 거의 반영되어 있지 않다. 이는 다른 언어권이 굵직굵직한 사실을 다루는 것과는 달리 주류 아닌, 서민적・통속적 사실을 주로 거론하고 있다.

역사적 사실만 하더라도 국사(國事)나 국난(國難)에 관한 것은 거의 보이지 않는다. 지리적 사실은 주로 서민의 생활과 관련된 것이다. 사회적 사실도 윤리・도덕에 관한 것은 거의 반영되어 있지 않다. 이러한 경향은 중・일 속담과 다른 점이다. 따라서 한국 속담은 사회적 사실을 이념적・원리적인 것이 아니라, 주변적 사상(事相)을 다소간 구체적으로 드러내고 있다 하겠다. 영어권과 비교하면 이는 한층 더 차이를 보인다.

　* 역사적 사실 : 가정오랑캐 맞듯/ 갑술 병정 흉년인가/ 강화 도령님인가 우두커니 앉았다/ 고려공사삼일/ 뜨겁기는 박태보가 살았을라구/ 문익공이 내려다 본다/ 사명당 사첫방/ 아산이 깨어지나, 평택이 무너지나?/ 이괄의 꽹과리/ 일진회 맥고모자/ 함흥차사

　　* 지리적 사실 : 강원도 안 가도 삼척/ 강원도 포수/ 내일은 삼수갑
산을 가더라도/ 사람의 새끼는 서울로 보내고, 마소의 새끼는 제주로
보내라/ 수원 남양 사람은 발가벗겨도 삼십 리를 간다/ 인왕산 모르
는 호랑이가 있나?

　　* 사회적 사실 : ‣ 반상 차별등－아전의 술 한 잔이 환자가 석 섬
이라고./ 푸른 양반/ 양반은 가는 데마다 상이요, 상놈은 가는 데마다
일이라.
　　‣ 척불·숭유－논밭은 다 팔아먹어도 향로 촛대는 지닌다./ 죽어
서 상여 뒤에 따라와야 자식이라./ 부처 밑을 기우리면 삼거웃이 드
러난다/ 중이 고기 맛을 알면 절에 빈대가 안 남는다.
　　‣ 남녀의 성 차별－남편은 두레박 아내는 항아리/ 치마짜리가 똑
똑하면 승전(承傳)막이 갈까?
　　‣ 농경 생활－농사꾼이 죽어도 종자는 베고 죽는다./ 소는 농가의
조상/ 하지를 지내면 발을 물꼬에 담그고 산다.
　　‣ 무속 신앙생활－싸움해 이한 데 없고, 굿해 해한 데 없다./ 안
되면 산소 탓/ 지신에 붙이고 성주에 붙인다.

　셋째, 한국의 설화, 및 문학을 반영한다.
　속담의 생성과정의 하나가 설화나 문학을 바탕으로 한다고 하였다.
‘가르친 사위’ 계통의 설화 ‘노목궤’나, ‘업어온 중’ 등이 이러한 것이다.
그뿐 아니라, 서민 문학을 반영한 것은 ‘춘향전, 흥부전, 심청전, 홍길
동전’ 등을 바탕으로 속담이 많이 생성되었다. ‘억지 춘향이’, ‘뺑덕어멈
같다’와 같이 소설 내용을 바탕으로 속담이 형성되기도 하고, 작품에
쓰인 표현이 회자되면서 속담으로 정착되기도 하였다. 이러한 예로는
다음과 같은 것이 있다.

* 설화

가르친 사위/ 내 일 바빠 한댁 방아/ 대학을 가르칠라/ 동상전에 들어갔나?/ 보릿고개가 태산보다 높다/ 수구문 차례/ 업어 온 중/ 중학생이 화간하고, 활인서 별제가 파직 당한다/ 충주 결은 고비/ 함흥차사/ 합천 해인사 밥이냐?

* 문학 작품

놀부 심사라/ 뜨겁기는 박태보가 살았을라구/ 목낭청조/ 박을 탔다/ 변학도 잔치에 이 도령 상/ 뺑덕어멈 같다/ 사명당의 사첫방/ 소대성이 모양 잠만 자나?/ 억지 춘향이/ 자기 자식에겐 팥죽 주고, 의붓자식에겐 콩죽 먹인다/ 춘향이 집 가는 길 같다/ 홍길동이 합천 해인사 털어먹듯

이밖에 판소리나, 인형극, 가면극을 반영한 '고수관이 딴전이라/ 끈 떨어진 망석중이/ 왜장녀 같다' 같은 것도 있다.

넷째, 한국적 속신, 속설이 많이 반영되어 있다.

속담은 통속성을 지닌다 하였다. 따라서 속담에는 속신·속설이 많이 반영되어 있다. 이는 일반적 특성이다. 그런데 한국 속담에는 한 민족의 속신, 속설이 반영된다는 면에서 이는 고유한 특성이다. 한국 속담에는 이러한 한국의 속신·속설이 많이 반영되어 있다.

개미가 거동하면 비가 온다/ 다리를 뻗고 밥 먹으면 가난하게 산다/ 다듬잇돌 베고 누우면 입이 비뚤어진다/ 달무리 한 지 사흘이면 비가 온다/ 돼지가 깃을 물어들이면 비가 온다/ 밤에 손톱을 깎으면 도둑이 온다/ 봄 첫 갑자일에 비가 오면 백리중이 가물다/ 비 오는 날 머리를 감으면 대사 때 비가 온다/ 빈 다듬잇돌을 두들기면 어머니가 젖을 앓

는다./ 사내가 바가지로 물을 마시면 수염이 안 난다./ 소나기 삼형제/ 숟가락을 멀리 잡으면 시집을 멀리 간다./ 아침 놀 저녁 비요, 저녁 놀 아침 비라./ 아침에 까치가 울면 좋은 일이 있고, 밤에 까마귀가 울면 대변이 있다./ 어려서 고생하면 부귀다남 한다./ 이야기를 좋아 하면 가난하게 산다./ 자면서 이를 갈면 가난해진다./ 제비가 사람을 얼르면 비가 온다./ 제비가 새끼를 많이 낳는 해는 풍년/ 첫봄에 흰 나비를 먼저 보면 초상난다./ 추운 소한은 있어도 추운 대한은 없다/

다섯째, 중국과 관련된 내용이 많다.

우리는 역사적으로 중국과 밀접한 교류관계를 가져 중국과 관련된 사실이 한국 속담에 많이 반영되고 있는 것을 볼 수 있다. 이들은 대부분 역사·지리·문화적인 것이다. 예를 들어보면 다음과 같다.

  * 인물 : 강태공의 낚시질/ 곽분양의 팔자/ 말은 낳거든 시골로 보내고, 아이를 낳거든 공자의 문(門)으로 보내라/ 돈이 제갈량/ 동방삭이는 백지장도 높다고 하였단다/ 말 잘하기는 소진 장의로군/ 맹상군의 호백구 믿듯/ 유비가 한중 믿듯/ 손대성의 금수파 쓰듯/ 이태백도 술병 날 때가 있다/ 인물 좋으면 천하일색 양귀비/ 장비는 만나면 싸움/ 조자룡이 헌창 쓰듯/ 조조는 웃다 망한다/

  * 지명 : 갈수록 태산이라/ 낙양의 지가를 높인다/ 대국 고추는 작아도 맵다/ 동정 칠백리에 헌화 사설한다/ 만리장성을 써 보낸다/ 백년하청을 기다린다/ 보릿고개가 태산보다 높다/ 악양루도 식후경/ 제비는 작아도 강남 간다/ 여산풍경엔 헌 쪽박이라/

  * 기타 : 대학을 가르칠라/ 배장수(수호전)/ 영소보전 북극천문에 턱 걸었다.

중국과의 관련 내용은 일본 속담에도 많이 보인다. 그러나 차이가 난다. 일본 속담에는 경서(經書) 등 고전의 글귀를 속담으로 녹인 것이 많다. 한국 속담에도 '의식이 풍족한 다음에야 예절을 안다.'와 같은 것이 있다. 그러나 이러한 예는 많지 않다. 중국과 관련된 사실은 고전 활용 여부도 일본과 차이가 있으며, 변형이 가해지는가 하면, 통속적인 것의 경우는 서로 다른 면을 보이기도 한다. 이러한 경향은 민족적 특성에 따라 차이를 드러내는 속담의 특수성이라 할 것이다. 이에 중국과 관련되는 한국 속담 내용은 한국적 특성을 지니는 것이라 하겠다. 한국 속담에 보이지 않는 일본 속담의 중국 관련 내용의 것을 몇 개 보면 다음과 같다.

> 愛は屋上の鳥に及ぶ<陔餘叢考>/　　鸚鵡能く言ふとも飛鳥を離れず<禮記>/　秋高く馬肥ひ<漢書>/　朝起は七つの德あり<傳家寶>/　麻の中の蓬<孟子>/　恩を以て怨に報ず<老子>/　羹に懲りて賄を吹く<離騷>/　晏子の御者　一丁字を識らず<通俗編>/　一點紅<壬齋詩話>

맺는 말

속담은 민족의 심지 성정과 역사·지리·사회·문화적 특성을 반영한다. 이런 의미에서 한국 속담은 한민족의 심지 성정과 역사·지리·사회·문화적 특성이 반영된다. 따라서 우리 속담에는 속담 일반의 특성과 함께 한민족 나름의 고유한 특성을 드러낸다.

이 글에서는 한국 속담의 일반적 특성과 함께 고유한 특성을 살펴보았다. 한국 속담에는 형식이나 내용면에서 속담 일반의 특성이 나타나 있고, 고유한 특성이 아울러 보인다. 일반적 특성으로는 형식면에서 간결성·운율성·통사적 특성·다양한 표현 형식을 갖추고 있으며, 내용 면에서 비평 풍자·교훈·지식 진리 전달·인생 경계를 한다는 것이다. 수사적으로는 비유법·대우법(對偶法)을 많이 쓴다. 그리고 고유한 특성은 형식상의 이중구조·한국의 역사 지리 사회 문화 반영·한국의 설화 및 문학 반영·한국의 속신 속설 반영·중국 관련 내용이 많다는 특성을 보인다.

한국 속담의 이러한 특성은 중국이나 일본과 비교할 때 차이를 드러낸다. 藤井(1978)는 일본 속담은 '경쾌(輕快) 낙이(樂易)의 기질이 있어, 심각 첨예의 뜻이 적'은 데 대하여, 중국의 속담은 '질실(質實) 침중(沈重)의 기질이 풍부하고', '용왕매진의 의기가 결여되고, 건곤일척의 장어(壯語)가 없고, 개구갹소(開口噱笑)의 쾌미(快味)가 없다.'고 하였다. 그리고 이들은 모두 그들의 생활과 성정과 관계가 있는 것이라 보았다. 이에 한국 속담을 견주어 보면 한국 속담은 좀 더 중국 속담의 특성에 기울어진다고 하겠다. 일본과 같은 '경쾌 낙이'가 부족하고, 중국과 같이 '질실 침중'한 기질에 좀 더 기울어지는 것으로 볼 수 있다. 따라서 한국 속담은 '용왕매진하는 의기'가 부족하고 쾌미가 적으며, 질실·침중하며 중용을 지향하는 특성을 지닌다고 할 수 있다.

[참고] 박갑수(2015), 한국 속담의 일반성과 특수성(미발표)

(재미있는 속담과 인생, 역락, 2015)

속담에 반영된 딸과 며느리
-한·일·영어의 발상과 표현-

서언

    '며느리라는 이름이 붙으면 내 자식도 밉다.'

    이는 일본의 속담이다. 같은 사람이라도 이름을 바꾸면 이렇게 달라지는 것인가? 아니면 사람의 역할이 달라지면 애증(愛憎)의 감정이 이렇게 천양의 차이로 바뀌는 것인가?

    속담은 그 사회의 전통과 제도, 그리고 그 사회 구성원의 심지 성정(心志性情)을 반영한다. 그렇다면 우리의 '딸'과 '며느리'는 속담에서 어떤 위상, 어떤 모습을 보이는 것일까? 우리 속담에 반영된 우리 조선(祖先)들의 발상과 표현을 더듬어 보기로 한다. 일본어와 영어권의 속담과 비교하면서….

    사물에 관한 속담은 그 사물의 이름이 들려지는 경우와 그렇지 아니하고 비유나 상징을 통해 간접적으로 표현되는 경우가 있다. 여기서는 '딸'과 '며느리'란 말이 구체적으로 문면에 드러나 있는 속담만을 대상으로 하여 보기로 한다.

속담은 다음 자료를 바탕으로 논의될 것이다.

이기문(1962), 속담사전, 민중서관

藤井乙男(1979), 諺語大辭典, 日本圖書

大塚高信·高瀨省三(1976), 英語諺辭典, 岩波書店

'딸'과 관련된 속담

딸에 관한 속담은 우리의 경우 약 30개가 있다. 일본의 경우는 열댓 개, 영어의 경우는 그 수가 많아 약 50개나 된다.

우리 속담에 반영된 딸은 첫째, 사랑스러운 존재로 나타난다. 이는 흔히 며느리와 대조하여 표현되는데, 이들은 각각 사랑과 미움이란 대조적 대상으로 나타난다.

> 가을볕에는 딸을 쪼이고, 봄볕에는 며느리를 쪼인다.
> 배 썩은 것은 딸을 주고, 밤 썩은 것은 며느리 준다.
> 죽 먹은 설거지는 딸 시키고, 비빔 그릇 설거지는 며느리 시킨다.
> 딸 손자는 가을볕에 놀리고, 아들 손자는 봄볕에 놀린다.
> 딸의 시앗은 바늘방석에 앉히고, 며느리 시앗은 꽃방석에 앉힌다.

살갖은 '가을볕'보다 '봄볕'에 거칠어지고, 잘 탄다. 그래서 '봄볕'에는 딸이나 딸 손자, 곧 외손자를 쬐게 하지 않는다. 똑같이 썩은 것이라 하여도 배 썩은 것이 밤 썩은 것보다는 낫기에 이는 딸에게 준다. 시앗(妾)에 대한 태도도 딸과 며느리에 따라 애증을 달리 하여 심한 차이를 보인다.

둘째, 딸은 '도둑'으로 나타난다. 딸을 출가시키자면 많은 돈이 들기 때문에 이렇게 인식하는 것이다.

> 딸 셋을 여의면 기둥뿌리가 팬다.
> 딸 셋이면 문 열어놓고 잔다.

또 '딸은 산적 도둑이라네.'라고 하여 음식이나 곡식 등을 시집으로 가져가는 사람이다. '딸의 차반은 재 넘어가고, 며느리 차반은 농 위에 둔다.'도 같은 내용의 것이다.

딸을 도둑으로 표현한 것은 일본 속담에도 많이 보인다. '딸아이는 강도 여덟 사람', '딸 하나에 일곱 장(欌)을 열었다.', '딸 셋을 두면 재산을 탕진한다.', '딸아이의 작은 주머니는 생각보다 많이 들어간다.' 같은 것이 그것이다. 일본에도 딸의 혼비(婚費)가 많이 들어가기에 이런 속담이 생겨난 것이다. 영어권의 속담 '두 딸과 하나의 뒷문은 악명 높은 도둑이다(Two daughters and a back door are three arrant thieves)'도 같은 발상의 표현이다. 딸의 결혼에 돈이 많이 들어가는 것은 동서양이 같은 모양이다.

셋째, 딸은 어려운 남으로 표현된다. 딸은 출가외인(出嫁外人)이라고, 타인으로 의식되고, 어려운 존재로 여겼다. 그래서 남처럼 형식을 갖추어야 했고, 조심스러웠다.

> 딸의 굿에 가도 전대가 셋
> 딸의 굿에를 가도 자루 아홉을 가지고 간다.
> 아들네 집 가 밥 먹고, 딸네 집 가 물 마신다.

　　영감 밥은 누워 먹고, 아들 밥은 앉아 먹고, 딸의 밥은 서서 먹는다.

　넷째, 딸은 서운한 존재로 표현된다. 남존여비 사상 때문에 딸은 이미 태어날 때부터 서운한 존재였다. 그리고 또 시집을 가며 부모에게 서운한 마음을 안겨 준다. 이러한 상황을 반영하는 속담이 '딸은 두 번 서운하다'라는 것이다.

　우리 속담과는 달리 일어와 영어권의 속담에는 모전여전(母傳女傳)을 나타내는 속담이 많다. '딸은 어머니를 따른다.', '딸을 보기보다 어머니를 보라.'는 일본의 속담이고, '딸은 어머니의 발자취를 따른다.', '모녀 상사'는 영어 속담이다. 영어 속담은 한 수 더 떠 '어머니가 솥 안에 들어간 적이 없다면, 딸은 결코 거기서 찾지 않는다.'고까지 한다. 이밖에 영어 속담에서는 딸은 아들과는 달리 결혼 적령기에, 그것도 혼인을 시킬 수 있을 때에 시키라고 한다. 일본 속담도 적기(適期)에, 또는 연말에 결혼시킬 것을 권하고 있다. 이러한 생각은 비록 속담에는 반영되어 있지 않지만 우리 조상들도 가지고 있던 생각이다. 노처녀가 되기 전에, 추수(秋收) 뒤에 '치운다'고 한 것이 그것이다. 그리고 영어 속담에는 어머니의 물렁한 교육을 경계하는 것이 많다. '걸음이 가벼운 어머니는 걸음이 무거운 딸을 만든다(Light-heeled mothers make leaden-heeled daughters.)'도 이러한 것의 하나다. 어머니가 비지런하면 딸은 게으름뱅이가 된다는 말이다.

'며느리'와 관련된 속담

며느리에 관한 속담은 우리의 경우 약 60개나 된다. 이에 대해 일본 속담은 그 반인 30여 개, 영어 속담은 겨우 두 개뿐이다. 이는 며느리가 우리에게는 큰 비중을 차지하는 데 비해, 서양에서는 그토록 비중이 크지 않음을 보여 주는 단면이다. 두 개의 영어 속담은 다음과 같은 것이다.

> 시어머니와 며느리 사이는 폭풍우와 우박이 쏟아지는 폭풍이다
> (mother-in-low and daugnter-in-law are a tempest and hail storm).
> 시어머니는 그녀가 며느리였었다는 것을 기억하지 않는다
> (mother-in-lawdoes net remember that she has been daughter-in-law.)

우리 속담에 반영된 며느리는 첫째, 증오의 대상으로 나타난다. 이는 딸을 살피는 자리에서 확인된 것으로, 고부(姑婦) 갈등이 심함을 나타낸다. 이러한 속담은 딸과 대조시켜 표현한 것 외에 다음과 같은 것도 보인다.

> 열 사위는 밉지 아니하여도 한 며느리가 밉다.
> 미운 열 사위 없고, 고운 외며느리 없다.
> 며느리 시앗은 열도 귀엽고, 자기 시앗은 하나도 밉다.
> 흉이 없으면 며느리 다리가 희단다.
> 굿하고 싶어도 맏며느리 춤추는 꼴 보기 싫다.

이러한 고부갈등은 일본 속담에도 많이 보인다. 이 글의 서두에 보인 '며느리라는 이름이 붙으면 내 자식도 밉다.'는 그 대표적인 것이다. '며느리와 시어미, 개와 원숭이', '며느리와 시어미 사이가 좋은 것은

뜻밖의 일'도 이러한 것이다. 영어 속담 '시어미와 며느리는 폭풍우요, 우박 쏟아지는 폭풍이다.'도 같은 것이다.

며느리와 사위는 다 같이 타성(他姓)의 사람이다. 그런데도 사위는 사랑을 받고, 며느리는 미움을 받는다. 이는 시어머니의 입장에서 볼 때, 며느리는 내 사랑하는 아들을 빼앗아간 적대자이기 때문이라 하겠다. 고부간의 갈등은 이른바 오이디프스(eudiphs) 콤플렉스가 발현된 것이다.

둘째, 며느리는 시아버지의 사랑을 받는다. 며느리는 시어머니의 미움을 받는 대신 시아버지의 사랑을 받는다. 또 오이디프스 콤플렉스의 반영이다.

> 며느리 사랑은 시아버지, 사위 사랑은 장모
> 사위 사랑은 장모, 며느리 사랑은 시아버지
> 장모는 사위가 곰보라도 예뻐하고, 시아버지는 며느리가 뻐드렁니
> 에 애꾸라도 예뻐한다.

셋째, 며느리는 공을 인정받지 못한다. 며느리는 '들 적 며느리, 날 적 송아지'라고 고된 일만 하며 산다. 그리고 대를 이을 자식을 낳아 준다. 그런데도 그 공이 인정되지 않는다. '고양이 덕과 며느리 덕은 모른다.'나, 여기서 한 단계 더 나아가 '고양이 덕은 알고, 며느리 덕은 모른다.'는 속담은 이러한 사정을 반영한 것이다.

넷째, 며느리는 고부간의 갈등을 계승하는 존재다. 시어머니에게 학대를 받고 고생한 며느리라면 내 며느리는 학대하지 않을 법도 하다. 그렇건만 현실은 오히려 더 심하게 나타나는 것으로 본다. '며느리 자라 시어미 되니 시어미 티 더 한다.'가 그것이다. 이는 정약용의 '이담속찬(耳談續纂)'에 보이는 것으로, 일본 속담에도 '며느리가 시어미 된다.'

로 나타나고 있다. 영어 속담 '시어미는 자기가 며느리였다는 것을 기억하지 않는다.'도 이러한 것이다. 이러고 보면 고부간의 갈등은 영원히 사라질 수 없는 것인지도 모른다.

다섯째, 며느리는 시집 귀신이 되어야 한다고 본다. 이는 개가(改嫁)를 금지한 유교의 윤리가 여인을 구속하는 것이다. 그리하여 '사위는 백년이요, 며느리는 종신 식구'라고 하였다. 이는 영어권 속담에서 '아들은 그가 결혼할 때까지 내 아들이고, 딸은 그의 일생 내 딸이다.'라고 영원한 딸로 보는 것과 대조적이다. '영원한 딸'이란 사위가 장모를 극진히 위함을 의미한다.

일본 속담에는 우리와는 다른, 좀 색다른 것도 보인다. 그것은 며느리는 자기네보다 낮은 데에서 구하라는 것이다. '며느리는 아래에서, 사위는 위에서', '며느리는 뜰에서 얻어라.', '며느리는 숲에서 취하라.' 같은 것이 이런 것이다. 이러한 속담은 헤브루 속담에도 보이는 것이다. '네가 아내를 맞을 때에는 사다리를 내려가라; 친구를 선택할 때는 올라가라.'고 한다. 일본 속담에는 또 '며느리 교육은 처음에 하라.'가 보인다. 이는 우리의 '색시 그루는 다홍치마 적에 앉혀야 한다.'와 같은 발상의 표현이다. 영어 속담은 앞에서 본 바와 같이 갈등이 극한을 달린다.

이상 속담에 반영된 딸과 며느리에 대해 살펴보았다. 오늘날의 여인들을 보며 그간 세상이 많이도 변했다는 생각을 하게 된다. 과거와는 달리 우리 여인들은 최고의 권리와 자유를 누리는 시대에 살고 있기 때문이다.

(한글＋漢字문화・2001년 3월호)

인사와 커뮤니케이션 문화

인간생활의 큰 원칙은 협동에 있고, 이는 언어에 의해 이루어진다. 그리고 이의 기초를 이루는 것이 인사(人事)다.

'인사'는 한 커뮤니케이션의 수단이다. 커뮤니케이션은 '정보를 교환하는 과정'이다. 커뮤니케이션은 의도적인 것과 비의도적인 것이 있다. 인사는 의도적인 사교적 의례(儀禮) 행위다. 인간생활을 원활히 운영하기 위해 수행하는 것이다.

이 글에서는 '인사', 그것도 우리의 '인사'를 중심으로 커뮤니케이션 문화를 살펴보기로 한다.

'인사'라는 말의 명명과 정의

사람들은 어떤 사람을 만나거나 헤어질 때 의례적인 표현을 한다. 우리는 이를 인사(人事)라 한다. '人事'란 한자말이 행정적 의미가 아닌, 이러한 뜻으로 쓰이는 것은 동양 삼국 가운데 우리가 유일하다. 중국에서는 우리의 인사에 해당한 말을 '문후(問候), 문호(問好), 한훤(寒喧), 타초호(打招呼)' 등 문맥에 따라 여러 가지로 구분하여 사용한다. 일본에서는 이를 주로 '아이사쓰(挨拶)'라 한다(박갑수, 1992).

인사를 왜 '인사(人事)'라고 하는가에 대한 어원은 분명치 않다. 이는 아마도 "사람이 마땅히 해야 할 일", "사람으로서 지켜야 할 예의나 도리"라고 생각하여 이러한 명명을 하였을 것이다. '인사'를 나타내는 말에는 이 한자어 외에는 '고마', '고마ᄒ다'란 고유어가 있다. 이는 오늘날 사어(死語)가 되었다. 조선조 초기의 '석보상절(釋譜詳節)'에 '서로 고마ᄒ며 드르샤 說法ᄒ시니'가 보이는데, 이 '고마ᄒ며'가 오늘날의 '인사하며'에 해당한 말이다. '고마ᄒ다'는 본래 '공경하다'를 뜻하는 동사다. 우리 조상들은 인사를 '공경하는 것'으로 파악한 것이다. '고마'는 '고마 경(敬), 고마 건(虔)'<신증유합>과 같은 용례를 보인다. 오늘날의 '고맙다'란 형용사는 이 '고마'에서 파생된 말이다.

우리의 '인사'에 대한 일본어 '아이사쓰(挨拶)'는 그 어원이 좀 색다르다. 이 말은 불교 선종(禪宗)의 '일애일찰(一挨一拶)'에서 연유한다. 이는 문하승의 깨달음의 정도를 시험하기 위해 행하는 '문답'을 의미하던 말로, 여기서 나아가 그 의미가 일반화하여 주고받는 의례를 의미하게 되었다. '애찰(挨拶)'은 본래 '밀 애(挨), 밀 찰(拶)'로 질문을 하면 대답하고, 다시 질문을 하면 대답한다는 의미다.

한어(漢語)는 우리의 '인사'에 일대일로 대응하는 말이 따로 없고, 여러 가지로 구분 대응된다. 앞에서 예를 든 '문후(問候), 문호(問好), 한훤(寒暄), 타초호(打招呼)' 등이 그것이다. '문후(問候)'란 시절, 또는 사계의 변화에 따라 문안을 하는 것이고, '한훤(寒暄)' 역시 한훤문(寒暄問), 한훤례(寒暄禮)를 의미하는 말로, 춥고 더움, 곧 기후에 따른 안부를 묻는 것이다. '문호(問好)'는 안부(安否)를 묻는 것이고, '타초호(打招呼)'는 가벼이 인사하는 것이다. 이밖에 '치사(致辭)', '치사(致謝)', '치경(致慶)'이란 말도 있다. 이렇게 한어에서는 그 의미 내용에 따라 '인사'에 관한 말을 다양하게 나타낸다.

영어로는 인사를 Greeting, Salutation이라한다. Greeting은 인도게르만의 조어(祖語) *ghred-, *ghrod-란 '반향(反響)하다'를 뜻하는 말에서 파생된 것이며, Salutation은 라틴어 salutare란 '건강, 복지'를 뜻하는 말에서 연유한다. 따라서 이들은 소리 지르거나, 안전을 기원하는 구체적 사실에서 인사를 나타내는 말이 태어난 것이라 하겠다.

그러면 '인사'는 어떻게 정의되는가?

'인사'란 우선 "사람과 사람이 만났을 때나 헤어질 때 교환되는 사교적, 혹은 의례적 말이나 동작"이라 할 수 있다. 그러나 이는 일반적, 잠정적 정의라 하겠다. 그것은 인사의 대상 및 인사하는 때, 인사의 동기, 인사의 형식, 인사의 내용, 인사의 표현수단, 인사말의 특성 등의 조건, 내지 구조에 따라 달리 규정되어야 할 것이기 때문이다. 이들 특성에 대해 간단히 살펴보면 다음과 같다(比嘉, 1981).

① 인사의 대상

인간과, 인간이 아닌 대상에게도 인사가 가능하다. 가축, 고향 산천, 신불(神佛) 등 의인화 대상은 다 인사의 대상이 된다.

② 인사의 시기

인사하는 때, 계제는 우연한 만남과 의도적 만남에서 다 가능하다.

③ 인사의 동기

인사는 개인적 동기와 사회적 동기에 의해 이루어진다. 이에 대해서는 아래에서 다시 논의할 것이다.

④ 인사의 상호성

인사의 형식은 원칙적으로 상호 교환적이나, 일방 통행적인 경우도 있다. 동물이나 무생물, 사자(死者), 그리고 말을 못하는 유아의 경우는 인사를 받기만 한다.

⑤ 인사의 성격

인사의 기능은 친교적인 것이다. 이는 사교적 행위와 의례적 행위로 나눌 수 있다.

⑥ 인사의 표현수단

언어 외에 비언어적 행동, 및 언어에 비언어 행동이 수반되어 이루어지기도 한다. 비언어행동은 부차언어적 기능과 대용어적 기능을 수행하는 경우가 있다.

⑦ 인사말의 종류

입말(口語)과 글말(文語)로 나뉜다. 편지의 인사말은 글말의 대표적인 것이다.

⑧ 인사말의 성격

인사말은 실질적 의미를 지니는 경우와 그렇지 않은, 환정적 기능만을 드러내는 경우가 있다. 관용적 인사말은 대체로 환정적 기능을 드러낸다.

⑨ 인사의 독창성

개성적인 적절한 표현을 구사하는 경우와 일정한 형식의 관용어를 사용하는 경우가 있다.

이상 '인사'의 특성을 구체화할 때 비로소 인사의 의미가 분명해지고, 구체적 정의가 내려질 수 있다. 그리고 나아가 효용성 있는 인사가 수수(授受)된다.

인사의 성격과 커뮤니케이션

인사를 잠정적으로 "사교적, 혹은 의례적 말이나 동작"이라 하였다. 이는 인사의 성격을 말해 주는 것이다. 그리고 또 하나 인사의 성격을 규정해 주는 것이 인사의 개인적 동기와 사회적 동기다. 이러한 인사의 성격과 동기로 말미암아 사람은 인사라는 커뮤니케이션을 하게 된다. 그리고 인사가 관습적으로 행해지므로 말미암아 인사말은 실질적 의미인 통달적(通達的) 기능보다는 감정이나 태도를 환기하는 정서적(情緖的) 기능을 지니게 된다.

그러면 좁은 의미의 인사의 성격부터 보기로 한다. 인사를 한다는 것은 상대방에게 적의(敵意)를 품고 있지 않으며, 호의를 가지고 있다는 표시이고, 나아가 상대방의 친구이며, 협동할 수 있는 사이임을 나타낸다. 이는 특히 사교적(社交的) 인사의 경우 그러하다. 따라서 상대방이 호감을 가지도록 하는 언어 내지 신체적 동작에 유의하게 된다. 이때의 인사말에는 사랑과 신뢰와 경의(敬意)가 담긴다. 대표적 신체적 동작에 의한 인사인 악수만 하여도 무기를 지니고 있지 않다는 평화의 몸동작이다. 이에 대해 정형(定型)의 의례적(儀禮的) 인사는 주로 공식적인 장소이거나 관혼상제 및 설 등의 명절과 같이 사회적으로 정해진 일정한 때와 장소에서 행해진다. 이때의 인사는 같은 집단 내지 사회의 일원임을 확인하는 구실을 한다. 인사말은 개성적인 창작이라기보다 일정한 틀이나 형식에 따라 행해진다. 따라서 그 형식이나 틀을 알아야 인사를 제대로 할 수 있다. 그렇지 않으면, 이방인이거나, 교양 없는 사람으로 취급된다. 그래서 인사는 성인(成人)의 표지로까지 인식한다.

인사의 동기는 앞에서 언급한 바와 같이 개인적 동기와 사회적 동기로 나뉜다. 개인적(個人的) 동기(動機)는 주로 인간관계를 형성하거나 유지하고자 하는 것이다. 이에 대해 사회적(社會的) 동기(動機)는 사회적 관계를 형성하거나 유지하고자 하는 것이다. 이들은 다만 적의나 악의가 없다는 것을 나타내는 소극적 인사에서부터 사랑과 존경과 공순(恭順)을 강력하게 드러내는 적극적 인사에 이르기까지 다양하다.

인간관계는 부자, 부부, 친척, 친구, 이웃 등 다양하다. 이러한 인간 관계를 형성·유지하기 위해 인사말을 건넨다. 인간관계의 인사말은 친해질수록 말수가 줄어들며, 친할수록 말을 생략·단축하는 경향을 보인다. 부부나 친한 친구 사이의 인사를 생각하면 쉽게 이해된다.

사회적 동기의 인사는 과거 봉건주의(封建主義)의 영향이 큰 것으로 일러진다. 사회체제나 조직을 유지하기 위한 수단의 하나로 인사를 하게 한 것이다. 곧 지배자는 피지배자에게 인사를 강요함으로, 서열의식과 사회계급 의식을 강조하고, 인사를 통해 공순(恭順)의 뜻을 나타내도록 한 것이다. 이는 원칙적으로 하위자(下位者)가 상위자(上位者)에게 인사하는 것이다. 예(禮)를 중시하는 신분사회에서도 이러한 경향이 나타난다. 존장자(尊長者)를 공경하는 유교문화가 이러한 것이다. 따라서 이는 평등의 대등한 인사가 아닌, 하위자의 상위자에 대한 공순의 차별적 인사로, 동양 삼국에 발달되었다. 이러한 인사는 오늘날의 예절교육에 의해 현대사회에도 계승되고 있다. 한국의 교육과정에 반영된 초등학교의 '인사하기'의 규정을 몇 개 보면 다음과 같다.

> ‣ 문교부령 제44호(1955)
> 2. 인사, (대화, 문답, 토의…) (一 초등학교 국어과의 영역, (一) 언어경험의 요소 중, '음성언어의 경험' 중 '서로 말하기')
> 3. 간단한 인사를 할 수 있게 한다(1학년 말하기 지도목표)
> 6. 인사와 소개를 예절 바르게 할 수 있다. (5학년 말하기 지도목표)
> ‣ 문교부령 제119호(1963)
> (4) 여러 가지 형식의 인사를 한다.(2. 국어과의 목표)
> 6. 인사와 소개를 예절 바르게 하도록 한다. (5학년 말하기 지도목표)

2. 인사, (대화, 문답, 토의…) (一 초등학교 국어과의 영역, (一) 언어경험의 요소 중, '음성언어의 경험' 중 '서로 말하기') (III 지도 내용, (1) 언어 경험의 요소, 음성 , 언어(말하기 듣기의 경험, ② 서로 말하기)

‣ 문교부령 제310호(1973)

① 인사, (문답) ([지도 사항 및 형식](1) 말하기 (나) 주요 형식)

한국에서는 이렇게 예절교육의 일환으로 '인사하기'를 교육의 대상으로 하고 있다. 따라서 평등 아닌, 차별적 인사하기가 오늘날에도 여전히 행해진다.

인사말의 표현 구조

한국의 인사말은 어떻게 표현되고 있는가?

인사는 경사(慶事)·애사(哀事) 등 의례적으로 하는 것과 결혼·사망·취직·퇴직·전직·수상·개업·이전(移轉)과 같이 인생사를 알리는 것이 주를 이룬다. 이렇게 볼 때 인사는 인간생활의 모든 면과 관련된다. 사람들이 인간관계 내지 사회관계를 형성·유지하는 하나의 방법은 상대방을 축하하고 위로하는 외에, 자기 신변의 변화를 알려 유대관계를 공고히 하는 것이다. 이런 의미에서 인사는 '사람이 마땅히 해야 할 일'이며, 유념해야 할 사실임이 분명하다.

의례적 인사와 인생사의 고지(告知)라는 인사의 표현구조는 일반 문장이 다 그러하듯, 대체로 전문(前文)·주문(主文)·말문(末文), 곧 서론 본론 결론의 삼부로 이루어진다. 이러한 형식은 특별히 문어(文語) 인사의 경우 더욱 그러하다. 전문은 말을 트는 것으로, 대체로 먼저 시후(時候)에 대해 언급하고, '안녕하시냐?'고 안부를 묻는다. 그리고 그간의 호의에 감사하고 적조했음을 사과한다. 주문은 본론으로, 그동안 자기주변에 일어난 사실을 알린다. 문어의 경우 흔히 '아뢰올 말씀은 다름이 아니옵고…'라며 본론으로 들어간다. 말문(末文)은 결사(結辭)로, 상대방의 건강과 행복을 기원하고, 다음날을 약속한다.

　고지(告知)의 인사, 그 가운데도 문어에 의한 인사는 위의 삼부 구조를 충실히 지키는 쪽이다. 그러나 바쁘거나, 그럴 필요가 없을 때는 '전략(前略)', 또는 '제번(除煩)'이란 인사로 대신하고 본론으로 들어가기도 한다.

　이와 달리 구어로 인사하는 경우에는 인사의 구조를 다소간에 달리한다. 흔히 '인사'라고 할 때 앞에서 언급한 '전문(前文)'만을 의미하는 경우가 많다. 이는 평안과 건강의 기원, 자명한 사실의 확인, 일과 건강의 확인 등으로 나타난다. 그리고 이는 한국어의 경우 각각 주로 청유문, 평서문, 의문문으로 이루어진다는 특성을 지닌다. 그 형식은 다음과 같은 순서로 전개된다.

① 고개 숙이는 절, 또는 목례, 손짓 등 신체동작
② '안녕하세요?'란 관용적 인사말
③ '날씨가 참 좋네요.' 등 시후
④ '저번에 고마웠습니다.'나, '지난번에는 폐를 끼쳤습니다.' 등 유대 확인

　그러나 일반적으로 '인사'라고 할 때는 이 과정도 다 거치지 않는다. 대부분의 경우 ①, ②의 과정으로 인사를 마친다. 정중한 인사의 경우

③, ④와 다음과 같은 절차가 진행된다.

>⑤ '실은 이번에 …을 하게 되었습니다.' 등 인생사 고지
>⑥ '앞으로 잘 부탁드리겠습니다.' 등 유대 계승 희망
>⑦ '그러면 이만 가보겠습니다. 안녕히 계십시오.' 등 작별인사

   인사말의 표현구조와 관련해서는 언어의 구조에 대해서도 언급을 해야 한다. 그것은 인사말에 관용적인 정형(定型)이 있느냐 없느냐의 여부와, 대우법의 문제다. 관용적인 정형이 있는 경우에는 이를 사용해 부담 없이 인사를 교환할 수 있다. 그렇지 않고 독창적인 인사말을 하여야 할 경우에는 아무래도 심리적 부담을 느끼게 되고, 인사를 잘 하지 않게 된다. 이의 대표적인 예가 식사(食事) 전후의 인사와 외출 전후의 인사다. 일본어에서는 식사 전후에 "이타다키마수"와 "고치소우사마"라는 정형(定型)의 관용어를 사용한다. 우리에게도 이에 대응되는 "잘 먹겠습니다."와 "잘 먹었습니다."란 인사말이 있다. 그러나 이들은 외형상 비슷해 보이나 같은 인사말이 아니다. 일본어의 경우는 상하귀천 없이 누구에게나, 어느 때에나 쓸 수 있는 보편적 정형(定型)의 관용어인데, 한국어는 그렇지 않다. 부정형(不定型)의 관용어다. 보편적인 것이 아니고, 상대에 따라 형태가 바뀌어야 한다. 화계(speech level)에 따라 달리 표현해야 한다. 따라서 눈앞에 인사할 상대가 없는 경우에는 하지 않게 된다. 이는 물론 문화의 차이도 있다. 따라서 윗사람은 아무래도 식사 전후의 인사에 제한을 받는다. 그래서 식사 전후의 한국의 인사말은 일본어에 비해 사용빈도가 낮다(홍민표, 2007). 외출 전후의 인사도 마찬가지다. 일본어의 경우는 "잇데 기마수", "다다이마"라 인사한다. 한국어로

는 "다녀오겠습니다.", "다녀왔습니다."라 한다. 이들도 식사 전후의 인사말과 같이, 일본어는 보편적 정형의 관용어인데, 한국어의 경우는 그렇지 않다. 보편적 관용어가 못 된다. 대우법에 따라 달리 해야 한다. 이렇게 언어의 구조에 따라 인사말은 표현구조가 달라지고, 나아가 이는 사용빈도에도 영향을 미친다. 식사 전후, 외출 전후의 인사는 서구어(西歐語)도 보편적 관용어가 없어 사용 빈도가 한국어와 같이 낮다.

다음에는 인사말의 표현 가운데 특히 한국의 전통적 인사의 표현 형식을 보기로 한다. 이는 평상시와 경사 때, 그리고 애사(哀事) 때로 나누어 볼 수 있다.

먼저 평상시의 경우를 보기로 한다. 우선 가정에서는 혼정신성(昏定晨省)을 했다. 이때 인사말은 대체로 관용적으로 익은 말을 사용한다. 저녁에는 "평안히 주무십시오.", 또는 "안녕히 주무십시오."라 한다. 아침에는 "편히 주무셨습니까?", 또는 "방이 차지나 않으셨습니까?"라 했다. 남과 만났을 때 아침에는 "안녕하십니까?"라 하고, 점심에는 "점심 잡수셨습니까?", 밤에는 "안녕히 주무십시오."라 했다. 처음 만난 사람과는 '대객초인사'라고 먼저 담배를 권하고, "초면에 실례합니다. 통성명이나 합시다."라고 통성명을 청했다. 여러 날만에 만나는 경우는 "그간 안녕하십니까?", 또는 "그간 별고 없으십니까?"라 안부를 물었다. 행인을 만났을 때는 "어디 출타하세요?", 또는 "어디 가세요?"라 인사하였다. 그러면 "서울에 좀…" 하거나, "네!"라 응대한다. 인사가 통달적(通達的) 의미의 말이 아니라, 정서적(情緒的) 의미의 말임을 이미 인식한 것이다. 이러한 문화를 모르는 경우는 일일이 구체적으로 응대하는 우(愚)를 범하게 된다. 개화기에 외국인 선교사 가운데는 실제로 이런 우를 범한 사람도 있었던 것으로 알려진다.

경사 때의 인사말도 일정한 형식의 인사말이 있었다. 어른에게 새해 인사를 할 때는 "과세 안녕하십니까?"라 하였다. 요사이의 관용적 표현 "복 많이 받으세요."라고는 하지 않았다. 덕담은 아랫사람이 아닌, 윗사람이 하는 법이다. 인륜지대사(人倫之大事)인 혼사에서는 당사자에게 "좋은 연분을 만나 얼마나 즐거우신가?", 또는 "천정배필을 만나 얼마나 기쁘십니까?"라 하였다. 혼주(婚主)에게는 "현부를 얻으시니 기쁘시겠습니다."라 했다. 그러면 혼주는 "첫째 일기가 좋아서 내객에게 미안하기가 덜합니다."라 완곡하게 응대하였다. 출산의 경우는 아들의 경우는 "농장지경(弄璋之慶)을 축하합니다."라 했고, 딸의 경우는 "농와지경(弄瓦之慶)이 어떠십니까?"라 했다. 그러면 "순산을 하였으니 다행입니다."라 응대하였다. 생일 축하의 경우는 "생신을 축하합니다."가 대표적인 인사말이었다. 그렇지 않으면 "만수무강하십시오."라 하거나, "더욱 강녕하십시오."라 하였다. 오늘날의 감탄사 '만세(萬歲)'도 사실은 "만세, 만세, 만만세'라고 장수를 기원하는 인사다.

애사(哀事)의 인사는 논어(論語)에 상사(喪事)는 잘 차리기보다 슬퍼할 것이라고 하였듯 위로하고 슬퍼하는 것을 위주로 하였다. 그래서 조문 인사는 몰라서가 아니라, 슬픔을 드러내기 위해 끝을 흐렸다. 조객은 상주와 맞절을 하고, "상사 말씀 무어라 드릴 말씀이 없습니다."라 하거나 "상사를 당하시어 얼마나 망극하십니까?"라 하였다. 그러면 상주는 "망극하기 한이 없습니다.", 또는 "망극합니다."라 했다. 문병인사는 "얼마나 고생이 되십니까?"라 위로하거나, "속히 쾌유하시길 빕니다."라 쾌유를 기원했다. 작별할 때는 "잘 조섭하십시오."라 당부했다. 이밖에 재화(災禍)를 당했을 경우에는 "무어라 여쭐 말씀이 없습니다."라 하거나, "그래도 그만하기 다행입니다."라 위로의 말을 건넸다.

이렇게 의례적인 인사말은 일정한 형식이 있었다. 그러나 이들도 상대방에 따라 호칭과 어미가 달라져야 하는 미완(未完)의 정형이었음은 물론이다.

비언어행동의 인사

인사는 말과 행동으로서 이루어진다. 따라서 이번에는 비언어행동으로서의 인사를 살펴보기로 한다. 비언어행동으로서의 인사도 언어와 마찬가지로 민족과 국가에 따라 다양하게 이루어진다. 절, 목례, 악수, 포옹, 입맞춤 등이 그것이다. 여기서는 우선 나라와 민족에 따라 달리 행해지는 이 비언어행동의 인사를 長新太(1989), 飛田良文(2001), 이노미(2007), 홍인표(2010), 박갑수(2013) 등을 바탕으로 개괄해 보기로 한다.

한국·일본·인도네시아에서는 고개 숙여 절을 하고, 태국과 인도·캄보디아에서는 두 손을 모으는 합장을 한다. 유럽에서는 볼에 입을 맞추는 비주(bisous)를 한다. 프랑스·콜롬비아에서는 악수를 즐겨 한다. 아랍·아메리카·스페인·이탈리아·수단·몽골인은 포옹 뒤에 어깨를 두드리는 아브라소(abrazo)를 잘 한다. 이스라엘에서는 마주 서서 서로 어깨를 두드리며 샬롬(shalom)이라는 인사말을 건넨다. 알래스카에서는 부탠니(butanni)라며 두 주먹을 코앞에 대고 상대방의 주먹과 서로 비빈다. 미얀마, 말레시아, 에스키모인은 코를 가까이 대어 냄새를 맡는다. 티베트에서는 귀를 잡아당기며, 혀를 길게 내민다. 뉴질랜드의 마오리족은 키아오라(kiaora)라 하면서 손을 잡고 상대방의 코를 두 번 비비는 홍이(hungi)라는 인사를 한다. 아이누족과 파푸아뉴기니아의 한 부족은 오랜만에 만나 기쁠 때는 엉엉 울어 인사한다. 폴리네시아에서는 코와 코를 좌우로 비빈다. 중남미에서는 일반적으로 남성끼리는 악수를, 여성끼리는 뺨에 키스를 한다. 멕시코에서는 남성끼리 악수를 한 뒤 포옹하고, 가볍게 어깨를 두드린다. 아르헨티나에서는 남성끼리도 친한 경우 볼에 키스를 한다.

비언어행동으로서의 인사는 원거리에서 행해지는 경우와 근거리에서 행해지는 경우가 있다. 그리고 근거리에서 행해지는 경우는 신체적 접촉을 하는 접촉형(接觸型)과 비접촉형이 있다. 악수나, 포옹, 키스는 접촉형, 우리의 절이나 인도의 합장은 비접촉형의 인사라 할 수 있다. 그리고 비언어행동의 인사는 언어행동을 수반하는 경우와 그렇지 않은 경우가 있다.

한국의 비언어행동으로서의 대표적인 인사는 절을 하는 것이다. '위지동이전(魏志東夷傳)'에 의하면 절은 이미 부여(夫餘)시대에 행해지고 있었다(皆跪手據地竊語, 太田, 1928). 이는 사회심리학적으로 보면 고개를 숙임으로 굴종을 나타내는 것이다. 우리의 절에는 큰절과 반절, 그리고 서서 고개를 숙이는 가벼운 절이 있다.

전통적인 큰절은 애경사(哀慶事)에서 행해졌고, 오늘날에도 계승되고 있다. 남자의 큰절은 허리를 굽혀 손바닥을 바닥에 대되 두 손을 벌리지 않고, 오른 손위에 왼 손을 시옷자(ㅅ) 모양으로 포갠다. 여자의 큰절은 절차가 까다로워 흔히 일정한 교육을 받는다. 이는 두 손을 마주 잡아 이마에 대고 앉아서 허리를 굽혀 예를 표하게 되어 있다.

반절은 여자의 약식 절로, 허리를 굽히고 오른발은 세우고 왼발은 무릎을 꿇고 앉아, 양손을 바닥에 짚고 고개를 숙이는 것이다. 이는 때로 큰절로 오해된다. 일본 平凡社(2000)의 '朝鮮を知る事典'도 이러한 경우다. 반절은 또한 아랫사람의 절을 받을 때 앉은 채 윗몸을 반쯤 굽히는 것을 뜻하기도 하다.

서서 고개, 또는 허리를 굽히는 절도 있다. 고두(叩頭)는 절요(折腰)에 비해 가벼운 것이다. '절요(折腰)'는 우리말에서는 '절개를 굽히고 남에게 굽실거림'을 뜻하나, 한어(漢語)에서는 '허리를 굽혀 절을 하다'를 의미한다. 우리의 '절'이란 말의 어원은 바로 이 '꺾을 절(折)'자에서 나온 것으로 보인다.

이밖에 읍(揖), 공수(拱手), 국궁(鞠躬)도 인사를 나타내는 비언어행동이다. 읍(揖)은 두 손을 맞잡아 얼굴 앞으로 들어 올리고 허리를 앞으로 공손히 구부렸다가 몸을 펴면서 손을 내리는 동작이다. 공수(拱手)는 왼손을 오른손 위에 놓고 두 손을 마주 잡아 공경의 뜻을 나타내는 동작이다. 국궁(鞠躬)은 윗사람이나 위패(位牌) 앞에서 존경의 뜻으로 몸을 굽히는 것이다. 이들은 중국의 인사제도가 우리에게 들어온 것이라 하겠다. 중국에서의 읍(揖)은 지난날 두 손을 모아 올렸다 내리는 동작을, 공수(拱手)는 왼손으로 오른손의 주먹을 감싸듯이 마주잡고 코 가까이까지 올렸다 내렸다하는 동작을, 국궁(鞠躬)은 상반신을 90도로 구부려 인사하는 절을 의미한다.

절은 한자 '절 배(拜)'자에 대응된다. '배(拜)'자의 금문(金文)은 초화(草花)를 뽑는 모양으로, '초화를 뽑아내다'가 본래의 뜻이다. 이는 그 자세가 허리를 낮추어 배수(拜首)하는 예(禮)와 비슷해서 뒤에 이 뜻이 되었다. '배(拜)'자가 들어가는, 비언어행동과 관련이 있는 말에는 "배배(拜拜), 배수(拜手), 배수(拜首), 배궤(拜跪)" 등이 있다. 이 가운데 '배배(拜拜)'는 우리말에 보이지 않는다. 이는 '왼쪽 가슴에 오른손을 아래로 왼손을 위로 하여 잡고 가볍게 아래위로 움직이는 여자의 절'이다. 이는 우리 예절문화에는 보이지 않는 것이다. '배수(拜手)' 이하의 말은 한국어에도 있다. 그러나 그 의미가 다르다. '배수(拜手)'는 우리말로는 '손을 맞잡고 절함'을 의미한다. 중국에서는 이것이 금문(金文)과 서경(書經)에까지 보이는데, 옛날 남자들이 양손을 포개고 땅에 엎드려 그 손 위에 머리를 조 아리던 절이다. 이는 배수(拜首)라고도 한다. 배수(拜手)는 벼슬(官位)에 임 명될 때 하던 절이기도 하다(白川, 2004). 이 절은 우리의 절과 자세가 매 우 비슷하다. 혹 우리의 절이 여기서 연유하는 것이 아닌지 모르겠다. '배궤(拜跪)'는 우리말로 절하고 꿇어앉음을 의미한다. 그러나 중국에서 는 옛날의 가장 큰 경례로, 양 무릎을 꿇고 머리를 숙여 절하는 것을 가 리킨다. 이는 '궤배(跪拜)'라고도 한다. 이렇게 한자어 가운데는 같은 형 태를 취하면서 우리와 중국이 현격하게 다른 문화를 보여 주기도 한다.

　이상 한국의 '인사'를 중심으로 커뮤니케이션 문화를 살펴보았다. 인 사란 사교적, 혹은 의례적 말이나 동작이다. 이는 문화에 따라 차이를 보인다. 따라서 대내적(對內的)으로는 독자적인 인사문화를 올바로 파악 하여 인생을 원활히 운영하고, 무례하고 덜 떨어진 사람으로 치부되는 일이 없도록 하여야 한다. 그리고 대외적(對外的)으로 상대방의 인사문 화에 관심을 가져 국제사회에서 개인적 인간관계나 사회적 관계를 원 만히 형성 유지하도록 하여야 한다. 동양의 '천학비재' 운운의 지나치 게 겸손한 인사는 미국사회에서는 오히려 경멸의 대상이 된다고 한다. '인사'는 사람이 마땅히 해야 할 커뮤니케이션으로, '고마(恭敬)'하여 인 사함으로 '고마워하는' 인간관계, 사회관계가 형성되도록 할 일이다.

(서울대학교 명예교수회보, 제10호, 2014.)

II. 언어의 배경으로서의 문화

인사(人事)·예(禮), 그리고 아이사쓰(挨拶)

사람들은 어떤 일이 있을 때, 또는 어떤 사람을 만나거나 헤어질 때, 흔히 말이나 행동으로 어떤 의례를 갖춘다. 우리는 이것을 "인사(人事)"라 한다. "인사"란 참 묘한 말이다. 그것은 한자로 "사람 인(人)"자, "일 사(事)"자를 써서 사람의 일, 곧 사람이 마땅히 해야 할 일이란 뜻을 나타내기 때문이다. 어찌 사람이 해야 할 일이 인사만이겠는가? 많은 일 가운데 "인사"를 유독 사람이 해야 할 일로 우리 조상들이 파악했다는 데 묘미가 있다.

'인사'란 한자말이 이러한 뜻을 지니는 것은 동양 삼국 가운데 우리만이다. 중국에서는 우리의 인사에 해당하는 말을 '리(禮)'라 하고(이와 달리 문맥에 따라 問候·問好·寒喧 등으로 이르기도 한다), 일본에서는 '아이사쓰(挨拶)'라 한다. 한자 '예(禮)'는 형성자로, 신을 뜻하는 '示'와 음과 '이행하다'의 뜻을 나타내는 '豊'이 합쳐져 이루어진 글자다. 따라서 이는 '신 앞에서 이행하는 것'을 뜻하는 말이나, 오늘날은 그 의미가 확대되어 의례·예의의 뜻으로 쓰이게 되었다. 따라서 '예'는 사람과의 관계가 아니라, 신과의 관계에서 생겨난 말이다. '아이사쓰(挨拶)'는 '밀 애(挨)', '맞닥뜨릴 찰(拶)'로 이루어진 말이니, 본래 '밀고 앞으로 나아감'

을 뜻하는 말이다. 이는 선종(禪宗)에서 '일애일찰(一挨一拶)'이라고 문답을 밀어붙여 그 깨달음의 정도를 시험한다는 뜻으로 쓰이게 되었고, 마침내 일반화해 문답, 또는 편지 왕래의 뜻으로 확대된 말이다. 이 말이 일본에서는 의례적(儀禮的)인 말이나, 동작을 가리키게 된 것이다. 따라서 일본어 '아이사쓰'는 불교의 냄새가 짙게 깔린 말이다.

인사란 사람이 마땅히 해야 할 일이다. 이는 인사를 주고받는 사람 상호간의 관계를 확정하고, 앞으로 원활한 관계를 지니게 하기 위해 교환하는 의례적인 행동이다. 그럼에도 우리는 점점 이 인사를 잊어 가고 있는 것 같다. 인사를 하지 않는 것이다. 어지러운 세상을 살아가노라면 남에게 신세를 지는 일도 많고, 폐를 끼치는 일도 많다. 그럼에도 이런 때 그 감정을 가슴에만 간직하고 있는지 말을 하지 않는다. 동방예의지국(東方禮義之國)이란 말이 무색하게 인사에 인색한 것이다. 서양 사람은 '익스큐즈 미'가 입에 배었고, 일본 사람은 '스미마센(미안합니다)'이 발어사(發語辭)가 되어 있는데, 우리는 과연 하루에, 아니 한 달에 '미안합니다'란 말을 몇 번이나 주고받고 있는지? 인사 잘 하기로 유명한 일본도 도쿄 올림픽 때 '오아시스' 운동이라고 인사하기 운동을 전개했다고 한다. 인사의 불모지가 된 우리 땅에도 인사하기 운동이 대대적으로 전개되어야 하겠다. 그래야 사람은 사람 구실을 하는 사람이 되고, 각박한 이 사회는 인정이 넘치는 미더운 사회가 될 것이다.

신미년이 저물고 임신년의 새해가 밝았다. 우리는 송구영신(送舊迎新)이라고 새해만을 좋아하는 경향이 있다. 지난해는 다사다난했던 한 해라 원망하고, 새해는 희망에 찬 해라고 반기는 것이다. 그러나 가는 해도 아쉬워하는 여유를 가져야 하겠다.

한해의 마지막 날을 '섣달그믐'이라 한다. '섣달'은 물론 '설 달'로

'섨달'이 변한 말이다. 이는 오늘날의 현상으로 보면 '설이 오는 달'이다. 그러나 본래는 '동짓달'이 '동지(冬至)'가 들어 있는 달이듯, '설이 들어 있는 달'을 뜻했을 것으로 보인다. 이는 옛날 한 해를 나누는 분절(分節)이 오늘날과 달랐음을 암시해 주는 것이기도 하다.

'섣달그믐'의 '그믐'은 물론 '어두워지다'란 '그믈다'에서 파생된 말로, '저묾·어두워짐'을 뜻한다. 오늘날 우리가 '한 해가 저문다.'고 하는 '저물다'나, '대회일(大晦日)'의 '회(晦)', '세모(歲暮)'의 '모(暮)'가 각각 '어두움'과 '저물다'를 뜻하는 말임을 생각하면 이것이 쉽게 이해된다.

'제야(除夜)'나 '제석(除夕)'이란 섣달 그믐날 밤을 일컫는 말이다. 왜 섣달그믐을 '제야', 또는 '제석'이라 하는 것인가? '제(除)'의 의미는 무엇인가? 이때의 '제(除)'는 '제거(除去)'를 의미하는 말이다. 곧 이는 '제거되는 밤', 다시 말하면 '한 해가 사라지는 밤'이란 말이다. 이날 밤에는 잠을 자지 않는다. 집안 곳곳에 등촉을 밝히고 전통적으로 온 밤을 새운다. 이날 밤에 잠을 자면 눈썹이 센다는 전설이 있다. 그리하여 어린이는 잠이 쏟아져도 눈썹이 셀까 두려워 잠을 꾹 참는다. 이렇게 밤을 새우는 풍습을 '수세(守歲)'라 한다. '수세'란 가는 해를 지킨다는 말이다. 이러한 풍습은 중국에서 전래된 것이나, 오늘날은 거의 사라져 가고 있다. 그리고 이에 대신하여 시끄러운 군중들의 혼잡과 함께 제야(除夜)의 종소리가 화면과 너불어 우리의 안방을 찾아들고 있다. 사라지는 전통이 아쉽다.

설날에는 세배(歲拜)를 드리고 새해 인사를 나눈다. '설'이란 '삼가고 조심함'을 뜻하는 것으로 풀이되어, 설을 '신일(愼日)'이라 하는 것과 맥락을 같이 한다. 그런데 오늘날 설날에 건네는 하례의 말을 들어보면 삼간다기보다 방자하게 말하고 있다는 인상을 지울 수 없다. 아랫사람이 웃어른에게 거침없이 '복 많이 받으십시오.'를 연발한다. 우리의 전통적 세배법은 아랫사람은 말을 하지 않고 절만 하는 법이다. 굳이 말을 하고자 한다면 '과세 안녕하십니까?'라 한다. 덕담은 어른이 하는 법이다. '복 많이 받게.', '새해에는 생남을 하게.' 이렇게 하는 것이다.

인사말은 반드시 지시적(指示的) 의미를 지니는 것은 아니다. 우리의 감정이나 태도를 환기하는 정서적(情緖的) 기능을 지닌 말이다. 장면에 어울리는 인사를 함으로 정겨운 생활 황경을 만들어야 하겠다.

(월간중앙, 1992년 1월호)

처녀와 총각과 청년

언어란 사물을 대신하여 나타내는 하나의 기호다. 이 기호의 형태와 의미 사이의 관계는 필연적인 것이 아니라, 자의적(恣意的)인 것이다. 그러나 언어 기호를 살펴보면 기호의 형식과 의미 내용 사이에 본질적인 관계가 있는 것을 볼 수 있다. 이러한 관계를 유연성(有緣性)이라 한다. 그리고 이러한 관계가 있는 것을 유연성을 지닌다고 한다. 유연성은 말소리·형태·의미의 면에서 나타난다. 의성어 의태어는 음성상, 합성어는 형태상, 비유는 의미상 유연성을 지니는 것이다. 이러한 유연성은 언어발달과정에서 소멸되기도 하고 획득되기도 한다.

언어의 유연성은 필연적인 것이 아니므로 잊혀지게 마련이다. 또한 유연성은 명명된 사물의 전부를 환기하지 아니하고, 때로는 본질적인 것도 아닌 유연적 특징만을 환기한다. 그러기에 이의 소멸은 필요한 것이기도 한다. 그러나 이 유연성의 소멸로 단의화(單意化)한 낱말의 유연성을 재구(再構)할 때 의미가 분명해지고, 조어법에 재미를 느끼게 한다. '처녀·총각·청년'과 같은 젊은이를 나타내는 말도 이러한 예에 속하는 것이다.

'처녀(處女)'란 '성숙한 미혼의 여성'을 가리키는 말이다. 대부분의 사람은 이러한 기호의 개념을 아는 것으로 만족한다. 그리고 그 이상 알려고도 하지 않는다. 그러나 '처녀'를 왜 '처녀'라 하는가? 그 형태적인 유연성, 곧 어원을 알게 되면 그 말이 재미있고, 그 의미도 분명해진다.

'처녀'란 '곳 처(處), 계집 녀(女)'자를 쓰는 한자말이다. '처(處)'자는 장소와 지위 외에 '머무르다, 두다, 정하다, 돌아가다, 나누다, 처하다' 등의 뜻을 나타내는 말이다. '처녀'의 경우는 '처(處)'가 '머무르다'의 뜻을 나타내는 경우로, 아직 시집가지 아니하고, 집에 머물러 있음을 의미한다. 따라서 '처녀'란 '아직 시집가지 아니하고 집에 있는 여자'를 가리킨다. '처자(處子)'도 마찬가지다. 이렇게 '처(處)'자가 '머무르다'의 뜻을 지니는 말로는 또 '처사(處士)'가 있다. '처사'라면 선풍도골(仙風道骨)의 선비를 머리에 떠올리게 되지만, 이 말도 그 어원은 '아직 벼슬길에 나아가지 않고 집에 머물러 있는 선비'를 가리키는 말일 뿐이다.

'처녀'는 의미가 확대되어 '남자와 성적 경험이 없는 여자'를 의미하기도 한다. 우리의 속된 말에 "처녀면 다 확실한가?"라는 말이 있거니와, 법적인 처녀 아닌, 의학적인 처녀가 오늘날 성 개방으로 말미암아 문제가 되고 있다. 그리하여 대학생들은 숫처녀는 찾아보기 어렵다 하여 '희귀동물'이란 은어까지 창출해내었다. 이에 대해 숫총각은 찾을 수 없다 하여 '멸종동물'이라 하고, 이들 둘 사이에서 태어나는 자식은 '천연기념물'이라 한다. 과연 우리 젊은이의 동정률(童貞率)은 얼마나 될까? 도농(都農) 간의 차이는 어떠하며, 학생·직장인의 차이는 어떠할까? 일본의 대학은 동정률 1위가 도쿄대(東京大), 2위가 학습원대(學習院大)라는데 우리의 대학은 또 어떠한지?

'처녀'는 또 '처녀지·처녀림'과 같이 '아직 사람의 발이 닿지 않은'의 뜻을 나타내는가 하면 '최초의·처음으로 하는' 등의 뜻을 나타내는 데 쓰인다. 그런데 '처녀'가 '최초의'라는 뜻으로 쓰이는 것은 일본에서 비롯된 것 같다. 중국의 대표적인 사전 '사원(辭源)'은 '처녀작(處女作)'이란 말을 일본어라 보고 있다.

'총각(總角)'이 왜 미혼 남자를 지칭하게 되었는지를 짐작하기란 쉽지 않다. '총각'이란 옛날 머리를 모두 빗어 올려 양쪽 귀 위에 뿔 모양으로 동여매던 어린이의 머리 모양을 이르던 말이다. 총(總)은 머리를 한데 묶다를 나타내고, 각(角)은 뿔을 나타내어 '머리를 뿔처럼 묶다'를 뜻하는 것이다. 이것이 의미가 확대되어 아직 관을 쓰지 아니한 남자, 곧 성인이 되지 않은 젊은 남자를 지칭하게 되었다. 중국이나 일본의 '총각'의 뜻은 이러한 것이다. 그런데 우리의 '총각'은 여기에서 의미가 좀 더 축소되어 '미혼남자'만을 의미하게 된 것이다. 이러한 '총각'은 2차대전 후에 일본어에 '쫑가'라는 외래어로 들어가 널리 쓰이고 있는 말이기도 하다.

'청년(靑年)'은 '소년'이나, '장년', '노년'에 비해 유연성을 찾기 힘든 말이다. '청년'이란 20~30세 전후의 젊은 사람을 지칭하는 말이다. 그러면 왜 이런 젊은이를 '청년'이라 했을까?

오늘날 우리는 '청년'과 '소년'을 구별해 쓴다. '소년'은 '청년'에 비해 어린 사람을 가리킨다. 그러나 '청년'과 '소년'은 본래 같은 뜻의 말로, 젊은 사람을 뜻하는 말이었다. '소년(少年)'이란 물론 '적은 나이'에서 '젊은이'로 뜻이 바뀐 말이다. 이 말은 '소년이로 학난성(少年易老 學難成)'이라고, 소년은 늙기 쉽고 학문은 이루기 어렵다는 주희(朱熹)의 권학시(勸學詩)로 잘 알려진 말이다. 소년은 인생에 있어 봄에 비유된다. 마치 초목이 바야흐로 푸르러지는 것과 같은 때다. 그리고 봄은 오행사상(五行思想)으로 볼 때 그 빛깔이 청색(靑色)이다. 이로 말미암아 '소년'을 '청년(青年)'이라고도 부르게 된 것이다. '청년'이란 말이 중국에서 쓰이게 된 것은 그리 오래지 않은 명대(明代) 이후로 보인다. '청년'과 함께 젊은이를 이르는 말에 또 '청춘(青春)'이란 말이 있다. '청춘'이란 말은 중국에서 고대부터 쓰이던 말이었다. 이 말은 '방춘(芳春)·양춘(陽春)·구춘(九春)'과 더불어 봄의 새잎이 무르익는 때를 가리켰다. '결실상추(結實商秋) 부화청춘(敷華青春)'이란 시에 '상추(商秋)에 열매 맺고 청춘에 꽃 피운다.'는 '청춘'이 이런 봄이다.

이 말이 언젠가 변하여 젊은이를 가리키게 되었다. 이백(李白)이 이청(李青)을 보내는 시에서 '백양은 선가의 아들, 안색이 청춘과 같다.'고 한 '청춘'이 바로 이런 '젊은이'의 뜻으로 쓴 것이다.

청색은 방위로 볼 때 동쪽에 해당한다. 따라서 사신수(四神獸) 가운데 청룡은 동쪽 방위에 있을 것임은 말할 것도 없다. 그리고 위의 '상추'의 '상(商)'도 오행사상에 따른 소리의 하나다. 이는 가을의 소리로, 오행으로 치면 '금(金)'이요, 방위는 '서(西)' 색채는 '백(白)'에 해당한다.

(월간중앙, 1992년 2월호)

상아탑과 밀월, 그리고 월하노인

오늘날 우리말에는 30개국 이상의 말이 들어와 있다.

외국어를 차용할 때는 원음을 그대로 차용하거나, 번역하여 차용하게 된다. 그런데 이러한 차용어 가운데 그 어원이 무엇인지 궁금한 경우가 있다. '상아탑(象牙塔)'과 '밀월(蜜月)'이란 말이 그러한 것이다.

'상아탑(象牙塔)'이란 'Tower of Ivory'의 번역어다. 구약성서의 아가 7장 4절에 보이는 '묵은 상아 망대 같구나.'라 한 '상아 망대'가 바로 이 'Tower of Ivory'다. 이는 신부를 형용한 말로, 성모 마리아에게 비유되어 마리아의 별명으로 쓰이는 말이다. 이 '상아탑'이 이와는 달리 오늘날과 같은 뜻으로 쓰이게 된 것은 19세기 프랑스의 비평가 상트 뵈브가 이 말을 쓴 뒤부터다. 그는 고독한 우수의 시인 알프레드 드 비니를 평할 때 이 말을 썼는데, 예술지상주의자(藝術至上主義者)들의 속세를 벗어난 경지를 이 말로 표현하였다. 그 뒤 이 말은 속악하고 귀찮은 현실세계를 벗어나 혼자서 조용하게 자기가 하고 싶은 말이나 학문을 즐기거나, 취미생활을 할 수 있는 세계, 주로 학자·예술가·시민들의 세계를 이를 때 쓰이는 말이 되었다. 오늘날 '상아탑'이 대학의 별칭으로 쓰이게 된 것은 좀 더 의미가 확대된 것이다. 그러나 '상아탑'은 또한 관념적이라 하여 타박 받는 대상이기도 하다.

신혼의 단꿈을 꾸는 기간을 '밀월(蜜月)'이라 한다. '밀월'이란 다 아는 바와 같이 '허니문(honeymoon)'을 직역한 말이다. 사무엘 존슨에 의하면 '부드러움과 기쁨 이외에는 아무것도 없는 신혼 1개월'이다. 그러니 꿀 같은 달일 수밖에.

그런데 '밀월'이란 말은 어원적으로 이렇게 꿀과 같이 달콤한 달이라 해서 붙여진 것이 아니다. 오히려 '꿀', 그 자체와 관계가 있다. 그 어원설(語源說)의 하나로 스칸디나비아에서는 신혼의 남녀가 1개월 간 꿀로 빚은 술을 마시는 습관이 있는데 이 말은 여기서 비롯되었다는 것이다. 다른 어원설의 하나도 이와 비슷하다. 그것은 독일의 한 지방에서는 젊은 부부가 결혼한 뒤 30일 간 반드시 꿀을 핥는 습관이 있었는데, 여기서 이 말이 비롯되었다는 것이다. 또 다른 설의 하나는 부부의 애정이 차츰 사그라지는 것을 달이 이지러지는 데 비유한 것이란 설이다. 이렇듯 '밀월'이란 말은 흔히 생각하듯이 '꿀같이 달콤한 달'에서 유래된 것이 아니다. 이는 요사이 신혼여행에서 돌아오며, 벌써 헤어지는 사람이 많다는 현실이 이를 역설적으로 증명해 준다. 이는 씨암탉 잡아 주는 장모처럼, 오히려 보양에 그 어원이 있는 것이라 보는 것이 옳을 것이다.

밀월을 즐기도록 부부의 인연을 맺어주는 사람을 '월하노인(月下老人)'이라 한다. 이 말에는 고사가 있다. 당(唐) 나라 위고(韋固)라는 청년이 여행을 하는 도중 송성(宋城)의 남쪽 마을에서 청하(淸河) 군수의 딸과 혼담이 오고가 마을 서쪽 용흥사 문전에서 그쪽 사람을 만나기로 하였다. 고(固)는 독신으로 무척 아내를 맞고 싶었으므로 아침 일찍 집을 나섰다. 나와 보니 기우는 달빛 아래 한 노인이 자루에 기대 책을 보고 있었다. 청년은 그 책이 무슨 책이냐고 물었더니 명부(冥府)의 책이라 했다. 명부 사람이 왜 이런 데 와 있느냐고 연거푸 물었더니 노인은 명부의 관리는 모두 살아 있는 인간을 관리하기 위하여 세상에 나타난다며, 자기는 이 세상의 결혼 장부를 관리하고 있다고 했다. 그래서 청년은 군수의 딸과의 혼담이 성사될 것인가 물었더니, 안 된다, 너의 배필은 아직 나이 3살로, 그 아이가 17세가 되면 네게 오게 될 것이라 했다. 그래서 고(固)는 자기의 아내가 될 사람은 어디 사는 누구냐고 물었다. 노인은 이 마을 북쪽에 살며 야채를 파는 진(陳) 여인의 딸로, 그 여인은 언제나 아이를 안고 장사를 하고 있다고 했다.

  마침내 날이 새었으나 약속한 사람은 오지 않았다. 노인의 뒤를 따라 걸어가니 시장이 나왔다. 노인은 거기에 애꾸눈 여인이 안고 있는 어린 계집아이를 가리키며, 저 아이가 네 아내가 될 사람이라고 했다. 청년은 "뭐라고? 이 늙은이가 엉터리 같은 소리를!"이라고 생각했으나 노인은 이미 사라지고 없었다. 그래서 혹시나 하여 하인에게 비수를 주고 혼잡한 틈을 타 그 아이를 찔러 죽이라고 하였다. 그러나 칼날은 급소를 피해 미간을 찔렀을 뿐이었다.

  그 뒤 청년에게는 때로 혼담이 들어왔으나 성사되지 않았다. 14년 후에 고(固)는 상주(相州)의 관리가 되었고, 지사(知事)의 딸과 결혼하였다. 색시는 16~7세의 미인이었으므로 그는 매우 만족하였다. 그런데 아내의 미간에는 항상 조화가 붙여 있었다. 그는 이를 이상히 생각하였다. 그리고 그 뒤 갑자기 지난날 하인의 칼날이 소녀의 미간을 찔렀다는 말이 생각이 나 아내에게 물어보았다. 그랬더니 아내는 진(陳) 여인이 안고 있던 여자 아이요, 진 여인은 유모였음을 알게 되었다. 그리하여 그는 운명이란 바꿀 수 없는 것임을 깨닫고, 더욱 아내를 사랑하게 되었다. 송성(宋城)의 지사는 이 말을 듣고, 그 마을 이름을 정혼점(定婚店)

이라 하였다. 이것이 '태평광기(太平廣記)'에 보이는 월하노인의 이야기
다. 중매인을 이르는 '월하노인'이란 간단한 말에는 이렇게 재미있는
배경 설화가 깃들여 있다.

  '월하노인'과 같이 중매인을 뜻하는 말에는 또 '월하빙인(月下氷人)'이
란 말이 있다. 이것도 고사가 있는데, 진(晉) 나라의 영호책(令狐策)이란
사람이 달밤에 얼음 위에 서서 얼음 밑의 사람과 이야기를 나눈 꿈을
꾸었다. 그래서 유명한 점쟁이 삭담(索紞)에게 물어보았더니 빙상의 양
(陽)과 빙하의 음(陰)이 이야기를 한 것이므로 그대가 중매를 하여 그것
이 성사될 전조라 하였다. 그리고 얼마 안 되어 그 말대로 태수 전표(田
豹)가 아들 결혼의 중매를 영호책에게 부탁해 혼사가 성립되었다. 이것
이 진서(晉書)에 보이는 '월하빙인'의 이야기다. 이렇게 말은 그 어원을
찾아보면 재미있는 사연이 많다. 그러니 우리 주변에 쓰이는 말의 어원
을 찾아 재미도 보고, 교양도 쌓으면 일거양득이 되겠다.

(월간중앙, 1992년 4월호)

하마평·등룡문, 그리고 좌천

개각 때가 되면 자기 이름도 각료 명단에 들어 있지 않나 신문을 본다는 사람이 있다. 그러나 이는 특수한 경우이고, 대부분의 사람은 잦은 개각에, 그것도 그 얼굴이 그 얼굴이어서 관심이 없다. 그래서 국민들은 누가 무슨 장관을 하는지 알지를 못한다.

매스컴은 그럼에도 국민의 알 권리를 충족시켜 주려고 부지런히 뛴다. 개각 뒤에 명단과 프로필을 소개하는 것은 말할 것도 없고, 사전에 정보를 수집하여 무슨 장관에 누가 유력하고, 무슨 장관에는 누구누구가 거론되고 있다고 풍문을 전해 준다. 이렇게 '어떤 관직에 임명될 후보자에 관하여 세상에 떠도는 풍설'을 '하마평(下馬評)'이라 한다. 이 '하마평'이란 말은 한자의 탈을 썼을 뿐, 한어(漢語)는 아니다. 일본에서 만든 일본(日本) 한자어다.

하마(下馬)라는 말은 말에 올라탐을 뜻하는 상마(上馬)의 반대말이다. 하마(下馬)의 대표적인 사용 예로는 하마비(下馬碑)·하마석(下馬石)을 들 수 있다. '하마비'란 누구든지 그 앞을 지날 때 말에서 내리라는 뜻으로 돌비석을 세운 것인데, 우리나라에서는 관가(官家)·종묘(宗廟)·문묘(文廟) 앞에 세워졌다. '하마석'이란 노둣돌과 같은 뜻의 말로, 이는 말을 타고 내릴 때 발돋움으로 쓰려고 대문 앞에 놓은 돌을 가리킨다. '하마평'은 이 하마비와 관련이 있는 말이다.

17세기 일본의 도쿠가와(德川) 시대에 에도성(江戶城)의 정문인 오테몬(大手門) 앞에는 말에서 내리라는 하마찰(下馬札)이 서 있었다. 주인이 말에서 내려 성 안으로 들어가면 시종들은 대기소에서 주인이 나올 때까지 기다려야 했다. 시종들은 지루함을 달래기 위해 이런 저런 이야기를 나누었다. 화제는 비밀로 해야 할 성안 사람들의 이야기이거나, 장군들의 이야기였고, 자기의 상상과 평이 깃들여진 것이었다. 이러한 이야기를 하마평(下馬評)이라 했다. 그것은 하마(下馬)하는 곳의 평정(評定)이라 하여 붙여진 이름이다.

이 말은 오늘날 '세간에서 여러 가지로 평판하는 일이나, 그 평판' 곧 '문외한의 비평'으로 그 의미가 확대되었다. 따라서 중국어에는 이 말이 없다. 한 일중사전(日中辭典)은 이 하마평을 '여론'으로 번역해 놓고 있다. 우리말에는 이 말이 일본에서 들어와 '어떠한 관직에 임명될 후보자에 관하여 세상에 떠도는 풍설'이란 뜻으로 마구 쓰이고 있다. 이러한 뜻은 일본어에도 없는 것인데 어디서 유래하는 것인지 알 수 없다. 따라서 이는 정체불명의 일본어이고 보면 쓰지 않는 것이 좋을 말이다.

'하마평'은 적중되기도 하고 빗나가기도 한다. 그것도 그럴 것이 이 평정은 비전문가가 어림으로 짐작하거나 판단하는 것이기 때문이다. 하마평이 적중되어 발탁이 되면 출세를 하게 된다. 세상에서는 이러한 입신출세의 관문, 또는 운명을 결정짓는 중요한 시험을 등용문(登龍門)이라 한다. 용문(龍門)은 황하 상류의 지명인데 산서성 하진현(河津縣)과 섬서성 한성현(韓城縣) 사이에 있는 급류로, 잉어가 이 급류를 오르면 용이 된다는 전설이 삼진기(三秦記)에 전하는 곳이다. 이로 인해 '용문을 오른다'는 '등용문(登龍門)'이란 말은 입신출세의 관문을 뜻하게 되었다. 그리고 후한서(後漢書) 이응전(李膺傳)에는 이응이 자타가 공인하는 정의파 관료이어서 선비가 그의 인정을 받으면 용문에 오르는 것과 같다고 한 기록이 보여 일찍이 이 등용문이 출세를 뜻했음을 알려 준다.

출세의 길도 순탄한 것만은 아니다. 때로는 유배도 가고, 좌천도 당한다. 그런데 이 좌천(左遷)이란 말이 묘하다. '좌천'의 문자 그대로의 뜻은 '왼 좌(左), 옮길 천(遷)'이니 왼쪽으로 옮긴다는 뜻이다. '높은 지위에서 낮은 지위로 떨어짐'이나, '중앙에서 지방으로 전근감'을 뜻할 소지는 보이지 않는다. 그런데 이러한 뜻으로 쓰이는 것이 오늘의 현실이다. 이 말은 어떻게 돼서 이런 뜻을 지니게 되었을까?

중국에서는 좌우의 높고 낮음이 시대에 따라 달랐다. 한(漢)나라 때에는 좌측보다 우측이 존중되었다. '좌천'이란 이때 생겨난 말이다. 오른쪽이 높고 존귀한 것을 뜻하므로, 왼쪽으로 옮기는 것이 낮고 비천하게 됨을 뜻한 것이다. 당(唐)나라 때에는 반대로 왼쪽을 높여 관위(官位)는 모두가 좌측이 우측보다 높았다. 우리나라도 그 영향을 받아 오른쪽보다 왼쪽을 뜻하는 관직이 상위직(上位職)이다. 고려 때 상서도성(尙書都省)의 좌복사(左僕射) 우복사(右僕射)나, 조선조의 좌·우의정(左右議政)이 다 그러한 예다. 따라서 한(漢)나라 때가 아닌, 좌측을 높이는 시대상황에서 좌천이 높은 지위에서 낮은 지위로 떨어지는 것을 의미한다는 것은 말이 안 된다. 오히려 좌천이란 승진을 의미하기 때문이다.

그러나 이런 말이 통용되는 것이 언어의 현실이다. 말이란 보수적인 것이기 때문이다. 우리는 해가 뜨고 진다고 한다. 그러나 이는 사실에 부합하지 않는 말도 안 되는 말이다. 과학을 조금이라도 배운 사람이라면 어느 누구 할 것 없이 해는 항성(恒星)으로 움직이지 않는다는 것을 안다. 그런데 해가 진다고 하니 이 얼마나 무식하고, 비과학적인 망발의 말인가? 그러나 그런 것이 언어다. 말은 반드시 나타내는 기호와 나타내려는 내용이 필연적인 관계를 지니는 것이 아니다. 이는 다만 사회적으로 약속된 기호일 뿐이다. 그리고 이는 시대에 따라 변하기도 한다. 좌천은 '좌강(左降)'이라고도 한다.

　좌우와 관계되는 말로, '좌익(左翼)·우익(右翼)'이 있는데, 이 말도 이러한 본래의 기호의 형태와 개념 간의 밀접한 관계, 곧 유연성(有緣性)이 소실된 말이다. 오늘날 '좌익'이라면 과격하고 파괴적인 공산당을 뜻한다. 이에 대해 우익이라면 온건하고 보수적인 당파, 국수주의(國粹主義) 파시즘 등의 입장을 가리킨다. 그러면 왜 이들이 이런 의미를 가지게 되었는가? 이는 프랑스 대혁명 뒤 의회(議會)의 배석에 연유한다. 의장석 우측에는 정부 여당인 보수온건파 지롱드 당이 자리를 잡았고, 좌측에는 반대당인 급진과격파 자코뱅 당이 자리를 하였다. 이로 말미암아 보수온건파는 우익(right wing), 급진과격파는 좌익(left wing)이라 하게 된 것이다. 좌익과 우익에 급진과 보수의 의미가 들어 있는 것이 아니다. 자리가 이런 말을 만들고, 그들의 사상이 이런 결과를 낳은 것이다. 좌경(左傾)·우경(右傾)도 마찬가지다. 언어는 이렇게 문화를 반영하고, 또 보수성을 지니는 것이다.

(월간중앙, 1992년 6월호)

경제와 관련된 어휘들

6공 최대의 실정은 경제정책의 실패라 한다. 중소기업이 연이어 도산하고 주가가 연일 최저치를 기록하는가 하면, 아낙네들은 장바구니를 들고 시장에 가기가 겁난다고 한다.

'경제(經濟)'란 말은 흔히 '경세제민(經世濟民)'이란 말에서 유래하는 것으로 본다. 따라서 '경제'란 '세상을 다스리고 백성을 구제한다'는 뜻으로, 국가운영의 정치술과 국민후생 도모를 아울러 뜻하는 말이다. 이러한 '경제'가 '이코노미(economy)'의 번역어로 쓰이기 시작한 것은 그리 오래 되지 않았다. 대부분의 서구어가 중국과 일본에서 번역되어 정착되었듯이 이 말도 일본에서 최초로 번역되어 쓰인 말이다.

이 말은 덕천 막부(德川幕府 : 1603-1867)의 말기에 니노미아(新宮涼庭)가 지은 '파가(破家)의 이야기'에 쓰인 것이 최초라고 알려진다. 중국에서는 엄복(嚴復)이 신사조를 소개하며 일본의 경제학과는 달리 '계학(計學)'이라 번역하였다. 양계초(梁啓超)는 이 '계학'으로 의미가 제대로 전달되지 않는다고 하여 이를 '평준학(平準學)', '생계학(生計學)'이라 하였다.

'경제'란 말은 1902년 '신민총보(新民總報)'에 처음 쓰였는데 '생계(生計)'란에 쓰였다. 이렇게 이때까지만 하여도 '생계'란 말이 오히려 폭넓게 쓰였다. 그 뒤 중국은 일본의 번역어를 본격적으로 받아들여 오늘날의 '경제'란 용어를 사용하게 되었다.

서구에서는 '경제학'이라는 서명이 1615년 프랑스의 옹크레티앙의 '경제학개론'에서 최초로 쓰인 것으로 알려진다. 따라서 이 말의 번역은 약 250년쯤 뒤에 이루어진 셈이다.

경제를 생각할 때 우선 머리에 떠오르는 것은 돈을 맡겼다가 찾아 쓰는 '은행(銀行)'이다. 은행은 언제부터 은행이라 하였으며, 왜 은행이라 하였는가? 은행은 동양에서 처음 시작된 제도가 아니요, 서양에서 비롯된 제도다. 따라서 이 말도 번역어로 태어난 것임은 말할 것도 없다.

'은행(銀行)'이란 말도 일본에서 만든 말이다. 이 말은 영어 '뱅크(bank)'를 번역한 말인데, 그 기원에 대해서는 몇 가지 설이 있다. 그중 대표적인 설의 하나가 1871년(明治 4년) 시부사와(澁澤榮一)가 미국의 은행조례를 번역하며 중국의 양행(洋行)에 힌트를 얻어 만들었다는 것이다. 다른 하나의 설은 이보다 6년 전인 1866년 요코하마(橫濱)의 오리엔탈뱅크 지배인이 막부의 감정봉행(勘定奉行)에게 보낸 편지를 감전삼랑(監田三郞)이 번역한 서면에 이미 보인다는 것이다.

그러면 왜 '은행'이라 하였는가? 그것은 그 당시엔 금본위(金本位) 화폐가 아니라, 은본위(銀本位) 화폐였기 때문에 '금(金)' 아닌, '은(銀)'자를 쓰고, 여기에 양행(洋行)의 '행(行)'자를 따 '은행'이라 했다는 것이다. '행(行)'은 가게·상점·점포·도매상을 나타낸다(大小貨行). 이러한 '은행'이란 말은 1872년 11월에 국립은행 조례가 공포되고 제일국립은행이 창립됨으로 말미암아 일반에 널리 쓰이게 되었다. 우리의 은행이란 말은 이 일본어가 그대로 들어와 쓰이게 된 것이다.

다음은 화폐의 단위인 '원'에 대해 살펴보기로 한다. 본래 화폐의 단

위는 무게로 나타내었다. '양(兩)·돈·푼(分)'이 그것이다. 이는 금·은을
무게를 달아 몇 양, 몇 돈, 몇 푼이라 한데서 연유한다. 이러한 양적 단
위가 근대화하며 바뀐 것이 '원(元)·원(圓)·환(圜)·원'과 같은 것이다.

원(元)은 구한국 시대의 화폐단위로 중국의 화폐단위와 같은 것이다.
원(圓)은 1954년 2월 시행한 통화개혁 전의 화폐단위이며, 환(圜)은 화폐
개혁 이후 1962년까지 쓰인 화폐단위다. 이 뒤의 화폐단위가 오늘날
우리가 쓰고 있는 한글로 된 '원'이다.

그런데 여기서 '원(圓)'이란 화폐단위가 쓰이게 된 경위를 살펴볼 필
요가 있다. 이는 일본에서의 일이다. 일본에서도 명치유신(明治維新)때까
지는 통화단위로 양(兩)을 썼다. 일본은 유신을 하며 쇄국정책을 버리고
본격적으로 세계에 진출하기 위하여 정부에서 갖가지 개혁을 꾀하였다.
그 가운데 하나가 통화단위를 바꾸는 것이었다. 통화단위에 대한 안이
백출하였으나 마땅한 것이 없었다. 이때 뒤에 수상을 지낸 대우중신(大
隈重臣)이 안을 내었다. "엄지와 둘째 손가락으로 동그라미를 만들면 누
구나 돈을 뜻하는 것으로 알고 있다. 동그라미는 '원(圓)이 아닌가? 그
렇다면 새로운 통화단위는 이것으로 하는 게 어떻겠는가?"

우스개 같은 이야기이나 이렇게 해서 일본의 새 화폐단위는 책정되
었다고 한다. 우리는 그 뒤 일본의 지배를 받게 되었고, 이 원화(圓貨)를
쓰게 되었으며, 또 해방 후에는 이 화폐단위까지 채용하였다.

다음엔 세계에 군림하는 미국의 화폐 단위인 '달러(dollar)'에 대해 살
펴보기로 한다. '달러'란 말은 꽤나 변한 말이다.

이는 보헤미아가 독일의 세력 아래 있을 때의 은산(銀山) 요하힘 골짜기
에서 유래한 말이다. 이 은산에서 캔 은으로 많은 은화를 만들었는데, 이
를 '요하임 골짜기에서 만들어진 것'이란 뜻의 독일어로 '요하임스탈러'

라 하였다. 그러나 이는 그 이름이 너무 길어 앞부분을 줄이고 '탈러 (Thaler)'라 하였다. 이는 마침내 독일 통화의 명칭이 되었다. 이 말은 지방에 따라 '달러(Daler)'라 일컬어지기도 하였고, 네덜란드에서도 '달러'라 하였다. '달러'는 스페인을 거쳐 미국에 들어와 마침내 뿌리 내리게 되었다.

이러한 사정은 미국 달러를 표시하는 '$'가 잘 말해 준다. 'S'는 스페인(Spain)의 'S'이며, 두 줄(//)은 지중해와 대서양을 연결하는 지브롤터 해협의 암두(岩頭) '헤라클레스 기둥'을 가리키는 것으로 보기 때문이다. 달러를 '불(弗)'이라 하는 것은 이 글자가 달러의 기호 '$'와 외형상 비슷한 데서 연유한다. 따라서 개념상 유연성이 있어 그리 된 것은 아니다.

언어란 이렇게 묘하게 전변한다. 우리의 불경기도 뜻밖의 전환이 있었으면 좋겠다.

(월간중잉, 1992년 7월호)

'사쿠라'와 '십팔번'에서 '가모'까지

우리말에는 관용적으로 쓰는 말이 많이 있다. 그중에는 우리 것이 아닌 외래적인 것도 있다. 이들 가운덴 그것이 외래의 것이란 것도 모르고 쓰는 것이 있는가 하면, 외래의 것이란 것은 알지만 왜 그러한 뜻으로 쓰는지 알지도 못하면서 쓰고 있는 말도 많다.

우선 '사쿠라'란 말이 그 하나다.

　"저 사람은 사쿠라야!"
　"사쿠라 정당을 누가 믿고 찍어 주나?"

이렇게 쓰인다. '사쿠라'란 말은 상대방을 교란하기 위해 넌지시 끼어들어 훼방을 놓는 정치적 야료꾼이거나, 정치적 사기꾼이란 뜻으로 많이 쓰이던 말이다. 그러나 이 말은 이제 그 의미가 확대되어 '협잡꾼'이란 뜻으로 두루 쓰인다. 그리하여 '국어대사전'(민중서림)에도 그 뜻을 '<속> 야바위, 야바위꾼, 한통속'이라 풀이하고 있는 것을 볼 수 있다.

　"저 사람이 사 준다고 속지 마."

"속다니요?"
"그는 한통속인 사쿠라야!"

이렇게 쓰이는 '사쿠라'가 그런 것이다.

'사쿠라'의 어원은 혹 '싹(芽)'에 갖다 대기도 하나, 벚꽃을 뜻하는 일본어 '사쿠라'에 연유하는 것으로 보는 것이 옳을 것이다.

이를 '벚꽃'으로 보는 설에도 두 가지가 있다. 그 하나는 꽉 피었다 꽉 지는 벚꽃의 생리에 연유한 우리의 비유적 표현이라는 것이고, 다른 하나는 일본에서 쓰이는 '사쿠라'라는 말이 차용된 것이란 것이다. 이 가운데 바른 해석은 뒤의 것이라 할 수 있다. 니무라(新村出)의 '광사원(廣辭苑)'에는 '사쿠라'의 뜻으로 7가지를 들고 있는데, 그 여섯 번째 뜻으로 다음과 같은 풀이를 하고 있다.

⑥ 거저 봄을 뜻함. 연극에서 무료로 보는 구경꾼. 노점상 등에서 업자와 공모하고, 손님으로 가장하여 물건을 사지도 않으며 값을 묻고, 사는 체하여 남의 구매심을 솟아오르게 하는 자. 또한 첩자의 뜻으로도 쓰임.

이는 우리가 지금 쓰고 있는 '사쿠라'와 뜻이 같거나 비슷한 풀이다. 물건 사는 손님을 가장한 바람잡이란 뜻은 같은 것이고, 첩자란 뜻은 비슷한 것이다.

우리는 '첩자'라기보다는 '정치적 사기꾼' 쯤으로 이 말을 쓴다. 따라서 '사쿠라'라는 이 말은 일본에서 쓰이던 말이 우리 정계에 유입되어 쓰이다가 그 의미가 일반화된 것이라 봄이 좋을 것이다. 일본에서는 '벚꽃'을 거저 본다는 뜻에서 '사쿠라'가 이러한 뜻을 지니게 된 것으로 본다. '사쿠라'는 또 이와는 달리 '사쿠라'가 아닌, '사쿠랴쿠(策略)'가 변한 말이라 보는 견해도 있다. 그러나 이는 별로 취신할 만한 것이 못 된다.

'사쿠라'와 같이 일본에서 들어온 말에 우리가 많이 쓰는 '십팔번(十八番)'이란 말이 있다.

> "얘, 네 차례다. 노래해라."
> "무슨 노래를 하지……?"
> "왜, 그 네 십팔번 있잖아!"

이렇게 쓰이는 말이다. '십팔번'을 사전에서는 '가장 자랑으로 여기는 것이나 일'이라 풀이하고 있다. 따라서 '십팔번'을 노래하라는 말은 가장 자랑으로 여기는 노래를 해 보라는 말이다.

그러면 왜 '십팔번'이 이러한 뜻을 지니는가? '십팔번'이란 말은 일본에서 들어온 관용어(慣用語)다. 일본어로 '쥬하치반(十八番)'이라 하는 것으로, 이는 고사를 지닌다.

후지이(藤井之男)의 '언어대사전(諺語大辭典)'에 의하면 이 말은 "배우 이치카와(市川團十郎) 집안에 전하는 18종의 예(藝)가 있는 데서 무릇 자랑으로 하는 일을 이름."이라 되어 있다. 곧 이 말은 이치카와 집안에 연유하는 속담이다.

이치카와 단쥬로(市川團十郎 : 1660-1704)는 이치카와 집안의 7대손으로 17세기 에도(江戶) 전기에 가부키(歌舞伎)의 대표적 배우였다. 그는 이치카와 집안 7대에 걸쳐 성공한 열여덟 가지 예(藝)를 정리하였다. 이것이 '가부키 쥬하치반(十八番)'이란 것이다.

이는 내로라하는 희극(芝居)이다. 여기서 일본 사람들이 '가장 장기로

하는 예(藝)'를 '쥬하치반'이라 이르게 되고, 이 '쥬하치반'이란 말이 우
리에게 전해져 '십팔번'이라 하게 된 것이다.

다음에는 '가모잡다'라는 말에 대해 살펴보기로 한다.

> "어려운 처지에 가모를 잡았다."
> "개는 내 가모야."

이렇게 '가모'란 '봉'이란 뜻으로 쓰인다. 그러나 이 말도 우리말이 아
니다. 일본말이다. '가모'란 물오리(鴨)를 의미하는 말로, 속어로 쓰일 때
'이용하기 좋은 사람, 승부 등의 만만한 상대, 봉'을 의미한다. 위의 보기
가운데 '가모(鴨)'도 이러한 '봉'이다. 그러면 왜 '물오리'가 '봉'이 되었
을까?

물오리는 가을에 북쪽에서 내려와 겨울을 지내고 봄에 돌아가는 철
새로 집단적으로 행동한다. 그래서 때로 이 새는 사냥꾼의 봉이 된다.
물오리는 낮에 자고 저녁에 먹이를 찾아나가 새벽에 집단으로 돌아온
다. 옛날 사냥꾼들은 물오리의 이러한 습성을 이용해 그물을 쳤다. 그
리하여 문자 그대로 일망타진(一網打盡)하였다. 이렇게 물오리는 쉽게 잡
혀 '봉'이 된 것이다.

그러나 '가모'는 분명한 일본어다. 우리의 관용적 표현 '봉을 잡았다',
'봉이야!'가 돼야 한다. '봉'은 '봉황(鳳凰)'의 '봉(鳳)'으로 그 의미가 확대되
어 '빨아먹기 좋은 사람, 빼앗아 먹기 좋은 사람'을 뜻하게 된 말이다.

(월간중앙, 1992년 10월호)

권모술수와 표변의 시대

요사이 우리 정치판은 정말 알다가도 모를 일들이 날마다 벌어지고 있다. 도대체 정치란 어떤 것이며, 어떠해야 하는지 말의 본래의 뜻을 통해 알아보기로 하자.

'정치(政治)'란 말은 시경(詩經)이나 좌전(左傳)의 주석서 및 관자(管子)에 보여, 이미 한 대(漢代)부터 쓰인 것 같다. 그러나 이보다 전에는 '정치' 보다는 '정사(政事)'란 말이 좀 더 일반적으로 쓰였다. 논어(論語) 선진편 (先進篇)에 '정사에는 염유 계로가 있었고(政事冉有季路)'라는 말의 '정사(政事)'가 그것이다. 이때의 '정사'는 '제를 지내는 일'을 뜻한다.

옛날에는 백성의 안위가 천지신명에 달린 것으로 생각하였다. 그리하여 제왕은 국가의 평안과 백성의 복락을 천지귀신에 빌어야 했다. 단군왕검이 제사장이었다는 것은 이러한 사실을 단적으로 증명해 보인다. 이러한 정치형태를 제정일치(祭政一致)라 하는데, 이는 중국·일본·이집트 등 여러 나라에 보인다.

'정치(政治)'의 '政'의 자원(字源)은 손에 막대기를 쥔 형태를 취한 '攵'과 소리 및 뜻을 나타내는 '正'자로 이루어진 말이다. 따라서 이는 '무기를 손에 들고 부정을 바로잡는다.'는 뜻을 나타내는 글자다. '논어' 위정편

(爲政篇)에는 '도지이정(道之以政)하고 제지이형(齊之以刑)이면 민면이무치(民免而無恥)'라 했다. 백성을 이끌되 정령(政令)만으로 하고, 인심을 정제하되 형벌만으로 하면 인민은 형벌을 피하기만 하고, 부끄러움을 느끼지 않을 것이란 말이다.

공자는 여기에서 '정(政)'을 법령이나 금령과 같은 권력과 규제를 가리키는 말로 쓰고 있다. 그는 이어 '도지이덕(道之以德)하고 제지이례(齊之以禮)면 유치차격(有恥且格)이니라.'라 하여 덕행(德行)으로 인도하고 예법으로 정제한다면 그들은 수치를 깨닫고 아울러 바로잡힌다고 하였다. 덕(德)과 예(禮)를 중시하는 도덕정치를 강조한 것이다.

이러한 도덕정치를 하자면 정치인 스스로 몸을 바로 해야 함은 말할 것도 없다. 백성들의 불신을 사고, 마침내 정치 불신으로까지 치닫는 일이 빚어지도록 해서는 안 될 것이다. 그것은 곧 국가의 비극이 돼버리기 때문이다.

그럼에도 정치에는 '권모술수(權謀術數)'가 응당 따르는 것으로 생각한다. 이탈리아 마키아벨리는 도덕보다 정치에 우월성을 둔 마키아벨리즘(machiavellism)을 제창해 근대적 정치관을 개척한 사람이다.

그는 '군주론'에서 군주는 국가의 유지·발전을 위해 도덕적 관념이나 종교적 정신에 구애됨이 없이, 수단과 방법을 가리지 않고 정무를 처리하여야 한다는 국가지상주의 사상을 발표하였다. 이것이 유명한 마키아벨리즘이거니와, 이는 뜻이 바뀌어 목적을 위해서는 수단과 방법을 가리지 않아도 된다는 권모술수와 동의어로까지 쓰인다. 그래서 그런지 우리 정치판에서도 이 권모술수가 횡행하는 듯하다. 서로가 서로의 마음을 읽을 수 없는 현실이 돼버렸다.

'권모술수(權謀術數)'란 본래 하나의 성어는 아니다. 이 말은 '권모'와

'술수'가 합해진 말로, 이 둘은 서로 출전이 다르다.

'권모'는 '순자(荀子)' 왕제편(王制篇)의 '권모 경복의 사람이 물러나면 현량(賢良) 지성(至誠)의 인사가 스스로 나아온다.'고 한 것이다. 오래된 보기로, '권모'란 경우의 따른 책략이란 뜻이며, '경복(傾覆)'이란 나라를 망하게 하는 것을 의미한다. 이에 대해 '술수'란 '한비자(韓非子)'에 '간신이 총애를 얻어 뭇 신하의 진퇴를 좌우할 수 있고, 군주는 술수를 갖고 이를 제어하지 못한다.'고 한 것이 그 원전으로, '술수'란 곧 술책을 의미한다. 따라서 '권모술수'란 일을 함에 책략을 짜내고 교묘하게 사람을 속이는 것을 가리킨다.

정치판에서는 권모술수를 쓰다가 여의치 않으면 오리발을 내미는 것을 흔히 보게 된다. 바꾸어 말하면 언제 그랬느냐는 듯이 갑자기 태도를 바꾼다. 이런 때 우리는 '표변(豹變)'이란 말을 쓴다. '표변'이란 말은 표범의 무늬처럼 바뀐다는 것을 의미한다.

'표변(豹變)'이란 말은 오늘날 그 뜻이 좋지 않은 쪽으로 많이 쓰이고 있다. 그러나 이 말은 사실은 이와 달리 좋은 뜻으로 쓰이던 말이다. 이 말의 출전은 '역경'의 혁괘(革卦)다. '대인은 호변(虎變)하고, 군자는 표변(豹變)하고, 소인은 얼굴을 바꾼다.'고한 것이 그것이다. 대인은 호랑이가 계절이 바뀌는 데 따라 털을 바꾸듯, 상황이나 환경이 바뀜에 따라 변화한다. 군자는 호랑이만은 못하나 가을에 표범의 반점이 아름답게 변하는 것과 비슷하다. 이에 반해 소인은 변화에 부딪쳐도 얼굴빛만 바꿀 뿐이란 것이다.

여기서 '표변'은 군자가 표범의 무늬가 변하듯 정치개혁에 지금까지의 태도를 고쳐 노력하는 것을 의미한다. 그래서 이를 본 재야(在野)의 백성도 마음을 바꾸어 지금까지 잘못된 것을 고쳐 새로운 체제에 협력하게 됨을 뜻한다.

곧 '군자표변(君子豹變)'이란 말은 덕 있는 사람이 잘못을 고칠 때는 표범의 얼룩무늬가 분명하게 되듯, '선으로 나아간다.'는 좋은 뜻의 말이었다. 그리하여 국어사전에도 '표변'을 '표범의 무늬처럼 뚜렷이 허물을 고쳐 착해지는 일'이라고 좋은 뜻으로 풀이해 놓고 있는 것을 볼 수 있다. 그러나 이러한 뜻이 언제부턴가 바뀌어 태도나 주장을 빨리 바꾸는 것을 뜻해, 오늘날은 대개 이 말이 나쁜 뜻으로 쓰이고 있다. '대인 호변(大人虎變)'의 '호변'은 '표변'과 같이 좋은 뜻을 가진 말이나 웬일인지 잘 쓰이지 않고 있다.

정치는 부정을 바로잡는 것이다. '권모술수' 아닌, 좋은 의미의 '표변'이 우리 정치인에게도 좀 나타나게 되길 기대한다.

(월간중앙, 1992년 11월호)

나이를 이르는 말들

임신년이 저물어 간다. 참으로 다사다난했던 한 해였다. 이제 계유년의 새해를 맞으면 우리는 보다 성숙한 모습으로 일 년을 설계하고, 운영해야 하겠다.

설을 쇠면 우리는 좋든 싫든 나이를 먹어야 한다. 나일 셀 때에는 '살'이란 고유어와 '세(歲)'란 한자말을 붙여 나타낸다. 왜 이런 수량단위의 명사를 쓰는 것인가?

나이를 이르는 '살'이란 '설날'의 '설'이 변한 말이다. 나이는 '설'을 몇 번 쇠었느냐를 가리키는 말이다. 따라서 옛날에는 나일 셀 때 '살'이 아닌 '설'이란 말을 썼다. '몇 설 먹었느냐?', '다섯 설 먹었습니다.' 이렇게 썼다. 세조 때 나온 석보상절(釋譜詳節)의 "그 아기 닐굽설 머거"의 '닐굽 설'이 그 구체적인 예다. '설'이란 말은 이와 같이 본래는 설(元旦)과 나이(歲)를 다같이 이르던 말이었다. 그러다가 나이를 뜻하는 말이 모음을 바꾸어 '살'로 분화하였다. 이렇게 우리말에는 모음이나 자음을 바꾸어 의미 분화(分化)를 꾀한 말이 많이 있다. '맛(口味)-멋(風味)/ 머리(頭)-마리(匹)/ 남다(餘)-넘다(過)/ 밝다(明)-붉다(赤)/ 맑다(淸)-묽다(淡)' 같은 것은 모음을 바꾼 것이고, '몽오리-봉오리/ 마리(頭)-바리(一頭分)/

덜다(減)-털다(拂)/ 맡다(任)-받다(수(受))' 같은 것은 자음을 교체한 것이
다. 이를 전문용어로는 음운교체(Ablaut)현상이라 한다. 한자어 '세(歲)'는
물론 '햇 세'자로 설 아닌 해를 기준으로 나이를 세게 되어 '세(歲)가 나
이를 세는 단위가 된 것이다.

　동양 삼국에서는 남을 예우할 때 나이를 중시하였다. '상치(尙齒)'란
말은 이러한 사상을 반영하는 것으로, '노인을 존경함'을 이르는 말이
다. 이 말은 번역하면 '이를 숭상함'이란 뜻이 되는데, 여기 '이'란 나
이를 뜻한다. 옛날에는 이가 새 이냐, 오래된 이냐에 따라 나이를 구별
하였다. 그래서 '나이 령(齡)'자에는 '이 치(齒)'자가 붙어 있고, 나이를
높여 연치(年齒)라 하는 것이다. '상치(尙齒)'란 말은 '장자(莊子)'에 보이는
데, '종묘(宗廟)는 조신(祖神)과 관계가 친밀한 사람을 숭상하고, 조정은
벼슬이 높은 사람을 숭상하고, 향당(鄕黨)은 이(나이)를 숭상하고, 행사는
어진 것을 숭상하는 것이 대도(大道)의 질서이다.'라 한 것이 그것이다.
그래서 '예기(禮記)'에 보면 나이가 배가 되면 아버지로 섬기고, 10년 이
상 차이가 나면 형으로 섬기라고 하였다.

　나이와 관계가 있는, 곧 잘 쓰이는 말에 '약관(弱冠)'이 있다. 이 말은
남자의 나이 20세를 일컫거니와 나이가 어림을 뜻하는 말이다. 사전에
'약관 30에 차관이 된다.'란 용례가 보이는데 이는 바람직한 것이 못
된다. '약관'은 앞에서 말한 바와 같이 20세의 남자를 가리키기 때문이
다. 이 말은 '예기'의 '20을 약(弱)이라 하고, 관례(冠禮)를 한다'가 그 출
전이다. '예기'에 의하면 사람의 나이와 호칭은 다음과 같이 구별된다.

　사람이 태어나서 10년을 유(幼)라 하고, 이때 배운다. 20을 약(弱)이라
하고 관을 쓴다. 30을 장(壯)이라 하고, 아내를 맞는다. 40을 강(强)이라
하고 벼슬을 한다. 50을 애(艾)라 하고 중요 관직에 근무한다. 60을 기

(耆)라 하고 많은 사람을 지휘한다. 70을 노(老)라 하고 지위를 남에게 양도한다. 80, 90을 모(耄)라 한다.

이에 따라 '유년, 약관, 장년, 강사(强仕), 애년(艾年), 기로(耆老), 모령(耄齡)' 같은 말이 쓰이게 된다. '강사'란 40세에 비로소 벼슬함을 이르는 말이고, 기로(耆老)란 6, 70세의 노인을 이르는 말이다.

나이와 관련이 있는 말에는 또 유명한 공자(孔子)의 말이 있다. 논어 위정편(爲政篇)의 '오십유오이지우학(吾十有五而志于學)'에 연유하는 것이다. 15세를 지학(志學), 30세를 이립(而立), 40세를 불혹(不惑), 50세를 지명(知命), 60세를 이순(耳順), 70세를 종심(從心)이라 하는 것이 그것이다.

이밖에 또 나이와 관계가 있는 말로, 환갑, 고희, 백수, 춘수, 희수, 미수 등이 있다.

간지(干支)는 10간 12지의 최소공배수 60을 1주기로 하여 해와 날짜 등을 나타내는 것이다. 사람은 태어나서 61년이 되면 자기가 태어난 간지와 같은 간지의 해를 맞게 된다. 이것을 환갑(還甲), 환력(還曆), 화갑(華甲), 또는 회갑(回甲)이라 한다. 환갑, 회갑, 화갑의 '갑(甲)'은 십간의 첫째를 이르는 말로, 해의 의미를 나타낸다. 그리하여 이들은 세는 나이 61세를 가리킨다. 화갑(華甲)의 경우는 '화(華)'자가 빛날 화(華)자로 축하할 일이란 뜻도 지니지만, 화(華)자를 파자하면 열 십(十)자가 6개, 한 일(一)자가 한 개로 되어 있어 61을 가리켜 회갑을 가리키기도 한다. 이 10간 12지에 의한 60을 1주기로 표현하는 법은 일찍이 은(殷)나라 때부터 행해지던 것이다.

고희(古稀)란 70세를 이르는 말로, 당나라의 시인 두보(杜甫)의 시 '곡강(曲江) 2수'에 연유하는 말이다. 이 시는 그의 나이 17세 때 지은 것으로, 정계에 대한 실망을 술에 취해 장안(長安)의 못 곡강(曲江)에서 달래던 때 지은 것이다. 두보는 이렇게 노래했다.

> 조정에서 돌아오면 날마다 봄옷을 저당 잡히고
> 매일 강두(江頭)에서 한껏 취해 돌아온다.
> 술 빚은 심상해 가는 곳마다에 있고,
> 인생은 70까지 살기가 어렵도다.

이 시의 마지막 구절 '인생칠십 고래희(人生七十古來稀)'의 '고래희'가 '고희(古稀)'의 출전이다.

춘수(椿壽)는 이와 달리 장수를 이르는 말이다. 이는 장자(莊子)에 연유하는 말로, "조균(朝菌)이란 버섯은 하루밖에 살지 못해 초하루와 그믐을 알지 못하고, 매미(蟪蛄)는 봄가을을 알지 못하며, 초(楚)나라의 남쪽에 있는 명령(冥靈)이란 나무는 500세를 봄으로 하고, 500세를 가을로 한다. 상고(上古)에 대춘(大椿)이란 나무가 있어 8,000세를 봄으로 하고, 8,000세를 가을로 한다."란 글이 있어 대춘이란 나무는 16,000년의 수명을 누린다 하여 춘수가 장수를 이르게 된 것이다.

'백수(白壽)'는 본래 일본에서 쓰는 말로, 99세를 이른다. 이는 '백(百)'이란 한자에서 위의 한 획을 빼면 흰 백(白)자가 되기 때문에 99세를 이르는 말이 되었다. 희수(喜壽)는 초서로 쓸 때 '희(喜)'자가 '七十七'이라 쓴 것처럼 보이기 때문에 77세를 이르게 된 것이고, '미수(米壽)'는 쌀 미(米)자를 파자할 때 '八十八'이 되기 때문이다.

오늘날은 장수시대다. 고희를 맞는 것도 드문 일이 아니다. 새해에는 좀더 건강한 삶을 누리도록 해야 하겠다.

(월간중앙, 1992년 12월호)

세배, 그리고 명함(名銜)

해가 바뀌었다. 설날의 대표적인 세시풍속은 차례를 지내고 세배를 하는 것이다. 이 날의 차례는 기일(忌日)의 제사와는 달리 돌아가신 조상들께 새해의 세배를 드리는 것이다. 조선조의 홍석모(洪錫謨)가 지은 "동국세시기(東國歲時記)"에 의하면 설날 의정대신(議政大臣)은 모든 관원을 거느리고 대궐에 나가 문안을 드렸고, 팔도 관찰사를 비롯한 지방관원도 이 반열(班列)에 참여하였다. 남녀의 어린이들은 설빔을 하고 집안 어른들을 찾아 세배를 하였다. 그런데 서리나 교졸(校卒)들은 좀 달랐다. "동국세시기"에는 다음과 같은 기록이 보인다.

각 관청의 서리와 영문(營門)의 장교 및 군졸 등은 종이를 접어 이름을 적은 단자(單子)를 관원이나 선생의 집에 들인다. 대문 안에는 옻칠한 소반을 두고 이를 받는다. 이것을 세함(歲銜)이라 한다. 지방의 아문에서도 이렇게 한다. 생각건대 왕기(王錡)의 '우포잡기(寓圃雜記)'에 '서울 풍속에 매년 설날이면 주인은 모두 하례하러 나가고, 백지로 만든 책과 붓·벼루만 놓아둔다. 하례객은 와서 이름만 적을 뿐 영송(迎送)하는 일이 없다.'고 했다. 이것이 세함(歲銜)의 시초다.

관아의 서예(胥隷)와 교졸들은 이렇게 세배를 드리는 것이 아니라, 집 안에 비치된 방문록에 이름을 적거나, 대문 안에 비치된 소반에 세함, 곧 설 문안을 드리는 명함을 놓고 갔다.

명함은 중국에서 비롯되어 동양 삼국에 퍼졌다. 그런데 그 이름이 서로 다르다. 우리는 명함(名銜)이라 하는데, 중국에서는 밍피엔(名片), 일 본에서는 메이시(名刺)라 한다.

명함은 전한(前漢)의 알(謁), 후한(後漢)의 자(刺)에서 비롯되었다. 알(謁)은 나무패에 이름을 적어 아뢰고, 자(刺)는 대나무에 이름을 적은 데서 말미 암은 이름이다. 자(刺)는 이미 당 나라 때 여기에 명(名)자가 붙어 밍츠(名 刺)라 하였다. 일본의 메이시(名刺)는 이에 연유하는 것이다. 우리도 자(刺) 란 말을 썼다. 그래서 명함을 전하는 것을 투자(投刺), 납자(納刺), 통자(通 刺)라 하였다. "명함"이란 본래 이름과 직함을 의미하는 말이다. "함(銜)" 이 관리의 품계(品階)를 뜻한다. 함(銜)은 또 이름을 의미하기도 한다. 성함 (姓銜), 그리고 남의 이름을 높여 이르는 함자(銜字)의 "함(銜)"이 그것이다. "함(銜)"자는 또 명함이란 뜻도 가진다. 앞에서 본 세함(歲銜)이 그 예다.

중국의 밍피엔(名片)은 명함의 단편(單片)이란 의미로 명나라 때부터 쓰인 것이다.

이렇게 명함을 이르는 말은 복잡하게 발전하였다. 그러면 여기서 명 함에 관한 일화 하나를 보기로 한다. 조선조 유몽인(柳夢寅)의 "어우야담 (於于野談)"에 보이는 것이다.

"연산군 때 폐비 윤씨(尹氏) 사건으로 조정에는 폭풍이 일었다. 이 때 홍문관 교리(校理) 이장곤(李長坤)은 도망하여 백정의 사위로 숨어 살았다. 그는 천한 일을 할 줄 몰라 처가의 구박을 받았다. 그러던

　어느 날 연산군 폐위 소식을 듣고, 그는 장인에게 청하여 홍의(紅衣)를 빌려 입고 읍의 수령을 뵈러 가겠다고 하였다. 그러자 모두 백정의 사위가 외람되게 무슨 소리냐고 비웃었다. 그는 수령에게 명함을 드렸다(納刺). 수령은 옷을 뒤집어 입고 신발을 거꾸로 신은 채 허둥지둥 달려 나와 그를 맞았다. 그리고 객사에 거처하게 하고 좋은 음식을 대접했다. 그러자 읍 사람들은 모두 이상하게 생각했다. 그 뒤 이장곤은 조정의 부름을 받았고, 서울에 올라와 대관(大官)이 됐다.”

　이때의 명함은 물론 자기소개의 “자(刺)”로서, 이름을 적은 큼직한 종이였을 것이다.

(공무원 연금, 2009년 2월호)

Ⅲ. 언어에 반영된 우리 문화

추위 관련 언어 문화/ 언어에 반영된 가족관/
인륜지대사 '혼인' 주변/ 여인과 몇 가지 음식/
보쌈과 남녀관계/ 몇 가지 우리말의 명명 문화

추위 관련 언어 문화

글머리에

말은 형식인 말소리와 내용인 개념으로 이루어진 記號다. 흔히 이 말소리와 의미는 필연적 관계가 없는 자의적(恣意的)인 것이라 한다. 그러나 반드시 그런 것은 아니다. 오히려 서로 관련을 갖는다. 말을 바꾸면 유연성(motivation)을 갖는다. "샘(泉)"은 물이 "새어" 나오기 때문에 "샘"이고, "부헝이"는 "부헝부헝" 울기 때문에 그 이름이 "부헝이(>부엉이)"다. 양친(兩親)은 부모를 가리킨다. 우리말의 "어버이"는 바로 이 父 "업"과 母 "어이"가 합쳐진 말이다. 어휘의 이러한 유연 관계를 알 수 없는 것은 그 유연성을 잊어버려 모르게 된 때문이다.

언어의 형식과 내용이 관련을 갖는다는 것은 언어가 사회를 반영한다는 말이다. 바꾸어 말하면 문화를 반영한다는 뜻이다. 그러기에 언어는 문화의 색인(索引)이라 한다. 어떤 언어에 그 말이 있고 없는 것은 그 사회에 그러한 문물(文物)이 있고 없는 것과 관련된다. 많은 신어(新語)들은 이러한 것들이 그 사회에 새로 등장했음을 의미한다.

Ⅲ장 "언어에 반영된 우리 문화"에서는 조금은 재미있는 우리말에

반영된 文化를 살펴보기로 한다. 고찰의 대상은 낱말과 관용어, 속담 등에 얽힌 문화가 된다. 이러한 살핌은 낱말과 관용어 및 속담이 이루어진 넓은 의미의 어원 탐구라 해도 좋을 것이다. 이를 통해 우리말의 실체(實體)도 알고, 재미있는 문화도 좀 맛보기로 한다.

지금은 겨울이다. 겨울이니 추위에 관한 어휘 문화부터 살펴보기로 한다. 이러한 것에 "사명당 사첫방", "삼청냉돌", "손돌이추위" 같은 말이 있다.

사명당 사첫방(四溟堂 下處房)

"사명당 사첫방"은 매우 추운 방을 뜻하는 말이다. 그렇다면 이 말이 왜 그렇게 추운 방을 가리키게 된 것일까? 그 문화적 배경은 무엇인가?

사명당(四溟堂)은 사명대사 유정(維政)으로, 임진왜란 때 승병을 이끌고 왜군과 싸워 많은 전공을 세운 분이다. 그는 1604년 국서(國書)를 지니고 일본에 건너가 강화를 맺고, 포로 3,500명을 구해 오기도 했다. "사첫방"은 "舍處房" 아닌, "下處房"이 변한 말이다. "下處"란 귀한 손님이 길을 가다가 묵는 것, 또는 그 숙소를 뜻한다. 따라서 "사명당 사첫방"이란 "사명당이 출입할 때 묵은 숙소의 방"이란 말이다. 그러면 그 숙소란 어디 숙소며 왜 그리 추운 것일까?

이는 역사적인 배경을 지녔다. 이 "사첫방"은 사명당이 일본에 사신으로 갔을 때의 방이다. "임진록(壬辰錄)"은 임진왜란을 소재로 한 소설인데, 여기에는 사명당의 사처에 관한 이야기가 나온다. 그 내용을 보면 이렇다.

사명당이 일본에 사신으로 들어가니 생불(生佛)이 온다 하여 조정이 시끄러웠다. 그리하여 병풍의 글로, 그리고 못(池) 위의 방석으로 시험하더니, •사명당의 신통력에 놀라 마침내 별당(別堂)을 짓고 그 바닥에 무쇠를 깔아 이를 달구어 사명당을 녹여 죽이기로 계교를 세웠다. 이것이 "사명당 사첫방"인데, 이때의 장면을 "임진록"은 다음과 같이 그리고 있다.

　필역(畢役)한 후 사명당을 인도하여 들인 후에 별당(別堂) 문을 잠그고 풀무[風具]를 급히 부니, 그 화기를 쐬면 사람이 기절하는지라. 사명당은 내심 대로하고 얼음 氷자를 써 두 손에 쥐고 언연히 앉았으니, 면벽(面壁)에 서리 눈 오듯 하고 고드름이 드리웠으니 가장 추운지라. 일야(一夜)를 지낸 후에 한기(寒氣) 과하매, 사명당이 한 손의 얼음 氷자를 버리매 조금도 더움이 없더라.
　왜왕(倭王)이 사관(査官)을 보내어, "사명당의 사생을 탐지하라"하니, 사명당이 죽기는커녕새로이 방안에 고드름이 틈 없이 드리워 한기 사람에게 쐬는지라. 사명당이 완연히 안으로서 문을 열어 사관을 보고 대질(大叱) 왈, "내 들으니 일본이 덥다 하더니, 이런 냉돌에 사처(下處)를 정하여 잠을 이루지 못하게 하니, 네 왕이 타국 사객(使客)을 이같이 박대를 심히 하는다?"하니 사관이 놀라 급히 들어가 이 사연을 고한대, 왜왕이 이 말을 듣고 아무리 할 줄 모르거늘, 좌우 주(奏)하되…

이렇게 사명당의 사처는 왜인들이 달군 철판 방이었으나, 사명당이 도술로 서리가 눈 오듯 내리고, 고드름이 틈 없이 드리워지게 한, 추운 방이었다. 이로 인해 "사명당 사첫방"은 매우 추운 방을 이르게 된 것이다. "춥기는 사명당 사첫방이다", "사명당이 월참(越站)하겠다"도 같은 맥락의 속담이다.

삼청냉돌(三廳冷堗)

고려와 조선조에 궁중을 지키고 임금을 호위하던 군대를 금군(禁軍)이라 한다. 금군에는 내금위(內禁衛), 겸사복(兼司僕), 우림위(羽林衛)의 세 기관이 있었는데 이것이 금군삼청(禁軍三廳)이다. 그런데 이 삼청은 겨울에도 난방을 하지 않았다. 그래서 금군이 기거하던 이들 방은 매우 추웠다. 여기에서 추운 방을 "삼청냉돌"이라 하게 되었다. "춥기는 삼청냉돌이라"도 같은 뜻의 속담이다. 이밖에 "강원도 삼척이다", "강원도 아니 가도 삼척"도 방이 몹시 춥다는 뜻의 속담인데, 이들은 "삼청"이 "삼척(三陟)"으로 와전(訛傳)된 것이다. 강원도 삼척이 추운 지방이 돼야 할 이유가 없다.

손돌이추위

"손돌이추위"는 "사명당 사첫방"이나, "삼청냉돌"과는 달리 음력 10월 20일 경의 심한 추위를 가리킨다. 이때의 추위를 "손돌이추위"라고 하는 것은 고려시대의 전설적인 뱃사공 손돌(孫乭)에 말미암은 것으로 일러진다.

여지도서(輿地圖書)에 의하면 고려의 공민왕(恭愍王)이 몽고 병사에 쫓겨 해도(海島)로 피신할 때 손돌(孫乭)이라는 뱃사공이 왕을 모셨다고 한다. 그런데 배가 갑곶나루에서 광성(廣城)에 이르자 바닷물이 심히 소용돌이쳤다. 그러자 왕은 손돌이 일부러 험난한 해로로 배를 끌어들였다고 생각하여 손돌의 목을 베었다. 그 뒤 해마다 손돌이 죽은 10월 20일경이면 심한 바람이 불고 날이 몹시 추웠다. 그래서 사람들은 손돌의 원한이 사무쳐 날씨가 그런 것이라고 생각하여, 해마다 제사를 지내게 되었다고 한다.

그러나 이러한 이야기는 후대의 호사가(好事家)가 지어낸 이야기일 가능성이 크다. "손돌"은 경기도 김포군 대곶면 신안리와 강화군 불은면 사이에 있는 좁은 해협(海峽)이다. 이 지명은 용비어천가(龍飛御天歌) 제5권에도 보이는데, "손돌"을 "착량(窄梁)"이라 한자로 표기하고 있다. 이로 보아 "손돌"은 "협소하다"는 "솔다"의 관형형 "손(狹窄)"과 "돌(梁)"의 합성어로, "협소한 돌, 좁은 돌"이란 뜻의 말이다. "손돌이추위"는 "손돌(窄梁)"을 동음(同音)의 사람 이름 "손돌(孫乭)"로 대치하면서 이러한 이야기가 만들어졌을 것이다. 이는 공민왕이 홍건적을 피해 경상도 복주(福州)로 피난했으며, 고려시대 강화로 피신한 임금은 고종, 충렬왕, 희종이라는 것도 이러한 사실을 뒷받침해 준다.

두루마기와 도포

추위에 관한 이야기를 하였으니 이번에는 방한(防寒)과 관련이 있는 옷에 대한 이야기를 하기로 한다. 우리 복식(服飾)의 특징은 흰옷을 숭상하고, 여자의 복식이 제약을 받았으며, 온돌생활로 속옷이 발달되지 않았고, 관복이 중국복식으로 되어 고유한 복식의 발달이 제약되었다는 것을 들 수 있다.

우리 복식의 기본형은 바지(袴) 저고리(襦), 치마(裳), 두루마기(袍)에 관을 쓰고 신을 신는 것이다. 이 가운데 넓은 뜻의 "두루마기"인 포(袍)는 덧옷(表衣)의 통칭으로, 방한과 의례적인 용도로 사용되었다.

오늘날의 "두루마기"는 삼국시대의 기본인 포(袍)를 계속 입어 오면서 발달된 것으로, "창옷, 중치막, 도포(道袍)" 따위와 구별하여 지어진 이름이다. 옛날 남자의 웃옷은 넓은 소매에 옆구리가 터진 옷이었다. "창옷"은 세 자락으로 터진 옷이고, "중치막"과 "도포"는 네 자락으로 터진 옷이다. 따라서 이들은 속옷을 제대로 가릴 수 없을 뿐 아니라, 방한이 제대로 되지 않는 것이었다. 그리하여 사방을 막은 옷이 필요했는데 이것이 바로 "두루마기"다. "두루마기"란 그 이름 자체가 "두루 막은 옷"이란 뜻이다. "두루(周)-막-(防)-이(접사)"로 분석되는 것이 그것이다. "두루마기"는 한자어로는 주의(周衣)라 한다. 그런데 이 옷은 겉옷(表衣)이 아니라, 겉옷 안에 받쳐 입거나, 집안에서 간단히 입는 옷이었다. 다만 상민(常民) 계급은 "중치막"이나 "도포"를 입지 못하게 하였기에 "두루마기"를 겉옷으로 입었다. 그 뒤 "두루마기"는 갑신년(甲申年)에 의복개혁을 하며 "창옷, 중치막, 도포" 등의 착용을 금지하게 됨으로 남녀 귀천 없이 겉옷으로 입게 되었다.

이와는 달리 "도포(道袍)"는 외출복이었고, 의례용의 옷이었다. 이는 두루마기 위에 덧입었다. "도포"라는 말은 조선조 明宗 때(1564) 처음 보이는 것으로, 도복(道服)에서 나왔다고 한다. 그러나 이와는 다른 설도 있다. "도포"는 앞에서도 언급한 바와 같이 사대부의 옷으로 서민은 입을 수 없는 옷이었다. 이러한 사정은 한 고전소설 "삼선기(三仙記)"에도 보인다. 한량(閑良)들이 누세 사환가(仕宦家)의 아들로 경학(經學)에 전념하는 선비를 납치해 힐난하는 장면에서다.

"사인교(四人轎) 평교자는 포도청에 갇힌 모양이라. 우리 불찌도(부럽지도) 아니 하오나 우리 못 타게 하옴이 절분하옵고, 도포(道袍)조

차 저희만 입으니 도무지 욕지기가 나서 못 견디겠으니 그런 개자식
들이 어디 있겠사옵니까?”

이는 문반(文班)의 벼슬아치들을 시비하며, 한량(閑良)들인 자기들에게
도포도 못 입게 하는 것을 힐난한 것이다. “도포”는 갑신 의복 개혁 때
다른 포(袍)와 함께 폐지되었다가 1900년에 다시 관직이 없는 사람의
예복이 되었다. 그리하여 지금도 제례(祭禮) 때에는 이 “도포”를 입는다.

(우리길벗, 2009년 1월호)

언어에 반영된 가족관

'남(南)'은 '앞', '북(北)'은 '뒤'

우리 민족의 기원에 대한 학설의 대표적인 것에 북방계설(北方系說)과 남방계설(南方系說)이 있다. 북방계설은 알타이산맥 근처와 같이 북방에서 내려왔다는 것이고, 남방계설은 동남아에서 해류를 타고 올라왔다는 것이다. 신화(神話)에서 천손(天孫)이 하늘에서 수직강하(垂直降下)하였다는 북방계 신화는 북방계설을 지지해 주는 것이고, 남방계 신화인 난생설화(卵生說話)는 남방계설을 지지해 주는 것이다. 환웅(桓雄)이 하늘에서 천부인(天符印) 세 개를 가지고 태백산의 신단수(神檀樹) 아래 내려온 것과, 신라 시조 박혁거세가 알에서 태어난 것 따위가 이러한 예다. 신체적인 면에서도 이들은 뒷받침된다. 몽고반점을 지닌 사람이 있는가 하면 쌍꺼풀을 지닌 사람이 있다는 것이 그 구체적 예다. 이러한 사례가 보여 주듯 우리는 단일민족이 아니다. 우리 민족은 남방계나 북방계가 아닌, 중층설(重層說)이 설득력을 지닐 다민족이다.

방위를 나타내는 말은 우리 민족의 기원의 일단을 알려 주는 것으로 보인다. '남(南)'의 훈이 '앏/ 앞'이고, '북(北)'의 훈이 '뒿/ 뒤'인 것이 그것이다.

　앒 남(南) <신증유합>, <석봉천자문>/ 앒픳륙셩(南斗六星)<박통
　사언해>
　뒤 북(北) <신증유합>, <훈몽자회>/ 뒷심골(北泉洞)<용비어천가>

　이는 우리 민족이 북방계라는 사실을 보여 주는 것이다. 남쪽이 앞
이고 북쪽이 뒤라는 것은 우리 민족이 남진(南進)하였음을 의미하는 것
으로 볼 수 있기 때문이다. 현대어에서도 이러한 예를 볼 수 있다. 각
지역의 '남산(南山)'은 다 '앞산'이요, '뒷산'은 북쪽 산인 것이 그것이다.
　그리고 여기 덧붙일 것은 우리의 거처(居處)다. 원시에 우리는 혈거생
활(穴居生活)을 하였고, 이러한 생활은 언어에 반영되어 있다. '일어나다,
들어 눕다' 같은 말이 그 예다. 이들은 굴이 그다지 높지 않아 '일어서'
려면 '일어(起)' 바깥으로 나가야 하고, 굴에 '들(入)'면 '누워야(臥)' 하는
생활양식을 반영하는 것이다.

'어이'와 '어버이'

　고려 속요 가운데 작자 연대 미상의 '사모곡(思母曲)'이 있다. 이 노래
는 어머니의 사랑을 칭송한 것으로, 현대어로 바꾸면 다음과 같이 된다.

　호미도 날(刃)이건마는 / 낫같이 들 리도 없습니다.
　아버님도 어이(兩親)시지만은 / 위 덩더둥셩 어머님같이 사랑하실
　이[人] 없어라.
　아소 님이여, 어머님같이 사랑하실 이 없어라.

　이 노래는 부모의 사랑을 낫과 호미의 날에 비유하여 비교한 것이다.

낫의 날이 호미의 날보다 더 잘 들듯, 어머니의 사랑도 아버지의 사랑
보다 더 크다고 노래한 것이다.

그런데 이 노래에서는 양친을 '어버이' 아닌, '어이'라 하고 있다. 사
모곡(思母曲)은 통속적으로 '엇노리'라고 한다. '엇'은 '엄/ 어미'와 같이
어머니를 가리키는 말이다. 이 '엇'은 접미사 '-이'가 붙어 '엇-이>어
시> 어싀'를 거쳐 '어이'가 된다. 그리고 이 '어이'가 '어미'와 '양친'
을 의미해 동음이의어(同音異議語)가 된다. 이게 어찌 된 일인가?

대부분의 민족이 그러하듯, 우리 민족사회도 고대에는 모계중심사회
(母系中心社會)였다. 일처다부(一妻多夫)로 아버지는 분명치 않고, 모계로
계보가 이어지는 사회였다. 그래서 어머니는 어머니인 동시에, '양친'의
의미도 아울러 지니게 되었다. 그러나 일처일부제(一妻一夫制)가 확립된
뒤에는 아버지가 분명함으로 이를 나타내는 새로운 단어가 생겨났다.
이것이 '어버이'다. '어버이'는 아버지를 나타내는 '업'에 어머니를 나타
내는 '어이'가 합성된 말이다. 곧 '업(父)+어이(母)=어버이(兩親)'가 된
것이다.

부모와 자녀

결혼제도는 난혼(亂婚)의 시대를 거쳐 정혼(定婚)의 시대로 넘어오게
된다. 그리고 정혼제(定婚制)도 대체로 군혼(群婚)에서 일처다부, 일부다처
제를 거쳐 오늘날의 일부일처제가 된다. '어머니'란 말은 '엄'에 접사 '-어
니'가 붙은 말이다. '엄'은 암수를 나타내는 '암(雌)'을 의미하는 말이다.
생산자로서의 '암컷'을 나타내는 말인 것이다. 영어의 wife, women이

다 여자를 의미하는 'wif'에 어원을 두는 것과 마찬가지다. 이에 대해 '아버지'는 '압'에 접사 '-어지'가 붙은 말이다. 몽골어의 aba, 터키어의 abai가 우리의 '압, 아비'에 대응된다. '아비', '어미',는 각각 '압'과 '엄'에 접사 '-이'가 붙은 말이다.

자녀를 '아들'과 '딸'이라 한다. 아들은 고어에 '아돌', 딸은 '똘'이라 하였다. '똘'은 계림유사에 '寶姐'이 보이듯 'ㅂ돌'과 같이 두 음절로 재구(再構)된다. 고대에는 '딸'이 정계(正系) 상속자였다. 따라서 '아들'은 '소(小), 차(次)'를 의미하는 '앗'에 '젊은이, 사람'을 의미하는 '돌'이 합성된 것이다. 이에 대해 '딸'은 '수(首), 원(元)'을 의미하는 '볻'에 '돌'이 합성된 것으로 보인다. 따라서 오늘날의 아들 선호사상은 시대의 흐름과 더불어 여기서 180도 바뀐 것이라 하겠다.

'지아비'와 '지어미'

결혼한 부부를 우리의 고어에서는 '지아비', '지어미'라 하였다.

> 겨지비 지아비 업스면 몸이 님재 업다 ᄒᆞᄂᆞ니(婦人無夫身無主)
> <박통사언해>
> 우미훈 지아비와 우미훈 지어미라도 <자휼전칙>

'지아비'와 '지어미'는 '집의 아비', '집의 어미'라는 말로, 그 집의 남자요, 그 집의 여자라는 말이다. 이들이 '지아비'와 '지어미'가 된 것은 '집의 아비', '집의 어미'라는 뜻의 '집-ㅅ-아비', '집-ㅅ-어미'가 변한 것이다. 이와는 달리 '남신(男人)', 또는 '겨집'이라고도 하였다. '男

人'은 고어에서 '남신', 또는 '남진'으로 표기되어 남편, 또는 남자를 의미하였다. 삼역총해(三譯總解)의 "우리 남진 계집 되어 사자"라 하는 것은 바로 부부가 되어 살자는 말이다. '겨집'은 물론 여자와 아내를 다 같이 이르는 말로, '계집'으로 변하여 오늘에 이르고 있다. 이는 '겨(在)-집(家)'의 구조로 되어 집에 있는 사람임을 의미한다. 이밖에 부부를 이르는 말에 '서방'과 '아내'라는 말이 있다. '서방'에 대해서는 이설이 있기도 하나, 그 어원은 '서방(西方)', 또는 '서방(書房)'으로 보면 무난할 것이다. '아내'는 '안해'가 변한 말로, 이는 '않(內)-익(조사)'를 그 어원으로 본다. '안에 있는 사람', 곧 규중(閨中)에 있는 사람이란 뜻이다. 이는 한자어 '내자(內子)'에 그대로 대응된다.

결혼생활은 거처로 볼 때 초서혼(招婿婚)과 취가혼(娶嫁婚)의 두 가지가 있다. 초서혼은 여자 집에서 결혼생활을 하는 것으로, 흔히 모계사회에서 볼 수 있는 것이다. 취가혼은 남자 집에서 결혼생활을 하는 것으로, 부계사회에서 행해지는 것이다. 우리나라에는 모계사회의 초서혼의 유풍인 데릴사위제도, 예서제(豫壻制)가 고구려를 비롯하여 고려, 조선조에까지 남아 있었다. 예서제에서는 결혼을 시키기로 합의가 되면 여자네 집 서쪽에 작은 집, 서옥(婿屋)을 짓는다. 그리고 사위가 될 남자는 저녁 무렵 여자네 집 문밖에 와 자기의 이름을 대고 꿇어앉아 절하며 여자와 동침할 것을 청하였다. 이러기를 여러 차례 한 뒤에 여자네 부모 허락을 받아 서옥으로 들어갔고, 그 뒤 거기서 처가살이를 하다가 자녀가 자란 뒤 비로소 처자를 거느리고 자기 집으로 돌아왔다. 이러한 제도로 말미암아 지아비를 '서방(西方)'이라 하게 된 것이다. 서방(書房)은 조혼(早婚) 풍습으로 말미암아 지아비가 글방 서생이므로 생긴 말이다. 서거정(徐居正)의 태평한화골계전(太平閑話滑稽傳)에는 이 '서방(西方)'에 대한 이야기가 실려 있다.

세속에 사위를 서방(西方)이라 한다. 서방에 있었기 때문이다. 어떤 재상이 사위가 많아 새 사위는 서방으로 들이고, 묵은 사위는 사랑(舍廊)에 머무르게 하였다. 어느 날 재상이 귀가하였을 때 해가 이미 저물어 사람의 얼굴을 분간할 수 없었다. 묵은 사위가 뜰에서 맞이하였다. 장인이 이르기를 "자네가 서방(西方)인가?" 하였다. 묵은 사위는 "저는 사랑(舍廊)입니다." 했다. 이에 세속에 묵은 사위를 사랑(舍廊)이라 일러 희롱한다.

'서방'을 설명하는 자리에서 '사위'라는 친족어가 나왔다. '사위'는 고어에서 '사회'라 하였으며, 이 말의 'ㅎ' 소리가 약화 탈락된 것이 오늘의 '사위'다. 사위는 장모의 사랑을 받는 사람이다. 사위와 관련된 속담에 '노목궤'라는 것이 있다. 이는 '가르친 사위', '길러낸 사위' 등과 동궤의 속담으로, 변통성이 없는 사람을 비유적으로 이르는 말이다. 가르쳐 준 대로만 하고, 상황의 변화에 전혀 대처하지 못하기 때문이다. 홍만종의 명엽지해(蓂葉志諧)에는 '노목궤(櫨木櫃)'에 얽힌 익살스러운 이야기가 실려 전한다. 잠시 소화(笑話)의 즐거움을 맛보기로 한다.

어떤 마을 영감이 사위를 고르기 위해 노목궤를 짜고, 그 안에 쌀 쉰 닷 말을 넣었다. 그리고 사람을 모아 궤를 짠 나무 이름과 쌀의 말 수를 알아맞히면 사위를 삼겠다고 하였다. 그러나 그것을 알아맞히는 사람이 없었다. 세월은 흘러 딸은 방년을 넘겼다. 이에 딸은 고민 끝에 어리석은 장사치를 불러 이를 가르쳐 주었다. 장사치는 사위가 되었고, 영감은 일이 있으면 사위에게 자문하였다. 어떤 사람이 암소를 팔려고 하자 영감은 사위에게 소의 상을 보라 하였다. 사위는 전에 부인이 가르쳐 준대로, "이는 노목궤로군! 쉰 댓 말 들었겠군." 하였다. 영감은 망발이라며 사위를 의심하였다. 이에 딸은 남편에게 "어찌 그 입술을 헤치면서 '이가 적구려.' 하고, 꼬리를 들고서 '새끼를 많이 낳겠구려!'라고 하지 않았소?" 하였다. 이튿날 장모가 병이 들어 사위에게 병세를 보게 하였다. 그는 장모의 입을 벌리고 "이가 적구려!"하고, 이불을 걷고 엉덩이를 보며 "새끼를 많이 낳겠구려!" 하였다. 이에 장인 장모는 "소를 나무로 보고, 사람을 소로 보니 참으로 미친놈이군!" 하였다. 이 이야기를 들은 사람은 모두 크게 웃었다.

(우리길벗, 2007년 2월호)

인류지대사 '혼인' 주변

물결은 반짝이며 흘러간다
봄은 즐거운 사랑의 계절
…

꽃은 피어나고, 향기는 피어오르고…

－하이네, 봄

하이네가 노래하듯 봄은 사랑의 계절이다. 그리고 결혼의 계절이다.
이에 이번에는 결혼 주변의 언어문화를 살펴보기로 한다.

혼인은 인류대자야(人倫大者也)

남녀가 부부관계를 맺는 것을 결혼(結婚), 또는 혼인(婚姻)이라 한다.
어떤 사람은 '결혼'을 일본말이라 하나 그렇지 않다. 이들 한자어는 후
한(後漢) 반고(班固 : 32-92)의 '한서(漢書)'에 다 같이 보이는 말이다. 선제
기(宣帝紀)에는 '대저 혼인의 예는 인륜의 큰 것이다(夫婚姻之禮 人倫大者也)'
라는 기록까지 보인다.

우리의 경우는 고려 때 이규보(李奎報)가 지은 '동국이상국집(東國李相國集)'에 이들 단어가 보인다. 동명왕(東明王) 탄생설화에서다. 천제(天帝)의 아들 해해모수(解慕漱)는 하백(河伯)의 딸의 아름다운 자태를 보고 비(妃)를 삼고자 하였다. 그리하여 이들을 유인하였다. 두 딸은 도망을 갔는데, 맏딸 유화(柳花)가 잡혔다. 그러자 하백이 노해 항의하였다. 이에 해모수는 정식으로 청혼을 하게 되는데, 이때 '결혼(結婚)'이라는 말이 쓰인다.

"나는 천제의 아들인 바 하백과 결혼하고 싶다(我是天帝之子 今欲與河伯結婚)"라고 한 것이 그것이다. 이에 하백은 "혼인의 도리는 천하에 통하는 법인데 어찌 예를 잃고, 내 문정을 욕되게 하였는가(婚姻之道天下通規何爲失禮辱我門庭)?"라며 '혼인'이란 말을 쓰고 있다.

'이상국집'의 '결혼'이란 말은 그 의미가 오늘날과 다르다. 해모수는 하백의 딸 유화가 아닌, 그 아버지 하백과 결혼하고 싶다고 하였다. 이는 한 남자와 한 여자의 결혼이 아니라, 가족 간의 결혼이다. 달리 말하면 결혼은 사돈관계를 맺는 것이다. 이러한 결혼이 본래의 결혼이었다. 사실 이러한 '결혼'의 개념은 '혼인'이란 말의 어원에도 나타나 있는 것으로 볼 수 있다. 곧 '혼인(婚姻)'의 '혼(婚)'은 저녁 때 여자네 집으로 장가간다는 뜻으로 며느리네 집(婦家)을, '인(姻)'은 여자가 의지하는 곳이란 뜻으로 사위네 집(壻家)을 가리키는 말이기 때문이다. 그리고 이 말은 또 결혼한 남녀의 부모가 상호간에 호칭하는 말이기도 하였다. 며느리의 아버지를 혼(婚)이라 하고, 사위의 아버지를 인(姻)이라 한 것이다(後漢書). 이렇게 결혼은 인륜의 큰일이나, 당사자 아닌, 집안이란 집단의 대사(大事)였다. 그래서 우리는 지금도 결혼하는 것을 '대사를 치른다'고 한다. 그리고 축제로 받아들여 '혼인 잔치', '잔치'를 한다.

'장가들다'와 '시집가다'

'결혼', 또는 '혼인'이란 말은 중국의 결혼제도를 반영한 한자말이다. 우리는 결혼하는 것을 '장가들다', '시집가다'라 한다. 이들이 진정한 의미의 우리 결혼문화다. '장가들다'는 남자가 배필을 맞는 것으로, '장가' 곧 장인 집에 들어가는 것이다. '장가'를 고유어로 보고, '丈家'는 한자의 차자로 보나, '입장(入丈)'이 '장가 듦'을 나타내는 명사이고 보면 '장가'를 고유어로 보는 것은 앞뒤가 맞지 않는다. '장가들다'는 '입장가(入丈家)' 하는 것이다. 이는 데릴사위를 맞이하는 초서혼(招婿婚), 또는 예서혼(豫婿婚)의 결혼제도로, 남자가 여자네 집에 살러 들어가던 결혼제도다. 우리나라의 이러한 제도는 앞에서도 말한 바와 같이 고구려-고려-조선으로 이어지는 제도였다. 그런데 이 초서혼은 고려 때에 들어서는 장인집에서 노력을 봉사하는 일종의 봉사혼(奉仕婚)이 되었다.

이에 대해 '시집가다'는 여자가 결혼하는 것을 의미한다. 이는 물론 여자가 '시가(媤家)'에 '가는' 것이다. 그러나 이 말은 좀더 설명을 요한다. 그것은 '시집'을 '시가(媤家)'라 하나, 이는 중국의 한자어가 아니요, 우리가 만든 한자어다. '시집'은 '새-집(新家)'이 변한 말이다. '새-집'이 '쇠집> 시집'으로 변한 것이다. '시집가다'는 여자가 '새집', 곧 남편의 집으로 '가는' 것이다. '시댁(媤宅), 시가(媤家)'의 '시집 시(媤)'자는 국자라 할 수 있다. 이는 본래 여자의 자(字)를 뜻하는 글자로([集韻], 媤女字, 或从司) 우리가 '시집'의 뜻으로 가차(假借)하고 있는 것이다. 우리의 결혼문화를 반영하는 '장가들다'는 이렇게 모계중심사회의, '시집가다'는 부계중심사회의 결혼제도를 반영하는 말이다.

'어르다-얼이다' 계통의 말

우리말에는 '장가들다', '시집가다'와는 다른 결혼문화를 보여 주는 말도 있다. 그것은 '어르다-얼이다' 계통의 말이다.

'어르다(어루다)-얼다-얼이다'는 우리 고어에서 '결혼하다'를 뜻하는 말이다. '어르다'는 본래 '교합(交合)하다, 성교하다'를 나타내던 말이다. 교합(交合)과 결혼(結婚)은 손바닥의 앞뒷면과 같아 그 의미가 넘나들어 '어르다'가 결혼의 의미로 확대 사용되게 된 것이다. '얼다'는 '어르다'가 축약된 형태다.

> 어를 취(娶) <훈몽자회>
> 겨지블 다려다가 구틔여 어루려커늘(其婦强欲淫之) <삼강행실도>

'어를'은 취처(娶妻)를 의미하는 '어르다'의 관형형이다. 삼강행실도는 '계집을 데려다가 억지로 교합하려 하거늘'로 풀이되는 말이다. 따라서 '어루려'는 '교합하려'의 뜻으로, 한문의 '음지(淫之)'의 풀이로 쓰였다. '얼이다'는 '얼다'의 사동형으로 '결혼시키다'를 나타낸다.

> 뜻롤 어려 征夫롤 주며(嫁女與征夫) <두시언해>
> 여슷 아돌란 하마 갓얼이고<석보상절>

이들은 각각 '딸을 정부(征夫)에게 출가시키며'와 '여섯 아들은 이미 아내를 맞이하고'로 풀이된다. 이들 '어르다-얼이다'계의 말은 출가(出嫁)와 취처(娶妻)를 구분하려 할 때 이들 말 앞에 '남진(男人)/ 샤옹(男便)', 또는 '겨집(女)/ 갓(妻)'과 같은 말을 더해 쓴다. 출가는 '남진얼이다/ 샤옹

얼이다'라 하고, 취처는 '겨집얼이다/ 갓얼이다'라 하는 것이다. 따라서 이들 '어르다' 계통의 말은 '장가들고, 시집가는' '집'과의 관계, 말을 바꾸면 가족 간의 혼인과는 거리가 있다. 오히려 이들은 남녀 당사자가 중시되는 결혼문화를 반영한다고 하겠다. 이는 '어르다'가 남녀의 교합을 의미하고 보니, 어쩌면 당연한 것이라 하겠다. 그리고 사실은 고구려 등의 나라에서는 연애결혼 사조도 있었던 것으로 알려진다.

여기 하나 덧붙일 것은 연장자를 이르는 '어른', '어르신'의 문제다. '아른(어룬)'은 '어르다/ 어루다'의 관형사형이고, '어르신'은 여기에 존대를 나타내는 '시'가 더 붙은 말이다. 따라서 이들은 '교합한, 결혼한'의 의미를 나타낸다. 여기 사람을 나타내는 접미사가 붙은 것이 '어른(어룬)-네, 어르신(어루신)-네, 어루신-이'다. '어룬-사람'은 '사람'이란 명사가 붙은 것이다. '어룬 사롭으로 더부러(與大人)'가 그 예다. 오늘날의 '어른'이나 '어르신'은 사람을 나타내는 접미사나, 명사가 생략된 것이다. 그리고 기억해야 할 것은 연장자 또는 성인이란 본래 '교합한 사람, 결혼한 사람'을 의미한다는 것이다. 그래서 속언에 "나이만 많이 먹으면 어른이냐? 장가를 가야 어른이지."라 했던 것이다. 이는 우리 결혼문화의 중요한 일 단면을 지적해 주는 말이다[註] '어른·어루신'의 '-ㄴ'을 관형사형이 아닌, 고대 알타이어에서의 명사형으로 볼 수도 있다).

'구메혼인'과 '치마양반'

혼례에는 일정한 형식이 있다. 앞에서 살펴본 동명왕 탄생설화에서도 하백이 '혼인지도(婚姻之道)'를 말하고 있는가 하면, 구혼함에 마땅히 중매를 부려야(當使媒) 한다고 하고 있다. 유교사상이 전래된 뒤에는 혼례가 가례(家禮)의 하나로 중시되어 사례(四禮)를 갖추느니, 육례(六禮)를 갖추느니 했다. 그래서 춘향전에도 이 도령이 "육례는 못 할망정 양반의 자식이 일구이언할 리 있나?" 하고 다짐을 한다.

이렇게 혼인은 격식과 절차를 갖추어 하는 것이나, 그렇지 못한 경우도 있다. 그런 것의 하나가 '구메혼인'이다. 이는 '굼(穴)-의(조사)-혼인(婚姻)'이 변한 말로, 구멍(굴) 안에서 혼인하듯 격식도 갖추지 않고, 널리 알리지도 않고 하는 혼인이란 말이다. 오늘날 예식장에서 번듯하게 하는 결혼식과는 대조되는 것이다. 홍명희의 '林巨正'에는 다음과 같은 용례가 보인다.

　또 대사를 지내는 주삼의 집이 외딴집일 뿐 아니라, 가근방에 사는 결찌가 많지 못하던 까닭에 대사의 구경꾼도 몇 사람이 못 되었다. 말하자면 구메혼인이나 별다름이 없었던 것이다.

혼인에는 또 '누비혼인'이란 것도 있다. 두 성씨(姓氏) 사이에 많이 겹쳐 하는 혼인을 가리킨다. 바느질할 때 누비듯 겹쳐 했다는 말이다. 그래서 이는 '겹혼인'이라고도 한다. 우리의 결혼제도는 같은 계급 안에서 혼인하는 계급적 내혼(class endogamy)의 성격이 강하다. 양반과 평민, 양반과 천민, 적자와 서자 간의 앙혼(仰婚)이나 낙혼(落婚)은 법으로 금했다. 그러니 자연 '누비혼인'도 많이 생겨나게 되었다.

이에 대해 '치마양반'이란 신분이 낮은 집안에서 신분이 높은 집안의 딸과 결혼함으로 사회적 지위가 높아진 양반을 가리킨다. 이는 일종의 앙혼(仰婚)이 빚어낸 산물이다. 이러한 '치마양반'의 대표적인 경우는 딸을 궁중에 들여보냄으로 국구(國舅)가 되고, 왕실의 외척으로서 세도를 부리는 경우라 할 것이다. 한 예로 고려시대 김은부(金殷傅)의 경우를 들 수 있다. 그는 딸 셋을 현종(顯宗)의 비(妃)로 들임으로 안산(安山) 김씨(金氏)로 하여금 4대 50년 간 외척으로서 정권을 전단케 했다. 이러한 '치마양반'은 우리나라에만 있었던 것은 아니다. 이런 문화는 중국에도 있어 이들 '치마양반'을 저들은 '군대관(裙帶官)', 곧 '차마끈 벼슬아치'라 불렀다.

(우리길벗, 2007년 3월호)

여인과 몇 가지 음식

여인에 대해 연상되는 것을 들라면 무엇을 들까? 아마도 많은 사람이 미(美)와 연약함, 가사(家事)를 들지 않을까 한다. 이에 이번에는 장식적 기능을 지닌 여인의 옷과 그들이 빚는 몇 가지 음식에 대해 살펴보기로 한다.

"녹의홍상"과 "녹의황상"

원시시대에는 사람도 다른 동물들처럼 옷을 입지 않았고, 초기의 옷은 상하의(上下衣)의 개념도 없이 추위와 더위를 막기 위해 그냥 걸쳤을 것이다.

우리 복식의 기본은 남자는 바지저고리를 입고, 여자는 치마저고리를 입는 것이다. 그러나 이것도 후대의 사실이고, 예전에는 모두가 하의로 치마를 입었던 것으로 보인다. "의상(衣裳)"이란 본래 "상의하상(上衣下裳)"을 의미하는 말로, 남녀의 의복을 다 같이 가리켰다. 그런데 재미있는 것은 우리는 의상, 또는 의복을 지칭할 때 "바지저고리"나 "치마저고리"와 같이 下衣를 먼저 말한다. "저고리 바지"나, "저고리 치마"라고는 잘 하지 않는다. 이는 하의를 먼저 입기 시작한 것과 우리말의 단어를 열거할 때 짧은 음절을 앞에 놓는 시적기능(詩的機能)과 관련이 있을 것으로 보인다.

여인의 의상을 나타내는 대표적인 우리말에 "녹의홍상(綠衣紅裳)"이라는 것이 있다. 이는 연두저고리에 다홍치마라는 뜻으로, 젊은 여인의 아름다운 자태를 나타내는 말이다. 이 말은 한자 성구로 되어 있으나, 중국어나 일본어에는 보이지 않는 말이다. 이러한 복식이 우리만의 고유한 것이었기 때문이다. "같은 값이면 다홍치마"라는 "동가홍상(同價紅裳)"도 우리만의 숙어다. 이는 본래 같은 값이면 새색시가 좋다는 의미였을 것이다. 중국에는 "녹의홍상"과 비슷한 구조의 말에 "녹의황상(綠衣黃裳)"이란 것이 있다. 그러나 그 의미는 전혀 다르다. 이 말은 "녹의황리(綠衣黃裏)"와 같은 뜻의 말로, 존비(尊卑)가 반대로 된 것을 가리킨다. 황색은 정색(正色)이고, 녹색은 간색(間色), 곧 잡색인데, 간색으로 상의를 만들고, 정색으로 안감이나 치마를 만드는 것은 존비가 뒤집힌 것(尊卑反置)이라 보는 것이다. 예기(禮記)에는 "의정색 상간색(衣正色 裳間色)"이라 하고 있다. 그래서 "녹의황상"은 천첩(賤妾)이 우쭐대는 것에 비유된다. 그리고 중국의 "녹의(綠衣)"는 천한 사람을 비유한다. "홍의·홍상(紅衣·紅裳)"은 좋은 의상을 가리킨다. 새색시나 처녀라는 의미는 보이지 않는다. 또한 우리는 기생을 푸른 치마를 입는다 하여 "청상(靑裳)"이라 하는데, 중국에서는 붉은 치마라는 "홍군(紅裙)"이라 한다. 우리와 표현이 상반된다.

김치와 지(菹)

김치는 우리 고유의 발효식품으로, 오늘날 세계적인 식품이 되었다. "김치"의 어원은 "침채(沈菜)"다(沈의 상고음은 ʧiəm이다). 이 말은 비록 한자어의 형태를 취하고 있으나, 중국어가 아니다. "沈菜"의 용례는 16세기에 간행된 인수대비의 "내훈(內訓)"에 보이는데, 절인 채소를 의미했다. "김치"는 이렇게 채소를 소금에 절인 것(菹)이었다. "절이김치"라 할까? 이런 "沈菜"가 16세기 후반의 훈몽자회(訓蒙字會 : 1527)에 "딤치"로 나타난다. 고추가 16세기말에 일본을 통해 들어왔으니 이때의 "딤치"는 아직 오늘날의 형태는 아니었을 것이다. 이 "딤치"는 "짐치", "짐칰"를 거쳐, 역구개음화(逆口蓋音化)가 일어난 "김치", 또는 "김칰"로 변해 오늘날의 "김치"가 되었다.

"沈菜"는 이와 다른 변화를 보이는 어형도 있다. 그것은 16세기의 "팀치(小學諺解)"를 거쳐 "침치", "침채", "김치"로 발전한 것이다. 다만 위의 "김칰" 계통의 말과 달리 "침채" 계통의 말은 "김치"의 부차적인 것으로, 특히 제수(祭需)의 하나인 "절인 무"를 가리켰다. "딤치"와 "팀치"의 선후관계는 "팀치"가 후대에 발달한 것이다.

그리고 여기 덧붙일 것은 "김장"이란 말이다. "김장"은 김치, 깍두기를 담그는 일을 가리킨다. 이 "김장"도 한자어 "침장(沈藏)"이 변한 말이다. 그러나 이것도 중국 한자어는 아니다. "김치"를 나타내는 말에는 김치 외에 또 하나 "지"라는 말이 있다. 이는 오늘날 경상·전라지방에서 방언으로 쓰이고 있는 말이다. "지"는 본래 "김치"를 나타내던 말로, 고어에서 "디히"라 하던, "딯다(落)"에서 파생된 고유어다. 이것이 "디이", "지이"를 거쳐, "지"가 되었다. "디히"는 16세기 두시언해(杜詩

諺解)에 보이는데 "長安앳 겨슔 디히는 싀오(長安冬菹酸)"의 "디히"가 그것이다. 이는 "장안의 겨울 김치는 시고"라는 뜻의 시구(詩句)다. 원시(原詩) "동저(冬菹)"의 "菹"는 "담근 야채". "소금절인 야채"를 의미한다. 물명고(物名攷)에는 "甕菜 醃藏 디이"가 보이는데, 이는 "지"가 채소를 절여 독에 갈무리는 것임을 잘 알려 준다.

그러나 "디히"에 대해서는 좀 더 설명을 필요로 한다. 그것은 "짠지"와 "장아찌"라는 말과의 관계다. "짠지"는 표준어에서 "무를 통째로 소금에 짜게 절여서 묵혀두고 먹는 김치"다. 그러나 방언에서는 "김치"와 "깍두기", 특히 "배추김치"를 가리킨다. "짠지"의 대가 되는 말이 "김치"다. 동침이, 나박김치 같은 것이 "짠지" 아닌 "김치"다. 이로 보면 "김치"와 "짠지"는 염도(鹽度)에 따라 구분되되, 국물 유무를 달리한 것이라 하겠다. 이러한 해석은 "장아찌"가 결정적 증거가 된다. "장아찌"는 한자어로 장지(醬漬)라 하여 장에 담근 것이기 때문이다. 이는 "장앳디히"가 변한 말로, "장(醬)에 둔 지"라는 말이다('漬'는 담글 지 자임).

이렇게 보면 우리의 "김치"를 이르는 말에는 "沈菜"와 "디히"라는 이음 동의어(異音 同義語)가 있었고, 전자 "沈菜"계가 김치 일반을, 후자 "디히"계가 "짠지, 장아찌"를 가리키는 말로 분화한 것이라 하겠다.

다음에는 몇 가지 김치의 이름에 대해 보기로 한다. "나박김치"는 무를 의미하는 중국어 "나복(蘿葍)"이 차용된 외래어다. "총각김치"는 총각무가 총각을 상징하기 때문에 붙여진 것이며, "홀아비김치"는 무와 배추를 함께 담그지 않고, 그중 한가지만으로 담갔다 하여 비유적으로 붙여진 이름이다. 이 비유적 명명은 조금 야한 느낌을 준다.

"동동주"와 "고주목술"

술은 모임이나 제사에 빠뜨릴 수 없는 음식이다. 특히 우리 민족은 손님을 맞아 술로써 정을 나누었다. 그래서 집에서 술을 많이 빚었다. 약주, 막걸리, 소주가 그 대표적인 것이다.

우리의 대중가요에 "동동주 술타령이 오동동이냐?"라는 것이 있다. 술에 밥알이 동동 뜬다고 하여 "동동주"라 노래한 것이다. 사전에도 "걸러내지 않아 밥알이 동동 뜨는 막걸리"를 "동동주"라 한다고 풀이하고 있다. 그러나 이는 현대적 해석이고, "동동주"에 해당한 본래의 술은 "동두주(銅頭酒)"다. "동두주(銅頭酒)"의 용례는 조선조 영조 때의 역어유해(譯語類解)에 보이는데, 이는 중국어로 우리말로는 "고조목술"이라 번역해 놓았다. "동동주"는 이 "동두주"가 변한 말이다. "고조목술"이란 "술주자에서 갓 뜬 술"을 이른다. 이는 술을 고주망태로 마셨다는 "고주"와 관련되는 말이다.

"고주망태"는 술을 많이 마셔 정신을 차릴 수 없는 상태를 이르는 말이다. 그러나 이는 객관적 묘사를 한 말이 아니다. 비유적인 표현이다. "고주망태"는 "고주"와 "망태"가 복합된 것이다. "고주"는 옛말에 "고즈", 또는 "고조"라 하던 것으로, "술을 거르거나 짜는 틀"을 가리킨다. 훈몽자회에 보이는 "고조 조(槽)/ 고조 자(榨)"가 그 예다. 오늘날이 "고조"는 "술주자"라 한다. "망태"는 "망태기"의 준말로, 가는 새끼나 노로 엮어 만든 기구다. "고주망태"는 "고조망태"가 변한 말이다. 따라서 "고주망태"란 술을 짜거나, 거르는 기계 "술주자"와 술을 짤 발효 물체를 넣은 기구 "망태기"다. "고주망태"가 "술을 많이 마셔 정신을 차릴 수 없게 된 상태"를 의미하게 된 것은 이러한 기계와 기구가 비유적 의미를 지니게 된 것이다. 술을 거르거나 짜는 기계나 기구가 술에 절어 있거나, 술을 거를 발효 물체를 싸고 있으므로 이렇게 전의 (轉義)된 것이다. "고주망태"는 줄여 "고주"라고도 한다. "술을 고주가 되게 마셨다"고 하는 것이 그 예다. "고주망태"는 다른 말에서는 찾아 볼 수 없는 우리 고유의 표현이다.

"물 건너는 중"

술에 관한 이야기를 하였으니 다음에는 술을 빚는 여인과 관련된 소화(笑話) 하나를 보기로 한다. 이야기는 조선조 성종 때의 학자 성현(成俔)의 용재총화(慵齋叢話)에 나오는 것이다.

어떤 중이 과부에게 장가들게 되었다. 상좌가 생콩 가루를 찬물에 타 마시면 양기(陽氣)에 좋다고 속여 이를 타 마시게 하였다. 중은 이를 타 마시고 신방(新房)에 들어가 배탈이 나서 활개똥을 쌌다. 이에 그 집에서는 중을 몽둥이로 때려 내쫓았다. 도망쳐 나온 중은 밤중이라 어두워 길을 잘못 들었다. 앞에 흰 기운이 길을 막았다. 냇물이리라 생각하고 바지를 걷고 들어가니 그것은 물이 아니라 흰 꽃이 핀 메밀밭이었다. 중은 화가 났다. 가다 보니 또 흰 기운이 길을 막았다. 중은 다시 메밀밭에 속지 않는다며 이번에는 바지를 걷지 않고 그냥 들어섰다. 그런데 그것은 물이어서 옷을 모두 적시고 말았다.

다리를 건너게 되었다. 이때 아낙네들이 쌀을 일고 있었다. 중은 낭패하고 고생한 심정을 괴롭다는 뜻으로, "시다, 시다(酸哉 酸哉)" 하였다.

그러자 아낙네들이 떼를 지어 중에게 다가와 길을 막고, 따졌다.

"술 빚을 쌀을 일고 있는데 어째서 시다고 하는 게요?"

아낙들은 중의 옷을 모두 찢고 마구 때렸다.

이는 술은 산미(酸味)를 가장 꺼리는 것인데 술쌀을 이는 부인네들 앞에서 "시다"는 말을 해 중이 욕을 본 이야기다. 술을 빚는데 "시다"는 말은 금기(禁忌)다. 이는 "물 건너는 중", 곧 도수승(渡水僧)이란 속담의 배경설화다. 그러나 "물 건너는 중(渡水僧)"이란 속담은 이와 달리 나쁜 마음을 품고 부정한 일을 하다가 실패하여 고생을 하는 사람에 빗대어 쓰이는 말이다.

(우리길벗, 2007년 5월호)

보쌈과 남녀관계

밥을 빌어서/ 죽을 쑬지라도/
제발 덕분에/ 뱃놈 노릇은 하지 마라/
에-야, 어그여지야

　김동인(金東仁)의 소설 "배따라기"에 보이는 "영유 배따라기"의 마지
막 부분이다. 소설 "배따라기"는 비극적 사랑 이야기를 그린 단편이다.
쥐를 잡느라 흐트러진 아내와 아우의 매무새를 보고, 질투가 심한 형은
불미한 관계를 가진 것으로 오해했다. 아내는 매를 맞고, 쫓겨나 마침
내 바다에 투신하여 죽는다. 이 사건이 있은 뒤 아우는 마을을 떠난다.
이에 뱃사람인 형은 자기의 과오를 뉘우치고 아우를 찾아 배를 타고
떠돈다. 이런 것이 그 줄거리다.

　"배따라기"는 이선악(離船樂)으로, 서경악부(西京樂府)에 속한다. "배따
라기"가 이선악이란 것은 "배따라기"가 "배 떠나기"가 변한 말이란 데
서 쉽게 이해된다. 그래서 가사에 이별의 슬픔이 담겨 있는가 하면, 곡
이 매우 애처롭다.

　소설 "배따라기"는 이선악을 배경으로 비극적 애정사건을 형상화한
것이다. 그런데 우리말에는 이와는 달리 애정을 배경으로 한 비극적이

아닌, 익살스럽고 재미있는 말들이 많다. 여기서는 이런 남녀관계와 관련이 있는 몇 가지 말의 어원(語源)과 배경을 살펴보기로 한다.

오쟁이지다(負空石)

이문열(李文烈)의 "변경"에는 다음과 같은 구절이 보인다.

> "나 춤바람에 오쟁이 진 못난 사내야. 앞으로 나이 어린 계집 좋다고 살림 차리는 놈 있으면 도시락 싸 갖구 다니며 말릴 작정이야. 망할 년. 벼락 맞아 싼 년. 흥, 지금은 젊은 놈하고 붙어 재미가 한창 깨소금이겠지."

여기에는 "오쟁이 진"이라는 말이 쓰이고 있다. "오쟁이"는 짚으로 엮어 만든 곡식을 담는 작은 섬이다. 따라서 "오쟁이 진"의 표면적 의미는 "오쟁이를 등에 진"을 의미한다. 그러나 인용문의 말은 그런 뜻이 아니다. 아내를 빼앗긴 것을 의미한다. "오쟁이(를) 지다"가 관용어로, "자기 아내가 다른 남자와 간통하다"를 의미하기 때문이다. "오쟁이(를) 지다"라는 말은 사회현실이 그렇기 때문인지 소설 등에 많이 쓰이고 있다.

그러면 "오쟁이(를) 지다"가 어떻게 하여 이런 뜻을 지니게 된 것일까? 편찬 연대를 알 수 없는 부묵자(副墨子)의 "파수록(破睡錄)"은 이러한 의미 형성의 배경을 다음과 같이 일러준다.

> 어리석은 지아비와 약은 지어미가 있었다. 지어미는 이웃 사내와 잠통(潛通)한지 오래되었다. 하루는 어리석은 지아비와 약은 지어미가 같이 밭(山田)을 매고 있었다. 이웃 사내가 오쟁이를 지고 밭두렁

에 서서 그 지아비에게 말했다. "비록 그대의 아내이나 어찌 밭(田間)에서 방사를 하는가?" 지아비는 놀라 "그런 일이 없다. 그대는 어찌하여 그런 말을 하는가?"하였다. 이웃 사내는 "그대가 나를 믿지 못하겠다면 내가 그대를 대신하여 밭을 맬 것이니 시험 삼아 오쟁이를 지고 여기 서서 보라. 과연 그런가, 그렇지 않은가를" 하였다. 지아비는 그 말대로 오쟁이를 지고 서 있었다. 이웃 사내는 정말로 그 지어미를 간통하였다. 그러자 지아비는 웃으며 "그대의 말이 틀림없다" 하였다. 이로 말미암아 남에게 아내를 빼앗기는 것을 오쟁이 진다(負空石)고 하게 되었다.

믿기 어려운 이야기다. 그러나 어리석은 남편이기에 충분히 있을 수 있는 이야기겠다. 이상(李箱)의 소설 "날개"에서는 지성인인 남편이 아내의 매춘을 묵인하고 있고, 김동인의 "감자"에서는 남편이 방을 비워 주고, 아내 몸값으로 받은 돈을 보고 좋아하기까지 하지 않던가?

과부 보쌈과 총각 보쌈

"보쌈"이란 책보로 책을 싸듯 보(보자기)로 무엇을 싸는 것을 의미한다. 그런데 "보쌈" 가운데는 물건 아닌 사람을 싸는 희한한 풍속도 지난날에는 있었다.

그 하나가 총각을 싸는 것이다. 흔히 사람을 보쌈 한다고 하면 과부 보쌈을 떠올리게 된다. 그러나 과부 보쌈 이전에 총각 보쌈이 있었다. 김동진(金東縉)의 "사천년간 朝鮮俚語解釋(1928)"에는 이 말의 유래를 다음과 같이 설명하고 있다.

　　고려시대에는 백젯적 풍속과 같이 세력 있는 집에서는 계집아이 사주를 보아서 과부가 될듯하면 장성하기를 기다려 신방을 꾸며 놓고, 소년 남자를 유인하여 하룻밤을 같이 재인 후에 그 소년을 죽여서 그 신체를 무슨 물건 모양같이 보에 싸서 내어다 파묻고, 계집애를 다시 시집보내었으매 소년의 신체를 보에 쌌다하여 그 이름을 보쌈이라 함이니라.

　"보쌈"은 일찍 백제 때부터 세가(勢家)에서 딸의 사주땜을 하기 위해 외간 남자를 잡아다가 하룻밤 동침을 시킨 뒤 죽였다는 것이다. 여기서 김동진은 죽인 뒤 시체를 보에 쌌다고 하였으나, 일반적으로는 사람을 잡아 올 때부터 행방을 모르게 하기 위해 보에 싸 데려온 것으로 설명한다. 죽은 사람의 보쌈이 아니라, 산 사람의 보쌈이었다. 따라서 "보쌈"을 당한 사람은 한 여인의 팔자를 고쳐 주기 위해 본의 아니게 납치되어 초야권(初夜權)을 행사하고, 후문을 두려워한 저들에 의해 다시 보에 싸여 나와 희생된 것이다.

　다른 하나는 "과부 보쌈"이다. 이는 총각 보쌈과는 성격을 달리한다. 고려 때에는 과부의 재가(再嫁)가 자유로웠으나, 조선조에 들어와서는 유교사상에 따라 개가가 금지되고 죄악시하였다. 과부의 재가(再嫁) 금지는 유교적 이상에서 나온 것이나 사회 실정에 맞지 않았다. 그래서 이는 제도화되지 못하다가 성종(成宗) 때에 이르러 정착되었다. 성종은 여자는 시집을 가면 불개(不改)해야 하고, 재가녀(再嫁女)의 자손은 벼슬을 시키지 않음으로써 풍속을 바로잡는다는 내용의 전교(傳敎)를 내렸고, 이러한 전교가 성종 16년(1485) 경국대전(經國大典)에 법문으로 편입되었다. 따라서 이 제도는 점차 풍속화 하였다. 그 뒤 1984년 갑오경장 때 과부의 재가 금지는 법적으로 풀려 다시 허락되었다. 과부의 재가가 금지되던 시기에는 불경이부(不更二夫)와 수절을 미덕으로 알았으므로, 약탈혼(掠奪婚)이 성행하였다. 과부 보쌈은 일종의 약탈혼으로, 자의(自意)로 개가할 수 없는 여인으로 하여금 합리화하는 수단이 되게 하였다. 사대부가의 여인은 실절(失節)을 하는 경우 자결을 하나, 보쌈을 당하게 되면 이를 수용하고 살았다. 과부 보쌈은 이렇게 재가 금지의 시기에 일종의 개가 탈출구(脫出口) 구실을 하였다.

동상전에 들어갔나?

말부터 먼저 해야 하는 경우에 말없이 그저 웃기만 하는 것을 우리 속담에 "동상전에 들어갔나?"라 한다. "동상전(東床廛)"은 재래식 잡화를 팔던 가게로 지난날 종로의 종각 뒤 등에 남아 있었다. 그렇다면 왜 이 속담이 이러한 의미를 지니게 되었을까?

동상전은 잡화를 팔던 가게라 했거니와 여기서는 다양한 물건을 팔았다. 이는 오늘날의 섹스 숍도 겸하였다. 그래서 궁중의 나인(內人)도 찾았다. 평생 남자를 모르고 살아야 했던 저들은 암 나인, 수 나인이 되어 동성애(同性愛)를 하거나, 성기구(性器具)를 이용해 성문제를 해결했다. 저들은 뿔이나 가죽으로 만든 남자의 상징인 소위 "각좆(角-)"이란 것을 사기 위해 동상전을 찾았다. 그러나 이들은 부끄러워 차마 그 이름을 말할 수 없어 그저 웃기만 했다. 그러면 가게 주인이 알고 그것을 내주었다. 이로 말미암아 "동상전에 들어갔나?"란 말이 말을 해야 할 사람이 그저 웃기만 하는 것을 나타내게 되었다.

왁대값, 해웃값, 그리고 젓가락돈

현대사회가 산업사회가 되면서 여자가 많이 상품화되고 있다. 그러나 전통사회에서도 이런 것이 없었던 것은 아니다. 우리 전통 사회에서는 몸을 파는 사람을 은군자(隱君子), 내은녀(內隱女), 갈보 등으로 불렀다. 춘향전에도 보면 이런 사람들을 그린 장면이 보인다. 춘향과 도령이 광한루에서 결연을 하고, 춘향이 이 사실이 탄로가 나면 어떻게 변명하겠느냐는 대목에서다. 도령은 "오냐, 그는 염려 없다. 나 어려서 큰 사랑에 가면 내은녀, 의사, 기생, 은군자, 숫보기, 각 집 종년, 통지기 오락가락 하더구나. 만일 초라가 나거들랑 그 말하고 방구(防口)하자." 이렇게 말하고 있는 것이 그것이다. 내은녀, 의녀, 기생, 은근짜, 숫보기, 종년, 통지기 등을 성희롱의 대상으로 본 것이다. 여기 "내은녀(內隱女)"는 약방 기생이고, "의사"는 의녀(醫女), "은군자(隱君子)"는 밀매음하는 여자이고, "숫보기"는 숫처녀, "통지기"는 찬비(饌婢)다. 이렇게 육체적인 사랑을 상품화한 사람들이 많았다.

여자의 성을 사고 주고받는 돈은 흔히 화대(花代), 화채(花債)라 한다. 이밖에 "꽃값, 왁댓값, 해웃값, 해웃돈, 해우채, 놀음차"와 같은 말도 쓰였다. 앞에서 金東仁의 단편 "감자"에 나오는 남편이 오쟁이 진 값을 받고 좋아한다는 이야기를 했거니와, 이런 돈이 "왁댓값"이다. 이는 자기 아내를 간부(姦夫)에게 빼앗기고 받는 돈을 이르는 말이다. "왁대값"이란 "악대값"이 변한 말로, 이는 거세한 짐승 "악대"같은 남자(男便)에게 주는 돈이라고 비유적인 명명을 한 것으로 보인다. "해웃값, 해웃돈"은 해우채(解憂債)라고도 하는 것으로 보아 즐거움을 준 것에 대한 대가라는 의미로 명명된 것이겠다. "해웃값"은 朴景利의 "토지"에 다음가 같은 용례가 보인다.

"봉군네는 그녀가 노름꾼, 머슴들, 장돌뱅이를 가릴 것 없이 청하
기만 하면 해웃값을 받고 몸을 파는 여자라고 차마 알려 줄 수는 없
는 일이었다."

"놀음차"는 성희(性戱)에 대한 대가라는 의미의 말이다. 화대나, 놀음
차는 기생이나 악공이 놀아 준 대가로 주는 돈, 팁도 아울러 가리킨다.
"젓가락돈"은 해웃값과 같은 뜻으로, 옛날 양반이 기생에게 돈을 젓가
락으로 집어 준 데서 연유하는 말이다.

(우리길벗, 2007년 6월호)

몇 가지 우리말의 명명 문화

모든 사물에는 이름이 있다. 이름의 대표적인 것은 인명(人名)이요, 지명(地名)이다. "사회, 가족, 한옥, 공장, 일, 사랑" 등은 문자 그대로 사물의 이름이다. "가다, 오다"와 같은 동사, "좋다, 싫다"와 같은 형용사도 다 그런 동작과 상태를 나타내는 이름이다. 이름은 다른 것과 구별하기 위해 분류하고, 범주화(範疇化)하여 필요에 따라 붙인 것이다. 이러한 명명(命名) 과정엔 문화가 반영된다. 여기서는 몇 가지 우리말의 명명의 문화를 살펴보기로 한다.

"입다"와 "쇠"에 반영된 문화

옷을 입고 벗거나, 모자를 쓰고 벗는다는 착탈(着脫)의 표현은 우리의 독특한 문화를 반영한다. 우리말에는 입고 쓰는 "착(着)"의 표현이 매우 분화·발달되어 있다. 이는 일본어, 중국어 등에서도 발달된 것으로 볼 수 있으나, 그 가운데 우리말이 가장 분화·발달되어 있다.

"옷을 입다, 모자를 쓰다, 신을 신다, 안경을 쓰다(끼다), 넥타이를 매다, 목도리를 감다, 넥 레이스를 걸치다, 반지를 끼다, 장신구를 달다, 칼을 차다"

이렇게 우리말은 "着"의 개념을 다양하게 나타낸다. 그런데 서구어인 영어의 경우는 이들이 전혀 분화되어 있지 않다. "wear(put on)" 하나로 위의 모든 경우를 나타낸다. 우리말에 "着"의 개념을 나타내는 말이 발달되어 있다는 것은 그만큼 우리 민족이 복식에 대해 관심이 많다는 것을 의미한다. 그러나 이러한 "着"의 개념과는 달리 "脫"의 개념을 나타내는 말은 매우 단순하다. 영어 "put off"와 같이 거의 "벗다" 하나로 나타낸다. 입는 것에 비해 벗는 것은 큰 의미를 부여 받지 못하였다.

"쇠[鐵]"라는 말도 우리 문화의 특성을 보여 준다. "쇠"에 대한 사전의 풀이는 다음과 같이 되어 있다(국립국어연구원, 표준국어대사전, 1999).

　① 철(鐵)을 일상적으로 이르는 말.
　② 광물에서 나는 온갖 쇠붙이를 통틀어서 이르는 말.
　③ 열쇠
　④ 자물쇠
　⑤ '돈'을 속되게 이르는 말.
　⑥ '자석'을 속되게 이르는 말.
　⑦ 농악에서 쓰는 꽹과리나 징.

"쇠"는 이렇게 금속, 특히 철(鐵)을 가리키는 말로, 이를 재료로 한 사물을 주로 나타낸다. "열쇠, 자물쇠, 돈, 금속 타악기"가 그것이다. "쇠"가 돈을 가리킴은 영어, 일어, 한어(漢語)에 공통된다. 금속 타악기를 의미하는 것도 한어(漢語)에 보인다. "금고(金鼓)"가 징과 북을 의미하는 것이 그것이다. 그러나 "쇠"가 "열쇠"와 "자물쇠"를 가리키는 것은 우리말만의 특징인 것 같다. "열쇠"와 "자물쇠"는 "쇠"라는 말에 좀 더 분화된 의미를 드러내기 위해 "열고", "잠그는" 속성을 나타내는 말이 덧붙여진 것이

다. 이들은 영어로 "iron", "gold"라거나, 일본어로 "かね(金)", "てつ(鐵)"라고는 하지 않는다. 한어의 경우도 각각 "yaoshi(鑰匙), suo(鎖)"라 하고 "jin(金)"이나 "tie(鐵)"라 하지 않는다. 이밖에 "쇠"가 "자석(磁石)"을 의미하는 것도 우리만의 표현인 것 같다. 이는 다른 경우처럼 합성어는 보여 주지 않는다. 그러나 "쇠를 보다"란 관용어가 쓰여 이의 용례를 확인해 준다. 이는 특별이 지관(地官)이 자석으로 묏자리의 향(向)을 보는 것을 의미한다.

"말머리 아이"의 유래

여러 가지 뜻을 나타내는 "쇠(鐵)"가 재료(材料)에 따른 명명이라면 "말머리 아이"란 시각(時刻)과 관련된 명명이라 할 수 있다. 속어(俗語)에 "속도위반"이란 말이 있다. 혼전(婚前)에 남녀관계를 가지는 것을 말한다. 이런 경우 결혼한 지 채 열 달이 되지 않아 아이를 낳는 경우가 있다. "말머리 아이"란 이런 상황 조금 전, 그러니까 결혼 한 뒤 곧 임신하여 낳은 아이를 말한다.

옛날에는 혼인 예식을 신부 집에서 했다. 신랑은 가마를 타고 문자 그대로 장인집인 "장가(丈家)"엘 갔다. 이때 신랑은 말을 타고 갔다. 결혼식을 치르고 신랑은 신부 집에서 며칠을 묵은 뒤 신부를 데리고 집으로 돌아온다. 이때 신부는 가마를 타고 "시집"을 왔다. "말머리 아이"란 이 신랑이 신부 집에 타고 간 "말 머리"에서 생긴 아이란 말이다. 곧 혼인하자마자 수태하여 낳은 아이가 "말머리 아이"다. 지난날 결혼을 "대사(大事)"라 한 것은 혼사가 후사(後嗣)를 잇는 의례였기 때문이다. 따라서 아이를 낳지 못하는 여인을 내치는 "무자거(無子去)"가 칠거지악(七去之惡) 가운데 들어가는 것은 당연했다. 이러한 사회적 여건이고 보니 결혼한 뒤 열 달이 되기 무섭게 떡두꺼비 같은 아들을 낳은 며느리는 복덩이라 귀염을 받았다.

"사복개천"과 "일진회 맥고모자"

거리낌 없이 상말을 마구 하는, 입이 더러운 사람을 "사복개천"이라 한다. 이는 성상(性狀)의 일치에서 붙여진 말이다. 본래 "사복개천"은 "사복시(司僕寺)-개천(開川)", 곧 사복시 앞에 흐르는 개천을 가리키는 말이었다.

사복시는 고려와 조선조의 관청으로 임금의 수레(乘輿), 말(馬匹), 목장(牧場) 등의 일을 맡아보던 기관이다. 이 기관은 태복시(太僕寺)라고도 하였는데, 조선시대에는 서울 광화문 근처에 있었다. 사복시는 주로 궁중의 말을 관장하였기 때문에 그 근처는 언제나 말똥으로 더럽혀져 있었고, 개천에는 말똥이 어지럽게 떠다녀 더러웠다. 그래서 "사복-개천"은 "사복시 앞의 개천"이란 지시적(指示的) 의미와는 달리 더러운 곳이란 비유적 의미를 지녔다. 이는 청계천(淸溪川)이 복개되기 전에 서울 시내의 온갖 하수가 흘러들어 "더러움"의 대명사였던 것과 같다. 이렇게 오예(汚穢)의 대명사였던 "사복개천"은 뒤에 "입이 걸기가 사복개천 같다"는 속담이 생겨나며, 비유적으로 거리낌 없이 상말을 마구 하는 사람을 가리키는 말이 되었다. "사복 물어미냐 지절거리기도 잘한다"는 속담도 이러한 건 입을 의미한다.

더럽고 추한 것을 나타내는 말에는 "사복개천"과 비슷한 성질의 것으로 "지저분하기는 오간수(五間水) 다리 밑"이란 속담도 있다. 오간수는 서울의 동대문과 수구문(水口門) 사이에 있던 성벽의 다리로, 다섯 개의 구멍이 나 있어, 이리로 흘러내려가던 개천을 말한다. 이 개천도 온 시내의 더럽고

지저분한 것이 흘러 내려가던 개천이다. 따라서 이 개천도 더럽다는 오명을 쓰게 되었다. 그래서 이 속담도 오늘날은 이러한 지시적인 의미가 변해 사람의 하는 짓이 더럽고 난잡함을 비유적으로 이르는 말이 되었다.

"거지발싸개"도 더럽고 추함을 나타내는 말이다. 이 말은 구조적으로 "거지"와 "발싸개"가 합성된 말이다. "거지"는 "걸(乞)-바지(사람)"가 변한 말로, 걸인(乞人)을 가리키는 말이다. 방언에 비슷한 말로 "걸바씨"가 있다. "발싸개"는 버선 대신 발을 싸는 헝겊을 말한다. 짚신 신고 감발한다는 "감발"이나, "발감개"도 이러한 것이다. 구걸하는 처지에 옷을 제대로 입었을 리 없다. 그러니 눈에 잘 띄지 않는 발은 오죽했으랴? 발을 감싼 헝겊이 지저분하고 더럽기 이를 데 없었을 것임은 쉽게 짐작된다. 여기서 더럽고 추한 것을 "거지발싸개"라 하게 된 것이다. "발싸개"는 "거지발싸개" 외에 또 "평양 병정의 발싸개"란 속담에도 보인다.

이밖에 "일진회(一進會)의 맥고모자(麥藁帽子)"도 지전분하고 더러운 것을 나타내는 속담이다. 일진회(一進會)는 구한말 매국적 친일 행동을 하던 단체이다. 일진회의 회원은 모두 단발을 하고 양복 차림을 하였으며, 맥고모자를 썼다. 따라서 일진회의 맥고모자란 일진회 회원을 비유한 제유(提喩)다. 이는 일본의 앞잡이 노릇 하는 사람을 가리켜, 그들이 더럽고 추한 사람이라 하여, 지저분하고 더러운 것을 나타내는 말로 의미가 바뀌게 된 것이다.

"철옹성"과 "금성탕지(金城湯池)"

난공불락의 성을 철옹성(鐵甕城)이라 한다. 그런데 이 철옹성은 보통명사가 아닌, 우리의 구체적인 성 이름, 고유명사였던 것으로 보인다. 그것은 중국어나, 일본어에는 이 말이 보이지 않는다는 것이 그 단적인 증거다.

철옹성은 '철옹산성(鐵甕山城)'에서 연유하는 것으로 보인다. 이는 평안남도 맹산군 지덕면과 함경남도 영흥군 횡천면 사이에 있는, 높이 1,085m의 철옹산에 축조된 것이다.

철옹성에 대해서는 이와 다른 설도 있다. 이는 평안북도 영변군 영변읍을 둘러싼 백마산성(白馬山城)으로, 이를 달리 부르는 말이 철옹성이라는 것이다(안옥규, 어원사전, 동북조선민족교육출판사, 1989). 백마산성은 내성(舊城)과 외성(新城)으로 되어 있는데, 전해지는 이야기로는 옛성은 강감찬 장군이 쌓았고, 새성은 임경업 장군이 쌓았다고 한다. 임경업 장군은 옛성이 작아 어떻게 확장하면 좋을까 걱정을 하고 있었다. 그러던 차에 꿈에 백마(白馬)가 나타나 증축할 성의 지리를 알려 주어 그대로 성을 쌓았다. 그것이 지금의 외성인 백마산성이란 것이다. 그리고 이 성을 철옹성으로 부르게 된 것은 그 성이 물샐 틈 없는 성이라는 뜻에서 "철(鐵)"자를 붙이고, 그 생긴 모양이 독과 같다고 하여 "옹(甕)"자를 붙였다는 것이다. 이러한 "철옹성"이 오늘날은 난공불락의 성이라는 비유적 의미를 지니게 된 것이다.

난공불락의 철옹성을 한어(漢語)로는 "금성탕지(金城湯池)"라 한다. 이는 한서(漢書)에 나오는 말로, 금으로 세운 성과 뜨거운 물로 가득 채운 해자(垓字)라는 뜻이다. 달리는 동장철벽(銅墻鐵壁)이라 한다. 구리로 된 담장과 쇠로 만든 벽이란 말이다. 일본어에서는 "금성철벽(金城鐵壁)", 또는 "금성탕지"라 한다. 이들 한자어는 우리도 원용하고 있는 것이다.

(우리길벗, 2007년 7월호)

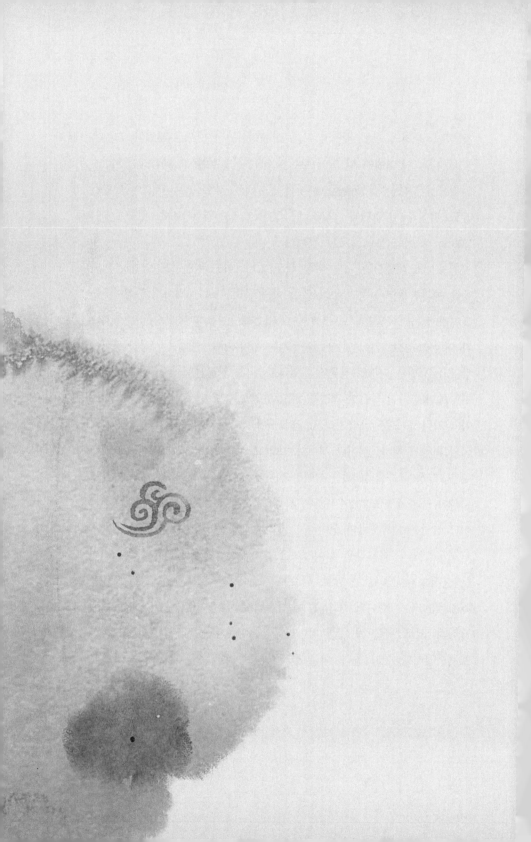

제4부

우리 언어문화 교육, 미래로의 산책

Ⅰ. 언어와 문화의 교육

그간 소홀했던 언어문화 교육/ 우리 언어현실과 21세기의 좌표/
바람직한 오늘의 호칭어/ 국어순화를 다시 생각한다/
변화의 물결과 한자교육/ 고속 정보화시대의 국어 진흥책

그간 소홀했던 언어문화 교육

오늘날의 외국어 교수법(敎授法)으로는 의사소통법(communicative approach)
이 환영을 받고 있다. 그런데 근자에는 이것만으로는 부족하고 여기에
문화교육(文化敎育)이 수반되어야 하는 것으로 본다. 외국어교육에 문화
교육은 필수적이라는 것이다. 그도 그럴 것이 언어(言語)는 그 자체가
문화(文化)요, 문화를 반영하는 것으로, 문화를 모르고는 말을 할 수 없
기 때문이다.

문화교육(文化敎育)은 외국어교육에만 필요한 것이 아니다. 자국어(自國
語) 교육에도 필요하다. 다만 그 중요성을 제대로 의식하지 못 했을 뿐
이다. 제7차 교육과정에는 다행히 이 "문화"라는 말이 보인다. 국어과
(國語科)의 성격이 "국어문화 창달에 이바지 하려는 뜻을 세우기 위한
교과"라거나, "국어문화를 바르게 이해하고 존중하며 사랑하는 태도를
길러 성숙한 문화시민으로서의 역할을 다하도록"한다는 것이 그것이
다. 그러나 국어교육(國語敎育)에서의 문화교육은 이런 교육만으로는 부
족하다. 자국어(自國語)의 교육도 국어사용 능력을 기르는 데 목표가 있
는 것이고 보면 언어 사용, 의사소통(意思疏通)에 기여하는 문화교육이
꾀해져야 한다. 달리 말하면 언어문화(言語文化) 교육이 수행되어야 한다.

언제 어떤 말을 해야 하고, 언어예절(言語禮節)을 어떻게 지켜야 하는지 교육을 해야 한다. 할 말과 안 할 말을 구별하고, 말을 할 때와 하지 말 아야 할 때를 분간해야 한다. "오만과 독선", "막말"을 한다 하여 시빗 거리가 되고 있는 대통령의 말은 우리 언어문화에 부합하지 않기 때문 에 논난의 대상이 되고 있는 것이다.

말은 화자(話者), 청자(聽者), 메시지, 장면(場面) 등에 따라 달라진다. 그 리고 이것은 문화에 따라 차이를 보인다. 서양 사람들은 별것도 아닌 음식을 대접하며 자랑을 늘어놓는다. 우리는 상다리가 부러지게 차리 고도 무슨 죄나 지은 듯이 "차린 것이 별로 없다"고 한다. 이것이 우리 언어문화다. 이 말을 바꾸어 하게 되면 언어 문화를 제대로 지키지 않 으면 대접을 하고도 욕을 먹게 된다. 따라서 국어교육에서는 적어도 호 칭(呼稱)과 지칭(指稱), 대우법(待遇法) 그리고 장면 의존(場面依存), 문화변용 규칙(文化變容規則)과 같은 언어문화가 교육의 대상이 되어야 한다. 장면 의존이란 우리말이 고맥락(高脈絡) 문화에 속하므로, 말을 할 때 명확한 표현을 지향하기보다 생략할 것은 생략하며 장면에 의존하는 것이 바 람직하다는 것이다. 문화변용규칙이란 우리 문화의 특성을 언어에 반 영토록 하는 것이다. 앞에서 "차린 것이 없다"고 한 겸양의 표현과 같 이 겸손지향(謙遜志向)의 표현을 하거나, 정형적인 표현을 하는 형식지향 (形式志向)의 표현도 할 수 있도록 하는 것 따위가 그것이다.

"국어기본법"에서도 다행히 국어가 "민족 제일의 문화유산"이라며, 국어가 "문화창조의 원동력"임을 강조하고 있다. 그간 소홀했던 언어 문화 교육의 강화를 촉구한다.

(어문생활, 2005)

우리 언어현실과 21세기의 좌표

우리말은 우리 민족 문화의 반영체다. 이는 민족을 결속시키는 거멀 못이며, 사회의 구성원을 협동하게 하는 유대이다.

역사적으로 볼 때 우리의 음성언어는 부단히 한어(漢語)의 외압을 받았다. 그리하여 많은 한자어가 유입되었다. 그러나 우리말이 중국어 또는 한문 구조로 대치되거나, 바뀌는 수모를 겪지 않고 주체성을 지켜 왔다. 이에 대해 문자언어는 15세기에 와서 비로소 한글이란 독자적인 문자를 가지게 되었다. 한글의 창제는 한자문화권에서의 탈출을 의미하는 것으로 문화적인 독립, 주체성의 확립을 의미한다. 그러나 한글은 '국문'의 지위를 제대로 확보 받지 못하다가 근자에 와서 겨우 성취하였다.

이러한 우리말은 오늘날 오염과 혼란이 자못 심해 우려의 목소리가 높다. 그렇다면 이러한 현상은 어떻게 극복되어야 할 것인가? 21세기의 우리말의 모습은 어떠해야 할까? 여기서는 이러한 우리말의 현실과 21세기의 좌표에 대해 생각해 보기로 한다.

언어의 현실과 효과적 사용

언어 기능에 따른 효과적 언어 사용

언어는 사람들로 하여금 서로를 이해하고 신뢰하고 협동하게 한다. 그러나 이것이 전부는 아니다. 언어로 말미암아 시기와 반목·충돌도 생긴다. 선량들의 저질 발언이나, 시정의 입씨름이 이런 것이다. '혀 밑에 죽을 말 있다'는 속담도 이런 경우를 가리키는 말이다. 따라서 언어는 그 기능을 바로 알고 사용여야 한다.

언어의 기능은 흔히 통달적(通達的) 기능과 정서적(情緒的) 기능으로 나눈다. 통달적 기능이란 지시하거나 지적하는 것으로, 지적인 것이다. '이것은 책이다', '너는 가거라'와 같은 것이 그 예이다. 이에 대해 정서적 기능은 감정이나 태도를 환기하고사 하는 것이다. '꽃이 아름답다', '그녀는 사랑스럽다'와 같은 것이 그 예이다. 달밤에 '달도 밝군요!'란 여인의 말에 '보름달이니까 밝지'라고 응수하는 남자와 같이 언어 기능에 혼란이 빚어지는 어리석음을 범해서는 안 된다.

통달적 표현은 무엇보다 사물세계에 부합하는 표현을 하여야 한다. 이는 사실 제일주의, 검증 제일주의의 사고에 의한 표현을 하라는 말이다. 그러기 위해서는 높은 추상(抽象)을 하지 말고, 사물에 부합하는 구체적 표현을 하여야 한다. 이러한 표현의 대표적인 것이 과학의 언어이다. 그런데 우리는 사실에 의한 표현을 하기보다 높은 추상의 표현을 즐겨 한다. 그렇게 되면 객관적인 정보 전달은 불가능해진다. 한때 '국어 사랑 나라 사랑'이란 표어가 있었거니와 '국어를 사랑하자' 할 것을 '나라를 사랑하자'고 하면 의사소통이 제대로 되겠는가? 통달적 표현은 보고의 언어를 사용하여야 한다. 그리고 흑백논리와 같은 과치적(寡値的) 사고 아닌, 다치적(多値的) 사고를 하여야 한다.

정서적 표현은 지적 논리 아닌, 정적 논리에 의해 상대방을 감동 시키고자 하는 것이다. 언어활동은 본래 하나의 반작용, 즉 감화의 결과로서 일어나는 행동을 기대하고 이루어진다. 따라서 언어의 정서적 기능은 언어의 핵심적 기능이라 할 것으로 애용되어야 할 기능이다. 이러한 언어 기능은 일반화(一般化), 편향적 강조, 단정, 이치적 표현, 전기호적(前記號的) 언어 등에 의해 드러난다. 전기호적 언어에는 인사말이나 의례사(儀禮辭), 외교사령과 같은 것이 있다. 우리는 이런 언어 사용에 인색하다. 정서적 표현, 특히 '고맙습니다', '미안합니다'와 같은 인사말이 앞으로는 입에 배게 하여야 하겠다. 그래야 우리 사회는 이해와 신뢰가 깃든 친화적인 사회가 된다.

언어 규범에 따른 바른 언어 사용

언어는 사회적인 계약에 의해 형성된 기호다. 따라서 이 계약은 지켜져야 한다. 그렇지 않으면 언어는 기호로서의 구실을 할 수 없게 된다.

우리에게는 '한글 맞춤법', '표준어 규정', '외래어 표기법', '로마자 표기법'이란 4대 어문 규정이 있다. 이러한 어문 규정은 국가적 규범이다. 교통법규를 잘 지켜야 안전운행이 가능하듯, 이들이 잘 지켜져야 원만한 언어 생활이 가능하다. 그런데 우리 언어현실은 그렇지 못한 점이 많다. 이들의 문제를 몇 가지 살펴보면 다음과 같다(괄호 안이 바른 것임).

맞춤법상의 문제

'그럼으로(그러므로), 깨끗히(깨끗이), 먹을께(먹을게), 세살박이(세살배기), 어서 오십시요(오십시오), 예식 치뤄(치러), 찌게백반(찌개), 햅쌀 선뵈(선뵈)'

개정된 규정, 어원을 밝히는 문제, 발음의 혼란, 문법 관련 문제 등에 혼란이 빚어져 맞춤법에 벗어난 표기가 많이 쓰인다.

표준어 규정상의 문제

언어 현실에는 표준어 아닌 사투리가 많이 쓰인다. 이러한 것에는 전통적 옛 형태를 고수하여 잘못 쓰는 것과 개신형을 제대로 몰라 잘못 쓰는 것, 특정한 이형태에 혼란이 이는 것 따위가 있다.

* 뒤안(뒤꼍), 부비다(비비다), 쉬흔(쉰), 이쁘다(예쁘다), 줏다(줍다)
* 계자(겨자), 담다(담그다), 바램(바람), 시지부지(흐지부지), 이면수(임
  연수어)
* 검지(집게손가락), 까치(개비), 틀리다(다르다), 메꾸다(메우다), 한참
  때(한창때)

표준발음법에 어긋난 것도 많다. 특히 음의 장단 문제는 심각하다.

* 감상(鑑賞)[감 : 상], 게[개], 공권력[공꿜력], 둔갑[둥갑], 들녘에
  [들녀게], 읽지[일찌]

외래어 표기법상의 문제

외래어 표기법이 외래어 아닌, 외국어의 음소 표기법 같이 되어 오용이 심하다. 외래어는 외국어 아닌 국어로 다루어야 많은 오용 표기에서 벗어날 수 있다. 그런데 현실은 그 반대다.

까스(가스), 빳데리(배터리), 써비스(서비스), 악세사리(액세서리), 초코렛(초콜릿), 테레비죤(텔레비전), 푸러스(플러스)

로마자 표기법상의 문제

로마자 표기는 발음위주냐, 표기위주냐로 혼란이 인다. 선릉(宣陵)을 [soenlong]으로 하느냐, [seollong]으로 하느냐가 그것이다. 그런데 머큔-라이샤워안을 따른 종래의 표기법이 금년에 또 바뀌어 더 혼란이 일지 않을까 염려된다.

문법상의 문제

명문화된 규정 외에 관습적 규범이라 할 문법상의 오용도 심하다.
'건강하십시오(건강하시기 바랍니다), 소개시켜(소개해) 주마, 잘 있거라(있어라), 상위 그룹을 휩쓸 전망입니다(휩쓸 것으로 전망됩니다)'
이들은 활용, 호응 등에 문제가 있는 것이다.

기타 외래어, 통신언어의 문제

규범상의 오용과는 달리 혼란의 문제라 할 것으로 외래어의 남용과 인터넷 또는 PC통신에서 사용되는 신어 및 신용법(발음, 표기 및 활용) 등을 들 수 있다. 외래어의 유입은 통제하고, 사용은 자제하여야 한다. 우리말에 없는, 꼭 필요한 것만 들여올 것이며, 그것도 번역차용할 것이다. 일본의 근대화 과정에서 홀란드어를 적극 번역 차용한 것은 우리가 교훈으로 삼을 일이다. 통신언어는 은어적 성격이 강한 것이다. 이는 일반화되기에 문제가 있다. 따라서 이는 일시적으로 특정 장소에서만 사용되는 현상으로 그리 문제될 것은 없을 것이다. 다만 통신 아닌 일상에서의 사용은 자제해야 한다.

남북한의 언어 통일

남북한이 분단된 지 반세기가 지났다. 그리하여 남북의 언어는 의사소통이 안 될 정도는 아니나 발음, 어휘, 문법, 표기법 등에 상당한 차이를 드러내고 있다. 이러한 차이는 자연적 변화라기보다 인위적인 기준에 의해 빚어진 차이가 크다고 하겠다. 우선 남쪽의 표준어와 북쪽 문화어의 기준이 다르고, 맞춤법이 다르며, 다듬은 말에서 차이를 보인다는 것이 그것이다.

발음상의 가장 큰 차이는 '녀자(女子), 락원(樂園)'과 같은 두음법칙의 적용 여부이며, 어휘상의 차이는 이념 제도를 나타내는 말과 어휘사정에 의해 큰 차이를 보인다는 것이다. 맞춤법은 발음의 경우와 같이 두음법칙의 적용 여부와 사이시옷의 사용 여부가 큰 차이가 난다.

남북한 언어의 통일은 민족의 동질성 회복을 위해 필요하다. 그리고 같은 민족이 다른 규범에 따라 언어생활을 한다는 것은 생각할 수 없는 일이다. 더구나 한국어를 국제화함에도 규범이 달라서는 안 된다.

남북한의 언어 통일을 위해서는 1933년의 「한글맞춤법 통일안」의 정신으로 돌아가는 것이 가장 바람직하다. 어휘는 남북의 어휘를 다 같이 사용함으로 적자생존의 원칙에 맡기는 것이 좋다.

한국어의 국제화와 현대화

최근에 들어와서 외국어로서의 한국어 교육이 활발해졌다. 그리하여 오늘날 약 50개국, 300개 내외의 대학 및 연구 기관에서 한국어가 가르쳐지고 있다. 이러한 한국어의 국제화는 강화해야 할 정책이다. 한국어를 학습하는 외국인은 한국, 한국인과 우호적인 관계를 가지게 되며, 문화교류의 역군이 되기 때문이다. 이러한 한국어 교육은 산업 발전, 교역 확대에도 기여할 것이다. 근자에는 실용과 실리를 내세워 영어의 공용어론이 제기되기도 한다. 이러한 공용어론의 근거는 한국어의 국제화로 보다 쉽게 해결될 것이다.

새로운 세기를 맞아 한국어의 현대화도 필요하다. 컴퓨터 등의 발달로 언어생활은 점점 기계화하고 있다. 자동번역기의 개발, 기계언어의 사용, 문장 교열, 자료 검색 같은 것이 이러한 것이다. 앞으로 선진대열과 어깨를 나란히 하기 위해서는 언어 때문에 불이익을 받는 일이 있어선 안 되겠다. 그러기 위해서는 언어의 기계화 작업이 잘 꾀해져야 한다. 이때 자연언어에 대한 통제도 필요할 것이고, 언어 규범의 정비도 수행되어야 할 것이다.

지금까지 우리 언어 현실을 중심으로 다가올 21세기의 우리 언어 문제를 생각해 보았다. 우리는 다행스럽게 단일민족이어 언어분쟁이 없

다. 다만 문제가 되는 것은 언어의 오염과 혼란이다. 이러한 것은 폐쇄
정책에 의해 통일의 길로 나가야 한다. 그리고 원만한 언어생활을 위해
서는 순화작업을 강화해야 한다. 영국이 노르만 정복 이후 비참했던 언
어현실을 털고 일어선 것, 독일이 불어에 대한 동경에서 벗어나 순화된
독일어를 형성한 것을 우리는 좋은 교훈으로 삼아야 한다. 그리고 세계
15위 내외의 큰 언어인 한국어를 사용하는 우리 민족은 약소민족이란
주눅에서 벗어나 세계를 향해 발걸음을 힘차게 내디뎌야 한다.

(간행물 윤리위원회)

바람직한 오늘의 호칭어

서언

국어교육이란 바람직한 언어생활을 하게 하기 위한 것이다. 이를 위해서는 우선 호칭과 존대어를 제대로 사용해야 한다. 우리말은 누구에게나 다 같은 말을 사용할 수 있는, 평등한 언어가 아니요, 상대방에 따라 존대를 달리해야 하는 계급적인 언어다. 그러기에 우리는 말을 하기 전에 상대방에 어떤 말을 사용해야 할지 우선 화계(話階)를 재 보아야 한다. 말하기 전에 사람을 재 보아야만 한다. 그래서 가늠이 되면 호칭이 결정되고, 이에 따라 존대어가 결정된다.

국립국어연구원과 조선일보가 공동으로 1990년 10월부터 1년 2개월에 걸쳐 화법표준화를 위한 좌담회를 하며 호칭에 대한 표준안을 마련한 적이 있다. 다양하고 혼란스러운 호칭, 경우에 따라서는 무엇이라 해야 할지 가늠이 안 되는 호칭을 정리하여 언어생활을 원활하게 하자는 취지에서였다. 여기서 논의된 것은 '우리말의 예절'(조선일보, 1991)이라는 단행본으로 간행되었다.

우리 사회는 그간 폐쇄사회에서 개방사회로 많이 발전하였다. 그래서 서로 교류하고 대화할 기회가 많아졌다. 그리고 우리의 가정은 대가족 제도에서 핵가족 제도로 바뀌며 가족 간의 호칭도 잊어 제대로 사용하지 못하게 되었다. 이에 작게는 가정, 나아가서는 사회에서 언어생활에 불편을 느끼게 되었다. 이에 여기서는 원만한 언어생활을 할 수 있게 하기 위해 바람직한 호칭어를 살펴보기로 한다. 이 글에서는 주로 가족 간의 호칭어를 살펴보고, 약간의 일반적인 호칭어도 살펴보기로 한다. 이러한 호칭어에 대한 표준화는 외국어로서의 한국어 교수를 위해서도 필요하고 유익한 작업이 될 것이다. '바람직한 호칭어'는 호칭어에 대한 상기 '표준안'을 바탕으로 하되, 필자의 견해를 여기에 가미하게 될 것이다.

호칭은 친인척 간의 호칭과 일반 호칭으로 나누어 살펴보기로 한다.

친인척간의 호칭

친인척 간의 호칭은 부모와 자녀간의 호칭, 부부의 호칭, 동기와 배우자 간의 호칭, 숙질 간의 호칭, 사돈 사이의 호칭으로 나누어 보기로 한다.

부모와 자녀간의 호칭

부모와 자녀의 개념도 많이 바뀌었다. 생부 생모 외에 시부모만이 아니라, 장인 장모도 아버지, 어머니라 하게 되었고, 사위도 친자식처럼 대하는 사회가 되었기 때문이다. 따라서 여기서는 이들을 다 함께

다루기로 한다. 그렇게 되면 이들에 대한 바람직한 호칭은 다음과 같이
할 수 있다.

> (가) 부모·자녀의 호칭
>> ① 어릴 때 : 어머니(엄마), 아버지(아빠)
>> ② 성장 후 : 어머니, 아버지
>> ③ 미혼 자녀 : ○○(이름)
>> ④ 기혼 자녀 : (○○)아비(아범), ○○어미(어멈), ○○(이름)
> (나) 시부모·자부의 호칭
>> ① 시부모 : 아버님 ; 어머님, 어머니
>> ② 며느리 : 얘야, 새아기, 아가, (○○)어미(어멈), 너
>
> (다) 처부모와 사위의 호칭
>> ① 장인·장모 : 장인어른, 아버님 ; 장모님, 어머님
>> ② 사위 : ○(성씨) 서방, 여보게

시부모는 존경하는 의미에서 전통적으로 접사 '님'을 붙여 불렀다.
오늘날은 시부모와 며느리가 친근한 경우가 많아, '아버지, 어머니'라
부르기도 하나 일반화하기는 아직 껄끄러운 것 같다. 사위의 경우도 장
인 장모를 '아버님, 어머님'이라 부르는 것은 가능하나, '아버지, 어머니'
로 부르는 것은 아직 시기상조인 것 같다. 이에 대해 자식들이 자기 부
모를 '아버님, 어머님'이라 부르는 것은 바람직한 언어예절이 아니다.
방송에서까지 자주 쓰이는데 이는 바로잡혀야 한다. 성인이 자기 부모
를 '아빠, 엄마'라 부르는 것도 바람직한 것이 못 된다.

부부의 호칭

가족 호칭 가운데 가장 혼란이 빚어지는 것이 부부간의 호칭이다. 바람직한 호칭으로는 다음과 같은 것을 들 수 있을 것이다.

	남편의 호칭어	아내의 호칭어
① 신혼 초	여보, ○○씨, (여봐요)	여보, ○○씨, 여봐요
② 아이가 있을 때	여보, ○○ 아버지, ○○ 아빠	여보, ○○ 엄마, ○○ 어머니
③ 장·노년 때	여보, 영감, ○○ 아버지 ○○ 아빠, ○○ 할아버지	여보, 임자, ○○ 어머니 ○○ 엄마, ○○ 할머니

한때 '자기야'가 유행하였고, 남편을 '오빠', 또는 '아빠'라 부르는 경우는 오늘날도 많이 볼 수 있다. '오빠'는 연애 시절의 호칭으로 결혼 후에는 삼가는 것이 좋다. 남매가 결혼해 사는 것으로 오해할 것이다. '아빠'의 경우는 아이가 있는 경우 부르게 되는데, 이는 '○○ 아빠'라 하도록 해야 한다. 그렇지 않으면 아버지와 남편을 혼동하게 되는 경우까지 발생할 수 있다. 방언에서 남편을 '아저씨'라 지칭하는 경우가 있는데 이 경우는 '남편'이라 하는 것이 좋다. 젊은 여인들이 남편을 '신랑'이라 하는 경우도 바람직하지 않다. 대부분 '신랑(新郎)'이 아닌 경우이고, 이와 상대적인 경우 남자들은 아무도 자기 부인을 '신부(新婦)'라고 하지 않는다는 면에서도 그렇다.

동기와 배우자 간의 호칭

핵가족 생활의 결과 동기와 배우자간의 호칭을 많이 잊어버리게 되었다. 그리하여 무어라 불러야 하는지 몰라 당황해 하거나 어물거리는 경우가 많다. 이는 다음과 같이 경우에 따라 달리 호칭한다.

(가) 동기와 배우자의 호칭

① 男 :

형	형의 아내	남동생	남동생 아내	누나	누나 남편	여동생	여동생 남편
형	아주머님	○○(이름)	제수(씨)	누나	매부	○○(이름)	매부
형님	형수님	아우, 동생	계수(씨)	누님	매형	동생	○서방

② 女 :

오빠	오빠 아내	남동생	남동생 아내	언니	언니 남편	여동생	여동생 남편
오빠	(새)언니	○○(이름)	올케	언니	형부	○○(이름)	○서방(님)
오라버니(님)		동생				동생	

(나) 남편의 동기와 배우자의 호칭

남편의 형·아내		남편의 아우·아내		남편의 누나·남편		남편의 누이· 남편	
아주버님	형님	도련님(○째 도련님)	동서	형님	아주버님	아가씨	서방님
		서방님(○째 서방님)		서방님		아기씨	

(다) 아내의 동기와 그 배우자의 호칭

아내 오빠·부인		아내 남동생·부인		아내 언니·남편		아내 여동생·남편	
형님	아주머니	처남	처남의 댁	처형	형님	처제	동서
처남(연하)		○○(이름)			동서(연하)		○서방

숙질간의 호칭

숙질간의 관계는 부모와 자기와의 관계와 자기와 조카 간의 두 가지가 있다. 이는 항렬에 따라 달리 호칭하게 된다.

父의 兄·부인	父의 弟·부인	父의 자매·남편	母 男형제·부인	母의 자매·남편
큰아버지	미혼-삼촌, 아저씨 기혼-작은 아버지	고모, 아주머니	외삼촌, 아저씨	이모, 아주머니
큰어머니	작은 어머니	고모부, 아저씨	외숙모, 아주머니	이모부, 아저씨

남자 조카	조카의 아내	여자 조카	조카사위
미성년-○○(이름) 성년-조카	아가, 새아가 ○○ 어미, ○○ 어멈	미성년-○○(이름) 성년-조카, ○○ 어미	○ 서방 ○○ 아비
○○ 아비, ○○ 아범	질부, 생질부	○○ 어멈	○○ 아범

사돈 사이의 호칭

전통적으로는 부계사회였기 때문에 인척(姻戚)과는 그리 많은 접촉을 하지 않았다. 그러나 현대로 접어들며 여권이 신장되고, 여성의 발언권이 강해지며 인척과의 접촉이 많아지게 되었다. 따라서 이들의 호칭이 오늘날에는 어려운 문제로 부각되고 있다. 이들의 바람직한 호칭은 다음과 같이 할 수 있다.

(가) 같은 항렬의 경우

	며느리와 사위의 부모 및 삼촌 항렬			
	남:남	남:여	여:여	여:남
① 호칭어 및	사돈어른	사부인	사부인	사돈어른(밭사돈)
당사자에게 :	사돈		사돈	
	부모 : 사돈	사부인	사부인	사돈어른(밭사돈)
② 자기쪽	○○(외)할아버지	○○(외)할머니	○○(외)할머니	○○(외)할아버지
사람에게 :	삼촌 : 사돈	사부인	삼촌 : 사부인	사돈어른
	[관계말]	[관계말]	[관계말]	[관계말]
	부모 : 사돈어른	사부인	사부인	사돈어른
	사돈	[관계말]		
③ 사돈쪽	○○(외)할아버지		○○(외)할머니	○○(외)할아버지
사람에게 :	삼촌 : 사돈어른		삼촌 : 사부인	
	사돈	[관계말]	[관계말]	[관계말]

	동기 배우자(형수, 올케 등)의 동기 및 그 배우자	
④ 호칭어	사돈, 사돈도령	사돈, 사돈처녀
(및 당사자에게 지칭) :	사돈총각	사돈아가씨
⑤ 당사자 이외의	사돈, 사돈도령	사돈, 사돈처녀
사람에게 :	사돈총각, [관계말]	아가씨, [관계말]

(나) 위의 항렬

	며느리 사위의 조부모, 동기 배우자(형수, 올케 등)의 부모
① 호칭어	
(및 당사자에게 지칭) :	사장 어른
② 당사자 이외의	
사람에게 :	사장어른, [관계말]

（다）아래의 항렬

	며느리 사위의 동기 및 조카, 동기 배우재(형수, 올케 등)의 조카	
① 호칭어	사돈, 사돈도령	사돈, 사돈처녀
（및 당사자에게 지칭）:	사돈총각	사돈아가씨
② 당사자 이외의	사돈, 사돈도령	사돈, 사돈처녀
사람에게 :	사돈총각, [관계말]	사돈아가씨, [관계말]

일반 호칭

사회생활을 하게 되면 불특정 다수의 사람을 만나게 되고 이들과 대화를 하게 된다. 이때 상대방을 부르고 대답하게 마련이다. 그런데 이때 상대방을 아는 경우라면 성명, 또는 성명에 접사를 붙여 부르거나, 직함을 부를 수 있다. 여자의 경우는 택호를 부를 수도 있다. 그런데 그렇지 못한 경우는 '여보'와 같이 감탄사형의 호칭을 하는 경우 외에는 부를 방법이 마땅치 않아 난처한 경우가 많다. 한국어의 경우는 이런 경우 감탄사형, 성명형, 신분명 외에, 친족어 대용형, 대명사형, 명사형, 택호형, 외래어형 등이 있다. 성명형에는 이름을 부르는 것 외에 여기에 접사를 붙이는 것이 있다. 한국어에는 이것이 발달되어 있다. '○○님, ○○씨, ○○양, ○○군, ○○공(公), ○○여사, ○○선생, ○서방' 외에, 성씨나 이름 아래 '총각·도령, 소저·낭자, 처녀·처자, 아가씨·아씨, 학생' 등을 붙이는 경우가 그것이다. 친족어 대용형은 일반인에 대한 호칭으로, '할아버지, 할머니, 아저씨, 아주머니' 따위를 사용하는 것이다. 요사이 식당 등에서는 '언니, 고모'가 많이 쓰이는 것을 볼 수 있다. 대명사형은 '어르신, 여러분, 형씨, 임자'와 같은 말을 사용하는 것이다. 명사형은 '마나님, 마님, 사모님, 부인' 외에 '아기씨, 아가씨, 색시' 등 젊은 여인의 호칭, '선생(님), 사

장(님)’ 등 남자의 호칭, 이밖에 ‘어른, 어르신’, ‘젊은이, 젊은 양반’ 등이
쓰이는 것이 그것이다. 택호형은 시집온 지명에 따라 ‘○○댁’이라 하거
나, 남편의 벼슬에 따라 ‘○○댁’이라고 여인을 부르는 것이다. 외래어형
은 ‘미스터 김, 미스 리, 마담, 마드모아젤, 유’와 같이 부르는 것이다.

우리의 경우는 앞에서 언급한 바와 같이 사회적인 계급에 따라 말을
구분하여 사용하여야 하기 때문에 여기 어울리는 호칭을 사용해야 한
다. 그렇지 않으면 않으면 처음부터 대화가 안 되고, 커뮤니케이션이
안 된다. 심하면 시비를 하게 된다.

상대방을 아는 경우는 ‘○○님, ○○씨, ○○양, ○○군, ○○여사,
○○선생, ○○부인’이라 호칭할 수 있다. 그리고 성명에 관직을 붙이
거나, 관직에 접사를 붙여 부른다. 알지 못하는 불특정인의 호칭은 다
음과 같이 정리할 수 있을 것이다.

감탄사형 호칭어

① 여보형 : 여보, 여보세요, 여보시오, 여봐요, 여봐라, 여보게, 여보
　　　　　　시게, 여보십시오, 여기요, 저기요
② 이보오형 : 이보, 이봐, 이보게, 이보우, 이보시오, 이바
③ 이아이형 : 야, 얘
④ 어이형 : 어이

사회적인 일반 호칭

① 청소년층 남자 : 젊은이, 학생, 총각
　　　　　　여자 : 젊은이, 학생, 처녀, 아가씨
② 중·장년층 남자 : 아저씨, 선생님, 사장님, 형씨

여자 : 아주머니, 아주머님, 부인, ○여사

③ 노년층 남자 : 어르신, 영감님, 할아버지, 할아버님

여자 : 어르신, 할머니, 할머님

친족어형에서 '언니'는 수용할 수 있겠으나, '아버님, 어머님'은 곤란하다. 일본어 및 상업적 용어로 등장한 것이 방송에서도 많이 쓰이고 있는데, 삼가는 것이 좋겠다. 또 부인의 일반 호칭으로 '사모님'이라 하는 것도 바람직하지 않다. 또한 친족호칭인 '아가씨, 색시'는 기피하는 호칭이었으나, '아가씨'는 살려 쓰는 것이 바람직할 것이다. '아줌마'는 부녀자들이 기피하는 어휘이니 '아주머니'를 사용하는 것이 좋겠다. '아저씨'는 시대적인 변화에 따라 '선생님'을 거쳐 '사장님'으로 변모되고 있으나, 장면에 따라 써도 무방하다.

결어

한국어에 의한 언어생활에서 반드시 필요한 호칭어에 대해 살펴보았다. 호칭어는 시대에 따라 변화한다. 따라서 그 시대에 걸맞는 적당한 호칭어를 사용해야 하겠다. 그래야 언어생활이 매끄럽게 되고 대화가 자연스럽게 된다. 국어생활의 경우는 이 호칭을 장면에 어울리게 제대로 사용함으로 바람직한 언어생활을 할 것이고, 외국어로서의 한국어에 의한 언어생활을 원만히 하게 하기 위해서는 복잡한 한국어의 호칭어를 제대로 교육하여 바로 쓰도록 해야 할 것이다.

(2010. 4.)

국어순화를 다시 생각한다

국어순화의 의미와 필요성

국어순화란 효과적인 언어생활에 장애가 되는 국어의 제요소를 제거하는 것을 의미한다. 이는 흔히 순수하지 않은 외래 요소를 제거하는 純化(purification)와 비속한 말의 美化(beautification)로 나눈다. 그러나 이것은 협의의 순화요, 광의의 순화는 여기에 바르지 아니한 말을 표준어 및 정서법에 맞게 사용하게 하는 것까지 포함해야 할 것이다. 우리말에 들어와 있는 외래어를 몰아내고, 저속한 말을 배척하며, 규범에 맞는 바른 언어를 구사하도록 하는 것이다. 이는 곧 '바른 말, 고운 말'의 사용을 의미한다. 따라서 국어순화는 바르고 곱지 않은 발음·어휘·문법·의미·언어활동·정서법 등을 바람직한 것으로 고치는 것을 의미하게 된다. 이러한 순화는 언어 기호에 대한 순화와 언어활동의 순화라는 두 차원으로 나눌 수도 있다.

국어순화는 왜 하는가? 이의 필요성은 다음과 같은 것을 들 수 있다.

① 국어 정비와 원만한 의사소통 : 우선 우리말의 규범을 제대로 정

리하고, 이에 따라 원만한 의사소통을 하게 하기 위해 국어순화를 한다. 예를 들어 동사의 종결어미 '-냐?'의 문제, 관용어 아닌, 외국어의 음소 표기 등이 그 대상이 된다.

② 민족의 결속 및 국민 통합 : 국민 통합을 위해 언어의 통일이 필요하다. 고대에는 언어에 대해 개방주의 정책을 폈는데, 근대에 접어들어 '국어'라는 공용어를 정하고, 폐쇄주의 정책을 펴는 것이 이런 것이다.

③ 민족문화의 발전 : 언어를 민족문화의 색인이라 한다. 그럴 정도로 민족어와 민족문화는 불가분의 관계를 지닌다. 따라서 민족문화를 발전시키기 위해 국어순화를 해야 한다.

④ 사회정화 및 국민정서의 순화 : 언어를 순화하게 되면 사회를 정화하게 된다. 이 역도 진이다. 따라서 혼란스러운 사회와 거칠어진 국민정서를 순화하기 위해 언어 순화가 필요하다.

⑤ 주체성의 확립 : 언어는 그 사용자, 곧 개인이나 민족 국가를 반영하므로, 국어 아닌 다른 언어를 사용할 때에는 주체성을 상실하게 된다. 따라서 지구촌에서 한민족으로 살아남기 위해서는 국어를 잘 유지·보존·발전시켜야 한다.

각국의 국어순화 정책

외국의 국어순화 정책

고대에는 언어정책에 규제 아닌 방임정책을 폈다. 한 나라 안의 다양한 언어문자의 사용은 지배자의 권위를 나타내는 것으로, 자랑거리이기도 하였다. 그러나 근대국가들은 이와는 다른 정책을 폈다. 국민 통합을 위하여 국민 용어의 통일에 주안점을 둔 것이다. 근대에는 폐쇄 정책을 폈다.

영국(英國)은 1066년 노르만 정복(Norman Conquest) 이후 공용어는 프랑스어, 공용문장어는 라틴어가 사용되어 영어가 황폐화 하였다. 1362년에 국회가 영어로 개회되고, 법정의 영어 사용이 허용되는 법률이 제정되어 영어는 비로소 국어로 존립할 수 있게 되었다. 그 뒤 16세기 영어의 권위 고양시대를 배경으로 셰익스피어가 등장하고, 제임스 왕의 영역 성서가 완성되어 표준영어가 이루어졌고, '영어의 승리'를 꾀하게 되었다. 영국인의 이러한 자각과 영어의 권위 고양에 대한 노력이 없었다면 영어는 오늘날 국제어로 발전하지 못 하였을 것이며, 영국인은 영어에 대한 열등의식에서 벗어나지 못하였을 것이다.

이밖에 영어 순화운동으로는 순수주의자의 순화운동과 표준발음의 보급운동을 들 수 있다. 1913년 결성된 「순정영어협회(The Society for Pure English)」는 상당히 조심스럽고 실제적인 방법으로 영어의 순화를 꾀하였다. 표준발음의 보급운동은 사회계층과 밀접한 관련을 가지고 전개하였으며, 표준발음이 사회계급의 표지로 작용해 중대한 의미를 지니게 하였다. 시민들의 U-class(upper class) 지향적인 심리는 런던의 표준발음 교습학원의 성시를 이루게 하였다.

독일은 12세기경까지 통일된 독일어가 형성되지 못했다. 다른 민족에 비해 필요 이상 외래어를 사용하였으며, 12세기경 상류사회에서는 독일어 가운데 라틴어나 프랑스어를 섞어 쓰는 것이 유행하였다.

독일(獨逸)인 전체의 공통어가 형성된 것은 루터의 독일어 역 성서가 이루어진 뒤부터이다(1522년 新約, 1534년 舊約 완성). 그러나 프랑스의 부르봉 왕조의 전성기인 17, 18세기에 귀족들은 또다시 프랑스 문화를 동경하여 사생활에까지 프랑스어를 끌어들여 독일어가 하층의 사람이나 무학자의 언어라고까지 생각되는 시대가 한동안 계속되었다.

이러한 때에 북방의 프로테스탄트 지구의 무사들 사이에서 독일어를 지키려는 운동이 일어나 외국어 및 외래어를 배척하기 시작하였다. 그리고 '결실의 모임, 전나무의 성실한 모임, 독일적 지향의 조합…' 등 자생적인 국어순화 단체가 우후죽순처럼 탄생하였다. 1700년에는 독일어의 순수성을 지키려는 목적으로 프로이센 학술원을 설립하였고, 18세기에 라틴어로 꾀해지던 대학 강의가 독일어로 바뀌었다. 그러나 진정한 독일어의 통일은 1871년 독일 제국이 성립된 뒤에 이루어졌다. 이때 표준발음이 결정되고, 발음사전이 공간되었다. 1885년에는 '일반 독일어 협회(Der allgemeine Deutsche Sprachverein)'가 결성되어 정부의 지원 아래 독일어의 순화 통일, 표기법의 개선, 외래어의 배척, 방언의 박멸 등의 사업을 수행하였다. 이 협회는 뒤에 '독일 국어 협회'로 개칭되어, 표준 독일어를 국내에 보급하는 것만이 아니고, 전세계에 독일어를 확산하고자 하는 각종 사업을 전개하였다. 이러한 과정에서 레싱, 괴테, 실러와 같은 국민 작가가 활발한 문예 활동을 하였고, 학교와 신문이 주역이 되어 표준 독일어를 각 지역 사람들의 일상생활에 파고들게 하였다.

불어(佛語)는 13세기에 파리의 방언 프랑시앙이 표준어의 초석이 되었고, 18세기에 전국의 표준어가 되었다. 프랑스어의 대표적인 순화운동은 1539년 국왕 프랑스와 1세가 Villiers-Cotterets 법령을 선포한 데서 찾을 수 있다. 여기서는 라틴어로 행해지던 재판상의 기록을 불어로 작성하도록 규정하고, 불어를 국가 공용어로 선포하였다. 루이 13세 때 Academie가 창설되었는데, 이는 프랑스어를 정화하여 희랍어, 라틴어

의 수준까지 끌어올리고, 마침내는 세계어로까지 만들려는 데 설립 목
적을 두었다. 그 뒤 정부는 1739년 법령·공문서를 라틴어 아닌 프랑
스어로 쓰도록 하였고, 1970년 국민회의는 국내의 은어·속어·방언을
근절하고, 국민언어를 순량(純良)한 프랑스어 하나로 하려는 방침을 확
인하였다. 1976년 대통령은 순화운동을 법령으로 공포하여 일정 기간
뒤부터는 외래어를 사용하는 경우 벌금까지 부과하는 조치를 취하기도
하였다. 그 이래 역대 정부는 표준어 보급 및 속어 박멸에 크게 힘을
기울이고 있다.

한국의 국어순화 정책

우리나라는 일찍부터 한문의 영향을 받았고, 몽고어, 여진어 등의 외
래어의 영향을 받았지만 이들에 대해 별다른 조치도 취하지 않았다. 이
런 가운데 1443년 훈민정음(訓民正音)이 창제되어 이에 의한 각종 한문
서적과 불경이 번역된 것은 최초의 국어 글자에 대한 자각이요, 국어순
화라 할 것이다. 그러나 이러한 상황하에서도 사대부들은 최만리의 정
음 창제 반대 상소문에 보이듯 중국을 제대로 따르고 배우지 못하는
것을 부끄러워하고 두려워했다. 이런 상황 아래 본격적인 국어순화 정
책이 꾀해진 것은 선조(宣祖) 때 일본어에 대한 것이었다. 임란(壬亂) 때
염습된 왜어의 사용을 엄금한 것이 그것이다.

傳曰 都中小民 久陷賊中 不無染習倭語之理 各別掛榜痛禁 如或有倭語
者各里中 嚴加科正 毋使蠻夷讐賊之音 或雜語閭里之間
<선조대왕실록 권지43, 2>
命禁民間倭語 <선조대왕수정실록 권지27 계사>

그러나 그 뒤 약 300년 간은 별다른 국어순화 정책이 펼쳐지지 않았고, 1894년 공문서식을 개혁함으로써 한문위주에서 '國文爲本'을 삼게 되었다. 이는 언어정책사상 문자언어의 일대 혁신을 의미한다. 1910년 대에는 주시경(周時經)에 의해 한자어 축출이란 본격적인 순화운동이 꾀해졌고, 이는 뒤에 조선어학회의 활동으로 이어졌다. 조선어학회의 '한글맞춤법 통일안(1933)', '사정한 조선어 표준말 모음(1936)'은 문자와 언어의 통일에 기초를 마련하였으며, 한글학회의 '큰사전(1947-1957)'과 이윤재의 '표준 한글사전(1950)'은 표준어 정착에 기여하였다. 1948년 문교부의 '우리말 도로찾기'란 소책자의 간행은 일본어의 잔재를 일소하기 위한 본격적 순화사업이었다.

정부 차원의 본격적인 국어순화 정책은 1970년대에 들어와서 꾀해졌다. 1976년에 '국어순화운동 협의회'가 구성되고, 국어심의회에 '국어순화 분과위원회'가 신설되어 국어순화 사업이 본궤도에 오르게 된 것이다. 각 부처에서 상정된 자료는 심의를 거쳐 10여 권의 '국어순화 자료'집으로 간행되었다. 이와는 달리 총무처, 법제처, 과학기술처 등에서는 따로 용어를 순화하여 각각 '행정용어 순화편람', '법령용어 순화편람', '과학기술용어 용례집' 등의 순화 자료집을 간행하기도 하였다. 이때에 일반 및 민간단체와 언론계에 의해서도 순화운동이 활발히 전개되었다. 그러나 근자에 와서는 세계화의 바람이 불며 국어순화보다는 영어교육이 강조되고, 영어의 공용어화가 심심치 않게 공론화되는 사태에 접어들고 있다.

국어순화의 범위와 방법

국어순화의 범위

오늘날의 우리 국어를 보면 언어의 구조적인 면에서부터 언어활동이라는 운용면(運用面)에 이르기까지 많은 문제점을 안고 있다. 표준어의 형태는 차치하고, 발음이나 문장의 구조에서 그것의 적격 여부를 구분하지 못할 언어 현실이 많아진 것이 오늘의 현실이다.

매스컴 언어도 심각하게 고려해야 할 대상이다. 매스컴은 그의 엄청난 영향력과 교육적 기능을 고려할 때 이들의 혼란을 그대로 방치할수는 없다. 방송언어의 바르지 아니한 발음, 비표준어의 남용, 저속한 표현과, 신문의 비표준어의 사용 및 오철은 국어순화에 역행하는 것으로 순화해야 할 대표적 대상이다.

그러면 국어순화의 범위는 어디까지로 할 것인가? 국어순화에서 제기되는 대표적인 대상을 제시해 보면 다음과 같다.

첫째, 표준발음에서 벗어난 것을 순화한다.

이러한 것의 대표적인 것으로는 음의 장단과 양순음화와 연구개음화를 들 수 있다. 종래에는 이러한 것이 가정교육, 또는 사회교육을 통해 학습 아닌 습득을 통해 바로 이루어졌다. 오늘날은 이것이 되지 않는다. 양순음화와 연구개음화는 본인 스스로도 모르는 사이에 저질러지고 있다. 철저한 교육을 통해 순화해야 한다. 이밖에 경음화 현상, '애~에'의 혼란 등도 중요한 순화 대상이 된다.

둘째, 비표준어를 순화한다.

표준어가 아닌, 전통적인 고어 형태이거나, 새로운 변이형 및 복수

형태의 동의어에서 비표준어를 순화한다.

셋째, 외래어를 순화한다.

외래어가 모두 순화 대상이 되는 것은 아니다. 필요적 동기에 의해 차용된 것을 제외한 위세적 동기에 의한 차용어를 순화한다. 외래어도 어휘의 풍부화를 위해 필요하다.

넷째, 저속하거나, 난해한 어휘를 순화한다. '쓰레기 수거', 또는 '쓰레기 투기'에 있어 '수거'나 '투기' 따위는 순화해야 할 대상이다.

다섯째, 문법적인 오용을 순화한다. '스승의 은혜' 가사의 '참되거라, 바르거라'와 같은 활용, '비가 올 전망이다'와 같은 성분 호응 등이 그 대상이 된다.

여섯째, 화용상(話用上)의 오용을 순화한다. 구체적 언어 장면에서 화용상의 비문이 순화대상이 된다.

국어순화의 방법

국어순화의 방법은 여러 가지가 있을 수 있다. 여기서는 다음과 같은 10여 가지를 들기로 한다.

① langue의 순화와 langage의 순화를 한다.

순화는 구체적으로 수행되는 언어와 규범으로서의 언어를 다 대상으로 한다.

② 외래어는 가능한한 번역 차용을 한다. 차용은 다음과 같은 다양한 방법으로 이루어진다.

    (a) 표음차용(전체, 생략, 절단) : 이노베이션(innovation), 하우스(vinil house), 에키스(extract), 멘트(announcement)

(b) 음의역(音義譯) : 슈룹(聚笠), 갈(割) 維他命, 浪漫主義, 可口可樂, 백사가락(百事可樂)

(c) 번역차용(직역, 의역) : 수소가스(water-stof-gas), 혈맥(blood-ader), 一週日(week), 정성자(qualifier), 정량자(quamntifier)

(d) 동일문자 차용(한자어로의 차용) : 血과沙, 民草, 宅配, 日附印, 歐羅巴

③ 조어법에 맞는 순화를 한다. 단일어, 복합어, 합성어로 조어한다. '먹거리, 새터민' 따위는 바람직한 것이 못된다.

④ 의미호응이 제대로 되게 조어한다.

샛강, 봇물, 강간> 폭행> 성폭행, 무균질(not homogenized)

⑤ 고유어, 한자어, 혼종어 등 어종을 고려한다.

도우미, 쓰레기수거, 컴맹, 가에리>몸새/다트

⑥ 역사적 어휘를 참조한다.

(a) 당시 사용어 활용 : bill 어음, base molding of a wall 굽도리, public 御用, people 町人

(b) 전거가 있는 말의 새로운 의미에 전용 : 연역<중용>, 형이상 <역경>, 우주<장자>, 혁명<역경>, 문명<역경>, 기계<장자>

(c) 과거 용어 변형 : 홍범구주>범주, 경세제민>경제

(d) 번역어의 교환 : 중국>일본 : 電氣, 수학, 내각, 위임, 비평, 국회– 일본>중국 : 학술, 예술, 사상, 문화, 문명

(e) 단어 신조 : 신경, 인격, 지구, 위성, 중력, 대통령, 문민(文民)

⑦ 복수표준어의 수용을 확대한다.

단일 표준어를 고집하지 않는다. 안다–보듬다, 여물다–영글다

⑧ 어근(語根)의 자립을 인정한다.

갑갑, 개운, 거뜬, 꽤씸, 궁금 ; 끔찍, 넉넉 ; 극심, 급급, 대범,

분분, 분주, 성급

⑨ 관용적 표현을 심의 수용한다.

관건, 봇물, 진통, 한판승부, 휘파람-골이 터지다, 1승씩 올려, 넘보다, 버금가다

⑩ 은어, 비속어, 유행어는 가능한 배제한다.

통신언어는 (a) 의성어, 약어, 사투리, 표음적 표기, 어희 (b) 의미 호응 등을 고려 수용을 자제한다.

⑪ 남북한어의 이질화를 지양한다. 국어의 통일을 지향하여 가능한 한 순화작업을 할 때 이질화가 되지 않도록 한다.

    (a) 문화어-표준어 : 고다-떠들다, 날래-빨리, 마사지다-부서지다, 망돌-맷돌, 방칫돌-다듬잇돌, 배워주다-가르치다, 토장국-된장국

    (b) 북에서 다듬은말 : 거님길-유보도, 내굴쏘임-훈연, 독풀이약-해독제, 불탈성-가연성, 젖먹임칸-수유실, 가락지빵-도너스, 달린옷-원피스

    (c) 남북이 같은 다듬은 말 : 거름주기(시비), 고사리식물(양치식물), 먹이작물(사료작물), 물스밈성(투수성), 뿌리털(근모), 알림판(게시판)

결어-순화의 방향

국어순화는 우선 표준어는 교양의 표지이니, 이를 바로 써야 하겠다는 의식을 가지도록 해야 한다. 따라서 국어순화는 국민의 의식개혁부터 선행해야 한다. 그리고 구체적인 방향으로는 다음과 같은 것을 생각할 수 있다.

① 국어심의위원회를 상시 가동한다.

국어심의위원회에서는 언어의 동태를 상시 감시해 사전 조치를 취하도록 해야 한다. 'token(쇄표)'의 경우와 같이 사후 조치를 취하면 이는 아무 소용이 없다. 일단 언중의 노리에 박혀 놓으면 개정, 순화가 안 된다.

② 매스컴이 수범을 보이고, 계도하도록 해야 한다.

매스컴의 위력은 어마어마하다. 거기다가 이는 교육적 기능을 지니는 것이다. 따라서 수범을 보이고, 잘못된 것을 바로잡고 순화하는 작업을 계속하도록 하여야 한다.

특별히 연예 오락방송에서 시청자들의 관심을 끌기 위해 저속한 말이나, 유행어를 양산하는 일이 없도록 해야 한다.

③ 지식인의 자성이 있어야 한다.

지식인 내지 사회의 지도층은 일반 서민의 지향의 대상이다. 이들의 언어는 일번서민에게 직접 영향을 미친다. 따라서 지식인은 지도층답게 모범적 언어를 수행하도록 한다. 특히 외래어는 지식인에 의해 전파되는 것이니 이의 사용을 자중하도록 하여야 한다.

④ 표준어 사용을 인정하는 사회가 돼야 한다.

지난날에는 지역 방언 사용을 부끄러워하였다. 그런데 근자에는 그렇지 않다. 오히려 특정방언을 자랑스럽게 떠들어대는 경향까지 있다. 이러한 불신풍조는 퇴조돼야 한다. 표준어는 교양인의 언어이고, 교양인은 표준어 사용을 지향하다는 사회풍조가 정착하도록 해야 한다.

앞에서 영, 독, 불에서의 국어의 순화·통일 운동을 살펴보았고, 일본의 근대화 과정에서의 번역차용도 살펴보았다. 우리도 국어를 순화·통일함으로 문화민족으로 거듭나도록 해야 한다.

(특강, 국립국어연구원, 2000. 8. 30)

변화의 물결과 한자교육

각급 학교의 졸업 철이다. 그래서 꽃다발을 든 젊은이들의 환한 얼굴과 그들을 축하하는 부형과 친지들의 흐뭇한 표정을 여기저기서 보게 된다. 확실히 형설(螢雪)의 공(功)을 세운 이들은 축하 받아 마땅하다.

"눈물 없는 졸업식"이란 한 교사의 글을 읽었다. 졸업식의 분위기는 예나 이제나 엄숙하고 진지해야 한다. 그런데 오늘날은 오히려 덤덤하고 장난기로 얼룩져 있다. 사제지간(師弟之間)의 정이 흐르고 이별의 눈물바다를 이루었던 옛날의 졸업식 광경을 되찾았으면 좋겠다는 내용이었다. 많은 기성세대들이 이런 생각을 할 것이다. 이것이 전통적인 한국문화의 "변용규칙(變容規則)"이다. 세상은 끊임없이 변해 가는데 과거에 안주하려는 것이 우리 문화의 한 단면이다.

松本靑也는 그의 "日米 文化의 特質"에서 여덟 개의 문화변용규칙을 제시하고 있다. "겸손지향(謙遜指向)" 대 "대등지향(對等指向)", "집단지향(集團指向)" 대 "개인지향(個人指向)", "의존지향(依存指向)" 대 "자립지향(自立指向)", "형식지향(形式指向)" 대 "자유지향(自由指向)", "조화지향(調和指向)" 대 "주장지향(主張指向)", "자연지향(自然指向)" 대 "인위지향(人爲指向)", "비관지향(悲觀指向)" 대 "낙관지향(樂觀指向)", "긴장지향(緊張指向)" 대

"이완지향(弛緩指向)"이 그것이다. 이 가운데 앞의 것이 일본문화의 특질이고, 뒤의 것이 미국문화의 특질임은 말할 것도 없다. 따라서 일본 사람들의 의식의 밑바탕에는 강대한 타자(他者)에 대한 무저항의 종순(從順)과 같은 것이 깔려 있고, 대항하며 자신을 위험에 노출하기보다 말썽을 일으키지 않고 자기가 할 일을 열심히 하면 된다는 가치관(價値觀)이 형성되었다고 본다. 강대한 상대란 자신을 둘러싸고 있는 폐쇄사회이고, 대자연이다. 따라서 집단에 대해서는 두려워하며 자기를 낮추는 태도를 취한다. 무엇을 할 때는 독불장군이 되는 것이 아니라, 남과 같이 틀에 맞추게 되면 무사히 넘어간다고 본다. 강대한 자연의 힘에 대해서도 쓸데없이 저항할 것이 아니라, 자연의 흐름에 맡겨, 비관적으로 최악의 경우를 상정하고, 긴장을 늦추지 않고 노력하면 불행해지는 일은 없을 것이라 생각한다. 이러한 일본문화(日本文化)의 변용규칙은 일본만의 특질이라 할 것이 아니다. 우리도 마찬가지다. 아니 이는 동양(東洋)의 문화변용규칙이라 하여 좋을는지 모른다. 서두에 논의한 "눈물 없는 졸업식"도 바로 이러한 문화의 변용규칙이 적용된 것이다.

만물이 변화하듯, 문화도 고정되어 있는 것이 아니다. 끊임없이 변한다. 성장과 발전을 하기 위해서는 필요한 경우 이러한 변화의 물결을 타야 한다. 그렇지 않으면 성장과 발전이 중단되고 낙후되게 된다. 이런 의미에서 한자교육(漢字敎育)을 추진함에도 반성과 개혁을 게을리 하지 말아야 한다.

한자교육을 논의할 때 흔히 동양 삼국의 한자문화권(漢字文化圈) 운운하며 그 필요성을 역설한다. 이는 물론 거론돼야 할 중요한 사항이다. 그러나 이들 한자문화권이 동질(同質)의 것이 아니라는 것을 간과해서는 안 된다. 그것은 발상(發想)과 표현(表現)에 차이가 있다는 말이다. 한 예로 어휘 면에서 한·중·일어(韓·中·日語)에는 상당한 차이가 있다. 우리말의 한자어는 근세 이후 중국식 어휘에서 일본식 어휘로 많이 바뀌었다. 따라서 형태면에서 보면 한국의 한자어는 중국어이기보다 일본어에 가깝다. 중국의 요일명(曜日名)이 우리와 달리 星期一 星期二 星期三… 星期日과 같이 일러지는 것은 그 단적인 예의 하나다.

　문자(文字)의 변화도 분명히 의식해야 한다. 간체자(簡体字)로 말미암아 차이가 나는 것이 그것이다. 특히 주목해야 할 것은 중국에서 소위 간화자(簡化字)라 이르는 것이다. 이는 번체자(繁体字)와 대를 이루는 말이나, 상대적인 것이 아니라 변화된 것이라 보아야 한다. 그것은 번체자를 써도 좋고, 간화자를 써도 좋은 것이 아니라, 번체자를 간화자로 개정하여 이들의 번체자는 교육의 대상에서 제외하고, 간화자만을 교육하고 있기 때문이다. 따라서 젊은 세대는 번체자를 모른다. 일례로 중국에서 많이 먹는 국수류의 "면"은 간화자 "面"으로 바뀌어 대학생들도 번체자 "麵, 麪"을 모르는 것이 오늘의 현실이다. 더구나 많은 간화자가 상상을 초월한 간화를 하고 있다는 것도 인식해야 한다. 이는 형식지향, 자연지향의 동양인으로서는 감히 엄두도 못 낼, 간화의 용단을 내린 것이다.

　한자교육이 학습자에게 부담을 준다는 것도 재고돼야 한다. 객관적인 검증은 좀더 거쳐야 하겠지만, 보고에 의하면 한자 학습은 기간도 그리 오래 걸리지 않으며, 서양인을 대상으로 한 교육에서도 무리 없이 수행된다고 한다. 그렇다면 한자교육은 그 학습 효과를 고려할 때 교육적으로 주저할 일이 아니다. 그리고 이러한 교육은 제2언어 교육과 마찬가지로 흥미롭게 진행되어야 한다. 일례로 파자(破字)의 활용은 딱딱한 한자 학습을 재미있게 하게 하는 한 방법이 될 것이다. "개의 입이 넷 있는 글자가 무슨 자냐?” “그릇 器 자”, “어머니가 갓 쓰고 조개 줍는 글자가 무슨 자냐?” “열매 實 자” 이렇게 활용하는 것이다.

한자교육을 사대주의(事大主義)로 규정하는 것도 반성해야 한다. 더구나 한자교육 주창자를 민족반역자로 모는 것은 언어도단이다. 한자를 수용한 것은 선진 문화를 흡수하기 위한 고육지책(苦肉之策)이라 보아야 한다. 한자를 수용하지 않았다면 과연 우리가 오늘날 반만년의 문화민족을 내세울 수 있겠는가? 나라와 민족이 발전하려면 선진문화는 하루속히 섭취해야 한다. 오늘날의 한자교육은 이러한 문화풍토가 빚은 언어 현상에 대한 보수작업(補修作業)이라 보아야 한다.

오늘도 세계는 변화 발전하고 있다. 한자교육의 필요성은 시시각각 그 강도를 더하고 있다. 한자 교수학습과 국한혼용은 동의어가 아니다. 한글전용과 국한혼용의 대립에 집착할 일이 아니다. 그것은 2차적 문제다. 필요한 것은 교육을 하고, 그의 운용은 운용자와 용도에 맡길 일이다.

(어문교육, 2005)

고속 정보화시대의 국어 진흥책

시대의 흐름에 따라 만물은 변하게 마련이다. 이런 의미에서는 국어에 대한 국민의 의식이 바뀌는 것도 어쩌면 당연한 것인지도 모른다.

그러나 이 세상에는 바뀌어야 할 것도 있고, 그렇지 않은 것도 있다. 국어에 대한 전통적인 인식은 바뀌지 말아야 할 것 가운데 하나라 생각된다. 편의주의의 소용돌이에 휘말려 주체성을 잃게 되는 일이 있어서는 안 되겠기 때문이다.

고속 정보화 시대의 국어 진흥책으로서는 다음과 같은 것을 생각할 수 있다.

첫째, 국어와 민족의 불가분의 관계에 대한 인식의 홍보가 필요하다.

언어란 단순히 우리의 사상 감정을 전달하는 도구에 그치는 것이 아니다. 이는 민족 문화를 반영하는 것으로, 국어 그 자체가 우리 민족사(民族史)라 할 수 있다. 그러기에 여기에는 우리 민족의 정신이 반영되어 있고, 사회 문화 제도 생활이 축적되어 있다. 따라서 고속 정보화 시대에 필요하다고 하여 우리말을 버리고, 다른 언어를 국어로 삼을 수는 없는 일이다. 고속 정보화 시대를 맞아 국어를 진흥하기 위해서는 우선 우리 국민들이 국어와 민족의 불가분의 관계를 인식하고, 국어를 발전시키려는 태도와 자세를 가지게 하여야 하겠다. 그러기 위해서는 의식 있는 사람들이 국어의 정체성(正體性), 국어와 민족의 관계를 바로 알도록 하는 계몽이 필요하다. 이를 위해서는 매스컴이 앞장서야 한다.

둘째, 국어가 민족문화의 반영체라는 구체적인 사실을 계몽할 필요가 있다.

이는 첫째 항과 표리를 이루는 것이다. 첫째 항이 일반론이요, 개념적인 이론이라면, 둘째 항은 각론이요, 구체적인 사례에 해당한다. 이는 단어나 관용어 속담 등에 나타나는 우리의 민족문화를 구체적으로 분석 제시하고, 발상(發想)의 특성을 이해하게 함으로 국어가 민족, 또는 오늘의 우리 생활과 밀접한 관계가 있다는 것을 알게 함으로 국어를 사랑하고 국어를 발전시키려는 자세를 갖도록 하자는 것이다. 언어와 민족문화, 특히 국어와 우리 민족문화와의 관계의 천착 및 홍보는 그간 너무도 등한시되었다. 우리 국민이 그간 국어의 소중함을 제대로 인식하지 못한 것도 이에 말미암은바 크다고 할 것이다.

셋째, 표준어에 대한 권위를 높이고, 이의 사용을 강력히 권장함이 필요하다.

바른 말에 대한 인식이 약하고, 표준어에 대한 권위가 그간 너무도 추락하였다. 그래서 말이란 의미만 통하면 되는 것이란 사상이 팽배하여 언어의 규범은 안중에도 없는 것이 오늘의 현실이다. 이렇게 되면 광의의 표준어는 권위를 잃고, 국어는 혼란을 면치 못하게 된다. 그리고 나아가 국어를 비하하는 심정과 사상이 싹트고, 외국어의 공용어화론이 고개를 들게 된다. 이렇게 되어서는 곤란하다. 규범에 맞는 언어가 대접을 받는 세상이 되어야 한다. 그것이 선진문화국가다. 공식적인 자리에서 표준어를 사용하지 못하는 것을 부끄럽게 알고,

표준어를 배워 사용하여야겠다는 의식을 가지게 돼야 한다. 이를 위해서는 포상제도의 수립, 및 공인 또는 언론계 종사자에게는 표준어 사용 여부를 인사고과에 참작하는 국어 사랑의 사회적 분위기가 조성되어야 한다. 그렇게 되면 표준어 사용이 자연히 권장될 것이다.

넷째, 한국어의 세계적 보급을 할 필요가 있다.

영어의 공용어화론(公用語化論)이 제기되는 것은 우리 민족이 약소민족이요, 우리 언어가 소수민족의 언어라는 망령에 사로잡힌 점이 적지 않을 것으로 생각된다. 그러나 그렇지 않다. 우리 민족은 약소민족도 아니고, 우리 말 또한 소수민족의 언어가 아니다. 그리고 그간 우리나라는 국력이 신장되고, 경제적으로 성장하여 세계적으로 인정을 받는 경제 대국이 되었다. 그리하여 세계 도처에서 한국어를 배우겠다는 열기가 일고 있다. 따라서 이러한 분위기에 맞추어 한국어를 세계적으로 보급할 때 한국어의 위상이 높아질 것이고, 나아가 영어 공용화론도 고개를 숙일 것이다. 그리고 실용주의에 의한 영어 공용어화론도 잠재울 수 있을 것이다. 여기서 덤으로 영어공용화론의 폐해를 몇 가지 제시함으로 이 글을 마무리 짓기로 한다(박갑수, 2000).

① 민족문화 발전을 저해한다.
② 새로운 사대사상을 증폭시킨다.
③ 주체성을 상실하게 한다.
④ 국어의 위축·쇠퇴·소실을 불러온다.
⑤ 새로운 계층 간의 위화감을 조성하게 된다.
⑥ 국력의 낭비를 초래한다.
⑦ 사고의 틀에 변화를 몰고 온다.
⑧ 또 다른 공용어화의 출현을 배제할 수 없다.

(KBS 한국어연구회 자문회의)

II. 한국어교육과 언어문화 교류

한국어교육과 함께 문화교육을···/ 한국어 교수법의 장단점/
한국어와 태권도의 궁합/ 문화와 언어문화 교육, 그리고 국제교류/
언어문화 국제교류에 선행되어야 할 것들/ 다문화가정의 한국어교육/
한국어교육과 교원 양성/ 비언어행동과 커뮤니케이션과 교육

한국어교육과 함께 문화교육을…

.

"너 언제 국수 먹여 줄거냐?"
"언제든지 사드릴 수 있어요."

　이는 동문서답이다. 언제 결혼하겠느냐고 물은 것인데, 엉뚱한 답을 한 것이다. 이는 말의 뜻을 몰라 대답을 잘못한 것이 아니다. 한국의 언어문화(言語文化)를 잘 몰라 웃기는 답을 한 것이다.

　언어는 이렇게 문화(文化)와 표리관계를 지닌다. 그래서 언어를 문화의 색인이라고까지 한다. 문화를 모르면 언어가 소통되지 않는다. 그러기에 언어교육(言語教育)은 그 첫 단계부터 문화교육(文化教育)이라 한다.

　언어교육은 이렇게 문화교육이다. 그럼에도 이러한 기초적 원리를 그간 깨치지 못하고 언어 그 자체의 교육에만 시종해 왔다. 이러한 원리를 깨닫게 된 것은 최근의 일이다. 그것도 자국어(自國語) 교육이 아닌 외국어(外國語)로서의 언어교육에서부터다. 따라서 자국어교육에서는 아직도 언어교육이 언어 자체에 대한 교육이란 미몽에서 벗어나지 못하고 있다.

　외국어로서의 한국어교육(韓國語教育)은 말할 것도 없고, 자국어로서의 한국어교육에서도 하루 속히 문화교육을 도입해야 한다. 언어교육과 함께 문화교육을 수행하는 것이다. 그래야 문법적으로 정확한 말뿐 아니라, 수용될 수 있는 좋은 말이 교수·학습된다. "선생님, 12시에 학교 정문으로 오십시오."는 문법적으로 흠이 없는 말이다. 그러나 제자의 이 말에 선생은 기분이 언짢다. 이는 문화적으로 수용될 수 있는 말이 아니기 때문이다. 설령 깍듯한 존대어를 쓴다 해도 우리의 문화는 윗사람에게 직접 명령(命令)을 할 수 있는 문화가 아니다. "12시에 학교 정문에서 뵙겠습니다."라 평서형(平敍形)을 쓰거나, "12시에 학교 정문에서 만나 뵐까요?"라고 의문형을 써야 한다. 우리 사회는 점점 다문화사회(多文化社會)로 변해 가고 있다. 따라서 날이 갈수록 이문화(異文化) 커뮤니케이션을 많이 하지 않으면 안 된다. 이는 우리 문화뿐 아니라, 상대방의 문화까지 학습하여 이해하도록 강요한다.

현대는 글로벌 시대다. 문화는 많이 알수록 좋다. 언어교육(言語教育)은 문화 교육을, 그것도 일반적 문화보다 언어문화(言語文化) 교육을 하여야 한다.

(어문생활, 169호, 2011년 12월호)

한국어 교수법의 장단점

교수법 발전의 약사

　외국어 교수법은 일찍부터 여러 가지 방법이 개발되어 왔다. 외국어로서의 한국어교육도 그 나름으로 좋은 방법이 개발되고 있지만, 아직은 이러한 외국어 교수법에 의존하는 바가 크다. 이에 외국어로서의 한국어 교수법의 장단점을 알아보고, 이를 효과적으로 활용하도록 하기로 한다.

　전통적인 외국어 교수법으로는 일찍이 문법을 습득하고, 문장을 번역하는 교수·학습이 중심이 된 문법·번역법(Grammar-translation)이 쓰였다. 이러한 문법·번역법은 19세기 중반에 말하는 외국어교육의 필요에 의해 비판을 받게 되어 새로운 교수법이 대두 되었다. 이때 개발된 것이 자연법이다. 이것이 20세기에 들어와 개발된 직접법(Direct methode)의 기초가 되었다. 직접법은 20세기 전반 구미(歐美)에서 활발히 사용되었고, 1920년대 후반에는 직접법과 문법중심의 교수법을 병합한 외국어교수법이 주류를 이루었다. 1940~60년대에는 구조주의 언어학 및 행동주의 심리학을 바탕으로 새로운 외국어 교수법이 개발되었다. 이것이 외국어 학습이란 새로운 습관의 형성이라 보고, 의미보다 문장 구조를 중시하며 구두연습과 문형(文型) 연습을 강조한 이른바 청각구두법(Audio-lingual approach)이다. 1960~70년대에는 생성문법 이론자들에 의해 이 청각－구두법이 비판을 받았고, 1970년대 이후에는 새로운 여러 교수법과 의사소통법(Communicative approach)이 제창되었다. 이때의 새로운 교수법(non-conventional)이란 전신반응법, 침묵법, 공동체언어학습법, 암시법, 자연법 등이다. 이밖에 의사소통 능력의 육성을 목적으로 하는 협의의 의사소통법이 있다. 그리고 근자에는 언어교육을 문화교육이라 보아 문화교육을 강조하는 추세를 보이고 있다. 이들 교수법은 각각 장단점을 지닌다. 교수법에 반드시 왕도가 있는 것은 아니다. 다만 문법·번역법, 청각구두법, 의사소통법이 경우에 따라 상대적으로 사랑을 받고 있을 뿐이다.

교수법의 장단점

바람직한 한국어교육을 하기 위해서는 앞에서 살펴본 교수법의 장단점을 살펴보고, 이를 적절히 활용하는 것이 바람직하다. 이에 대표적인 교수법의 장단점을 다음에 살펴보기로 한다.

1. 문법·번역법(grammar-translation method)
   장점 : 1. 반 편성의 크기 및 언어 환경이 문제되지 않는다.
   2. 입말보다 글말의 교수 학습에 유리하다.
   3. 교수 기술이 많지 않은 교사도 활용할 수 있다.
   4. 목적 언어를 말할 수 없는 사람도 가르칠 수 있다.
   5. 초기부터 실제 문장을 읽을 수 있다.

단점 : 1. 발음교육이 중시되지 않아 발음이 좋지 않다.

　　　 2. 의사소통 능력이 제대로 길러지지 않는다.

　　　 3. 교사에 의한 일방적 수업이 된다.

　　　 4. 난이도를 구분하여 학습할 수 없다.

2. 직접교수법(direct method, oral method)

　장점 : 1. 매개어를 사용하지 않으므로 목표언어에 익숙해지기 쉽다.

　　　 2. 번역을 하지 않으므로 목표언어로 생각하는 습관이 길러진다.

　　　 3. 구어 훈련 중심이어 듣기・말하기 능력이 길러진다.

　　　 4. 학습자의 모어가 다양할 때 크게 유효하다.

　단점 : 1. 10인 이내의 클래스가 아니면 효과가 적다.

　　　 2. 학습자는 항상 긴장하고 있다.

　　　 3. 의미 설명이 어렵고, 정확히 전해지지 않을 수 있다.

　　　 4. 목표언어만으로 처리하려 하므로 교사에게 부담이 크다.

　　　 5. 정말로 바르게 이해하고 있는지 확인하기 어렵다.

3. 청각구두법(audio-lingual method)

　장점 : 1. 학교 등의 집단교육에 적합하다

　　　 2. 철저한 구두연습에 의해 말하기・듣기 연습이 잘 된다.

　　　 3. 학습하는 항목이 이론적으로 배열되어 있어 문법적 정리가 쉽다.

　　　 4. 학습자의 인원수와 실력에 관계 없이 사용할 수 있다.

　　　 5. 원칙적으로 원어민이 가르치므로, 바른 발음을 몸에 익힐 수 있다.

　단점 : 1. 의미를 학습하거나, 확인하는 것이 곤란하다.

　　　　2. 기계적인 문형연습(드릴)은 단조해 고통스러운 작업이다.

　　　　3. 구조를 중시하므로, 실제 회화 장면의 중요 문형부터 학습하는 것이 곤란하다.

　　　　4. 모방 또는 암기한 지식이 실제 커뮤니케이션으로 전이되지 않는다.

　　　　5. 읽기, 쓰기의 학습법이 확립되지 않는다.

　　　　6. 연습의 스피드를 요구하기 때문에 학습자는 항상 긴장하게 된다.

　4. 단계적 직접교수법(graded direct method)

　　장점 : 1. 어휘 및 문법이 제한되어 있어 학습자의 부담이 적다.

　　　　　2. 자발적으로 발언할 수 있다.

　　　　　3. 일찍부터 문자가 습득된다.

　　　　　4. 필요한 말부터 배울 수 있다.

　　단점 : 1. 어휘를 단계 지으므로 표현이 한쪽으로 치우친다.

　　　　　2. 표현이 부자연스럽게 된다.

　　　　　3. 교사에게 기술이 필요하다.

　5. 인지학습법(cognitive approach)

　　장점 : 1. 구두청각법의 결점을 보완할 수 있다.

　　　　　2. 학습항목을 설명하고 연습하므로 이해도가 높다.

　　　　　3. 문자의 조기 도입으로 시각적으로도 기억하기 쉽다.

　　단점 : 1. 생성문법의 변형규칙이 언어교육에 응용할 정도가 아니다.

　　　　　2. 문의 구조규칙을 중시해 운용능력이 그리 고려되고 있지 않다.

　　3. 체계적 교수법으로 아직 확립되지 못했다.

6. 전신반응법(total physical response)

　장점 : 1. 다른 교수법과 병용하기 쉽다.

　　　　2. 발화를 강제하지 않으므로 심리적으로 안정된다.

　　　　3. 청해 능력이 신장된다.

　　　　4. 어린이와 같이 집중력이 모자란 학습자에게 어울린다.

　단점 : 1. 성인 가운데는 명령에 반발하는 학습자가 있다.

　　　　2. 명령형으로는 가르칠 수 없는 문형이 있다.

　　　　3. 청해(聽解)에서 발화로 쉽게 이행되지 않는다.

　　　　4. 발음을 교정하지 않는다.

7. 침묵법(silent way)

　장점 : 1. 학습자의 발견 능력, 문제해결 능력이 활용되어 기억이
　　　　　 강화된다.

　　　　2. "바르게 말하지 않으면"이란 심리적 압박이 없다.

　　　　3. 학습자 간의 협조가 학습 동기를 높인다.

　　　　4. 교사의 침묵에 의해 집중력이 고조된다.

　　　　5. 장시간의 발음 습득으로 올바른 발음이 몸에 붙는다.

　단점 : 1. 교사는 특별한 훈련을 받지 않으면 안 된다.

　　　　2. 학습 내용이 인공적으로 되기 쉽다.

　　　　3. 적은 인원의 학습이 아니면 안 된다.

　　　　4. 오용을 정정하지 않으므로, 바른지 그른지 잘 모른다.

8. 암시법(suggestopedia)

　장점 : 1. 학습자는 긴장을 풀고 편안한 상태에서 학습할 수 있다.

2. 암시에 의한 정신적 집중이 높아져 효과가 오른다.

3. 발화 의욕이 제고된다.

4. 커뮤니케이션 능력이 오른다.

5. 잠재적인 미적 감각이 자극되어 감성이 풍부해진다.

단점 : 1. 경제적인 면에서 설비를 갖추기가 어렵다.

2. 유창성을 요구하므로 정확성이 부족하다.

3. 교사를 양성하는 것이 어렵다.

4. 소수 인원의 그룹에 한정된다.

9. 공동체 언어학습법(community language learning, counseling learning)

장점 : 1. 학습자의 희망에 따라 나아갈 수 있다.

2. 말하고 싶은 것을 바로 배워 말하는 즐거움이 있다.

3. 자유롭게 커뮤니케이션하는 즐거움을 맛볼 수 있다.

4. 초기 학습에서 느끼는 불안, 긴장을 받지 않는다.

단점 : 1. 교사는 2개 국어에 정통해 있지 않으면 안 된다.

2. 교사는 상담의 기법을 알지 않으면 안 된다.

3. 학습 내용을 학습자가 선택하므로 체계적 도입이 어렵다.

4. 인원이 많을 때는 사용할 수 없다.

11. 자연법(natural approach)

장점 : 1. 전달능력이 고양된다.

2. 교육기관 및 학습자의 타입을 가리지 않는다.

3. 말하기를 강요하지 않아 편안한 상태에서 학습할 수 있다.

4. 부분적으로 이 어프로치를 이용할 수 있다.

단점 : 1. 교사는 교사발화(teacher talk)를 사용하지 않으면 안 된다.

2. 각 사람의 학력을 파악하고 있지 않으면 "조금 높은 인

풋"을 할 수 없다.

  3. 초급 단계 학습자의 교수법이다.

  4. 이해활동 위주의 교수법이다.

12. 의사소통법(Communicative approach)

  장점 : 1. 학습목적과 필요에 따라 처음부터 현실 언어에 가까운
         것을 학습할 수 있다.

      2. 학습한 문법 내용을 적절한 장면에서 사용할 수 있다.

      3. 교재가 실사회를 바탕으로 하고 있어 학습자의 흥미를
         끌기 쉽다.

      4. 문맥과 장면에 어울리는 적절한 표현·행동을 학습할 수
         있다.

      5. 실생활에서 사용할 수 있어 성취감을 느낀다.

  단점 : 1. 반드시 언어 운용능력을 보장해 주는 것이 못 된다.

      2. 기능 항목 중심의 교수법이어 문법이 단계적 체계적으로
         도입되지 않는다.

      3. 의미전달이 중시되는 나머지 문법적 정확성이 경시되기
         쉽다.

      4. 오용의 교정을 적절한 시기에 하기 어렵다.

13. 문화교수법(cultural approach)

  장점 : 1. 민족지적 특성을 안다.

      2. 언어 형태의 문화적 함의를 안다.

      3. 고급 단계의 언어를 표현·이해할 수 있다.

      4. 적격의 언어를 사용할 수 있다.

      5. 언어교육이 즐거운 학습시간이 된다.

단점 : 1. 학습 시간을 많이 필요로 한다.

2. 언어와 관련이 없는 문화 설명으로 기울어질 수 있다.

3. 교사의 학습 부담량이 많아진다.

4. 의사소통이 아닌, 특수목적 언어교수로 흐를 수 있다.

(2014. 4. 10.)

한국어와 태권도의 궁합

요즘 한국문화(韓國文化)가 세계적으로 이목을 끌고 있다. 소위 "한류 (韓流)"가 세계인을 매혹해 동서양을 가릴 것 없이 사랑을 받고 있는 것이다. 이는 드라마와 가요로 대표되는 우리 문화다.

세계인의 사랑을 받고 있는 우리의 문화는 드라마와 가요만이 아니다. 사실은 이들보다 먼저 관심의 대상이 되고, 조용히 그리고 꾸준히 사랑을 받아오고 있는 문화가 있다. 그것은 한국어와 태권도다.

한국어는 우리의 민족어다. 이는 우리의 정체성(正體性)을 드러내 주는 대표적인 문화다. 인생의 대원칙은 협동에 있고, 이는 언어(言語)에 의해 이루어진다. 언어가 없으면 소통이 되지 않아 문화 자체가 형성될 수 없고, 인간 상호간의 소통도 불가능해진다. 이에 세계열강은 다투어 자국어(自國語)를 세계화(世界化)하고, 이를 통해 상호간에 우호관계를 수립하려 한다. 미국의 아메리칸 센터, 독일의 괴테 인스티투트, 프랑스의 알리앙스 프랑세즈 같은 것이 이런 예들이다. 미국의 경우는 영어를 세계에 보급하는 것에 그치지 않고, 한 걸음 더 나아가 초·중·고교에서 모든 학생이 외국어와 외국문화를 습득하도록 함으로 상호 이해 (相互理解)의 폭을 넓히고 있다. 구주연합(EU)도 모국어 외에 두 개의 외국어로 표현할 수 있게 하는 것을 하나의 교육 목표로 삼고 있다.

그간 우리는 한국어(韓國語) 보급을 엄두도 내지 못했다. 그런데 다행히 국력이 신장되고 경제 대국에 진입하면서 우리나라가 주목의 대상이 되고, 우리말이 관심을 끌게 되었다. 그리하여 오늘날 한국어는 60여 개국, 약 800개 대학과 8개국 1,500여 개 중·고등학교에서 가르쳐지고 있다. 미국의 "국가 안보교육 프로그램(National Security Education Program)"은 국가안보, 국가경쟁력 강화, 국제교류의 증진을 위해 학습해야 할 주요 언어 8개 가운데 한국어를 포함시켜 교육을 강화하는 정책을 펴고 있으며, 동남아에서는 젊은이들이 코리안 드림을 꿈꾸며 한국어를 열심히 공부하고 있다. 중국의 어떤 대학은 천 ㅏ명이 넘는 학생들이 한국어를 학습하고 있기도 하다. 바야흐로 한국어 붐이 일고 있다. 이런 때 마침 정부에서도 "세종학당" 설립 계획을 세워 2007년부터 해외에 한국어를 보급하는 사업을 추진하고 있다. 이는 참으로 다행스러운 일이다. 그러나 자국어를 정부가 앞장서서 보급하는 것은 언어제국주의(言語帝國主義)로 오해될 소지가 있어 바람직한 것이 못 된다. 앞에서 언급한 아메리칸 센터나 괴테 인스티투트 같은 기구도 실은 민간기구의 형태를 취하고 있다. 한국어 보급도 정부가 아닌, 민간기구에서 수행하게 하는 것이 오해를 사지 않아 좋고, 바람직할 것이다.

태권도는 우리의 대표적인 무예요, 스포츠로 세계화된 우리의 문화다. 이는 역사적으로 볼 때 수박(手搏), 태견에 소급된다. 일찍이 이는 고구려의 선배(先輩), 신라 화랑의 수련 수단으로 쓰였던 것으로 보인다. 고려 때엔 무예로서만이 아니라, 스포츠로까지 발전하였고, 근세에 접어들어 대중화하였다. "태권도"란 이름은 현대에 와서 이 전통적인 무예를 스포츠로 정비하며, "태견"과 비슷한 발음의 "밟을 태(跆), 주먹권(拳), 길 도(道)"자를 써 발과 손을 쓰는 무도(武道)라는 뜻으로 새로 명명한 것이다. 이는 2000년 시드니 올림픽 때 정식 올림픽 종목으로 채택되며 마침내 세계화되었다.

태권도(跆拳道)는 오늘날 192개국에 협회가 결성되어 있으며, 그 인구가 7,000만에 달한다. 태권도가 이렇게 세계적인 사랑을 받게 된 것은 그 기술이 뛰어나고, 수련 목적이 훌륭한 데 있다 하겠다. 육체적 수련의 목적은 공격 아닌, 호신(護身)에 있어 그 기술이 평화 지향적이고, 정신적 수련의 목적은 예(禮)에 있어, 대상에 따라 충(忠)·효(孝)·경(敬)·성(誠)·신(信)·의(義) 등으로 나타난다. 태권도는 특히 정신적 교육목적이 예(禮)이어서 사회적으로 사랑을 받는다. 통제 불가능한 오늘날의 젊은이들을 선도하고, 인격적으로 바로잡아 주기 때문에 특히 미국에서 인기인 것이 그 구체적 증거이다.

이 세상에 단일한 민족문화(民族文化)란 존재하지 않으며, 문화란 상호교류되면서 형성된다. 이런 의미에선 우리도 다른 나라의 경우처럼 문화교류(文化交流)를 강화해야 한다. 그렇게 함으로써 상호간에 이해의 폭을 넓히고, 우호적 관계를 수립하며, 무화발전에 상승효과를 거두는 것이다. 문화적으로 지명도가 높아지면 따라서 국가 브랜드의 가치도 높아지게 된다.

한국어와 태권도는 궁합이 잘 맞는 우리의 대표적 문화의 한 쌍이다. 태권도는 구령이나 용어가 "차려, 비틀어꺾기, 걸어넘기기"와 같이 우리말로 되어 있어 한국어를 쓰지 않고는 경기 자체가 성립되지 않는다. 서양에서는 구령을 한국어로 하지 않거나, 도장(道場)에 태극기가 계양되어 있지 않으면 "가짜 태권도"라고까지 한다고 한다. 이렇게 태권도는 한국어가 전제되어야 한다. 따라서 태권도를 해외에 보급하는 경우에는 한국어교육을 병행하는 것이 바람직하다. "한국문화 국제교류 운동본부"는 이러한 한국어와 태권도의 특성을 고려할 때 이들 두 문화를 함께 해외에 보급하는 것이 바람직하리라 생각하여 문화교류 운동을 하기 위해 설립된 기구다. 따라서 여기서는 우리의 대표적인 문화 한국어와 태권도가 해외의 각급 학교에 정식 교과목으로 채택되도록 하는 운동을 전개하게 된다.

문화의 교류는 이해와 친선·우호를 다지며 세계문화 발전을 도모한다. 자문화중심(自文化中心)의 폐쇄적 사고에 젖어 있어서는 안 된다. 여기서 벗어나 문화상대주의적(文化相對主義的) 입장에서 가슴을 열고, 상대방을 인정하며 교류하는 자세를 취하도록 해야 한다. 이런 의미에서 한국문화의 세계화(世界化)는 일방적이 아닌, 상대방을 배려하는 차원에서 추진돼야 한다. 그렇지 않으면 역풍을 맞게 된다.

(한국문화교류 소식, 제1호, 2011.9.15.)

문화와 언어문화 교육, 그리고 국제교류

먼저 한국문화 국제교류운동본부(ICKC)의 창립 3주년을 자축한다.

ICKC는 설립 목적을 정관에서 "한국어와 태권도를 비롯한 한국문화를 세계 여러 나라·민족의 문화와 상호교류를 함으로써 국가 브랜드를 고양하는 동시에 상호 이해와 친선을 증진하는 것을 목적으로 한다."고 하였다. 이렇게 ICKC는 한국문화의 국제적 교류를 위해 설립되었다. 이에 문화교육과 국제교류, 특히 언어문화 교육을 되돌아보며 우리의 좌표를 다시 한번 확인하기로 한다.

문화는 "인간 집단이 생활공동체를 이루며 살아가는 가운데 만들어낸 모든 것"이라 한다. 문화는 이렇게 인간생활의 모든 것과 관련된다. 이는 행동(Practice), 산물(products), 가치(Prospects)라는 세 가지 요소로 파악된다. 문화교류는 문화교육이 전제된다. 문화교육이란 문화적 활동과, 그 산품을 이해하고, 나아가 가치관을 이해하고 파악하여 이상적 생활을 실현하는 데 그 목적이 있다. 그리고 이것이 자문화(自文化) 아닌, 다른 문화의 교육이 되면 이문화간(異文化間)에 이해와 공감이 이루어지게 하고, 문화의 보편적 가치를 자각하게 함으로, 그 교육 목적을 인류문화의 다원적 가치를 확인하고 이해하는 데 둔다.

문화교육은 크게 두 가지로 나눌 수 있다. 그것은 사회문화 교육이란 광의의 교육과, 언어문화 교육이란 협의의 교육이다. 사회문화 교육은 그 목표가 실용적 차원 외에 이념적 차원·예술적 차원에서의 인식을 바탕으로 한다. 이는 성취문화, 행동문화, 정보문화를 다 망라한다. 태권도는 우리의 전통문화로, 이 사회문화 교육의 대상이 된다. 이에 대해 언어문화 교육은 백과사전식 문화교육이 아니라, 문화교육이 어디까지나 언어교육의 보조수단이라는 것이다. 지난날에는 언어교육이 언어 자체만을 대상으로 하였으나, 오늘날은 그렇게 보지 않는다. 언어교육은 그 첫째 시간부터 문화교육과 더불어 행해지는 것으로 본다. 문화에 대한 이해 없이 언어의 교수·학습은 이루어지지 못한다. 효과적인 언어교육은 그 언어가 가진 특수한 문화적 요소를 적절히 설명하고, 서로 다른 문화적 상황에 따라 어떻게 사용되는지 파악하도록 해야 한다.

언어문화 교육은 좁은 의미의 언어교육과 구별된다. 언어교육이 언어 지식을 중시하는 언어능력(linguistic competence) 배양에 중점을 둔다면, 언어문화 교육은 언어 사용을 중시하는 의사소통능력(communicative competence) 배양을 중시한다. 우리가 어떤 언어를 가르친다는 것은 그 언어의 전문학자를 기르려는 것이 아니라, 그 언어로 의사소통을 제대로 하게 하자는 것이다. 그런데 종래에는 이런 것이 제대로 이해되지 않았다.

우리의 목표인 한국어교육에서 언어문화 교육의 실례를 몇 가지 들어보기로 한다.

첫째, 듣는 이에 대한 배려를 한다. 한국어는 청자의 신분을 고려하지 않고는 말을 할 수 없는 언어문화다. 평등이 아닌, 위계를 따져 말의 높낮이를 가리고, 거기 부합한 말을 하게 한다. 정확한 말을 하기보다 사회적으로 수용될 수 있는 말을 해야 한다. 섣불리 반말을 하였다간 될 일도 안 된다. 이는 호칭과 존댓말을 제대로 사용해야 함을 의미한다.

둘째, 명명(命名)의 문화적 배경을 이해한다. "결혼하다"는 남녀의 결합 아닌, 사돈을 맺는 것이다. 혼가(며느리네 집)와 인가(사위네 집)가 결연하는 것이다. "장가가다"는 장인 집으로 들어가는 예서제(豫壻制)를 반영한 것이고, "시집가다"는 출가(出嫁) 제도를 반영한 말이다. 이러한 문화적 배경을 모르고는 한국어가 제대로 이해되지 않는다.

셋째, 관용어 및 속담, 성어 등의 문화적 배경을 이해한다. "같은 값이면 다홍치마"란 속담은 단순히 같은 조건이면 좋은 것을 택하겠다는 말이 아니다. 녹의홍상(綠衣紅裳)이 전제가 된 것으로, 홍상은 처녀를 의미한다. 같은 값이면 처녀가 좋다는 말이다. "홍동백서(紅東白西)"란 성어도 제사문화를 모르고선 그 뜻을 이해할 수 없다. 붉은 과실은 동쪽에, 흰 과실은 서쪽에 진설한다는 제의(祭儀)를 알아야 한다.

넷째, 고맥락(高脈絡) 문화의 표현을 안다. 한국어는 맥락에 의존하고 말을 많이 하지 않는 언어다. 사랑을 고백하면서도 "사랑해"라 한다. 주체도 대상도 생략된다. "나는 너를 사랑한다"고 하면 그것은 이미 한국어가 아니다.

다섯째, 한국문화의 문화변용을 안다. 두 개 이상의 문화 체계가 접촉할 때 문화양식에 변용(acculturation)이 발생한다. 한국문화는 겸손지향, 집단지향, 의존지향, 형식지향, 조화지향, 비관지향 등의 경향을 지닌다. 상다리가 부러지게 차려놓고도 "아무것도 차린 것이 없습니다"라 하는 것이 한국의 언어문화다.

한국어교육의 여건은 비교적 좋은 편이다. 한류(韓流)가 전 세계를 뒤

흔들고 있고, 미국에서는 국가안보교육 프로그램, 곧 Flagship Scholarship 등 중요 정책에 교육해야 할 10개 언어 안에 한국어를 넣고 있다. EU 도 자국어 외에 두 개 이상의 외국어 교육을 권장하고 있다. 일본은 이 와 달리 동화 정책을 펴고 있다. 여건이 좋을 때 한국어 세계화를 적극 추진해야 한다. 일본처럼 동화 정책을 펴는 경우는 힘이 들게 마련이 다. 근자에는 정부 차원에서도 세종학당 계획 등 비교적 열의를 보이고 있다. 그러나 외국에 비하면 아직 한국어교육은 미미하다. 영국은 자국 어 보급시설인 British Council을 110개국 250개소, 독일은 Goethe Institute를 83개국 147개소, 프랑스는 Allience Francaise를 137개국 1,040개소, 중국은 공자학원을 91개국에 322개소 운영하고 있다. 이에 대해 우리나라는 2012년 현재 겨우 43개국 90개소에 그치고 있다. 이 로 볼 때 한국어의 교육과 보급을 강화해야 한다는 것은 너무나 분명 한 사실이다.

그리고 여기 덧붙일 것은 국내의 한국어교육도 강화해야 한다는 것 이다. 한국어가 세계화되면 이는 한국인만의 것이 아니다. 세계인의 한 국어다. 따라서 세계 도처에서 행해지는 한국어의 변이(變異) 형태를 격 정할 필요는 없다. 이들은 하나의 지역 방언으로 보면 된다. 중국의 한 국어, 일본의 한국어라 보는 것이다. 그러나 이상적인 전범(典範), 표준 형은 있어야 한다. 그것은 본국의 한국어가 그러해야 한다. 그런데 이 것이 심히 혼란을 빚고 있다. 이래서는 곤란하다. 국내의 한국어교육이 제대로 되어 정상을 회복하도록 하여야 한다. 계산대에서 "8,500원 나 오셨습니다.", 이렇게 국적을 알 수 없는 말이 이 땅에 횡행하게 해서 는 안 된다.

끝으로 한국문화 및 한국 언어문화 교류의 필요성을 재확인하기로 한다. 문화의 국제교류란 앞에서 논의한 바와 같은, 이문화 교육을 통해 상호 이해하고 친선을 도모하게 하는 데 그 목적을 둔다. 사람들은 이질적이거나, 알 수 없는 것을 접할 때 폐쇄적(閉鎖的) 태도와 거부의 자세를 취한다. 따라서 서로의 문화를 교류함으로 서로 신뢰하고 친선을 도모하도록 해야 한다. 그리고 이러한 문화교류는 한국문화를 세계화하고, 세계문화 발전에도 기여할 것이며, 국가 브랜드의 가치도 고양하게 할 것이다. 이러한 것은 그대로 ICKC의 존재 이유이기도 하다. 이 지구촌에 한국문화 교육이 활발하게 수행되고 교류됨으로 국제적으로 한국문화가 꽃을 피우고, 이를 통해 국제적으로 더 많은 나라와 민족과 친선을 도모하며, 나아가 국가 브랜드의 가치가 고양되기를 바라마지 않는다.

(한국문화교류 소식, 제11호, 2014.3.15.)

언어문화 국제교류에 선행되어야 할 것들

오늘날은 국제화시대, 세계화시대이다. 그리하여 세계는 지구촌화 되었고, 개인이나 나라나 민족이 국제적 교류를 하고 있다. 이런 국제적 교류 가운데 대표적인 것이 산품(産品)의 교류이며, 언어·문화의 교류라 하겠다.

우리도 이러한 흐름에 발맞추어 한국어와 한국문화를 국제화하고 세계화하는 운동을 전개하고 있다. 이러한 운동은 일방적이어서는 곤란하다. 상호교류를 하여야 효과를 거둘 수 있다. 그렇지 않으면 문화적 식민지화를 우려해 거부되고, 반대에 부딪치게 된다. 따라서 언어·문화의 국제적인 교류를 하기에 앞서 갖추어야 할 자세가 있다.

다음에 한국어와 한국문화의 국제적인 교류에 앞서 우리가 반성하고, 갖추어야 할 몇 가지 문제와 자세를 생각해 보기로 한다.

첫째, 단일민족(單一民族)의 문제다. 우리는 언필칭 '단일민족'이라 한다. 그러나 근원적으로 단일민족은 아니다. 역사적으로 볼 때 우리는 적어도 북방민족과 남방민족이 섞여 있고, 또한 같은 북방민족이라 하더라도 모두가 동계는 아니었다. 그런데 이들이 오늘날 동화되어 단일민족처럼 되었다. 그래서 민족 간의 갈등과 차별 없이 잘 살고 있다.

그러나 이러한 여건은 한편으로 이민족(異民族)에 대해 배타적인 경향을 갖게 하였다. 오늘날은 지구촌의 시대다. 서로를 품고 협동하며 살아가야 한다. 미국이나, 중국과 같은 다민족사회는 일상 속에 다른 민족과 접촉하며 그런대로 잘 살아가고 있다. 그런데 우리는 이민족, 그것도 후진(後進)이라 생각되는 민족에 대하여는 심한 편견을 갖고 차별을 하고 있다. 우리는 다른 민족에 대해 배타적인 태도와 거부의 자세를 버리고 마음을 열고 교류하는 자세를 갖추어야 한다.

둘째, 자문화중심주의(自文化中心主義)의 문제다. 어느 민족이나 자문화 중심의 사고를 한다. 그래야 주체성 있는 문화를 꽃피울 수 있다. 그러나 이 세상에는 진정한 고유문화가 있을 수 없다. 문화는 서로 영향을 끼치고 받으며 발전하는 것이다. 그리고 각 민족의 문화는 그 나름의 가치를 지닌다. 상대적인 것이다. 그런데 우리는 이러한 문화적 상대주의를 인정하는 데 인색한 것 같다. 우리 문화만이 빛나는 문화이고, 제일이라고 생각하는 경향이 짙다. 그렇게 되면 문화의 교류나 화해는 이루어질 수 없다. 상대방의 문화를 인정하고 수용하는 자세를 취해야 한다.

셋째, 고정관념(固定觀念)의 문제다. 사람들은 범주화 하는 과정에서 좀더 빨리, 그리고 많은 정보에 쉽게 접근할 수 있어 고정관념을 많이 활용한다. 고정관념은 정보나 접촉의 부족으로 생겨나는 과장된 견해나 생각으로, 내부자에게는 호의적이고, 국외자에게는 비판적 경향을 지닌다. 그런가 하면 또한 선진문화에는 호의적이나, 후진문화에는 비판적이기도 하다. 우리는 문화에 대해 이러한 고정관념(stereotype)을 많이 지니고 있다. 그렇게 되면 올바른 문화교류를 할 수 없다. 이런 점에서 문화교류를 하기 위해서는 가능한 한 고정관념을 버리고, 많은 정보와 접촉을 가지도록 해야 한다.

넷째, 자기중심주의(egocentrism)의 문제다. 이는 본래 3세에서 5세 사이의 유아들에게 나타나는 현상으로, 자기와 객관적 세계가 분화되지 않아 모든 것을 자기본위, 자기중심으로 생각하는 경향을 말한다. 이런 현상이 다른 문화를 접할 때 성인의 세계에도 많이 나타난다. 이는 더구나 자문화중심주의와 어우러져 그 경향이 강화된다. 이런 경우는 자연히 자기미화와 과장을 하게 마련이다. 그렇게 되면 이는 사실세계(事實世界)와 다른 것이 된다. 이는 객관적 입장에서 보면 웃음거리다. 문화교류에서는 이러한 현상이 빚어지지 않도록 해야 한다.

다섯째, 동화(同化)의 문제다. 문화는 교류를 함으로 상호간의 이해를 돕고, 이를 발전시켜야 한다. 상대방을 내게 동화시키는 것이 아니라, 교류해야 한다. 그런데 흔히 문화교류란 것이 교류 아닌, 일방적 보급이거나 동화로 변질되는 것을 보게 된다. 이렇게 되면 이는 문화의 식민주의가 된다. 이런 교류 아닌 동화를 원하는 민족은 없다. 누구나 다 자기 민족의 문화를 유지 발전시키려 한다. 우리의 다문화가정의 경우도 한국문화에의 동화를 강요하는 경향이 짙다. 다문화 가정의 자녀는 부모의 두 문화를 이어받아 양국의 유능한 인재로 성장해야 한다. 동화 아닌 상호교류를 하도록 해야 한다. 이는 말처럼 쉬운 일만은 아니다.

이상 문화교류를 하는 과정에서 제기되는 몇 가지 문제를 살펴보았다. 한국어와 한국문화의 국제교류에 관심을 가지신 분들은 이러한 국제교류에 선행되어야 할 사실에 유의하여야 하겠다. 그래야 효과적인 언어문화의 교류가 가능하고, 아름다운 세계문화를 꽃 피울 수 있으며, 이 지구상의 모든 민족이 형제와 같이 우호적 관계가 성립될 것이다. 자, 그러면 우리 모두 한국의 언어와 문화를 국제적으로 교류하는 장으로 나아가자.

([참고] 한국언어문화교육, 그 새로운 방향, ICKC, 2015.3.30.)

다문화가정의 한국어교육

서언

1980년대에 일본의 농촌에서 동남아 여성들을 아내로 많이 맞이하였다. 이런 현상은 남의 일로만 생각되었다. 그런데 이런 시대적인 변화가 어느덧 우리의 현실로 다가왔다. 보건사회연구원 보고서에 따르면 결혼하는 남자 10명 중 1명이 "외국인 아내"라 한다(중앙일보, 08. 4.16). 우리 사회가 국제화하고, 우리 가정이 세계화하고 있다. 어느 "양반가"의 노인은 "집안의 종손이 동남아의 며느리를 보게 되었다"고 탄성에 가까운 푸념을 하고 있었다. 지구촌이란 말을 하거니와 이제 우리는 한반도란 테두리 안에서만 살 수 없는 시대를 맞게 되고, 문화가 다른 가족을 맞이하게 된 것이다.

우리는 외국인과 결혼한 가정을 국제가정, 또는 다문화 가정이라 한다. 다문화 가정은 대체로 외국 여성이 한국 남성과 결혼한 경우다. 농촌 총각과 외국인 여성이 결혼한 경우가 대부분이다. 2005년 통계에 의하면 외국인 아내가 9.9%인데, 외국인 남편은 3.8%라 한다. 따라서 다문화 가정이 화제가 되는 경우는 흔히 결혼 이주 여성이 그 대상이 된다.

여기서는 이러한 외국여성과 결혼한 다문화 가정의 한국어교육에 대해 살펴보기로 한다. 인간생활의 원칙은 협동에 있으며, 이 협동은 언어에 의해 이루어지기 때문이다. 다문화 가정의 행복한 생활을 위하여 이주 여성의 언어 문제는 무엇이며, 한국어 교육은 어떻게 해야 할 것인가를 교육의 3요소인 학습자·교재·교사(교수법)를 중심으로 고찰해 보기로 한다.

이주 여성의 한국어 실태

결혼 이주 여성들은 학문을 하기 위해 한국에 온 유학생들과는 달리, 대부분이 한국어교육을 제대로 받지 못한 사람들이다. 약 30%가 고향에서 한국어교육의 경험을 가졌으며, 절반에 가까운 인원이 한국에 와서 교육 경험을 가졌고, 나머지는 혼자서 한국어 공부를 한 것으로 알려진다. 따라서 이들의 한국어 능력은 대체로 부실하다. 그래서 한국에 온지 1년 이상 되었다는 여성들의 약 60%가 한국어를 몰라서 아주 힘들다고 하고, 75% 이상이 불편함을 호소한다.

김선정(2007)의 경북지역 이주 여성들의 한국어 실태를 보면 대체로 다음과 같은 경향을 보인다.

첫째, 표준어보다 지역 방언에 익숙하다.

많은 이주 여성들이 지방에 살고 있고, 생활 속에서 지역방언을 익혀 사투리를 많이 쓰고 있다. 경상북도 이주 여성의 경우는 "디다(힘들다), 무라(먹어라), 새가롭다/ 시그럽다(시다) 이자뿌리다(잊어버리다), 할배(할아버지)" 등의 방언을 쓰고 있다. 이러한 방언의 사용은 일상용어로서는 별 문제가 없으나, 자녀교육을 생각할 때 문제점으로 부각된다.

둘째, 읽기 쓰기 능력이 상대적으로 약하다.

5, 6년 이상 한국에 거주한 여성들의 경우는 음성언어 사용에 큰 불편이 없으나, 체계적인 교육을 받지 못한 여성의 경우 읽기, 쓰기와 같은 문자언어의 능력이 상대적으로 약하다. 따라서 자녀가 취학하는 경우 자녀의 학습지도에 문제가 야기된다.

셋째, 언어예절에 대한 지식이 부족하다.

우리나라는 대등한 사회가 아니라, 종적 서열을 지닌 계급사회다. 따라서 대우법이 많이 발달되었다. 말은 정확한 것도 중요하지만 사회적으로 격식에 맞는, 수용 가능한 말을 하는 것이 더욱 중요하다. 그런데 대우법 등에 대한 지식이 부족하기 때문에 실수를 많이 한다. 어른에게 존댓말을 쓰지 못하고, 반말이나 하대(下待)하는 말을 쓰는 것이 그것이다. 이밖에 격식 언어를 제대로 사용하지 못한다. 인사말 등 의례적인 말을 제대로 못하는 것이다.

넷째, 잘못 익힌 표현이 많다.

대부분의 이주 여성들이 체계적인 교육을 받은 것이 아니고, 주로 생활 현장에서 습득한 것이기 때문에 잘못된 것이 많다. 조사의 혼란, 활용의 오용, 대우법의 오용 등이 이러한 것이다. 그러나 이러한 오용은 의사소통에 별 지장을 주지 않기 때문에 교정도 잘 하지 않는다. 더구나 한번 화석화한 오용은 잘 교정되지도 않는다. 이런 면은 한국어교육에 장애요소로 작용한다.

다섯째, 부정확한 발음이 많다.

모어의 음운체계와 다르기 때문에 기본적으로 잘못 내는 발음이 있다. 게다가 대부분이 남들의 발음을 따라 하였고, 조음방법도 체계적으로 익혀 내는 것이 못 되기 때문에 부정확한 발음이 많다.

여섯째, 생활 어휘를 많이 알고 있다.

가정주부로서 생활하다 보니 채소, 양념, 과일, 육류, 가전제품 등의 생활용어를 많이 알고 있다. 이밖에 농기구 비료 등 농사 관계 어휘와, 시집과 관련된 호칭이나 표현도 많이 알고 있다.

일곱째, 문장에 오류가 많고, 제대로 의사전달을 하지 못한다.

학습 아닌 습득에 의해 어느 정도는 문법도 익혀 자연스럽게 발화한다. 그러나 어휘가 부족하고 문장도 비문(非文)이 많아 의미만 대충 전달할 뿐, 하고 싶은 말을 제대로 하지 못하는 것이 현실이다.

대체로 이러한 것이 학습 대상자로서의 이주 여성의 한국어 능력의 현주소다.

이주 여성의 한국어교육 내용

앞에서 학습자로서의 이주 여성의 한국어 실태를 살펴보았다. 다음에는 교재, 말을 바꾸면 교수·학습의 내용에 대해 살펴보기로 한다.

결혼 이주 여성의 한국어 교육목표는 언어 능력(linguistic competence)을 기르자는 것이 아니라, 의사소통 능력(communicative competence)을 기르자는 것이다. 말을 바꾸면 한국인으로 살아가는 데 불편함이 없을 정도로 유창한 한국어를 사용하게 하는 데 목적이 있다. 따라서 이들 여성에 대한 한국어교육은 재외동포에게 민족교육을 하듯, 단순한 전달 기호가 아닌, 민족의 역사와 문화를 배경으로 한, 민족어로서의 한국어교육이 필요하다. 그리고 이주 여성은 이미 제1언어를 습득하고, 제2언어로

서 한국어를 학습하는 것이니, 제1언어와 대조분석적 입장에서 한국어
를 학습하게 함이 바람직하다. 이런 의미에서 한국어 교재는 원칙적으
로 학습자의 모어별로 별개의 교재를 개발토록 해야 한다. 이것이 불가
능할 때 이주 여성의 제1언어에 따라 범용교재를 번역하여 자학・자습
하도록 할 수 있을 것이다.

그러면 구체적으로 한국어 교재는 어떠해야 하는가?

첫째, 학습자의 흥미와 욕구가 반영되어야 한다.

이주 여성은 주부다. 이들의 활동 무대는 주로 가정이다. 우선 이들
은 음식을 만들어야 한다. 그리고 간을 맞추어야 한다. 그래서 이국의
이주 여성은 시어머니에게 필연적으로 건네야 할 말이 "어머님, 간 좀
봐 주세요. 간이 맞아요?"가 된다. 이것이 이주 여성이 한국어에 대해
관심을 가지게 되는 대표적인 경우다. 다른 학습자에게는 이것이 중요
한 학습 내용・대상이 못 된다. 이렇게 교육 내용은 학습자의 흥미와
욕구와 관심의 대상이 되는 것으로 해야 한다.

둘째, 구어(口語)에 중점을 두되, 일정 부분 문어(文語)를 다룬다.

언어 학습은 구어로 시작해서 문어로 들어가는 것이 자연스럽다. 더
구나 이주 여성은 우선 시급한 것이 구어다. 구어로 의사소통을 해야
하기 때문이다. 이때 난이도가 고려되어야 한다. 어려운 문법 사항, 복
잡한 구문을 초급에서 가르칠 수는 없기 때문이다. 그리고 구어가 일정
한 수준에 오르게 되면 읽기・쓰기의 문어를 학습 대상으로 할 것이다.
2세 교육을 위해서도 그러하다. 여기 부기할 것은 구어의 경우 외국인
에게는 발음이 어려우니 철저한 교육이 되도록 많은 배려해야 한다는
것이다.

셋째, 이주 여성이 부딪칠 상황을 다양하게 설정한다.

생활의 기반은 가정이라 하여도, 이들도 내국인과 마찬가지로 사회
활동을 해야 하는 사람들이다. 따라서 다양한 장면을 설정하여 거기서
구체적으로 사용될 수 있는 한국어를 학습할 수 있도록 교재를 구성해
야 한다.

넷째, 학습자의 모어에 대한 배려를 한다.

교재는 원칙적으로 제1언어와 제2언어의 대조분석을 바탕으로 편찬
되는 것이 바람직하다. 그렇게 되면 불필요한 내용을 학습 내용으로 담
을 필요도 없고, 힘들여 교수하지 않아도 된다. 그리고 학습자도 효율
적으로 학습할 수 있다. 野田尙史(2005)에서는 문법 해설 143항 가운데
한국인 학습자를 위해서 문법 해설이 필요한 항목은 20개에 미치지 않
는다고 하고 있다. 대조 분석의 위력을 짐작하게 하는 대목이다.

다섯째, 사회문화적 내용 지식과 사회문화적 형식 지식을 포함한다.

어휘는 우선 실생활에 필요한 생활어휘를 많이 익히도록 한다. 이때
반드시 다루어야 할 것이 언어 예절에 관한 것이다. 사회적으로 수용할
수 있는 말을 하여야 환영을 받기 때문이다. 속담이나 관용어 등 문화
적 배경을 지닌 어휘 표현도 아울러 다루도록 한다.

> 사회문화적 내용 지식 : 장가가다, 국수를 먹다, 더도 덜도 말고 한
> 가위만 같아라
> 사회문화적 형식 지식 : 과세 안녕하십니까?, 내 더위 사가라, 순산
> 을 하였으니 다행입니다

여섯째, 전통문화와 생활문화를 아울러 다룬다.

한국인으로 살아가기 위해서는 전통문화와 생활문화를 아울러 익혀
야 한다. 전통문화는 읽을거리로 풍습·제도·언어문화·예절 등을 다

루어 한민족의 정체성을 깨닫게 한다. 생활문화는 실생활과 관련된 문화를 주로 다루어 오늘날의 한국문화를 이해하고, 진정한 한국 시민으로 부족함이 없이 성장하고 활동할 수 있게 한다.

일곱째, 자문화중심주의가 아닌, 다문화교육을 수용한다.

문화를 자문화중심의 일방적 강요를 하는 것이 아니고, 상호간에 문화를 교류하는 태도를 지향한다. 문화는 상호 교류하는 가운데 발전하고, 서로 이해하고 친근해진다. 더구나 현대는 세계화시대이고 보니 더욱 그러하다. 따라서 한국문화만이 아닌, 이주 여성의 모국 문화도 아울러 다루어 상호 이해하고, 우호적 관계를 형성하도록 한다. 특히 문화의 상호대조는 효과적일 것이다.

여덟째, 학습 내용을 주변이나 가족이 협조하는 체제로 구성한다. 특히 문화의 상호 대조는 효과적일 것이다.

교재는 교육기관에서 활용할 수도 있다. 그러나 이주 여성의 현실은 교육기관을 찾는다기보다 가족이나 주위 사람의 도움을 받으며 독학하는 경우가 많을 것이다. 이때 남편이나 가족이 동참하는 기회가 많도록 구성한다. 가족이나 주변 사람을 흡입하는 장치를 마련하는 것이다. 이렇게 되면 학습 효과도 오를 뿐 아니라, 우호적 관계도 형성될 것이다.

한국어 교수의 방법

결혼 이주 여성의 경우 모두가 교육기관에 가서 한국어 교육을 받는 것은 아니지만 교사의 문제, 곧 교수법의 문제를 간단히 언급하기로 한다. 이주 여성이 한국어를 배우는 가장 큰 목적은 원만한 의사소통을

하고자 하는 것이다. 따라서 많은 교수법 가운데 무엇보다 활용이 바람
직한 것은 의사소통법(communicative methode)이라 할 것이다. 이는 무엇
보다 수행위주의 교육이 되어야 한다. 참고로 의사소통교수법의 원칙
을 제시하면 다음과 같다(박갑수, 2005).

① 자기가 무엇을 하고 있는지 알아야 한다.
② 전체는 부분의 집합체가 아니다.
③ 전달과정도 언어 형식과 마찬가지로 중요하다.
④ 배우기 위해 해 볼 일이다.
⑤ 잘못은 반드시 잘못된 것이 아니다.

이밖에 이주여성을 위한 교수법으로 권장할 것은 과제 학습법(task
approach)이다. 이는 의사소통법의 한 가지 방법이라고도 할 수 있는 것
으로 과제, 곧 하나의 문제를 해결하는 과정을 통해 언어를 학습하도록
하는 것이다. 현실에 부딪쳐 스스로 문제를 해결할 때, 그것이 진정한
의미의 자기의 의사소통능력(communicative competence)으로 정착될 것이다.

이국 땅에 와 언어가 잘 소통이 안 되어 고생하는 결혼 이주 여성들이
한국어를 유창하게 하여 한국인으로서 행복한 삶을 누리게 되기를 바란다.

참고문헌

김선정(2007), 결혼 이주 여성을 위한 한국어교육, 이중언어학 제33호, 이중언어학회
박갑수(2005), 국어교육과 한국어교육의 성찰, 서울대학교 출판부
野田尚史(2005), コミュニケーションのための日本語教育文法, くろしお出판

(KBS 한국어 연구회 자문회의, 08. 10. 20)

한국어교육과 교원 양성

　요즘 한류와 함께 한국어교육이 뜨고 있다. 한국어교육은 20세기의 6·70년대까지만 하여도 그 존재가 미미하였다. 한국어의 세계화는 감히 상상도 못 할 일이었다. 그런데 이 거사(巨事)가 우리 눈앞에 전개되고 있다.

　한국어교육은 오늘날 도처에서 행해지고 있다. 그 대표적인 것이 대학에서 한국어를 가르치는 것이고, 또 하나가 세종학당을 통해 한국어를 가르치는 것이다. 대학에서의 한국어교육이란 물론 외국에서 외국인을 대상으로 한국어를 가르치는 것이 주종을 이룬다 하겠다. 최근의 경향은 분명치 않고, 2007년의 통계에 의하면 62개국 735개 대학에서 한국어가 가르쳐지고 있다. 상당하다. 그러나 오늘날은 그 수가 늘어났을 것임에 틀림없다. 세종학당은 세종학당재단이 발족되며 박차를 가해 2013년 8월 현재 총 51개국 117개소가 개설되어 있다.

　현대는 소통의 시대다. IT의 시대다. 일일생활권이 아니라 시(時)·분(分)을 다투는 시대다. 이런 면에서 커뮤니케이션이 중요하다. 이는 외국어를 배워서 하는 것이 아니라, 자국의 언어문화(言語文化)를 통해 하는 것이 바람직하다. 언어문화를 통해 친근해지고, 이해하고, 사랑하게 된다. 경제적인 면에서도 무엇한 통상과 비교가 안 된다. 그래서 문화의 제국주의(帝國主義)를 지향하는 것은 아니지만 세계강대국은 자국어(自國語) 보급에 열을 올리고 있다. 영국의 British council, 미국의 American center, 독일의 Goethe institute, 프랑스의 Allience Francaise, 중국의 공자학원(孔子學院) 등이 그것이다. 이들의 규모는 우리 세종학당과는 비교가 안 될 정도로 규모가 크다.

흔히 교육의 질은 교사의 질을 능가하지 못한다고 한다. 한국어교육도 제대로 하자면 무엇보다 훌륭한 교사를 많이 확보해야 한다. 교사가 변변치 못할 때는 학습효과도 오르지 않고, 학습을 포기 · 이탈하게 된다.

한국어 교원을 양성하는 길은 소정의 학위과정을 마치거나, 비학위 과정인 한국어 교원 양성과정을 거쳐 한국어교육능력검정시험을 치러야 한다. 그런데 학위과정이나, 교원능력시험의 기준은 너무 약하게 되어 있다. 필수 이수학점이 주전공의 경우 45학점이고, 시험기준은 120시간으로 되어있다. 서울대학교의 경우 국어교육 전공도 60학점으로 하고 있다. 이래 가지고는 능력 있는 한국어 교원를 양성할 수 없다. 기준을 강화해야 한다. 세계 도처에서 원하는 것은 자격 있는 교원이다. 무지렁이가 아니다. 2014년 5월 현재 한국어 교원 자격증을 취득한 사람은 겨우 1,671명이라 한다. 수요에 비해 턱없이 부족하다. 유능한 교원을 많이 길러내야 하겠다.

(어문생활 204, 2014년 11월호)

비언어행동과 커뮤니케이션과 교육

의용거지(儀容擧止)는 인품을 나타낸다. 이는 언어와 마찬가지로 커뮤니케이션의 기능을 하는 비언어행동(非言語行動)이다.

흔히 커뮤니케이션이라면 언어를 생각하나, 사실은 비언어 커뮤니케이션이 더 큰 비중을 차지한다. 이는 커뮤니케이션의 70%, 심하게는 93%를 차지하는 것으로 보기까지 한다. 그런데 언어가 현시적(顯示的)이어 비언어 행동은 잘 의식되지 않는다. 같은 문화사회(文化社會)에서는 더욱 그러하다.

비언어행동은 본능적인 면과 후천적으로 습득되는 면이 있다. 특히 이문화사회(異文化社會)의 비언어행동은 습득된다. 이는 문화가 만들어 내는 산물이다. 문화가 다르면 비언어행동도 차이를 드러낸다.

비언어 커뮤니케이션이라면 흔히 신체동작학(身體動作學)의 대상인 몸동작과 손동작을 떠올린다. 이들이 물론 중요한 대상이다. 그러나 이밖에 신체 접촉, 근접 공간, 시간 대응, 부차 언어 등도 중요한 대상이다. 이들은 각각 신체접촉학, 근접공간학, 시간개념학, 부차언어학이라는 학문의 대상이 된다. 그리고 신체동작학 이외의 비언어행동은 대부분 비의도적(非意圖的) 의사전달을 한다.

우리는 긍정(肯定)의 경우 고개를 끄덕이고, 부정(否定)의 경우 고개를 젓는다. 그리스에서는 긍정의 경우 고개를 가로 젓는다. 우리는 동성(同性)끼리 손을 잘 잡는다. 특히 여학생의 경우 그러하다. 이는 서양 사람에게 동성애자(同性愛者)로 오인된다. 남좌여우(男左女右)는 우리의 전통적 의식이다. 이는 살아서는 말할 것 없고, 합장(合葬)의 경우도 그러하다. 동·서양의 경우 주석(主席)의 오른쪽이 상석(上席)이다. 상을 차릴 때 밥과 국은 각각 왼쪽과 오른쪽에 놓는다. 제상(祭床)은 반대로 진설한다. 밥을 오른쪽에 놓으면 망자(亡者)의 상이 된다. 그런데 식당에서는 이런 일이 비일비재하다. 그럼에도 첨잔(添盞)은 시비를 하면서도 이를 문제 삼는 사람이 거의 없다. 무식의 소치다. 기관장(機關長)의 방은 건물의 어느 쪽에 있는가? 서양식(西洋式)은 가장 높은 층의 입구에서 먼 구석에 있다. 회담 시의 상석(上席)은? 문을 향한 안쪽이다. 우리는 예약 없이 흔히 남을 찾는다. 서양의 교수는 약속되지 않은 상담을 거절한다. 시간 개념에 대한 비언어 커뮤니케이션(非言語傳達)의 차이를 보이는 예다.

우리는 그간 비언어 커뮤니케이션의 교육에 대해 너무 소홀하였다. 비언어행동은 앞에서 보듯 중요한 커뮤니케이션의 수단이다. 그리고 이는 많은 것이 습득(習得) 내지 학습(學習)에 의해 이루어진다. 따라서 원만한 소통을 하기 위해서는 비언어 커뮤니케이션에 대한 교육에 많은 관심을 기울여야 한다. 특히 외국어로서의 언어교육(言語敎育)의 경우 이는 필수적이다.

(어문생활, 제192호, 2013년 11월호)

[부록] 저자의 논저 목록

1. 저서

(1) 교양 및 전공서

1. 수필집 마음 속에 파문이 일 때(공저), 1966. 敎育院

2. 국민학교 국어교육(공저), 1973. 서울대학교 출판부

3. 국어학신강(공저), 1973. 개문사

4. 국어과교육(공저), 1975. 한국능력개발사

5. 국어교육(공저), 1976. 서울대학교 출판부

6. 文體論의 理論과 實際, 1977. 세운문화사

7. 사라진 말, 살아 남는 말, 1979. 瑞來軒

8. 한민족의 유산<전10권>(공편), 1979. 신흥서관

9. 국어과 교육(II)(공저), 1982. 한국방송통신대학

10. 우리말의 허상과 실상, 1983. 한국방송사업단

11. 방송언어의 문제점과 개선방안 연구, 1983. 放送調査研究 報告書4, 방송위원회

12. 국어의 오용과 순화, 1984. 한국방송사업단

13. 국어의 表現과 醇化論, 1984. 志學社

14. 현대 국어문장의 실태 분석(공저), 1985. 한국정신문화연구원

15. 국어과교육(I)(공저), 1985. 한국방송통신대학

16. 국어과교육(II)(공저), 1985. 한국방송통신대학

17. 방송언어론, 1987. 文化放送

18. 11人의 교육수상(공저), 1987. 교육과학사

19. 신문기사의 문체(공저), 1990. 韓國言論研究院

20. 국어의미론(공저), 1990. 개문사

21. 廣告言語의 使用基準, 1993. 公報處

22. 제2 논설집 우리말 사랑 이야기, 1994. 한샘출판사

23. 국어문체론(편저), 1994. 대한교과서주식회사

24. 제3 논설집 올바른 언어생활, 1994. 한샘출판사

25. 우리말 바로 써야 한다 1·2·3, 1995. 集文堂

26. 韓國 放送言語論, 1996. 집문당

27. 民事訴訟法의 醇化硏究, 1997. 大法院 報告書

28. 한국어교육개론, 1997. 외국인을 위한 한국어 지도자과정

29. 표준어와 정서법, 1997. 외국인을 위한 한국어 지도자과정

30. 現代文學의 文體와 表現, 1998. 집문당

31. 新聞·廣告의 문체와 표현, 1998. 집문당

32. 일반국어의 문체와 표현, 1998. 집문당

33. 제4 논설집 아름다운 우리말 가꾸기, 1999. 집문당

34. 국어 표현·이해 교육(공저), 2000. 집문당

35. 다섯 수레의 책(공저), 2004. 서울대학교 출판부

36. 국어교육과 한국어교육의 성찰, 2005. 서울대학교 출판부

37. 古典文學의 문체와 표현, 2005. 집문당

38. 한국어교육의 원리와 방법, 2012. 亦樂

39. 한국어교육과 언어문화 교육, 2013. 역락

40. 재외동포 교육과 한국어교육, 2013. 역락

41. 한국인과 한국어의 발상과 표현, 2014. 역락

42. 우리말 우리 문화(上, 下), 2014. 역락

43. 재미있는 속담과 인생, 2015. 역락

44. 교양인을 위한 언어·문학·문화, 그리고 교육 이야기, 2015. 역락

(2) 교과서

1. 방송통신고등학교 국어, 1·2·3 (공저), 1967-9. 고려서적주식회사

2. 방송통신고등학교 國文法, 1977. 고려서적주식회사

3. 방송통신고등학교 국문학사(공저), 1978. 고려서적주식회사

4. 고전문학(공저), 1984. 지학사

5. 중학교 漢文 1, 2, 3(공저), 1995. 지학사

6. 고등학교 화법(공저), 1996. 한샘출판사

7. 고등학교 독서(공저), 1996. 지학사

8. 고등학교 漢文 上, 下(공저), 1996. 지학사

9. 고등학교 문학 上, 下(공저), 1996. 지학사

10. 방송 화법(공저), 2001. 지학사

11. 중학교 漢文 1(공저), 2001. 지학사

12. 국어생활(공저), 2001. 지학사

13. 중학교 漢文 2(공저), 2002. 지학사

14. 고등학교 漢文 上, 下(공저), 2003. 지학사

15. 고등학교 문학 上, 下(공저), 2003. 지학사

16. 고등학교 국어(공저), 2007. 지학사

2. 연구 논문

1. 언어의 感化的 用法의 고찰(上, 下), 65. 8. 및 12. 국어교육 10, 11, 한국국어교육
   연구회

2. 언어에 관한 속담고, 66. 5. 異河潤先生 회갑기념논문집

3. 流配歌辭考-문체론적 고찰을 중심으로, 68. 6. 청주여대학보, 창간호, 청주여자대학

4. 인현왕후전과 사씨남정기의 비교연구, 68. 12. 국어교육 14, 한국국어교육연구회

5. 국어의 感化的 표현고, 69. 1. 論文集 1, 한국국어교육연구회

6. 감각적 詩語考, 69. 12. 論文集 6, 서울대 교육대학원

7. 韓國 現代小說文章의 構造, 71. 1. 朝鮮學報 58, 日本 조선학회

8. 한국 현대소설 문장고, 71. 10. 국어교육 17, 한국국어교육연구회

9. 靑鹿集의 시어고, 71. 11. 海巖 金亨奎博士 송수기념논총

10. 현대소설 문장의 집필과정, 72. 12. 箕軒 孫洛範先生 회갑기념논문집

11. 언어순화 방안 연구, 73. 2. 論文集 3, 한국국어교육연구회

12. 현대소설의 具象的 표현연구, 73. 4. 硏究論叢 3, 서울대학교 교육회

13. 直喩의 이미지고, 74. 2. 靑坡文學 11, 淑明女大 國語國文學科

14. 현대소설의 色彩語 연구, 74. 4. 硏究論叢 4, 서울대학교 교육회

15. 한국 閨秀作家의 具象的 표현연구, 74. 12. 亞細亞女性硏究 13, 숙명여대 아세아 여성연구소

16. 現代詩에 반영된 色彩語 연구, 75. 3. 韓相甲先生 환력기념논집

17. 한국 현대소설 문장의 品詞的 경향, 76. 5. 국어교육 27·28, 한국국어교육연구회

18. 색채어의 위상, 76. 8. 金亨奎敎授 정년퇴임 기념논집

19. 국어순화운동의 현황과 전망, 76. 12. 국어교육 29, 한국국어교육연구회

20. 한국 현대시의 共感覺的 표현, 77. 12 亞細亞女性硏究 16, 숙명여대 아세아 여성연구소

21. 東言考略의 표음 표사적 경향, 78. 11. 先淸語文 9, 서울大 사대 국어교육과

22. 東言考略의 네 異本考, 78. 12. 國語學 7, 국어학회

23. 女流作家의 文體論的 단면, 78. 12. 亞細亞女性硏究 17, 숙명여대 아세아 여성연구소

24. 국어순화의 이론과 방법, 79. 6. 국어순화와 교육, 한국정신문화연구원

25. 吏讀 부사 語彙考, 79. 6. 師大論叢 19, 서울대학교 사범대학

26. 향가의 屈曲法, 79. 11. 국어의 표현과 순화론, 지학사

27. 춘향전의 諧謔的 표현(上), 79. 12. 亞細亞女性硏究 18, 숙명여대 아세아 여성연구소

28. 대학생을 위한 교양국어에 관한 연구(공저), 80. 6. 師大論叢 21, 서울대학교 사범대학

29. 국어의 한 어원 및 계통론, 80. 6. 국어의 표현과 순화론, 지학사

30. 韓·日語의 한 비교연구 소고, 80. 6. 국어의 표현과 순화론, 지학사

31. 춘향전의 한 文體 양상, 80. 10. 蘭汀南廣祐博士 회갑기념논총

32. 韓·日語の 對照的考察, 81. 3. 朝鮮語敎育硏究 1, 筑波大學 조선어연구회

33. 언어정책과 국어순화, 81. 5. 語文硏究 29, 한국어문교육연구회

34. 향가 해독의 몇 가지 문제, 81. 11. 先淸語文 11·12, 서울대 사대 국어교육과

35. 蘆江의 詩의 문체론적 고찰, 81. 12. 語文硏究 31·32, 한국어문교육연구회

36. 춘향전의 諧謔的 표현(下), 81. 12. 亞細亞女性硏究 21, 숙명여대 아세아 여성연구소

37. 日本 소장 춘향전의 文體考, 82. 10. 師大論叢 24, 서울대학교 사범대학

38. 방송언어의 문제점과 개선방안, 82. 10. 放送硏究 1-2, 방송위원회

39. 국어순화의 현황과 전망, 82. 10. 韓國語硏究 主題論文 1, KBS 한국어 연구회

40. 語錄解에 대하여, 83. 4. 蘭臺 李應百博士 회갑기념논문집

41. 한국언론이 전개한 국어순화, 83. 4. 韓國語硏究論文 2, KBS 한국어 연구회

42. 語錄解 해제, 83. 7. 朝鮮學報 108, 日本 朝鮮學會

43. 우리말의 허상과 실상, 83. 12. 韓國語硏究論文 4, KBS한국어연구회

44. 국어교육 평가의 방향, 84. 5. 仁川敎育 5, 仁川 敎育委員會

45. 해방후의 言語生活 변천사, 84. 10. 廣場, 평화교수 아카데미

46. 국어 誤用의 경향에 대하여, 84. 10. 국어생활 1, 國語硏究所

47. 작문과 문장의 길이 문제, 84. 12. 정신문화연구 겨울, 한국 정신문화연구원

48. 방송언어 사용의 바람직한 방향, 84. 12. 放送硏究 3-4, 방송위원회

49. 방송언어의 현상과 반성, 85. 1. 한국어연구논문 7, KBS 한국어 연구회

50. 記事의 실상과 문제점, 85. 5. 한국어연구논문집 9, KBS 한국어 연구회

51. 文章의 길이, 85. 6. 현대 국어문장의 실태분석, 한국정신문화연구원

52. "한글"의 유래와 의미, 85. 11. 국어생활 3, 국어연구소

53. 논술고사의 평가, 85. 12. 국어교육 53·54, 한국국어교육연구회

54. 방송의 禁忌語에 관하여, 85. 12. 한국어연구논문집 10. KBS 한국어 연구회

55. 방송언어와 語彙, 85. 12. 한국표준방송언어, 韓國放送公社

56. 放送文章, 85. 12. 한국표준방송언어, 한국방송공사

57. 우리말의 오용과 순화, 86. 4. 한국어연구논문 13, KBS 한국어연구회

58. 국어교육과 論述考査의 문제점과 대책, 86. 5. 국어교육과 논술고사의 문제점과 대책, 인하대학

59. 논술고사 출제에 대한 반성과 개선방안, 86. 5. 대학입시제도 발전과 논술고사 운영방안, 한국대학 교육협회

60. 국민의 언어생활과 방송언어, 86. 6. 放送硏究 5-2, 방송위원회

61. 오용되는 방송언어, 86. 12. KBS 표준방송언어, 한국방송공사

62. 사례를 통해 본 방송언어의 문제점, 86. 12. 放送硏究 5-4, 방송위원회

63. 방송언어의 變遷 개관, 87. 2. 放送言語 變遷史, 한국방송공사

64. 방송언어의 語彙 變遷, 87. 2. 放送言語 變遷史, 한국방송공사

65. 방송문장의 敎育, 87. 2. 放送言語 變遷史, 한국방송공사

66. 국어 오용의 실태조사 연구, 87. 6. 연구보고서(1), 국어연구소

67. 東京大學本 "춘향전"について, 88. 1. 朝鮮學報 126, 日本 조선학회

68. 개정된 맞춤법과 표준어규정의 허실, 88. 8. 東洋文學, 동양문학사

69. 한국 단편소설의 顔面 묘사, 88. 8. 李應百敎授 정년퇴임기념논문집

70. 關西地方 한국학교의 국어교육, 88. 9. 二重言語學會誌 4, 이중언어학회

71. 최근 방송인의 언어실태, 88. 12. 放送硏究 7-4, 방송위원회

72. 최근의 방송언어에 대하여, 89. 1. 한국어연구논문 22, KBS 한국어연구회

73. 언어의 感化的 表現, 89. 6. 齊曉李庸周博士 회갑기념논문집

74. 방송과 표준발음, 89. 6. 방송기술인 전문연수자료, 언론연구원

75. 신문과 바른 말, 89. 9. 전문연수자료, 한국언론연구원

76. 국어 呼稱의 실상과 대책, 89. 12. 국어생활 19, 국어연구소

77. 楊州方言의 음운변이, 89. 12. 국어교육 67-68, 한국국어교육연구회

78. 방송언어의 오용사례, 89. 12. 아나운서 방송교본, 한국방송공사

79. 방송과 禁忌語, 89. 12. 아나운서 방송교본, 한국방송공사

80. 새로운 언어규범에 대하여, 90. 5. 한국어연구논문 26, KBS 한국어 연구회.

81. 우리말 속의 일본말, 90. 8. 언론과 비평 13, 언론과 비평사

82. 중국에서의 한국어 교육기관에 대한 연구, 90. 10. 二重言語學會誌 7, 이중언어학회

83. 기사문의 文體와 表現, 90. 10. 기사의 문체와 표현, 한국언론연구원

84. 신문기사의 문체와 표현, 90. 10. 신문기사의 문체, 한국언론연구원

85. 文體, 90. 12. 國語硏究 어디까지 왔나, 동아출판사

86. 고본춘향전의 위상과 표현(上), 91. 11. 陶谷 鄭琦鎬博士 회갑기념논총

87. 국어순화–정책과 실상, 92. 4. 광복후의 국어교육, 한샘출판사

88. 방송언어에 나타난 언어의 문제, 92. 6. 새국어생활 2-2, 국립국어연구원

89. 재외동포의 한국어교육, 92. 6. 국어교육학의 이론과 방법연구, 교학사-재일·재
   중동포의 모국어교육을 중심으로

90. 廣告言語의 역기능 해소방안, 92. 12. 광고언어가 정서에 미치는 영향, 공보처

91. 국어교육학의 연구와 교육의 구조(공저), 93. 6. 師大論叢 46, 서울대학교 사범대학

92. 매스컴 言語 및 文章의 실상과 개선대책, 93. 7. 말과 글 55, 한국 교열기자회

93. 體育 관계 기사문의 개선방안, 93. 11. 체육용어개선방안, 한국언론연구원

94. 국어교육의 과제와 전망, 93. 12. 한국어연구논문 37, KBS 한국어 연구회

95. 廣告言語 사용의 기준, 93. 12. 광고언어 사용의 기준, 한국방송광고공사

96. 학술용어의 國語化, 94. 2. 대학국어작문, 서울대학교 출판부

97. 방송언어의 문제와 개선방안, 94. 6. 방송과 시청자 61, 방송위원회

98. 南北 맞춤법의 차이와 그 統一문제, 94. 7. 語文研究 81-82, 1995. 3. 국제고려학
   회 학술총서 3, 日本 국제고려학회

99. 국어 文體의 연구사, 94. 10. 국어문체론, (주)대한교과서

100. 新語의 실상과 순화방안, 94. 한국어연구논문 40, KBS한국어연구회

101. 國際化時代의 韓國의 國語教育, 95. 6. 世界의 言語教育・日本의 國語教育, 日本國立國
    語研究所

102. 언어규범과 현실의 間隙, 95. 8. 霽曉 李庸周敎授 정년퇴임논문집

103. 제5・6차 국어과 교육과정의 기본방향, 95. 연구보고서 94-1, 국어교육연구소

104. 言語規範으로서의 방송어휘, 95. 12. 새국어생활 5-4, 국립국어연구원

105. 한국어 國際化의 의미와 과제, 95. 12. 한국어 국제화를 위한 학술대회, 한국어
    국제화추진협의회

106. 討論의 언어와 표현, 95. 12. 바람직한 토론문화, 文化體育部

107. 南北韓 음성언어 교육의 비교연구, 95. 12. KBS한국어 42, KBS 한국어연구회

108. 교양국어 교육 시행의 반성, 96. 국어국문학 117, 국어국문학회

109. 한국어 國際化의 현황과 과제, 96. 7. 해외 한민족과 차세대, SAT II 한국어진흥재단

110. 고본춘향전의 위상과 표현(中), 96. 10. 先清語文 24. 서울사대 국어교육과

111. 한국어 能力試驗의 방안, 96. 12. KBS 한국어연구논문 44, KBS 한국어연구회

112. 국어교육 100년의 회고와 전망, 96. 12. 二重言語學會誌 13, 이중언어학회

113. 법률 용어와 문장의 순화, 97. 7. 한글사랑 5, 한글사랑사

114. 北韓小說 "쇠찌르레기"의 문체, 97. 陳泰夏敎授 송수기념어문논총

115. 고본춘향전의 위상과 표현(下), 97. 10. 先清語文 25, 서울사대 국어교육과

116. 現代文學과 國語醇化, 97. 12. 한글사랑 6, 한글사랑사

117. 북한소설 "산제비"의 문체와 표현, 97. 12. 우리문화 동질성연구 1, 우리문화동
     질성연구회
118. 법률문장 순화돼야 한다, 97. 12. 새국어생활 7-4, 국립국어연구원
119. 중국 朝鮮族 서간문의 오용분석, 97. 12. 국어교육연구 4, 서울대학교 국어교육
     연구소
120. 中國의 조선말과 南北韓語의 비교, 97. 12. 二重言語學會誌 14, 이중언어학회
121. 외국어로서의 한국어교육, 98. 2. 외국인을 위한 韓國語教育研究 1, 외국인을 위
     한 한국어교육 지도자과정
122. 民事訴訟法의 문제와 순화방안, 98. 2. 국어교육 96, 한국어교육연구회
123. 한·일·영어의 發想과 표현의 비교, 98. 8. 일반국어의 문체와 표현, 집문당
124. 色彩에 대한 이미지의 표현, 98. 8. 일반국어의 문체와 표현, 집문당
125. 외국어로서의 한국어교육과 文化的 배경, 98. 10. 先清語文 26, 서울사대 국어교
     육과
126. 외국어로서의 한국어교육 평가, 98. 12. 이중언어학 15, 二重言語學會
127. 民事訴訟法의 醇化, 그 필요성과 실제, 98. 12. 師大論叢 57. 서울대학교 사범대학
128. 통일을 대비한 국어교육의 현황과 대책, 98. 12. 국어교육연구 5, 서울대학교
     국어교육연구소
129. 고소설의 顔面 묘사, 98. 12. 국어교육학연구 8, 국어교육학회
130. 비교를 통해 본 한국어의 發想과 표현, 99. 2. 韓國語教育研究 2, 서울대 외국인
     을 위한 국어교육 지도자과정
131. 신문과 방송의 한국어, 99. 10. 국어교육연구 8, 인하국어교육학회
132. 남북한의 언어 차이와 그 統一政策, 99. 10. 先清語文 27, 서울사대 국어교육과
133. 南北統一 대비 국어교육의 문제, 99. 12. 국제고려학회 논문집 창간호, 국제고
     려학회
134. 한국어교육의 과제와 전망, 99. 12. 국어교육연구 6, 서울대학교 국어교육연구소
135. "손" 관계 관용구의 발상과 표현, 99. 12. 이중언어학 16. 이중언어학회
136. 새 千年과 우리 언어문화의 발전방향, 99. 12. 國語教育學研究 9, 국어교육학회
137. 한국어 교육과정 구안에 대한 논의, 00. 2. 韓國語教育研究 3, 외국인을 위한 한

국어교육 지도자과정

138. 국어교육과 表現 理解의 교육, 00. 8. 국어 표현·이해 교육, 집문당

139. 흥부전의 문체와 표현(上), 00. 10. 雲崗 宋政憲先生 화갑기념논총

140. 한국인의 언어생활과 公用語 문제, 00. 12. 이중언어학 17, 이중언어학회

141. "발" 관계 관용구의 발상과 표현, 01. 2. 韓國語教育研究 4, 외국인을 위한 한국
    어교육 지도자과정

142. 한·일·영어 속담 표현의 한 단면, 01. 梅田博之 고희기념논문집

143. 가축 어휘의 이미지와 표현, 01. 12. 이중언어학 19, 이중언어학회, -한·일·
    영어의 비교

144. 한국어 교재 개발 원론, 02. 2. 韓國語教育研究 5, 외국인을 위한 한국어교육 지
    도자과정

145. 방송언어의 語彙 변천, 02. 2. KBS한국어연구논문 53, KBS 한국어 연구회

146. 한국어교육의 현황과 과제, 02. 6. 중국에서의 한국어교육 III, 延邊 과학 기술
    대학 한국학연구소

147. 청소년의 言語行態와 그 개선방안, 02. 10. 先清語文 30. 서울師大 국어교육과

148. 중국 조선족의 民族語 교육과 21세기, 03. 2. 韓國語教育研究 6, 외국인을 위한
    한국어교육 지도자과정

149. 개정 民事訴訟法의 순화와 향후 과제, 03. 4. 개정 민사소송법의 법령용어 및
    법률문장의 순화와 향후 과제, 한국법제연구원

150. 한국어교육의 과제와 개선 방향, 03. 7. 재외동포의 정체성확립과 교육의 방향,
    －재외동포 교육을 중심으로, 재외동포교육진흥재단

151. 한국어교육 평가의 현황과 과제, 03. 11. 한국 언어문화 교육의 현황과 발전방
    향, 한국언어문화교육학회, 05. 중국에서의 한국어교육 VI, 태학사

152. 한국어교육을 위한 교사론, 04. 2. 한국어교육연구 7, 서울사대 외국인을 위한
    한국어교육지도자과정

153. 표준어 정책의 회고와 반성, 04. 새국어생활, 국립국어연구원

154. 한국어교육을 위한 教授法, 04. 중국에서의 한국어교육 V, 태학사

155. "동양문고본 춘향전"의 문체- 종결형태를 중심으로, 04. 선청어문 32, 서울사

대 국어교육과

156. 속담에 반영된 언어수행론, 04. 한국어교육연구 8, 서울사대 외국인을 위한 한국어-한·일·영어의 경우 지도자과정

157. 중국의 "조선말 맞춤법"과 한국어교육, 05. 국어교육연구 제16집, 서울대학교 국어교육연구소

158. 한국의 국어교육과정과 국어교육- 제7차 교육과정과 교재편찬을 중심으로, 05. 12. 현장에서 미래를 준비하자, 중국 길림성 연변교육학원

159. 사설시조에 반영된 감화적 표현, 05. 12. 고전문학의 문체와 표현, 집문당

160. 언어와 문화 그리고 한국어교육, 05. 제9회 조선-한국 언어문학 학술회의, 연변대학

161. 재외동포의 정체성과 민족교육의 방안, 06. 2. 한국어교육연구 9, 서울사대 외국인을 위한 한국어교육 지도자과정

162. 고전 속에 나타난 한국인의 해학과 풍자, 06. 7. 세계 속의 우리 전통문화와 재외동포교육, 재외동포교육진흥재단

163. 한국어 문법교육의 바람직한 방향, 06. 7. 조선(한국)어교육연구회, 중국 청도대학, 언어와 문화 3-3, 한국언어문화교육학회(07)

164. 한국어교육평가의 이론과 방법, 06. 8. 연변교육학원

165. 법률과 실용문에 나타난 일본어 문투, 06. 12. 제2회 학술발표회 자료집, 한겨레말글연구소

166. 한국문화의 세계화와 그 방안, 06. 10. 자국문화의 세계화 전략과 과제, 충남대학교 인문과학연구소

167. 재외동포 한국어교육의 오늘과 내일, 07. 2. 이중언어학 제33호, 이중언어학회

168. 한국어교육과 언어문화 교육, 07. 2. 외국인을 위한 한국어교육연구 10, 서울사대 외국인을 위한 한국어교육지도자과정

169. 재외동포교육과 언어문화의 교육과정, 07. 12. 외국인을 위한 한국어교육연구 11, 서울사대 한국어교육지도자과정

170. 언어의 기능과 커뮤니케이션 교육, 07. 12. 연변주교육학원 교사연수자료집, 재외동포교육과 한국어교육(역락, 13)

171. 문장소재 "古本春香傳"의 새로운 발견, 08. 2. 국어교육 125호, 한국국어교육학회
172. 두 古本春香傳의 표현과 위상, 08. 9. 선청어문 제35집, 서울대학교 사범대학 국어교육과
173. 한글학교를 통한 재외동포 한국어교육의 현황과 대책, 08. 9. 새국어생활, 제18권 3호, 국립국어원
174. 재외동포교육의 바람직한 방향, 08. 12. 외국인을 위한 한국어교육 연구 12, 서울사대 한국어교육 지도자과정
175. 한국어학 개론의 세계, 08. 한국어교육, 서강대학교 언어교육원(재외동포교육과 한국어교육, 역락, 13)
176. 발상 혹은 표현과 한국어교육, 09. 2. 한국어교육연구 제4호, 배재대학교 한국어교육연구소
177. 한국어교육의 현황과 발전방향, 09. 2. 한국어교육 I, 서울대 한국어교육 지도자과정
178. 破字, 기지와 해학의 표현, 09. 9. 한국어문회편, 국한혼용의 국어생활, 한국어문회
179. 기지와 해학의 표현 파자, 09. 10. 한국어교육 논문집, 월수대학, 한국어교육과 언어문화교육, 역락, 13)
180. 이문화 커뮤니케이션과 한국어교육, 09. 11. 한국어교육연구, 제13집, 서울사대 한국어교육 지도자과정
181. 한국어 세계화 정책의 현황과 대책, 10. 2. 한국어교육연구, 제5호, 배재대학교 한국어교육연구소
182. 耳目 관계 관용어의 발상과 표현, 10. 6. 국학연구논총, 제5집, 택민국학연구원
183. 한국어세계화와 재외동포 교육, 10. 8. "한국어 세계화와 재외동포교육", 교과부. (재외동포 교육과 한국어교육, 역락. 13)
184. 한국어 세계화와 한국어교육, 10. 10. 한국어교육연구 14, 서울사대 한국어 교육지도자과정
185. 한국어교육의 현실과 미래, 10. 12. 국학연구논총, 제6집, 택민국학연구원
186. 한국 속담에 반영된 고유명사류어의 문화, 11. 2. 한국어교육연구, 제6호, 배재대학교

187. 재외동포 교육과 민족어교육의 자세, 11. 6. 국학연구논총, 제7호, 택민국학연구원

188. 어휘교육의 원리와 방법, 11. 7. 한국(조선)어교육 국제학술연토회 논문집(하권) 한국(조선)어 교육연구학회(한국어교육의 원리와 방법, 역락, 13)

189. 한·중 파자 수수께끼의 정체성과 실상, 11. 10. 한국어교육연구, 제15집, 서울 사대 한국어교육 지도자과정

190. 비언어 행동과 한국어교육, 11. 12. 국학연구논총, 제7집, 택민국학연구원

191. 한·중 동물 관련 욕설문화, 12. 2. 어문학보, 제32집, 강원대학교 사대 국어교육과

192. 한국어의 세계화, 그 실상과 새로운 방안, 12. 3. 국학연구논총, 재9집, 택민국 학연구원

193. 한국과 중국의 욕설문화, 12. 4. 언어와 문화, 제8권 1호, 한국언어문화 교육학회

194. 어휘를 통해 본 한국문화와 한국어교육, 12. 7. 한국 언어문화 교육의 현황과 전망, 한국언어문화교육학회(한국어교육과 언어문화 교육, 역락, 13)

195. 현대사회와 한국 언어문화, 그리고 한국어교육, 12. 7. 현대의 문화변동과 한국 어교육, 재외동포교육진흥재단(한국어교육과 언어문화 교육, 역락, 13)

196. 문화교육과 언어문화교육의 위상, 13. 2. 한국어교육과 언어문화 교육, 역락, 13.

197. 가족생활과 전통의례, 그리고 교육, 13. 2. 상동

198. 한국의 전통적 수사, 곁말, 13. 2. 상동

199. 한국사회의 변동과 언어문화의 변모, 13. 2. 상동

200. 재일동포 민족교육의 실상과 과제, 13. 10. 한국어교육연구, 제17호, 서울사대 외국인을 위한 한국어교육 지도자과정

201. 한민족 유이민의 역사적 이주 과정, 13. 11. 재외동포교육과 한국어교육(역락, 13)

202. 재외동포를 위한 한국어 교수법, 13. 11. 상동

203. 재외국민 교육과 언어·문화의 이해, 13. 11. 상동

204. 한국어교육을 위한 한국어 연구, 13. 11. 상동

205. 소설 "마이허"와 재외동포 교육의 성격, 14. 2. 선청어문, 제41호, 서울대학교 사범대학 국어교육과

206. 문자와 언어에 있어서의 발상, 14. 4. 서울대학교 명예교수 회보, 2013-9

207. 한국어의 語源과 발상, 그리고 명명, 14. 9. 국어교육학연구, 49-3, 국어교육학회

208. 한국어 意味變化의 유형과 실제, 14. 10. 한국어교육연구, 18, 서울사대 외국인을
　　　위한 한국어교육 지도자과정
209. 한국인의 발상과 표현 서설, 14. 8. 한국인과 한국어의 발상과 표현, 역락
210. 비교를 통해 본 한국어의 발상과 표현, 14. 8. 상동
211. 한・일・영어권 사물에 대한 발상과 이미지, 14. 8. 상동
212. '황진이' 소설의 발상과 표현, 14. 8. 상동
213. 한일 俗談에 반영된 가족 관계, 14. 8. 상동
214. 비유에 반영된 한국인의 발상, 14. 8. 상동
215. 소설 상의 인물 '황진이'의 형상화, 14. 8. 상동
216. 동양문고본계 '춘향전'의 발상과 표현, 14. 8. 상동
217. 한자의 造字와 한국어의 발상, 14. 8. 상동
218. 문자와 언어에 대한 발상의 허실, 14. 8. 상동
219. 人事와 커뮤니케이션 문화, 15. 4. 서울대학교 명예교수 회보 2014, 제10호, 서울
　　　대 명예교수협의회
220. 환경언어와 한국어권 커뮤니케이션, 15, 10, 한국어교육연구, 19, 서울사대 외
　　　국인을 위한 한국어교육 지도자 과정
221. 한국 俗談의 일반성과 특수성, 15. 선청어문, 제42호, 서울대학교 사범대 국어
　　　교육과(근간)

─▪사항 색인

저 자 ∥ 박갑수(朴甲洙)

서울대 명예교수, 연변대 과기학원 겸직교수
일본 天理大學, 筑波大學, 중국 洛陽外國語大學 초빙교수 역임
국어심의위원, 방송심의위원
한국어 세계화재단 이사
한국어능력시험 자문위원장
재외동포교육진흥재단 상임대표
(사)한국문화국제교류운동본부 이사장 역임
국어교육학회·이중언어학회·한국언어문화교육학회, 한국문화 국제교류운동본부 고문
저서 : 『현대문학의 문체와 표현』, 『고전문학의 문체와 표현』, 『일반국어의 문체와 표현』,
『신문·광고의 문체와 표현』, 『한국 방송언어론』, 『국어교육과 한국어교육의 성
찰』, 『한국어교육의 원리와 방법』, 『한국어교육과 언어문화 교육』, 『재외동포 교
육과 한국어교육』, 『한국인과 한국어의 발상과 표현』, 『우리말 우리 문화』, 『재미
있는 속담과 인생』 외 다수.

교양인을 위한
언어·문학·문화, 그리고 교육 이야기

초판 인쇄 2015년 11월 25일 | 초판 발행 2015년 12월 3일

지은이 박갑수

펴낸이 이대현 | 편집 오정대 | 디자인 이홍주

펴낸곳 도서출판 역락 | 등록 제303-2002-000014호(등록일 1999년 4월 19일)

주 소 서울시 서초구 동광로 46길 6-6(반포동 문창빌딩 2F)

전 화 02-3409-2058, 2060 | 팩시밀리 02-3409-2059 | 전자우편 youkrack@hanmail.net

역락 블로그 http://blog.naver.com/youkrack3888

ISBN 979-11-5686-271-0 03710

정가 30,000원

* 파본은 구입처에서 교환해 드립니다.

이 도서의 국립중앙도서관 출판예정도서목록(CIP)은 서지정보유통지원시스템 홈페이지(http://seoji.nl.go.kr)와 국
가자료공동목록시스템(http://www.nl.go.kr/kolisnet)에서 이용하실 수 있습니다.(CIP제어번호 : CIP2015032038)